Christian Brehmer
WOHER? WOHIN?
Orientierung im Leben

via nova
Verlag Via Nova

CHRISTIAN BREHMER

WOHER? WOHIN?
Orientierung im Leben

Die Evolution des Bewusstseins
als Ausweg aus der Krise

vianova
Verlag Via Nova

1. Auflage 2018

Verlag Via Nova, Alte Landstr. 12, 36100 Petersberg

Telefon: (06 61) 6 29 73

Fax: (06 61) 96 79 560

E-Mail: info@verlag-vianova.de

Internet: www.verlag-vianova.de

Umschlaggestaltung: Guter Punkt, München

Satz: Sebastian Carl, Amerang

Druck und Verarbeitung: Appel und Klinger, 96277 Schneckenlohe

ISBN 978-3-86616-430-7

Inhaltsverzeichnis

Vorwort von Reinhold Mokrosch...7
Vorwort und Dank des Autors 9
Prolog 10

I. Zur Einführung.. 11
1. Salatkopf und Gartenzaun 11
2. Bewusstsein betrachtet Bewusstsein...13
3. Leben ist Evolution 15
4. Staunen, nichts als Staunen 22
5. Nachweise der Evolution..24
6. Zielgerichtetheit der Evolution...26

II. Der Verlauf der Evolution des Bewusstseins...............................37
1. Das VEREINHEITLICHTE FELD 37
2. Der Urknall – die Entstehung des Universums 44
3. Die kosmische Evolution – Entstehung der Erde..................................49
4. Die chemische Evolution – Entstehung des Lebens 54
5. Die biologische Evolution – Entfaltung des organismischen Bewusstseins 60
6. Die mentale Evolution – das reflexive Bewusstsein.............................78
7. Die kulturelle Evolution – das selbstreflexive Bewusstsein.................96
8. Die supramentale Evolution – das integrale Bewusstsein 117

III. Der Weg, der vor uns liegt 142
1. Das transzendentale Bewusstsein – der bevorstehende Phasenübergang 142
2. Auf sicheren Füßen: Wissenschaftliche Untersuchungen, Aussagen großer Menschen und Bewährung im Alltag 153
3. Wege zur Schwelle 172
4. Hürden auf dem Weg... 186
5. Gemeinsamer Wandel – die Bedeutung der Gruppe 195

IV. Ausweg aus der Krise 209
1. Ein erweitertes Wissenschaftsverständnis 209
2. Ganzheitliche Erziehung und Bildung..223

3. Erwachen zur Wirklichkeit...237
4. Eine gerechte Wirtschaftsordnung 249
5. Individueller Frieden – sozialer Frieden –
   Weltfrieden: Ein neues Weltbild..260

V. Zusammenschau 272

Epilog...281
Anhang: Hinführung zur Meditation..282
Literatur- und Abbildungsverzeichnis 284

Vorwort
von Reinhold Mokrosch

„Der bestirnte Himmel über mir
und das moralische Gesetz in mir"

Die These von Christian Brehmer ist ein tiefgreifend friedenstiftendes und lebensförderliches Bekenntnis: Die Erweiterung und Intensivierung unseres Bewusstseins führt zu wachsender Selbsterkenntnis, vermehrter Achtsamkeit, sensiblem Mitgefühl und intuitiver Intelligenz; und diese führen ihrerseits zu innerem und äußerem Glück, zur inneren und äußeren Integration und zur Harmonie mit der Um- und Mitwelt.

Die Grundlage für diese Überzeugung ist die empirisch nachgewiesene und nachweisbare phylogenetische und ontogenetische Evolution des Bewusstseins. Der Autor beschreibt eindrucksvoll den Weg der Evolution von der kosmischen, der chemischen, der biologischen, der mentalen bis hin zur gegenwärtigen kulturellen Evolution. Aus der Vergangenheit entnimmt er zwingende Indizien für eine zukünftige supramentale Evolution. Dazu skizziert er ontogenetisch analog-parallel die Evolution des Bewusstseins im Individuum: vom mechanischen Denken über die subjektive Reflexion und die Selbstreflexion hin zur reinen Selbstreflexion, dem unbegrenzten Bewusstsein. Diese Entwicklung im Individuum sei möglich, weil die Evolutionsdynamik im Menschen nach einer immer höheren Ausdrucksform strebt.

Methoden und Wege zur bewussten Förderung der individuellen Evolution des Bewusstseins sind für Brehmer beispielsweise zunächst ein Staunen über das eigene Dasein, über den „gestirnten Himmel über mir und das moralische Gesetz in mir" (I. Kant), dann die Hinführung zur mentalen Stille durch Meditation, die das Bewusstsein in die Transzendenz führen kann. Solche Übungen können, so Brehmer, das Tor zum absoluten Geist öffnen. Denn „im Menschen wird sich das Universum seiner selbst bewusst". „Im Vollzug des transzendentalen Bewusstseins, des Zustandes der reinen Selbstbezogenheit des Bewusstseins, beugt sich die im Menschen individualisierte Evolutionsdynamik gewissermaßen auf sich selbst und löst einen Phasenübergang aus."

Dieses Konzept der Evolution des Bewusstseins verdient höchste Beachtung. Der Autor hat eine positive Anthropologie und ein hoffnungsvolles Geschichtsbild entworfen. Beide geben Hoffnung und Mut. Außerdem ist er von einer uns noch bevorstehenden „supramentalen Evolution" überzeugt, die uns aus der gegenwärtigen Krise der Zivilisation herausführen kann und wird.

Besonders fasziniert bin ich von den ganzheitlichen Vorstellungen Brehmers: Das evolutionär erweiterte Bewusstsein führt zu einer verwirklichten Individualität und gleichzeitig zu einer lebendigen Verbindung mit der Um- und Mitwelt. Der Autor wendet sich eindeutig gegen jede Trennung zwischen Individuum und Außenwelt, zwischen Mensch und Natur und zwischen „unserer" Wirklichkeit und der sog. Außenwirklichkeit. Natürlich hält er wie René Descartes und Immanuel Kant Selbstbewusstsein für eine Grundvoraussetzung von Erkenntnis und Wissen und damit auch der intentionalen Bewusstseins-Evolution des Einzelnen. Aber er trennt dieses Selbstbewusstsein nicht wie seine Vorgänger vom Gegenstand der Erkenntnis, des Wissens und der Evolution, sondern er sieht das selbstbewusste Ich in einer Einheit mit seiner Mit- und Umwelt.

Ob Brehmers Konzept der Bewusstseins-Evolution auch mit der Hirnforschung übereinstimmt, vermag ich nicht zu sagen. Aber ich sehe, dass für ihn Bewusstsein nicht nur Wahrnehmung und Denken enthält, sondern auch den Impuls zur Transzendenz. Die Evolution des Bewusstseins ist zielgerichtet und strebt im Menschen nach Weisheit, Glück und Frieden, so die These.

Ich möchte alle Leserinnen und Leser einladen, dieses aufregende Buch achtsam und aufmerksam, aber auch kritisch zu lesen. Es ist ein Weckruf, nicht zu resignieren und in der globalen Krise zu verharren, sondern sich auf den Weg zu einem neuen Bewusstsein zu machen.

Prof. Dr. Reinhold Mokrosch,
Theologe und Religionswissenschaftler an der Universität Osnabrück, Vorsitzender
des „Runden Tisches der Religionen Osnabrück" und der Initiativgruppe „Religions
for Peace" und Initiator des „Philosophischen Cafés Osnabrück".

Vorwort und Dank des Autors

Das vorliegende Buch ist die verkürzte und aktualisierte Ausgabe des Grundlagenwerkes des Autors „Vom Urknall zur Erleuchtung. Die Evolution des Bewusstseins als Ausweg aus der Krise" (Verlag Via Nova). Die These wurde inzwischen durch umfangreiches Feedback bestätigt. Nicht alle Rechteinhaber der Abbildungen konnten trotz intensiver Recherchen ausfindig gemacht werden. Der Autor erklärt sich bereit, das handelsübliche Honorar ggf. nachträglich zu entrichten. Auch fehlen einige Quellenangaben von Zitaten. Der Inhalt des Buches wurde mit großer Sorgfalt und mit Freude erarbeitet; für Kritik, Kommentare und Verbesserungsvorschläge ist der Autor dankbar.

Dank gilt Hasso Schelp für die Korrektur des Manuskriptes und Frank Mühlhäuser für seine Illustrationen mit treffenden Zeichnungen. Meine Frau Andrea hat viel Verständnis aufgebracht für meine langen Stunden am Computer. Die Inspiration zu allem aber verdanke ich der kosmischen Kreativen Intelligenz, vor der ich nicht anders kann, als mich in Ehrfurcht zu verneigen.

Dr. Christian Brehmer
im Herbst 2017

Prolog

Wir haben nicht irgendein Buch in den Händen, sondern die spannende Geschichte des Universums: vom Urknall bis zur Gegenwart. Es ist die spannendste Geschichte überhaupt. Denn es ist unsere eigene Geschichte, die Geschichte unserer Herkunft. Und wir können aus ihr entnehmen, wie es weitergehen wird. Aus der Vergangenheit schließen wir auf die Zukunft, aus dem Woher auf das Wohin. Und jetzt wissen wir, worauf es ankommt im Leben.

Die Evolution ist die Geschichte, wie sie das Leben selbst geschrieben hat, eine Offenbarung für den Menschen von heute. Bislang waren es Gottessöhne, Seher und Propheten, die als Sprachrohr gedient haben. Jetzt lesen wir im Buch der Evolution, von der Natur selbst verfasst und von der Naturwissenschaft entziffert. Zweifelsfrei. Alle Religionen, alle Weltanschauungen, alle Ideologien und besonders unser eigenes Daseinsverständnis werden sich mit dieser Tatsache abgleichen müssen, wenn wir der Wahrheit näherkommen wollen. Und ohne Wahrheit kein Ausweg aus der Krise, kein dauerhaftes Glück.

Tipp für Eilige:

Wenn's zeitlich nicht drin ist (was **sehr** schade wäre), kann man nach dem Teil I sofort zum Teil III übergehen. Über Teil II, den Verlauf der Evolution des Bewusstseins, kann man sich auch durch die Zusammenfassungen am Ende eines jeden Kapitels einen Überblick verschaffen. II.8. ist zukunftsweisend.

Hinweis:

Das Buch ist schon etwas Besonderes. Es kann unser Weltbild verändern und unser Leben nachhaltig bereichern, zumal wenn wir der Einladung nachkommen, auf Entdeckungsreise nach innen zu gehen. Darauf werden wir immer wieder zurückkommen. Platon bezeichnete seine Philosophie als eine „Gigantonoia", eine Riesenschlacht um den Begriff des SEINS.

So ähnlich verhält es sich mit dem vorliegenden Buch. Es geht um den Auftrag, den das Leben uns erteilt hat. Deswegen zentrieren wir uns auf das Wesentliche und beleuchten es immer wieder aus unterschiedlichen Blickwinkeln. Und es wird spannend werden. Vielleicht ist es kein Zufall, dass wir dieses Buch in unseren Händen haben …

I. Zur Einführung

1. Salatkopf und Gartenzaun

Gib einem Esel einen Salatkopf,
und er wird fragen:
„Nanu, was ist das für eine Distel?"

Dieses Gleichnis aus der Sufi-Tradition will unsere Wahrnehmung hinterfragen. Was auch immer das Leben uns bietet an schönen Dingen: eine glückliche Partnerschaft, einen erfolgreichen Job, einen gesunden Körper, soziale Anerkennung u.a.m., oder weniger schöne Dinge: mieses Wetter, einen hartnäckigen Infekt, Ärger mit dem Chef oder Spannungen in der Beziehungskiste. Immer ist es unser Bewusstsein, das diese Dinge wahrnimmt und bewertet. Der Esel kennt nichts anderes als Disteln, und der Salatkopf wird vom Distel-Bewusstsein beurteilt. *Unser Bewusstsein ist die Bühne, auf der sich alles abspielt.* Das gilt für den Esel, das gilt für uns.

Wir haben alle unseren privaten Bewusstseinsgarten mit etlichen Salatköpfen und einem Gartenzaun mit keinem Zwischenraum, hindurchzuschauen.

Wir haben den Wahrnehmungshorizont, der uns gerade verfügbar ist. Und meistens sind wir uns dessen gar nicht bewusst. Bei Kindern schmunzeln wir belustigt (nicht immer!) über ihren kleinen Bewusstseinsgarten, auch wenn sie jede Menge Blödsinn bauen. Aber dass wir auch als Erwachsene in unserem Bewusstseinsgarten eingegrenzt sind, das fällt uns nicht weiter auf. So tragen wir u.a. unbemerkt unsere Konditionierungen von Kindesbeinen an mit uns herum und können sie oft ein Leben lang nicht loswerden. Männer, beispielsweise, projizieren häufig unbewusst ihr Mutterbild auf ihre Partnerin. Und wenn die gute Frau dem nicht entspricht, gibt es handfeste Anpassungsprobleme.

Manchmal wird unser Gartengrundstück eingeengt, durch Krankheit z.B. oder eine schlechte Nachricht, die wir nicht loslassen können. Sind wir dann in einem Gespräch mit unserem Partner, können wir gar nicht richtig zuhören – es rotiert und rotiert in unserer Birne. Und auch die Wahrnehmung ist eingetrübt. Wir sehen nur Disteln statt Salatköpfe. Fazit: *Wir erleben die Welt so, wie wir sind.*

Das ist nichts Neues. Schon in der Philosophie des Mittelalters, der Scholastik, wusste man: „Quidquid recipitur, recipitur ad modem recipientis", was immer auch empfangen wird, wird im Modus des Empfängers empfangen. Es wird aufgenommen und integriert, oder es bleibt liegen, bis die Zeit gekommen ist. Deswegen bringen wir am Schluss unseres Buches nach all den Ausführungen das Zitat: „Du kannst einen Esel ans Wasser führen, trinken aber muss er selbst." Zusammen mit dem Eingangszitat bildet es die umfassende Klammer unseres Buches. Es ist die Klammer unseres gegenwärtigen Bewusstseins.

Aber zurück zu unserem Gartenzaun. Es gibt nämlich auch kollektive Gartengrundstücke, die eine ganze Gesellschaft eingrenzen. So ist zum Beispiel die Mehrheit unserer Bevölkerung, der sogenannte Mainstream, dem Sog des Materialismus verfallen. Denken, Fühlen und Wollen kreisen um Geld und Wohlstand: Arbeitsplatz, Anschaffungen, Krankenversicherung, Altersversorgung, Spaß und Konsum usw. Nicht verkehrt, aber eben begrenzt. Dieses materiell orientierte Bewusstsein drückt sich in der Priorität der Wirtschaft vor der Politik aus und wird dadurch weiter verfestigt.

Schließlich wird auch die ganze Menschheit von Wahrnehmungszäunen geprägt: etwa das geographische Weltbild. Für die frühen Naturvölker war die Erde eine Scheibe; damals kam man nicht viel über die unmittelbare Umgebung hinaus. Der griechische Astronom Claudius Ptolemäus stellte die Erde in den Mittelpunkt der Welt. War ja auch logo, denn unsere Beobachtung suggeriert, dass die Sonne sich um die Erde dreht. Dann aber kam Kopernikus und belehrte uns eines Besseren. Er rückte die Sonne in den Mittelpunkt. Heute wissen wir, dass auch die Sonne samt ihrer Planetenfamilie innerhalb der Milchstraße, unserer Heimatgalaxie, mit ihren Milliarden von Sternen sich um einen zentralen Kern dreht. Und vielleicht rotiert die gesamte Milchstraße in einem System von Galaxien in einem gigantischen Reigen. Da kann einem nur schwindelig werden…

Aber auch das Erkenntnisvermögen, mit dem wir unser Weltbild aufbauen, hat eine kopernikanische Wende hinter sich. Bis zur Aufklärung im 18. Jahrhundert glaubte man noch allgemein, dass unsere Wahrnehmung der Dinge den Dingen selbst entspricht. Immanuel Kant belehrte uns eines anderen. Er zeigte auf, dass es unser Bewusstsein ist, das der Wahrnehmung der Dinge ihre Gesetze vorschreibt. *Unser Bewusstsein ist die Bedingung aller Erfahrungen.*

Zu dieser Erkenntnis ist auch jüngst Stephen Hawking gekommen, der als einer der größten Wissenschaftler der Gegenwart gilt. In seinem zusammen mit Leonard Mlodinow verfassten Buch „Der große Entwurf" kommt er zu der Einsicht, dass alle Wahrnehmungen und Beobachtungen als Grundlage menschlicher Erkenntnis von den Deutungsstrukturen unseres Gehirns abhängig sind. Wir arrangieren uns in einem *„modellabhängigen Realismus".*

Das ist eine zentrale Einsicht. Es sind nicht die Dinge selbst, die uns glücklich oder unglücklich machen, die der Wirklichkeit entsprechen oder nicht, sondern unsere Wahrnehmung und Beurteilung der Dinge gemäß unseres Bewusstseins, unseres Gartenhorizonts. Freud und Leid sind eine Sache des Bewusstseins. Somit müssen wir hier ansetzen, wenn wir unsere Lebensqualität verbessern wollen. *Das Leben, die Evolution, hat es auf die Entfaltung des Bewusstseins angelegt, auf die Erweiterung unseres Erkenntnis- und Erlebnishorizonts und auf mehr Daseinsfreude: das ultimative Abenteuer.*

2. Bewusstsein betrachtet Bewusstsein

Was ist denn das „Bewusstsein" eigentlich?, müssen wir uns gleich zu Beginn einmal fragen. Überlegen wir mal selbst und halten wir kurz inne, bevor wir weiterlesen…

??????

Im gängigen Verständnis geht das Bewusstsein in seinen Inhalt mit ein. Es ist die mehr oder weniger wache mitwissende Instanz meines Erlebens. So wie der Wasserbestandteil in der Milch weiß gefärbt wird, so nimmt der Geist die Färbung seines Inhaltes an. Und genau das ist das Dilemma, wenn wir versuchen, Bewusstsein zu definieren. Denn das zu Definierende, das Bewusstsein, wird von dem Vorgang des Definierens unvermeidlich eingefärbt. Zur Erfassung des *Bewusstseins an sich* bedarf es der Reduktion des Bewusstseins auf sich selbst. Die Milchbestandteile müssten gewissermaßen aus dem Wasser heraus filtriert werden. Und von solch einer Möglichkeit, wie etwa der gegenstandsfreien Meditation, soll später die Rede sein.

Eigentlich ist Bewusstsein das *Selbstverständlichste* für jeden Menschen. Ich weiß, dass ich lebe, und befinde mich in einem Fluss der Selbstwahrnehmung. So wie der Fisch sich keine Gedanken macht über den Fluss, in dem er schwimmt, so machen wir uns allgemein keine Gedanken über unser Ichbewusstsein, sondern schwimmen einfach im Bewusstsein.

Zwar gibt es mitunter mal ein unerwartetes Ereignis, das den Fisch kurz aus dem Wasser springen lässt – etwa beim Autofahren, wenn wir plötzlich geblitzt werden. Dann springt unser Bewusstsein, hoppla, in einen Zustand der kritischen Reflexion und schwimmt für einen Moment auf höherer Ebene weiter. Aber über das Bewusstsein selbst machen wir uns keine Gedanken. Wozu auch?

(Zeichnung: Frank Mühlhäuser)

Da haben wir also schon drei Ebenen des Bewusstseins angesprochen: einmal unser vertrautes Ichbewusstsein innerhalb unseres Gartenzauns, wo wir unsere Gedanken und Handlungen als unser Ich erleben. Es ist ein gleichbleibender Fluss mit Inhalten befangenen Bewusstseins und mit der Möglichkeit, über diese Inhalte nachzudenken, ein *reflexives Bewusstsein* (1). Dann kann ein Ereignis eintreten – wir werden beim Autofahren geblitzt – und der Fluss unseres Ichbewusstseins wird unterbrochen. Uns wird plötzlich bewusst: „Ich bin zu schnell gefahren!" Wir werden in das *selbstreflexive Bewusstsein* (2) katapultiert, unser Gartenzaun wird kurzfristig erweitert: „Mensch, du hast nicht aufgepasst, du warst in Gedanken befangen!" Manchmal tritt das selbstreflexive Bewusstsein, sehr zu unserem Glück, auch spontan ein, ohne einen Wecker von außen. Aber was *Bewusstsein an sich* (3) ist, entzieht sich unserem Verständnis, wiewohl es jedes Verständnis voraussetzt. Denn ohne Bewusstsein käme alles Verstehen zum Erlöschen, so wie ohne elektrischen Strom unser Computer abstürzt. Ähnlich wie der Strom die Vorgänge im Computer ermöglicht, so ermöglicht Bewusstsein die Vorgänge von Denken, Fühlen, Wollen und Handeln. Es durchleuchtet all diese Vorgänge und liegt ihnen zugrunde, so wie der Perlenkette ein verbindender Faden zugrunde liegt, wiewohl man den Faden selbst nicht sieht.

Man müsste also die Perlen sanft zur Seite schieben, um zu erfahren, was sie miteinander verbindet; man müsste mit Denken, Fühlen, Wollen und Handeln aufhören, um den sie *verbindenden Strom des Bewusstseins* freizulegen. Nur ist das nicht so einfach. Zwar können wir aufhören zu handeln, aber wenn wir unsere Ge-

fühle und unsere Gedanken zur Ruhe bringen wollen, müssen wir einen Trick einsetzen, beispielsweise eine gegenstandsfreie Meditationstechnik. Doch davon soll, wie gesagt, später die Rede sein. Aber schon so viel soll verraten werden: Dann wird die ganze Sache erst richtig cool. Jetzt befinden wir uns ja noch im Kopf und versuchen, Bewusstsein zu verstehen. Aber wenn wir uns tief entspannen und gedanklich still werden, dann *sind* wir nur noch – bewusstes *Sein, Bewusstsein an sich*. Und dann erst wissen wir, wovon wir reden! Der Gartenzaun hat sich aufgelöst – unbegrenztes Bewusstsein! Bingo!

Doch zunächst bleiben wir noch bei unseren faszinierenden Gedankenspielen. Sich mit dem Phänomen des Bewusstseins auseinanderzusetzen ist nicht nur faszinierend, sondern hat auch einen ungemein lebenspraktischen Wert. Der Sprung in die Selbstreflexion, beispielsweise durch das Blitzen beim Autofahren und das damit verbundene langsamere Tempo, kann mich ja vor einem Unfall bewahren. Zwar ärgere ich mich zunächst, aber fortan fahre ich bewusster. Und mit „bewusstem Bewusstsein" zu fahren hat auch gleichzeitig eine beruhigende Wirkung auf meine innere Rastlosigkeit. Nur geht mir diese Wachheit immer wieder verloren und wird von ungebetenen Gedankenprozessen eingetrübt.

Auf ein *anhaltendes* „bewusstes Bewusstsein" käme es an, ein Bewusstsein, das nicht erst durch von außen eintretende Ereignisse sich seiner Inhalte bewusst wird, sondern ständig *achtsam* ist, ein natürlicher und müheloser Strom, getragen von einer unterschwelligen Präsenz, der Strom, der alle Ereignisse miteinander verbindet und meinem Leben Einheit verleiht – die unsichtbare Schnur meiner Perlenkette, das, was ich als mein höheres Selbst bezeichne: meine sich selbst bewahrende Identität mit den natürlichen Qualitäten von innerer Stärke, Intelligenz, Mitgefühl und Freude. Da will ich hin, das ist unser Thema, dahin tendiert die Evolution.

3. Leben ist Evolution

Wir erleben es täglich, in uns selbst und in unserer Umwelt – alles ist in Bewegung. Als Kind hat uns das Spielzeugauto oder die Puppe interessiert, als Jugendliche waren wir ungeduldig auf den Führerschein und als junge Erwachsene stolz auf unser erstes Auto. Eine Zeit lang war unser fahrbarer Untersatz ein Statussymbol, jetzt machen wir uns Gedanken über seine Umweltverträglichkeit und steigen wieder öfter mal aufs Rad. Wir werden älter, wir werden bewusster und „vernünftiger". Übertragen wir diesen Entwicklungsprozess innerhalb unserer eigenen Lebensspanne auf die Lebensspanne des Universums, so nennen wir das Evolution. Es ist das große Naturgesetz, das unser Universum seit seiner Entstehung vor etwa 14 Milliarden Jahren durchdringt und ihm eine Richtung gibt: Erweiterung des Bewusstseins, Intensivierung des Lebens.

Alle Lebewesen organisieren sich selbst, haben also einen Selbstbezug und mithin ein Bewusstsein unterschiedlicher Intensität. Der Einzeller, die Amöbe, hat offensichtlich ein anderes Bewusstsein als der Vielzeller, etwa eine Qualle. Und eine Katze hat ein anderes Bewusstsein als der Mensch. (Obwohl sie sich beide für „Mäuse" interessieren). Von der Urzelle bis zu Albert Einstein strebt die Evolution nach mehr Bewusstsein, nach mehr Wissen von sich selbst und der Umwelt. Und es wäre naiv zu glauben, dass der Gegenwartsmensch das letzte Wort der Schöpfung sei. Nein, die gleiche Evolutionsdynamik, die uns bis hierher geführt hat, wird uns auch weiter führen. In absehbarer Zeit wird der Zukunftsmensch auf den Gegenwartsmenschen zurückblicken wie wir auf den Neandertaler...

Denn wer ist schon mit seinem gegenwärtigen Leben zufrieden? Oder mit der Gesellschaft, geschweige denn mit der Umwelt? Unsere Erde muss sich mit einer desolaten Verwaltung abfinden: Während hunderte Millionen Menschen hungern und etwa 2,5 Milliarden von knapp 2 Euro pro Tag sehr dürftig leben müssen – wir sprechen von fast der Hälfte der Menschheit –, stellten die Zentralbanken der großen Industrienationen nach der Finanzkrise 2008 die astronomische Summe von 1,5 Billionen Euro zur Verfügung, um ein System zu retten, das maßgeblich für diesen Widersinn verantwortlich ist...

Wir quälen unseren Planeten mit Umweltverschmutzung, Ausbeutung, Kriegen und Terrorismus: Symptome einer Spezies mit einer nicht mehr zeitgemäßen Bewusstseinsstruktur und einem mangelhaften Erkenntnismodus. Und diese Symptome haben ein lebensbedrohliches Ausmaß angenommen. „Entwickle dich, entfalte dein Bewusstsein, oder verschwinde von diesem schönen Planeten, so wie einst die Dinosaurier vor dir", scheint uns das Leben zuzuraunen.

Das muss nicht sein, nein, danke!   (Karikatur: Fritz Behrend[1])

Ja, es sieht so aus, dass wir uns jetzt *von uns aus* entwickeln müssen. Bislang hat die Mutter Natur ihre Kinder u.a. durch Auslese der Fittesten vorangebracht und sie mit dem Überleben belohnt. Das war nicht immer lustig. Denken wir an das Sauriersterben als Voraussetzung für die Verbreitung der Säugetiere. Jetzt sind die Fittesten unter den Menschen diejenigen, die das bewusst tun, was Mutter Natur bislang mit ihren der Evolution noch unbewussten Geschöpfen getan hat – sie zu mehr Lebensintensität, Intelligenz und Freude zu stimulieren. Längst hat man Praktizierende von bewusstseinserweiternden Techniken wissenschaftlich auf Veränderungen untersucht. Und siehe da, physiologische, psychologische und soziologische Tests belegen eindeutig den Trend zu mehr Lebensqualität.[2]

Ja, darum geht es uns: um ein erfolgreiches Leben, um Glück und um Erfüllung. Nur ein „richtiges" Leben, ein Leben, das die Naturgesetze kennt und sein Verhalten danach ausrichtet, wird ein glückliches Leben sein. Bei einem Spiel sind es die Regeln, die das Spiel ermöglichen und die ihm seine Struktur geben. Und wenn ein

Leben ist Evolution

Spieler gegen die Regeln verstößt, wird er „gemaßregelt" oder er scheidet aus. Hält er die Regeln ein, macht es Spaß. Genauso verhält es sich im Spiel des Lebens: Wer die Naturgesetze nicht kennt oder sie missachtet, muss mit Konsequenzen rechnen. Dann werden wir vielleicht krank oder eine ganze Gesellschaft liegt im Argen, wie die unsrige gegenwärtig. *Aber hinter all den Regeln, die der Lebensbewältigung dienen, ist noch ein tieferer Sinn verborgen, ein übergeordnetes Ziel: die Evolution. Es ist das Grundgesetz des Lebens. Es zu missachten bedeutet, Probleme zu produzieren.*

Eigentlich bemühen wir uns doch um die Einhaltung der Regeln des Lebens: um gesunde Ernährung, ausreichend Schlaf und Bewegung, eine gute Partnerschaft, Kompetenz im Beruf, soziales Engagement und das, was uns Freude macht in der Freizeit. Aber selbst wenn all das gelingt – und es kann nur gelingen im Einklang mit den Naturgesetzen –, so bleibt dennoch im Hintergrund die Suche nach Sinn: *Was soll das alles, weshalb lebe ich überhaupt, woher komme ich, wohin gehe ich?* Fragen, die sich aufdrängen und die jeder für sich selbst beantworten muss. Eins aber steht fest, das hat die naturwissenschaftliche Forschung aufgedeckt: Wir sind Teil der Evolution, einer großen Hintergrundströmung, die alles durchdringt. So sagte der renommierte amerikanische Biologe Theodosius Dobzhansky:

„Nichts macht in der Biologie Sinn außer im Lichte der Evolution."

Diese Aussage können wir auch auf unser Leben übertragen: Nichts macht Sinn in unserem Leben außer im Lichte der Evolution. In absehbarer Zeit wird das Weltbild der Evolution, wird die Stellung des Menschen in der Natur uns immer mehr bewusst werden. Naturwissenschaft und Religion werden durch diese übergreifende Perspektive miteinander verbunden, ebenso wie die Religionen untereinander, und es wird eine Globalisierung der Herzen auslösen. Alle Bereiche der Gesellschaft – Politik, Wirtschaft, Soziales, Bildung usw. – werden sich von diesem übergeordneten Sinn leiten lassen und werden so wie von unsichtbarer Hand miteinander koordiniert. Ein großes Muster wird sich abzeichnen und eine *universelle Ethik* sich durchsetzen: *Alles, was die individuelle, die soziale und ökologische Evolution fördert, ist gut und richtig, alles, was ihr entgegensteht, ist schlecht und falsch.*

Mithin tun wir gut daran, uns diesen übergeordneten Sinn unseres Lebens bewusstzumachen, ihn zu verinnerlichen, zu respektieren und uns an ihm zu orientieren. Wir schwimmen sowieso in diesem Strom; wir sind bislang darin geschwommen und werden auch weiterhin darin schwimmen. *Wir sind dieser Strom.* Es ist ermüdend, dagegen zu strampeln, und es ist töricht, sich blind treiben zu lassen. Aber es macht Sinn, *bewusst* mitzuschwimmen und sich darüber im Klaren zu sein, wohin es geht. Es macht nicht nur Sinn, es macht auch Freude! Der Weg, das Leben, wird vom Ziel durchdrungen und erfährt damit eine Orientierung und eine ungekannte Intensität, Schönheit und Würde. Und nicht nur das. Wir wissen aus eigener Erfahrung: Wenn jemand mit uns kooperiert, dann unterstützen wir ihn auch. Und genau das macht Mutter Natur mit ihren Lieblingskindern. Sie hat immer das Richtige für sie parat, auch wenn es manchmal schmerzt und erst im Nachhinein verstanden wird. Und mit der Zeit werden die lästigen Lernprozesse weniger.

Aber wohin führt uns dieser Strom, was ist sein Ziel? Worauf hat es die Evolution angelegt?

Auf der Suche nach einer Antwort bietet sich das Zeugnis der bisherigen Evolution an. Aus ihrem Verlauf können wir Hinweise entnehmen auf ihren zukünftigen Verlauf. Von den sichtbaren Spuren, den objektiven Befunden wie den Fossilien, können wir auf das nicht sichtbare subjektive Bewusstsein schließen.

Als „Great History", als die „Große Geschichte", bezeichnen die Amerikaner die Entwicklung des Universums vom Big Bang bis zur Gegenwart. An unseren Schulen beginnt der Geschichtsunterricht meist mit der Steinzeit. Die Evolution wird in der Biologie abgehandelt, und im Religionsunterricht hören die Schüler die Schöpfungsgeschichte. Noch selten gibt es einen Lehrer, der es versteht, alles zu einer großen Gesamtschau zu integrieren. Dann werden die nüchternen naturwissenschaftlichen Befunde mit Leben erfüllt und bekommen einen übergeordneten Sinn. „*Naturwissenschaft ohne Philosophie ist lahm, Philosophie ohne Naturwissenschaft ist blind*", sagte einmal Immanuel Kant. Und diesem Motto folgen wir auch in unserem Buch.

Begonnen hat alles mit einem gigantischen Urknall. Das Uni-versum ist, wie sein Name besagt, aus einem Guss und wird von Anbeginn von einer Evolutionsdynamik durchdrungen, die wir in uns selbst spüren können. Wir sind alle Sucher. „*Unruhig ist unser Herz, bis es ruhet in Gott*", sagte Augustinus. Es ist diese Evolutionsdynamik, die nach dem Urknall die Materie durchdringt und eine *kosmische Evolution* initiiert. Es entstehen Sterne, Galaxien und Planeten. Auf der Erde kommt es zu einer *chemischen Evolution:* Atome fügen sich zu Molekülen, die immer komplexer werden, bis das Leben in der Urzelle sich manifestiert. Jetzt beginnt eine *biologische Evolution*, die vom Einzeller zu den Vielzellern, zu den Fischen, den Reptilien, den Säugetieren bis hin zum Menschen führt. Mit ihm setzt eine *mentale Evolution* ein, die in eine *kulturelle Evolution* mündet. Da stehen wir heute. Und wie geht es weiter?

Dass es weitergeht, ist nicht anzuzweifeln: Die Natur ist eine Einheit, ihre Gesetze bleiben weiterhin gültig und die Triebkraft der Evolution ist ungebrochen – das große Abenteuer ist noch nicht zu Ende. Dabei erkennen wir vier Zielrichtungen:

1. *Intensivierung des Bewusstseins* = Leben, getragen von einer zunehmenden Komplexität der Struktur. (Davon sprachen wir bereits.)
2. *Beschleunigung der Veränderung.* Die Zeitabstände zwischen dem Auftreten

Titelbild des Grundlagenwerkes des Autors „Vom Urknall zur Erleuchtung"
(Verlag Via Nova)

(Graphik: Andreas Freier[3])

höherentwickelter Ausdrucksformen des Lebens werden immer kürzer. Jeder von uns kann das nachvollziehen: Was heute „in" ist, ist morgen „out", weil etwas Neues „in" ist.

3. *Wachsende Erkenntnis.* Das können wir dem Sehvermögen entnehmen: erst lichtempfindliche Zellen; dann das „Napfauge", das es heute noch bei Schnecken gibt; darauf das „Lochauge", tradiert etwa im Nautilus, einem Tintenfisch; es folgt das Facettenauge der Insekten; schließlich unser Linsenauge, mit dem wir meinen, ein genaues Abbild von der Umwelt zu haben… Die Natur wird von ihren Geschöpfen zusehends klarer erkannt, und im Menschen vermag sie sich selbst zu erkennen.

4. *Zunehmende Integration.* Die komplexer werdenden Strukturen, von denen wir sprachen, entstehen durch Integ-

ration. Es entsteht ein Ganzes, das jeweils mehr ist als die Summe der Einzelteile. Dieses Bauprinzip gilt auch auf der sozialen Ebene. Ohne Integration, ohne Mitgefühl kein Fortschritt für unsere zerstrittene Spezies.

Intensivierung des Bewusstseins, wachsende Selbsterkenntnis, Integration und Mitgefühl sind der Kompass, der uns in die Zukunft weist. Wir sehen aber, dass unsere Gesellschaft und unser Erziehungs- und Bildungssystem andere Prioritäten setzen. Hier geht es vorrangig um die Ausbildung des Verstandes und um Wissensvermittlung im Dienste des materiellen Wohlstands. *Der Sinn des Daseins wird verkannt.* Kein Wunder, dass wir schiefliegen und mit der Natur auf Kriegsfuß stehen. Trotz des äußeren Wohlstands herrscht innerer Mangel; das Leben ist holprig und nicht im Fluss. *Was fehlt, ist die Orientierung.*

Leben ist Bewusstseins-Evolution, und an diesem Maßstab, sanft im Hintergrund anwesend, müssen wir unser Leben abgleichen. Vielleicht kommt es dann zu kleinen Kurskorrekturen, vielleicht wird dieses oder jenes zurechtgerückt, vielleicht sehen wir einige Dinge in neuem Licht oder setzen andere Prioritäten. Wir haben eine innere Orientierung: Das Leben kommt in Fluss, es gewinnt an Farbe, an Freude und Dynamik, und *wir leben das Leben so, wie es gemeint ist!*

Die Zielrichtung zur Kenntnis nehmen ist das eine. Das andere ist, den Weg zu gehen – ihn *bewusst* zu gehen. Der jüdische Religionsphilosoph Martin Buber bringt es auf den Punkt:

„Gott sagt nicht: ‚Das ist ein Weg zu mir, das aber nicht‘, sondern er sagt: ‚Alles, was du tust, kann ein Weg zu mir sein – wenn du es nur so tust, dass es dich zu mir führt‘."

Egal, ob wir traditionell religiös, modern naturwissenschaftlich oder beides verbindend ausgerichtet sind, was zählt, ist mehr Bewusstsein, mehr Achtsamkeit in unserem Alltag. Dann tun wir das, was das Leben mit uns vorhat: ein großes Ja zu dem, was ist, und ein Ja zur Erkenntnis, dass wir an jeder Situation wachsen können, ja, dass sie zum Lernprogramm unseres Lebens gehört. Wir brauchen mitunter das Leid und den Schmerz, um das zu ent-decken, was dahinter ist und von allem unberührt. Immer wieder holen wir uns zurück in die Achtsamkeit: *Ein kleiner innerer Rückstieg – wir sind orientiert und schmunzeln.* Allmählich machen wir weniger Fehler, und das Leben kommt in Fluss.

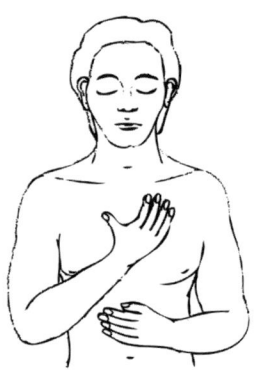

(Zeichnung: Frank Mühlhäuser)

Leben ist Evolution

„Man sieht nur mit dem Herzen gut, das Wesentliche ist den Augen verborgen."

ANTOINE DE SAINT-EXUPÉRY

Wir kennen diesen Rückstieg, dieses Zückholen in die Besinnung, aus unserem Leben. Jedes Mal, wenn etwas schiefgelaufen ist, fassen wir uns an den Kopf: „Wie konnte ich nur?" Das ist Bewusstwerdung. Wären wir schon vor dem Fehlverhalten achtsam gewesen, hätte es erst gar nicht so weit zu kommen brauchen. Denn wenn wir achtsam sind, verhalten wir uns spontan angemessen. Achtsamkeit ist intuitive Intelligenz. Und man kann diese Achtsamkeit einüben, oder sagen wir besser: freilegen. Denn sie ist überlagert von den ständigen Vorgängen in unserem Kopf, dem permanent rotierenden Gedankenkarussell.

Achtsamkeit freizulegen heißt, mit der Evolution bewusst zu kooperieren. Wir können eine bewusstseinserweiternde Technik erlernen wie die Meditation. Wenn wir sie regelmäßig praktizieren – und jetzt wird unsere Motivation auf den Prüfstand gestellt – werden wir viele positive Veränderungen feststellen. Der in der Meditation eingeübte Rückstieg in die Achtsamkeit wird sich dann spontan im Alltag einstellen: eine Rückkehr in die stille Daseinsfreude hinter all der Geschäftigkeit und verbunden damit vielleicht eine Neuorientierung, eine Anpassung an die Realität.

Wenn viele Menschen sich auf diesen Weg nach innen machen, wird auch das Außen zurechtgerückt, so, wie durch Anziehen der Schnürsenkel die Ösen eines Stiefels zurechtgezurrt werden. Die naturgegebene Verbindung der Menschen untereinander und mit ihrer Umwelt wird belebt und damit das Wissen, dass hier der Ausweg aus der Krise zu suchen ist. Beginnen aber müssen wir bei uns selbst. Mahatma Gandhi sagte:

„Du selbst bist die Veränderung, die du dir erwünschst für diese Welt."

Damit haben wir uns einen kurzen Überblick verschafft über das, was uns auf den kommenden Seiten erwartet. Wir haben auf die Speisekarte geschaut und schon ein wenig gekostet. Vielleicht sind wir auf den Geschmack gekommen und wollen jetzt das ganze Buch verzehren. Es wird uns nicht nur gut schmecken, es wird uns auch stärken und inspirieren. Wir wollen den Salatkopf auch wirklich als Salatkopf wertschätzen und genießen. Denn wir sind keine Esel. Wir sind Menschen auf dem Weg: *das ultimative Abenteuer!*

4. Staunen, nichts als Staunen

Als Kinder konnten wir noch staunen. Jetzt ist manches zu einer Distel geworden, obwohl es ein Salatkopf ist. Ich entsinne mich noch, wie ich des Nachts als kleiner Junge aus dem Fenster geschaut habe und mich das große Staunen ergriff. Da funkelten die Sterne, einige heller, einige schwächer. Ich begann, mehrere mit gedachten Linien zu verbinden und Bilder in ihnen zu erblicken. Der Wunsch nach Bedeutung. Für Naturvölker waren es die Seelen der Verstorbenen, die als Himmelsaugen auf sie herabschauten, und es überkam sie ein Schaudern.

Aber das große Staunen ist mit der Erforschung des Weltraums, der Erweiterung unseres Gartenzauns, zurückgekehrt. Die Sterne sind weit entfernte Sonnen, die vielleicht schon längst erloschen sind, deren Licht uns aber nach unzähligen Jahren immer noch erreicht. Jeden Tag entstehen etwa 275 Millionen neue Sterne. Unsere Milchstraße besteht aus ungefähr 250 Milliarden solcher Sonnen. Es braucht 225 Millionen Jahre, bis sich die Milchstraße einmal um sich selbst gedreht hat. Das letzte Mal, als sie in der gegenwärtigen Position war, bevölkerten gerade die Dinosaurier die Erde. Dabei ist unsere Galaxie nur eine unter vielen. Unsere Teleskope haben bislang etwa 100 Milliarden solcher Galaxien entdeckt, die meisten von ihnen zusammengeballt zu mächtigen Galaxienhaufen, alle um sich selbst kreisend. Rotationen aber lösen

Schallwellen aus – vielleicht eine galaktische Symphonie für einen, der Ohren hat zu hören? Und ständig verglühen Sterne, verschlingen sich Galaxien gegenseitig, und es entstehen wieder neue: ein kosmischer Reigen.

Gestaltung, Umgestaltung – des ewigen Sinnes ewige Unterhaltung.

Nicht nur das: Alle Gestirne entfernen sich voneinander, und zwar mit wachsender Geschwindigkeit. Von einem Ball, den wir hochwerfen, erwarten wir, dass er aufgrund der Erdanziehung zurückkehrt. Bei einem Himmelskörper ist das nicht so. Er entfernt sich immer weiter und immer schneller, das Universum scheint sich auf ewig auszudehnen. Verantwortlich dafür, so nimmt man an, ist die sogenannte „Dunkle Materie", die bis zu 95 Prozent unseres Universums ausmacht. Keiner hat sie jemals gesehen oder gemessen, aber indirekt muss man auf ihre Existenz schließen. Vieles liegt offensichtlich noch im Dunklen! Zu den verbleibenden 5 Prozent der Masse gehören unser Planet, unser Körper und auch dieses Buch, das der Leser gerade vor sich hat. Da kann man nur staunen mit weit offenem Mund.

Staunen wir über die schiere Unendlichkeit des Universums, so sind wir noch mehr verblüfft über das Nichts, in das sich die Materie hineinverflüchtigt, wenn man sie zerlegt. Wir kennen das Modell des

Atoms. Um einen winzigen Kern kreisen die Elektronen ähnlich wie die Planeten um die Sonne. Der Kern macht 99,9 Prozent der Masse aus, sonst ist nichts als ein von Elektronen umschwirrter Raum. Und der Kern lässt sich weiter zerlegen in Elementarteilchen, in Protonen und Neutronen, und diese noch in Subelementarteilchen, den Quarks. Und letzten Endes können sie ganz verschwinden, wenn man etwa Elementarteilchen im Hochenergie-Beschleuniger kollidieren lässt. Sie zerplatzen und lösen sich in ein „Nichts", in ein geheimnisvolles Vakuum auf, aus dem sie dann wieder an anderer Stelle auftauchen können. So wie Haubentaucher im Wasser. Schwupps – weg sind sie. Nach einem Weilchen tauchen sie oder andere woanders wieder auf. Schwupps – da sind sie. Alle Materie erweist sich letztlich als eine Fluktuation des Quantenvakuums. Ist das, was wir als Realität bezeichnen, nur ein Gaukelspiel? „Ich betrachte Bewusstsein als grundlegend. Ich betrachte Materie als Derivat des Bewusstseins", sagte Max Planck.

Staunen und Wundern stehen am Anfang aller Wissenschaft und Philosophie. Hören wir noch einmal Immanuel Kant:

„Zwei Dinge erfüllen das Gemüt mit immer neuer und zunehmender Be-

Alles ist geformte Energie[4]

wunderung und Ehrfurcht, je öfter und anhaltender sich das Nachdenken damit beschäftigt: der bestirnte Himmel über mir und das moralische Gesetz in mir."

Die Intelligenz des Kosmos hat in einem evolutionären Prozess ein intelligentes Wesen hervorgebracht, den Menschen, der seine Herkunft nachvollziehen kann. Und das ist es, was diese Bewunderung und Ehrfurcht noch einmal vertieft: nämlich das Staunen über das Wesen, das diese Bewunderung und Ehrfurcht empfindet, das Staunen über uns selbst.

5. Nachweise der Evolution

Aus der Fülle der Spuren, welche die Natur im Verlauf ihrer langen Geschichte hinterlassen hat, wollen wir uns einige vor Augen führen.

Vom *Urknall* zeugt eine Reststrahlung von Mikrowellen, die uns noch heute erreicht – ein Echo gewissermaßen der uranfänglichen „Explosion". Man kann sie als Rauschen mit Radioteleskopen empfangen, und sie sind auch mitverantwortlich für das Flimmern, das wir – bei Antennenübertragung – auf unserem Fernsehbildschirm nach Sendeschluss wahrnehmen können. Ein scheinbar banales Flimmern auf dem Bildschirm als Widerhall der kosmischen Entbindung des Baby-Universums. Unglaublich! Von der *kosmischen Evolution* und der Expansion des Universums zeugt u.a. die Rotverschiebung von weit entfernten Sternen jenseits unserer Milchstraße. Ihr Licht wird zu dem roten Ende des Spektrums, also zu größeren Wellenlängen, hin verschoben. Daraus kann man auf eine Fluchtbewegung der Sterne vom Standpunkt des Beobachters aus schließen. Ferner kommt eine Bestätigung der Expansion durch computergestützte Berechnungen. Sie haben ergeben, dass es wenige Sekunden nach dem Urknall eine kurze Phase der erforderlichen Temperatur gab, in der 7 Prozent der verfügbaren Protonen und Neutronen zu Heliumkernen verschmelzen konnten, just die Menge, wie wir sie im Kosmos vorfinden!

Hinsichtlich der *chemischen Evolution* hat 1953 der amerikanische Chemiestudent Stanley Miller in einem aufsehenerregenden Experiment die vermutlichen Rahmenbedingungen der irdischen Uratmosphäre simulieren können. Und siehe, ihm gelang es, Aminosäure herzustellen, einen Grundbaustein des Lebens. Aus solchen einfachen Molekülen sind die komplizierten Nukleinsäuren- und Eiweißmoleküle entstanden, aus deren Zusammenschluss Leben hervorging. Um das Szenarium der „Urzeugung" des Lebens streiten sich freilich die Geister.

Die *biologische Evolution* lässt sich u.a. aus Fossilien rekonstruieren, den versteinerten Resten von Pflanzen und Tieren. Von Bakterien in den ältesten bekannten Gesteinen bis zum anatomisch modernen Menschen erzählen Abdrücke, Schalen und Knochen vom Werdegang des Lebens. Alle Organismen sind mit den gleichen chemischen Grundbausteinen aufgebaut, etwa den Aminosäuren, und nutzen die Biosynthese zum Wachsen und Gedeihen. Die Verwandtschaft aller in der Vergangenheit und Gegenwart existierenden Sauerstoff atmenden Lebensformen wird auch durch ein Enzym bestätigt, das der Sauerstoffübertragung im Zellinnern dient, das Cytochrom c. Aus zwei vorliegenden unterschiedlichen Cytochrom c – Molekülen verwandter Organismen lässt sich der Zeitpunkt zurückrechnen, zu dem ein gemeinsamer Vorfahr existiert haben muss. Und siehe da, der sich rechnerisch ergebende Stammbaum erweist sich als identisch mit dem durch Fossilien und andere Indizien erstellten Stammbaum!

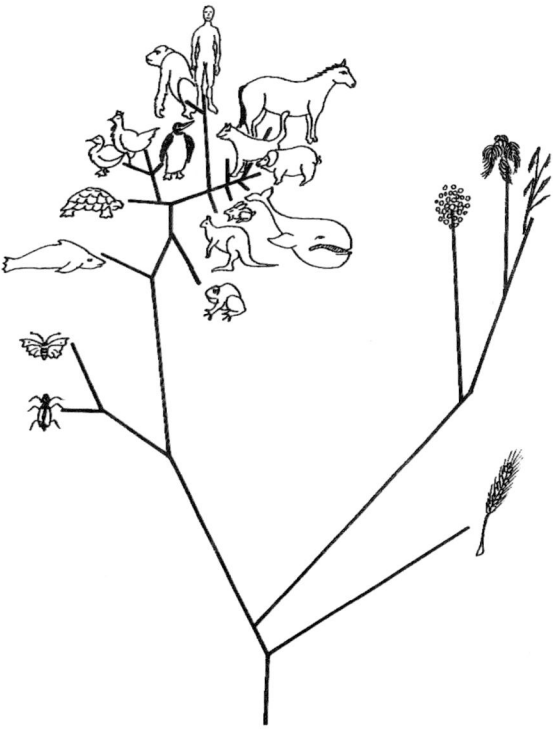

Stammbaum gemäß der vergleichenden Analyse von Cytochrom c. (Nach M. Dayhoff), (Zeichnung: Frank Mühlhäuser)

Nach dem Durchschreiten des Tier-Mensch-Übergangsfeldes setzt die *mentale Evolution* ein. Der anatomisch moderne Mensch in Afrika und der Neandertaler in Europa haben Spuren hinterlassen, die sie eindeutig von ihren tierischen Vorfahren unterscheiden. Keine ihrer Vorgänger etwa hatten ihre Toten bestattet. Man hat Gräber und Grabbeigaben von Neandertalern gefunden, die von einem Bewusstsein von die Endlichkeit des Lebens zeugen und damit vom Einbruch der Reflexivität. Damit war die unschuldige Einheit des Tieres mit der Natur gebrochen: Das Subjekt erlebt sich als getrennt vom Objekt.

Den Beginn der *kulturellen Evolution* entnimmt man u.a. aus der markanten Veränderung der Artefakte, also von Werkzeugen und Kunst, die unsere Vorfahren vor etwa 50 000 Jahren hinterlassen haben. Der anatomisch moderne Mensch ist zum geistig modernen Menschen „mutiert". Jetzt auf einmal findet man nicht nur Gebrauchsgegenstände, sondern auch Kunstobjekte. Höhlenmalereien zeugen von naturnaher bis zu impressionistischer Kunst.

Von der kommenden *supramentalen Evolution* gibt es natürlich noch keine Nachweise, wohl aber zwingende Hinweise, mit denen wir uns noch eingehend auseinandersetzen werden. Denn das ist das, was uns brennend interessiert. Wir wollen uns nicht abfinden mit unserer Mittelmäßigkeit und der desolaten Verwaltung unseres Planeten. Wir wollen uns entwickeln, wollen weiser, intelligenter und glücklicher werden, und wir wollen wissen, wo es langgeht.

6. Zielgerichtetheit der Evolution

Für den klassischen wissenschaftlichen Evolutionstheoretiker steht die Zielgerichtetheit der Evolution des Bewusstseins nicht zur Diskussion. Sie hat sich durch das Spiel der Naturgesetze ergeben, war aber nicht vorgegeben. Denn wer oder was sollte denn der Evolution eine Richtung geben? Derlei Fragen stellen Theologen oder Philosophen. Die Naturwissenschaft hält sich stolz an das Gegebene, an die objektive Welt und an die Möglichkeit, sie durch Beobachtung und Experiment zu erforschen. Und sie hat der Natur so manches architektonische Geheimnis entlockt. Der Architekt selbst aber bleibt hinter den Kulissen. Oder will er sein aus der Transzendenz heraus wirkendes Wesen gerade dadurch andeuten, dass er sich naturwissenschaftlicher Erkenntnis entzieht? Gleiches erkennt nur Gleiches.

Einen markanten Schritt in der Aufdeckung architektonischer Gesetzmäßigkeiten verdanken wir Charles Darwin, dem großen englischen Theologen und Naturforscher. Sein 1859 veröffentlichtes Buch „Über die Entstehung der Arten durch natürliche Zuchtwahl" war ein regelrechter Bestseller und löste einen Phasenübergang in der Geschichte der Naturwissenschaft aus. Bis dahin war man der festen Überzeugung gewesen, dass die Fülle der naturgegebenen Lebensformen, wie sie vom schwedischen Biologen Carl von Linné in seinem „Systema naturae" (1735) säuberlich eingeordnet wurden,

von GOTT erschaffen waren und sich seitdem nicht mehr verändert hätten. An dieser Überzeugung hatte darauf der französische Naturforscher Jean-Baptiste de Lamarck in seiner „Philosophie zoologique" (1809) gerüttelt: „Alle Organismen sind wahre Naturerzeugnisse, die nacheinander und in aufsteigender Abfolge auseinander entstanden sind." Damit kam die Idee der biologischen Evolution in die Welt. Lamarck war der Überzeugung, dass ein „inneres Bedürfnis" die Organismen dazu treibt, ihr Verhalten zu ändern, und er glaubte, dass erworbene Merkmale durch Vererbung weitergereicht werden. Dem widersprach Darwin.

Charles Darwin gilt als der Begründer der mechanistischen Evolutionstheorie. Ursprung und Veränderung der Arten sind das Produkt von zufälligen Mutationen im Erbgut (Variabilität) und notwendiger Auslese (Selektion) im „Kampf ums Dasein". Dieser zweistufige Prozess wurde im Verlauf des vergangenen Jahrhunderts durch die Erkenntnisse der Molekulargenetik, der Populationsbiologie und der Systemtheorie erweitert und bildet den Rahmen, an dem sich die naturwissenschaftlich ausgerichteten Biologen orientieren.

Die herausragende Leistung Darwins lag vor allem in der Erkenntnis, dass es nicht allein physikalische oder chemische Gesetze sind, die den Ablauf der Natur kausal-mechanistisch festlegen (determinieren), sondern auch statistische Gesetze, die dem Zufall übergeordnet sind: Von den zahlreichen zufälligen Mutationen setzen sich nur diejenigen durch, die sich im Leben bewähren. Darwin nannte das „natural selection"; später verwendete er auch den Ausdruck „survival of the fittest", das Überleben der Tüchtigsten. Bei Tieren mit Merkmalen, die zwar schön, aber im „Kampf ums Dasein" eher hinderlich sind – etwa die Pracht der Federn im Pfauenschwanz – verwendete Darwin den Begriff „sexual selection". Offenbar ziehen Weibchen bei der Paarung attraktive Männchen vor. Nicht nur bei Tieren…

Jedenfalls war Darwin davon überzeugt, dass diese Gesetzmäßigkeiten dem Stammbaum des Lebens vom Einzeller bis zum Menschen zugrunde liegen. In den Lehrbüchern der Biologie kann man heutzutage auch von zusätzlichen Faktoren wie „Isolation", „Rekombination",

Auf dem T-shirt sagt Darwin: „Wenn ich dich anschaue, brauche ich eine neue Theorie."[5]

„Gendrift" oder „konzertierter Konvergenz" lesen. Für die naturwissenschaftliche Evolutionsforschung ist Darwins Theorie jedenfalls so etwas wie das Grundgesetz für die Bundesrepublik.

Nun hat aber die Evolutionsforschung in den Jahrzehnten nach Darwin eine wachsende Anzahl von Widersprüchen aufgedeckt, die sich nicht mit seinem Erklärungsmodell vereinbaren lassen. Die Zeitschrift GEO (7/84) sah sich sogar veranlasst, den Darwinismus als den „Irrtum des Jahrhunderts" zu bezeichnen. Wir wollen einige von diesen Widersprüchen aufzählen.

1. Gemäß Darwin erfolgt der Evolutionsprozess in langsamen kontinuierlichen Schritten, die nicht nur zur Artenfülle, sondern auch zur Verschiedenartigkeit innerhalb der gleichen Art geführt haben. Nun sind aber *markante strukturelle Umwandlungen*, etwa vom Reptil zum Vogel, *plötzlich aufgetreten*. Es fehlen die Fossilien, die einen graduellen Übergang belegen. Der „Urvogel" Archaeopterix konnte bestenfalls herumflattern, aber noch nicht fliegen. Außerdem gab es schon zu seiner Zeit, vor etwa 125 Millionen Jahren, bereits Vögel. *Irgendwas muss also die Natur zu kreativen Phasensprüngen veranlasst haben.*

2. Ein weiteres für die mechanistische Auffassung der Evolution unerklärliches Phänomen sind die sogenannten *konvergenten Entwicklungen*, die Ausbildung ähnlicher Strukturen in verschiedenen Gattungen und in auseinandergelegenen geographischen Regionen. Der Igel in Europa, das Sta-

chelschwein in Nordamerika und der Stacheligel in Australien entwickelten sich beispielsweise nach ähnlichen, unabhängig voneinander auftretenden Bauplänen, längst nachdem die Kontinente voneinander getrennt waren.

3. Gänzlich versagt die Selektionstheorie bei der Erklärung der *Präadaption,* also der Tatsache, dass Lebewesen mitunter Strukturen oder Organe schon zu einem Zeitpunkt entwickelten, wo sie noch gar nicht benötigt wurden. So hatten Fische bereits in ihren Flossen ein System von rudimentären Knochen entwickelt, wie es erst später als Gliedmaße zur Eroberung des Landes erforderlich war. *Vorwissen des Kommenden? Woher?*

4. Auch das häufige Auftreten von *Überspezialisierungen und Exzessivbildungen,* wie bei Stoßzähnen, bei Geweihen oder dem Federkleid von Paradiesvögeln, bringt die Selektionstheorie in Verlegenheit. Hierbei handelt es sich um Entwicklungen, die keinerlei Vorteil im „Kampf ums Dasein" bewirken, mitunter sogar Nachteile. Der schweizerische Biologe Adolf Portmann spricht in diesem Zusammenhang vom *„Darstellungswert"* der Lebewesen, *„der weit hinausweist über alle elementaren Voraussetzungen von Erhaltungsfunktionen".*

5. Auch die These vom „Kampf ums Dasein" ist eine recht einseitige Sichtweise. Es gibt ebenso viele Beispiele von *Selbstbeschränkung und Zusammenarbeit bis hin zum Opfer für Gemeinschaft.* In Madagaskar ernähren sich beispielsweise drei Arten von Halbaffen von Bambus. Eine beschränkt sich auf das Fressen der Blätter, eine andere auf das der Innenwände der Stängel, eine dritte auf das der Schösslinge. Einzellige Lebewesen, Amöben, opfern in Zeiten des Nahrungsmangels ihren Zellleib zum Wohl ihrer Artgenossen, damit ein gemeinsamer Schleimpilz aufgebaut werden kann. *Ob es wohl die Schwächsten sind, die sich hier opfern?*

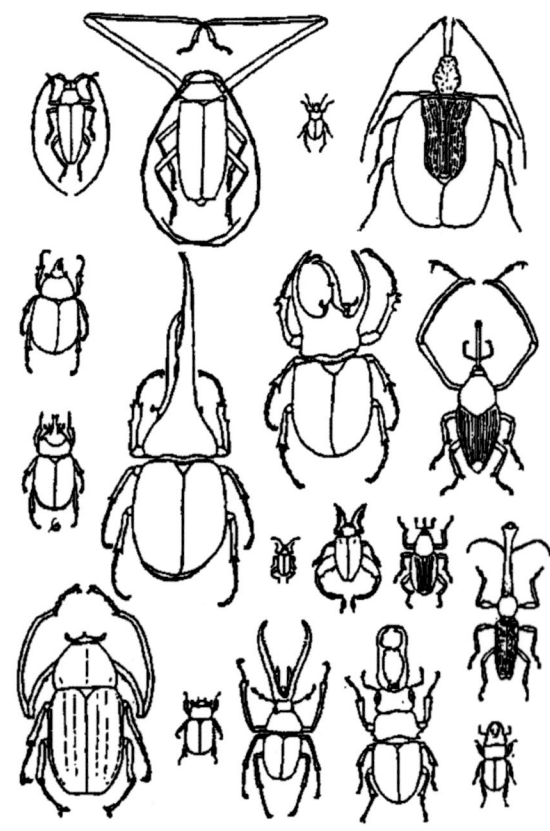

Überschießendes kreatives Wachstum bei Käfern, mit dem sich keinerlei Selektionsvorteil verbindet. (Zeichnung: B. Rentsch[6])

Wäre die Evolution allein von einem „Kampf ums Dasein" geprägt, der nur die Fittesten überleben lässt, so müsste man annehmen, dass nach Jahrmillionen giftige, stachlige und besonders aggressive Tiere dominieren würden. Dem ist aber nicht so, ein Gleichgewicht hat sich immer wieder eingestellt, und *Schönheit, Darstellungsfreude und Bewusstsein haben zugenommen.* Die „Mutter" Natur ist nicht feindselig, eher fürsorglich, ist aber auch darauf bedacht, dass sich ihre Kinder durch ständige Herausforderungen zu mehr Bewusstheit entwickeln. (Wer kennt das nicht!)

Der Darwinismus bietet ein brauchbares, jedoch nicht hinreichendes Modell zur Erklärung der Entstehung von Arten durch Mutation und Selektion. So etwa die Ausbildung des langen Halses der Giraffe mit dem Vorteil vegetarischer Kost aus höheren Gefilden auch in Zeiten der Dürre.

Angehörige einer Art können untereinander Nachkommen zeugen. Sie tun das auch und sorgen so gleichzeitig für Artenvielfalt. Durch welche Gesetzmäßigkeiten entstehen jedoch die Unterschiede zwischen Familien, Ordnungen und Klassen, also Tieren, die sich nicht miteinander paaren? Hunde und Katzen gehören zur gleichen Familie der Raubtiere, aber sie lieben sich nicht. Kommt ja auch unter Menschen vor…

Es ließen sich noch zahlreiche weitere Phänomene anführen, welche die Theorie der Evolution durch Mutation und Selektion nicht hinreichend oder gar nicht erklären kann. So ist der formbildende Zusammenhang zwischen der genetischen Struktur, dem Genotyp, und dem äußeren Erscheinungsbild, dem Phänotyp, nach wie vor ungeklärt. Aber die Rätsel und die Widersprüchlichkeiten ließen sich auflösen, wenn man bereit ist, eine *schöpferische Instanz* anzuerkennen, die sich unter anderem der Mutation und Selektion als Evolutionsmechanismus bedient. Auch der englische Biologe Gordon R. Taylor wird zur Annahme von Mechanismen geführt, die „weit außerhalb der Grenzen der natürlichen Auslese liegen":

„Wenn wir rückblickend das Beweismaterial überprüfen, ist meiner Ansicht nach kaum daran zu zweifeln, dass die großen evolutionären Veränderungen ebenso wie der seltsame Tempowechsel der Evolution zwar die Selektionstheorie nicht ungültig machen, aber die Annahme von Mechanismen erfordern, die weit außerhalb der Grenzen der natürlichen Auslese liegen, so brauchbar diese auch in kleineren Zusammenhängen als Erklärung dienen mag."[7]

Darwins Thesen entsprachen den Bedürfnissen seiner Zeit. Er hatte sie von der Gesellschaftsphilosophie Herbert Spencers auf die Natur übertragen. Sie waren dem Frühkapitalismus willkommen zur Rechtfertigung ausbeuterischer Strukturen im Zuge der aufkommenden Industrialisierung Englands. Mit ihnen konnte man egoistische Interessen begründen, die Unterdrückung der Schwächeren durch die Stärkeren erklären und von „begünstigten Rassen" sprechen. Lautete doch der volle Titel von Darwins Bestseller: „Über die Entstehung der Arten durch natürliche Zuchtwahl oder die Erhaltung der begünstigten Rassen im Kampfe ums Dasein". Damit wurde ein gefährlicher Samen gesät, der im „3. Reich" eine perverse Blüte trieb und bis heute noch keimt.

Die Erkenntnisse von Darwin beruhen auf einer materialistisch-mechanistischen Sichtweise der Natur, der sich noch gegenwärtig die meisten Naturwissenschaftler verpflichtet fühlen. Zur Datengewinnung ist diese Sichtweise gewiss fruchtbar, aber der Natur an sich wird sie nicht gerecht. Das Verdienst der Naturforscher steht außer Frage, doch sie wären gut beraten, ergänzend zur Erforschung der äußeren Natur ihre innere Natur zu erforschen. Sie würden die Einheit der Natur entdecken und ihre persönliche Einheit mit ihr. Und sie würden ihr SELBST erkennen und die Natur in ihrer Ganzheit. Verkündete doch das Orakel zu Delphi: „Erkenne dich selbst, und dann wirst du die Welt erkennen".

Warum zögern noch viele verantwortungsvolle Menschen in Wissenschaft, Staat und Kirche, sich der inneren Intelligenz zuzuwenden? Bangt man darum, die Errungenschaften der Aufklärung aufs Spiel zu setzen und sich wieder der Bevormundung einer gottgegebenen Autorität auszusetzen? Oder ist es die unbegründete Angst, vertrauten Boden unter den Füßen zu verlieren? Dabei verhält es sich genau umgekehrt: endlich Festland! So mag es Christoph Kolumbus ergangen sein, als er den vertrauten Boden Spaniens verließ, ins Ungewisse aufbrach und neues Festland entdeckte. Es gab damals viele Skeptiker, und die gibt es auch heute. Wer will sich schon der Kritik des Establishments aussetzen? Nicht jeder hat den Mut eines Christoph Kolumbus, eines Kopernikus oder Galileo Galilei.

Darwins Evolutionstheorie gilt für die biologische Evolution. Zu Zeiten der kosmischen und chemischen Evolution konnte noch nichts mutieren; es gab noch keine Gene, aber Evolution. Der Einfluss der Gene auf das Aussehen und die Eigenschaften der Organismen wird maßlos überschätzt. In allen Zellen eines Organismus befinden sich die gleichen Gene. Und trotzdem unterscheiden sich die Zellen, beispielsweise im menschlichen Körper, erheblich voneinander. Struktur und Funktion von Knochen-, Nerven- oder Muskelzellen sind ganz unterschiedlich. Mit den gleichen Genen als Informationsträger werden zum einen ein Daumen, zum anderen ein großer Zeh aufgebaut und beides noch einmal seitenverkehrt. Wenn nicht von den Genen, woher erhalten dann die Zellen ihre unterschiedlichen Bauanleitungen? Einige Organismen differenzieren sich sogar als Ganzes untereinander, obwohl sie die gleichen Gene haben, etwa in Soldaten und Arbeiter bei den Ameisen. Zu 95 Prozent hat der Mensch das gleiche Erbgut wie die Maus. Für den nicht unerheblichen Unterschied zwischen Mann und Maus sollen nur 5 Prozent der Gene verantwortlich sein?

Ein großes Rätsel bleibt auch die Morphogenese, die Entstehung und das Wachstum eines Organismus aus einer einzigen befruchteten Eizelle. Zunächst nur identische Zellen, Stammzellen, die dann von einem bestimmten Zeitpunkt an sich aufteilen in Knochen-, Gewebe-,

HE! KOMMT SOFORT DA RUNTER!

ALLE IN DER HERDE HATTEN DEN GENDEFEKT LÄNGST
AKZEPTIERT - NUR BÄRBEL WAR EINFACH ZU EITEL.

(Karikatur: Josephine Mark, puvoproductions)

Organ-, Haut-, Blutzellen und, und, und. Wer führt hier Regie? Wer bestimmt, wann die Funktion der Gene angeschaltet wird, damit die Zelle die spezifischen Proteine produzieren kann? Aber auch andere Bestandteile der Zelle spielen in abgestimmter Zusammenarbeit beim Aufbau der Proteine eine Rolle. Ferner wandern innerhalb des Zellkerns die Gene hin und her zur Ausdifferenzierung ihrer Funktion, ein winziges pulsierendes Ökosystem! Die Humangenetiker sprechen hinter vorgehaltener Hand von Selbstorganisation. *Bedient sich hier vielleicht eine verborgene Gesetzmäßigkeit der Gene wie ein Handwerker seines Werkzeugs?* Müsste man nicht auf ihre Existenz aus ihrer Wirkung schließen?

Auch psychische Vorgänge bleiben nicht ohne Einfluss. In seinem Buch „Intelligente Zellen. Wie Erfahrungen unsere Gene steuern" zeigt der amerikanische Zellbiologe Bruce Lipton auf, wie Denken und Fühlen molekulare Veränderungen auslösen und auf die Zellen einwirken. So hat man beispielsweise festgestellt, dass Zuwendung und zwischenmenschliches Verständnis beruhigend auf die Gene des Stress-Systems wirken.

Gen-Deterministen hingegen sind der Überzeugung, dass aufgrund starrer genetischer Programme Begabungen, psychische Dispositionen und körperliche Krankheiten im Verlauf des Lebens zum Tragen kommen. Nachdem das menschliche Genom entschlüsselt wurde, glauben sie, auch dem komplizierten Zusammenspiel der Gene auf die Schliche zu kommen und die Natur zu überlisten. Dahinter verbirgt sich mitunter auch ein kommerzieller Hintergrund. Hofft man doch auf das große Geschäft mit Ersatzzellen, Austauschorganen, geklonten Menschen und Designerbabys. Schon hat ein biologisches Wettrüsten eingesetzt. Einige Mediziner und Genetiker planen die gezielte „Verbesserung" des menschlichen Erbguts. Der Zufall soll ausgeschaltet, die Evolution programmiert werden. Der amerikanische Molekularbiologe Lee Silver prophezeit, „dass die Genreichen auf der Evolutionsstraße ausscheren und die Naturbelassenen überholen werden".

Das Konzept der linearen Informationsübertragung der Gene zum Aufbau von Zellen und Organen und letztlich auch von Krankheiten geht nicht auf. Der Mensch hat im Verlauf der Evolution des Bewusstseins Dimensionen erschlossen, die weit über das Genetische hinausgehen und die nur einem ganzheitlichen Ansatz zugänglich sind. Der spezifisch menschliche Geist und die damit einher-

gehenden psychosomatischen Probleme gehören einer anderen Ebene an. All das soll keineswegs die Verdienste der Genforschung schmälern und die Möglichkeit, Erbkrankheiten zu beeinflussen, infrage stellen. Es soll lediglich die Erkenntnisse relativieren und sie in einen größeren Zusammenhang stellen.

Abgesehen davon, dass viele „schlechte" Gene ihre guten Seiten haben und das Wunschbild eines optimalen Genoms nicht machbar ist, könnte sich die genetische Bastelei auch als äußerst gefährlich erweisen. Der geklonte Mensch rückt in bedenkliche Nähe. Ethikkommissionen hinken den Machern meist hoffnungslos hinterher. Wer will denn hier entscheiden, auf welche Merkmale es die künftige Evolution abgesehen hat?

Das mag einer der Gründe sein, warum die Regiefunktion sogenannter formbildender, *„morphogenetischer Felder"* wieder in die Diskussion gekommen ist. Der Begriff wurde in den 20er Jahren des vergangenen Jahrhunderts von Hans Driesch und seinem russischen Kollegen Alexander Gurwitsch eingeführt, wurde aber von ihren darwinistisch orientierten Kollegen belächelt. In den 80er Jahren tauchte das „formbildende Gespenst" wieder auf. Ein junger englischer Biologe, Rupert Sheldrake, sorgte damit für Furore im darwinistischen Lager. Im Covertext seines umstrittenen Buches „Das schöpferische Universum" (1983) heißt es:

„Jeder Form und jedem Verhalten liegen neben genetisch bedingten Ursachen unsichtbare Konstruktionspläne zugrunde – transzendente ´morphogenetische Felder` prägen und steuern die gesamte belebte wie unbelebte Schöpfung. Und obwohl diese Felder frei von Materie und Energie sind, wirken sie doch über Raum und Zeit und können auch über Raum und Zeit hinweg verändert werden."

Nach Sheldrake sind solche morphogenetischen Felder durch einen ständigen Wiederholungsprozess entstanden. Für alle natürlichen Systeme, beispielsweise Fledermäuse, Haselnüsse oder Biomoleküle, besteht ein solches form- und verhaltensprägendes Feld. Es ist durch die Form und das Verhalten der vorausgehenden Systeme entstanden und prägt durch „morphische Resonanz" das gegenwärtige System. Aus Gewohnheiten werden Gesetzmäßigkeiten.

Auch emotionale Bindungen, etwa zwischen Partnern oder innerhalb einer Familie, lassen ein morphogenetisches Feld entstehen. Hier hätte man auch ein brauchbares Modell zur Erklärung der Übertragung von Gedanken, der Telepathie. Das scheint besonders gut bei Tieren zu klappen, deren telepathischer Empfang nicht durch mentale Prozesse überlagert wird. Hunde wissen, wann ihr Herrchen oder Frauchen nach Hause kommt. Und Katzen spüren, wann der Termin beim Tierarzt naht, und sind dann plötzlich nicht mehr aufzufinden.

Aristoteles hatte die in der Natur liegende Kraft der Entwicklung und der Vollendung als *„Entelechie"* bezeichnet, als das, was das Ziel in sich trägt. Das Ziel der wachsenden Intensivierung des Bewusstseins sei festgelegt, der Weg zur Verwirklichung aber offen. Stabilität und Flexibilität, Gesetz und Freiheit sind Grundmerkmale der Evolution. Sie mäandriert, bewegt sich schlängelnd wie ein Bach, sie erfreut sich verspielter Kreationen in der Natur und liebenswerter Freaks unter den Menschen. Sie setzt nach einer Naturkatastrophe mit Überlebenskünstlern wieder an, aber verliert dabei niemals ihr Ziel aus dem Auge: mehr Bewusstsein, mehr Leben, mehr Daseinsfreude!

Den Begriff der Entelechie finden wir auch, nur in anderer Formulierung, bei dem französischen Anthropologen Teilhard de Chardin. Er nennt sie das „innerliche Prinzip", das als „Triebfeder des aufsteigenden Bewusstseins" wirkt:

„Der Impetus der Welt, wie er sich in dem großen Bewusstseinsdrang verrät, hat seine letzte Quelle und findet eine Erklärung für seinen Weg, der eindeutig nach immer höheren psychischen Formen strebt, einzig und allein in der Existenz eines innerlichen Prinzips in der Bewegung."[8]

Das Streben dieses „innerlichen Prinzips in der Bewegung" nach „immer höheren psychischen Formen" wirkt sich als Entfaltung des Bewusstseins aus. Bewusstsein ist der Träger von Wissen. Es manifestiert sich beispielsweise in physikalisch-chemischen Systemen, den sogenannten dissipativen Strukturen, in der Proteinbildung der Bakterien, dem genetischen Code einzelliger und vielzelliger Lebewesen entlang der stammesgeschichtlichen Stufenleiter und schließlich im mythischen, im bildhaften, im begrifflichen und intuitiven Denken des Menschen.

Nur Wissen, das sich bewährt, also in Übereinstimmung mit der vorgefundenen Wirklichkeit ist, erweist sich als Überlebensvorteil und wird konserviert. Genforscher vermuten, dass es zu einer Rückmeldung von Erfolgen kommt mit einem Einfluss auf die Wechselwirkung unter den Genen. Solche in der Lebensbewältigung getestete und möglicherweise genetisch-funktionell verankerte Wissensdispositionen werden alsdann tradiert und Schicht um Schicht optimiert. Dem simplen Reflexverhalten folgt der Instinkt und dem Instinkt der Verstand mit der Fähigkeit zur bewussten Abbildung der Umwelt. Die von Kant aufgezeigten, beim Menschen vorgegebenen Strukturen der Sinneswahrnehmung und des ordnenden Verstandes sind nichts anderes, so argumentiert Evolutionsbiologe Rupert Riedl, als die „durch die Selektion extrahierten, fundamentalen Strukturgesetze dieser Welt".

Mithin kommt es mit der *„evolutionären Erkenntnistheorie"* zu einer Aufwertung menschlichen Wissens als einer bewährten Annäherung an die Wirklichkeit. Es ist zwar nicht die Wirklichkeit an sich, denn die entzieht sich dem gegenwärtigen Stand unseres Erkenntnisvermögens. Kant konnte sich allerdings auch einen „anschauenden Verstand" vorstellen, einen „intellectus archetypus", mit einer unmittelbaren Erkenntnis frei von der Verzerrung durch die Subjekt-Objekt-Spaltung. Ein solcher „anschauender Verstand" wird uns – dahin geht unsere Argumentation – auf der sich anbahnenden Bewusstseinsstufe evolutionär erschlossen. Damit hätte die Evolutionsdynamik ihren Wissenshorizont erneut erweitert. *Im Vollzug des transzendentalen Bewusstseins, des Zustands der reinen Selbstbezogenheit von Bewusstsein, beugt sich die im Menschen individualisierte Evolutionsdynamik gewissermaßen auf sich selbst und löst einen Phasenübergang aus.* Dieser wirkt sich dahingehend aus, dass Geist als Evolutionsdynamik und Geist als Subjektbewusstsein an den absoluten Geist ankoppeln in einer für unser gegenwärtiges Erkenntnisvermögen nicht nachvollziehbaren „differenzierten Identität". Das scheint die eigentliche Dynamik der Phasenübergangs auszumachen: Ankoppeln an eine höhere geistige Frequenz und damit das Einfließen von Harmonie und Intelligenz, von Energie und innerer Freude. Besteht da ein Zusammenhang mit dem christlichen Begriff der „Gnade"?

In der reinen Selbstbezogenheit, der mentalen Stille, entsteht eine Öffnung für den absoluten Geist. (Zeichnung: Frank Mühlhäuser)

Derlei naturphilosophische Betrachtungen werden durch Untersuchungen mit dem Elektroenzephalographen (EEG), einem Gerät zur Aufzeichnung der Gehirnaktionsströme, unterstützt. Während der Meditation hat man Phasen der EEG-Kohärenz registriert, die mit der Erfahrung der *reinen Selbstbezogenheit des Bewusstseins* in Verbindung gebracht werden. Versuchspersonen sprechen von einem Zustand der Unbegrenztheit, der inneren Freude und des intuitiven Wissens. So werden philosophische Aussagen von Aristoteles, die mehr als 2000 Jahre zurückliegen, von der modernen Bewusstseinsforschung bestätigt. In seinem psychologischen Hauptwerk „Über die Seele" sagte Aristoteles, dass der unsterbliche Geist gleichsam von außen „ereignishaft" (in einem Phasenübergang) in die sterbliche Seele eintritt und damit dem Menschen erst die Fähigkeit zur universellen, allgemeingültigen Erkenntnis vermittelt.

Die Zielgerichtetheit der Evolution wird inzwischen auch unter den Astrophysikern ernsthaft diskutiert. Sie firmiert hier als *„anthropisches Prinzip"* und dient der Erforschung der Bedingungen, die Kosmos und Naturgesetze erfüllen mussten, um die Evolution des Menschen zuzulassen. Indirekt schält sich dann ein übergeordnetes Prinzip heraus, das der Evolution ihre Logik verleiht, obwohl es als solches nicht thematisiert wird. Die Ausrichtung der Forschung nach diesem Prinzip führt zu Erkenntnissen, die eindeutig die These des französischen Biochemikers Jacques Monod entkräften, der behauptete: „Das Universum trug weder das Leben noch trug dieses den Menschen in sich. Unsere Losnummer kam vielmehr beim Glücksspiel heraus: Das Leben verdankt seinen Ursprung einem einzigen unwahrscheinlichen Zufall."[9]

Monod ist mit dieser Aussage ganz auf der Linie des klassischen naturwissenschaftlichen Paradigmas, das einem „methodischen Atheismus" verpflichtet ist, um die Natur objektiv und wertfrei zu untersuchen. Ein Gartenzaun mit keinem Zwischenraum hindurchzuschauen! GOTT darf nicht als Lückenbüßer für noch Unerklärliches herangezogen werden! Das hat seine Berechtigung im Bereich der Untersuchung sinnlich wahrnehmbarer Phänomene, aber seine Grenzen in der Erforschung der sich dahinter verbergenden übergeordneten Gesetzmäßigkeiten. Vielleicht sollten die Naturwissenschaftler von dem Gegenstand, den sie untersuchen, von der Natur selbst, etwas lernen. Wir sagten, dass Stabilität und Flexibilität Grundmerkmale der Evolution sind. Sie sollten auch Grundmerkmale der Forschung sein. Methodische Stabilität in der Erforschung wahrnehmbarer Phänomene, methodische Flexibilität in der Erforschung verborgener Gesetzmäßigkeiten. Ein Schritt in diese Richtung ist der Forschungsansatz des anthropischen Prinzips. Ein weiterer Schritt wäre der Forschungsansatz im Subjektiven, wo das indirekt Erschlossene direkt in Erfahrung gebracht werden kann.

Die Astrophysik beobachtet und berechnet einen geradezu perfekt austarierten Kosmos, der vom Urknall an die Weichen so stellte, dass eine intelligente Lebensform entstehen konnte. Nur minimale Abweichungen von den Naturgesetzen hätten diese Entwicklung vereitelt. In seinem Buch „Das anthropische Prinzip. Der Mensch im Fadenkreuz der Naturgesetze" sagt der deutsche Astrophysiker Reinhard Breuer: „Ein Universum, das einer Intelligenz zur Existenz verhilft, die das Universum beobachtet, verdient eine besondere Bezeichnung: Es ist ein sich erkennendes Universum."[10] Mithin wird sich im Menschen das Universum seiner selbst bewusst. Es hat den Menschen hervorgebracht, und dieser beobachtet es nun als „Schwanz seines eigenen Wesens". Und das Erstaunliche daran ist, dass diese Bewusstwerdung, diese „Selbstbeobachtung", das Beobachtete, also das Universum, verändert.

Im Quantenbereich der Materie weiß man längst, dass der Vorgang der Beobachtung die Phänomene, die untersucht werden, verändert: „Wir können nicht beobachten, ohne das zu beobachtende Phänomen zu stören, und die Quanteneffekte, die sich am Beobachtungsmittel auswirken, führen von selbst zu einer Unbestimmtheit in dem zu beobachtenden Phänomen", erkannte Werner Heisenberg. Im Makrobereich der Materie ist die „Unschärferelation" vernachlässigbar, im psychischen Bereich jedoch ist der Einfluss der Beobachtung nachweisbar.

In einem Interferenzversuch konnte der amerikanische Physiker John Wheeler feststellen, dass die bloße Beteiligung eines bewussten Beobachters auf die Ausformung der Wirklichkeit Einfluss nimmt. Interessant. Kennen wir das auch aus unserem Leben? Beim Spaziergang beobachten wir jemand, der vor uns geht.

Prompt blickt er sich um. Ähnlich verhält es sich mit Gedanken oder Vorstellungen. In einem aufschlussreichen Experiment der „Mind Science Foundation" in San Antonio, USA, wurden insgesamt 270 Versuchspersonen durch Visualisierungen beeinflusst. Ihre Reaktionen wurden mit einer Art Lügendetektor aufgezeichnet. Und siehe da, man konnte Veränderungen registrieren, die nicht auf Zufall beruhen konnten. *Mithin tragen wir eine Verant-wortung für das, was in unserem Ober-stübchen sich abspielt. Aber meistens sind wir uns unserer Gedanken und Vorstel-lungen nicht bewusst. Bewusstwerdung will trainiert werden, wohl das entschei-dendste Training in unserem Leben…*

„Mit den Kräften der Liebe suchen die Fragmente der Welt einander, auf dass die Welt sich vollende."

TEILHARD DE CHARDIN

Zielgerichtetheit der Evolution

II. Der Verlauf der Evolution des Bewusstseins

1. Das VEREINHEITLICHTE FELD

Einleitend hatten wir versucht, unser Staunen zu provozieren, zu staunen etwa darüber, dass sich alle Himmelskörper im Raum ständig voneinander entfernen. Demnach müssten sie, wenn man die Zeit zurückverfolgt, irgendwann einmal in einem anfänglichen Zustand sehr nahe beieinander gewesen sein. Dem ist auch so, das haben Berechnungen und Beobachtungen ergeben. Alle Sterne samt ihren Planeten, alle Galaxien sind einmal aus riesigen Wolken von Wasserstoff entstanden, und irgendwann an einem Nullpunkt muss alle Materie miteinander vereinigt gewesen sein.

Die Quantenphysiker sprechen von dem VEREINHEITLICHTEN FELD (wir schreiben alles, was im transzendentalen Bereich angesiedelt ist, in großen Buchstaben), das dem Universum zugrunde liegen muss und aus dem es, so die Berechnungen, mit einem gigantischen Urknall hervorgegangen sein muss. Hier müssen alle Grundkräfte der Natur, der Elektromagnetismus, die schwache Wechselwirkung (radioaktiver Zerfall), die starke Wechselwirkung (Zusammenhalt der Elementarteilchen des Atomkerns) und die Gravitation, miteinander vereinigt gewesen sein. Man hat die Grundkräfte bis zur großen Vereinheitlichung experimentell zusammenführen können. Zur „Super-Vereinheitlichung" jedoch brauchte man einen Hochenergiebeschleuniger mit dem Durchmesser von einigen Lichtjahren – zu groß für unseren Planeten!

Also müssen wir uns mit theoretischen Modellen begnügen, wie zum Beispiel der viel diskutierten Stringtheorie, einer Kandidatin für die „Weltformel". Sie vereinigt alle vier Naturkräfte und verbindet die Quantenphysik mit der allgemeinen Relativitätstheorie: Nicht aus Elementarteilchen, sondern aus winzigen eindimensionalen Saiten, aus schwingenden Strings, bestehen alle Objekte. Eine Melodie des Mikrokosmos? Entsteht alle Materie aus den Obertönen harmonisch schwingender Saiten? Nada Brahma, die Welt ist Klang, verkünden die Veden.

Oder gibt es auch eine zusätzliche Forschung im subjektiven Bereich des Menschen, die uns da weiterhelfen könnte? Vielleicht ist da ein verborgener Zusammenhang des VEREINHEITLICHTEN FELDES mit unserem Bewusstsein, das sein Potenzial noch längst nicht voll ausgeschöpft hat? Wittern wir einen Salatkopf?

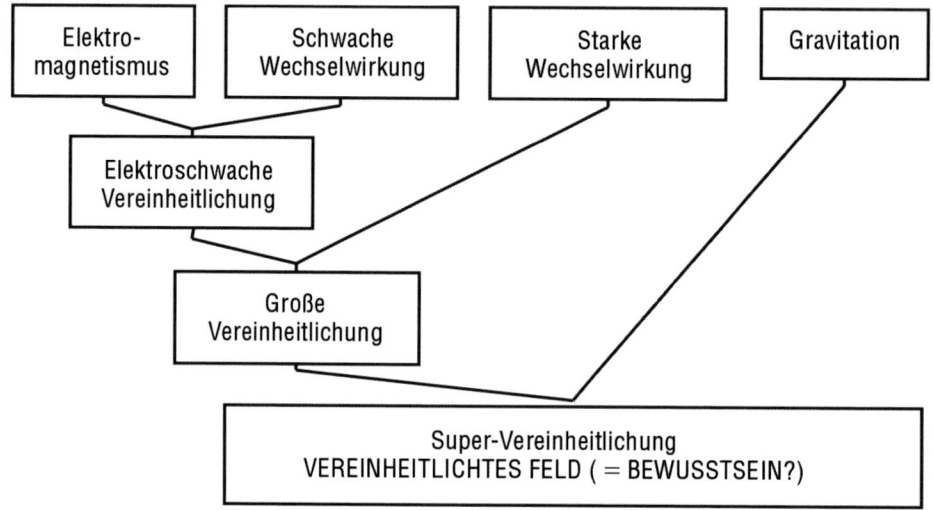

Die Super-Vereinheitlichung mit Hilfe des Bewusstseins?[11]

Im Hochenergiebeschleuniger, wir sprachen bereits davon, kann man beobachten, dass kollidierende Elementarteilchen mitunter in einem Vakuum verschwinden und von dort aus wieder auftauchen. Dieses Phänomen führte zur Beschreibung des VEREINHEITLICHTEN FELDES als eines Quantenvakuums, als eines Bereichs virtueller Energie/Materie. Tatsächlich hat man auch diesem „Nichts" bereits Photonen experimentell „entlocken" können.[12] In der Philosophie wird das VEREINHEITLICHTE FELD als LOGOS bezeichnet, als „Weltvernunft", jenes transzendentale Feld, in dem alles vorgängig versammelt ist, bevor es manifest wird.

Die Natur gibt uns Rätsel auf. Sie funktioniert jedenfalls nicht mechanistisch nach dem klassischen Verständnis der Naturwissenschaft. Das hat die Quantenphysik klar widerlegt. In der Partikelwelt der Materie gibt es keinen Determinismus, sondern nur Wahrscheinlichkeiten, ein Beziehungsgefüge, einen ständigen Wandel. Dort gibt es keine Ja-oder-nein-Logik, alles ist offen. Kennen wir das nicht auch aus unserem Leben? Wir machen eifrig Pläne und strukturieren nach unseren Vorstellungen: Wenn… dann… Doch „meistens kommt es anders, als man denkt". Dann gibt es manchmal Frust. Lässt er sich aber in Akzeptanz konvertieren, kommt wieder Fluss ins Leben und später vielleicht die Erkenntnis, dass es so viel besser war für alle Beteiligten.

Mit dem Urknall setzte ein erstaunliches, in großen Etappen sich vollziehendes Evolutionsgeschehen ein, das zu Strukturen wachsender Komplexität und Ordnung führte. Das VEREINHEITLICHTE FELD muss also nicht nur ein Bereich virtueller Energie/Materie sein, sondern auch ein Bereich virtueller Information/Bewusstsein. Zu dieser Überlegung kommt auch der amerikanische Astrophysiker F.J. Dyson:

„Es wäre nicht überraschend, wenn sich herausstellen würde, dass Ursprung und Schicksal der kosmischen Energie nicht voll verständlich werden, wenn man sie von dem Phänomen des Lebens und Bewusstseins trennt."[13]

Alexander Vilenkin, Kosmologie-Professor an der Tufts University in Medford, USA, gelangt zu dem Schluss: „Man muss annehmen, dass die Gesetze der Physik existierten, ‚bevor' das Universum entstand."[14] Und der Quantenphysiker Hans-Peter Dürr, ehemaliger Leiter des Max-Planck-Instituts für Physik in München, spricht von einem Informationsfeld, an dem auch der Mensch teilhat:

„Dieses Informationsfeld ist nicht nur innerhalb von mir, sondern erstreckt sich über das gesamte Universum. Der Kosmos ist ein Ganzes, weil dieser Quantencode keine Begrenzung hat. Es gibt nur das Eine."[15]

Aus der Sicht der Quantenphysik interagieren im VEREINHEITLICHTEN FELD die virtuellen Elementarteilchen, die „Preonen", ständig mit sich selbst und tauschen Informationen aus, ein einziges großes Beziehungsgefüge. Aus der Sicht der „Ersten Philosophie" von Aristoteles ist die Seinsweise des „primum mobile", des Ursprunges aller Bewegung, „sich selbst denkendes Denken". Somit scheint Selbstbezogenheit ein Schlüsselbegriff zum Verständnis des VEREINHEIT-LICHTEN FELDES zu sein.

Ein Zustand reiner Selbstbezogenheit kann auch in der Meditation erfahren werden. Wenn alle Bewusstseinsinhalte zurückgelassen, „transzendiert" werden, dann ruht das Bewusstsein in sich selbst, bar jeglicher Inhalte, das „Bewusstseinsvakuum": Der Meditierende erfährt sein transzendentales SELBST, seine tiefliegende Identität, als reines Bewusstsein. Und insofern er in dieser Erfahrung all seine Gedanken, also seine grundstufliche Subjektivität, transzendiert hat, ist die metastufliche SELBST-Erfahrung zugleich die Erfahrung des transzendentalen SEINS: SELBST und SEIN – eine in sich differenzierte Identität, die zwei Seiten der gleichen Medaille. Das wird aber nur im Vollzug verständlich. Hier eröffnet sich *eine großartige Perspektive auf das menschliche Potenzial!* Vielleicht sind im VEREINHEITLICHTEN FELD Quanten- und Bewusstseinsvakuum miteinander vereinigt.

Der österreichische Quantenphysiker und Nobelpreisträger Erwin Schrödinger bezeichnet den Ursprung der Welt als Bewusstsein:

„Und nun halten wir dem gegenüber, dass Bewusstsein dasjenige ist, wodurch diese Welt allererst manifest wird, ja, wir dürfen sagen, allererst vorhanden ist, dass die Welt aus Bewusstseinselementen besteht."[16]

Und sein deutscher Kollege aus Kiel, Max Planck, formuliert noch deutlicher:

„Materie an sich gibt es nicht, es gibt nur den belebenden unsichtbaren Geist als Urgrund der Materie, den ich nicht scheue Gott zu nennen."[17]

Carl Friedrich von Weizsäcker vermutet, dass die in der Physik mit objektiven Mitteln erforschte Wirklichkeit keine andere sein kann als die in der Versenkung auf subjektivem Weg entdeckte:

„… die Wirklichkeit, die der Physiker studiert … ist eben genau die Wirklichkeit und keine andere als die, die in der Meditation letztlich – vielleicht – erfahren werden kann; denn sonst wäre es nicht die Wirklichkeit …"

„… und ich würde sagen, dass im Grunde die Einheit der Natur, die uns die Naturwissenschaft zu sehen lehrt, eben eine Spiegelung der Einheit ist, um die es in der Meditation geht."[18]

Wir verdanken den Physikern großartige Erkenntnisse im Bereich der relativen Wirklichkeit. Wir verdanken ihnen aber auch die Einsicht, dass diese scheinbar handfeste Realität letzten Endes, quantenphysikalisch gesehen, ein Spiel der Elementarteilchen ist, eine „Quantenfluktuation", die sich dem Betrachter als objektive Welt präsentiert. In ihrem Forschungsdrang nach dem, „was die Welt im Innersten zusammenhält", wäre es konsequent, wenn die Physiker auch ihre selbstgesetzten Grenzen überschreiten würden. Durch komplementäre Forschung im subjektiven Bereich, zum Beispiel durch standardisierte Meditation, würden sie in den metaphysischen Bereich experimentell vordringen – vielleicht in jenen „supersymmetrischen" Bereich, der sich aus den Beobachtungen im Teilchenbeschleuniger des „Large-Hadron-Collider" erschließt. Subjektiv gewonnene Erkenntnisse mit

der ihnen innewohnenden Evidenz, intersubjektiv bestätigt, würden sich stimmig mit den objektiv gewonnenen Erkenntnissen fügen und zu einem ganzheitlichen Weltbild beitragen. Denn offensichtlich fehlt etwas im naturwissenschaftlichen Weltbild, an dem wir uns orientieren und dessen Einseitigkeit zur Schieflage auf unserem Planeten beigetragen hat.

Eine Ganzheit: Materie und Bewusstsein
(Illustration: Celestino Piatti)

Ja, die Naturwissenschaft! Eigentlich müsste man sagen: Materiewissenschaft. Denn die Natur ist eine Ganzheit, sie ist Materie *und* Bewusstsein. Wenn ein Organismus stirbt, eine Pflanze, ein Tier oder ein Mensch, verwest der Körper, er zerfällt in seine materiellen Bestandteile; denn das Leben, das Bewusstsein, hat ihn verlassen. Mithin gibt es zwei Substanzen, Materie und Bewusstsein. Wenn die Forschung sich aber nur auf eine Substanz, auf die Materie beschränkt, so wird sie der Ganzheit der Natur nicht gerecht. Die Schieflage ist dann vorprogrammiert. Tragisch, so viel unnötiges Leiden aufgrund der Borniertheit eines naturwissenschaftlichen Paradigmas! Hören wir noch einmal von Weizsäcker:

„Ich glaube also eigentlich, dass es sich primär nicht darum handelt, die Wissenschaft durch etwas anderes zu ersetzen, sondern nur, die Wissenschaft auf das Niveau zu bringen, das ihr eigentliches Niveau wäre."[19]

So weit die „Naturwissenschaft". Was aber hat die „Geisteswissenschaft", was haben Religion und Philosophie zur Entstehung der Welt zu sagen? Hören wir aus dem Johannisevangelium:

„Im Anfang war das WORT, und das WORT war bei GOTT und GOTT war das WORT. Dasselbe war im Anfang bei GOTT. Alle Dinge sind durch dasselbe gemacht und ohne dasselbe ist nichts gemacht, was gemacht ist." (Joh. 1, 1–3)

Luther hatte den griechischen Begriff „LOGOS" mangels einer deutschen Entsprechung mit „Wort" übersetzt. Dadurch hat sich eine tragische Verkürzung der Bedeutung eingestellt. Denn nach der ursprünglichen griechischen Bedeutung ist der LOGOS vornehmlich der ewig ruhen-

de Grund der vorgängigen Gesammeltheit alles Seienden im SEIN – in unserer Terminologie das VEREINHEITLICHTE FELD. Es ist die göttliche Vernunft, aus der alles hervorgegangen ist, die alles durchwaltet, an welcher der Mensch teilhat und zu der alles eines Tages wieder zurückkehrt.

Die tragische Verkürzung des Logosbegriffes hat zu einer Überbewertung des „Wortes" im Christentum beigetragen. Man hält an der Bibel als dem Wort GOTTES fest, weil der Zugang zum lebendigen LOGOS verloren gegangen ist. Sicherlich hat die Bibel nach wie vor eine orientierende Funktion, aber für denjenigen, der meditiert, kommt die Erkenntnis GOTTES von innen: *„Seid still und erkennet, dass ich GOTT bin"* (Psalm 46,11). Für manche Christen, die sich gläubig an das Wort klammern, ist diese unmittelbare Erkenntnis suspekt. Ebenso für den Klerus, der irrtümlicherweise einen Machtverlust wittert. Auch die Geschichte der Evolution wird noch nicht als die moderne Offenbarung GOTTES gesehen, die Geschichte, die ER selbst „geschrieben" hat und an der man nicht zweifeln kann. Eines Tages werden sie alle Religionen anerkennen und ihre Gemeinsamkeit darin finden. Es ist nur eine Frage der Zeit und der Vernunft.

Die Suche nach dem Ursprung der Welt hat von jeher auch die Philosophie beflügelt. Bereits im 6. Jahrhundert v. Chr. sprach der griechische Naturphilosoph Anaximander vom „APEIRON", dem Unbegrenzten, dem unerschöpflichen URGRUND des Anfangs. Aus ihm entspringen alle endlichen Dinge und zu ihm kehren sie wieder zurück. Damit lag er auf der gleichen Linie wie sein Weisheitsfreund Heraklit. Der sprach von dem „*alles aus sich entlassenden und wieder zu sich versammelnden LOGOS*". Diese Erkenntnis musste ihm in der wachen Versenkung, in der Meditation, gekommen sein: „*Die Grenzen der Seele, du misst sie nicht aus, so tief ist ihr LOGOS*". Somit entdeckte Heraklit in der Tiefe seiner selbst den Sachverhalt, den wir weiter oben als die differenzierte Identität von SELBST und SEIN thematisiert haben.

Die moderne Philosophie findet antike Erkenntnisse durch naturwissenschaftliche Befunde bestätigt. So sagt der Begründer der integralen Philosophie, Ken Wilber:

„Die Fakten der Naturwissenschaft, die Daten aus Physik und Physiologie, scheinen nur dann einen Sinn zu ergeben, wenn man einen impliziten, gemeinsamen und transzendentalen Urgrund annimmt, der diesen Daten zugrunde liegt …

Mehr noch, dieser transzendentale Urgrund, dessen unbestreitbare Existenz auf Grund der experimentell erzielten wissenschaftlichen Daten als notwendig erscheint, scheint zumindest der Beschreibung nach mit dem zeit- und raumlosen Urgrund des Seins (oder der Gottheit) identisch, wie ihn die großen Mystiker und Weisen der Welt, seien sie Hindus, Buddhisten, Christen oder Taoisten, so übereinstimmend beschrieben haben."[20]

Die Auseinandersetzung mit dem UR-GRUND, aus dem alles hervorgegangen sein muss, ist in unserem Zusammenhang von zentraler Bedeutung. Denn, wir sagten es schon, möglicherweise vermag der Mensch in der meditativen Versenkung mit dem URGRUND in Kontakt zu treten. Diese Möglichkeit ist für viele, die zum Beispiel regelmäßig meditieren, bereits zur handfesten Wirklichkeit geworden. Sie erfahren in der Stille des Bewusstseins ihr transzendentales Selbst, den URGRUND, und schöpfen daraus Geborgenheit, Kraft und Orientierung, eine Orientierung, die sie zu Handlungen im Einklang mit den Lebensgesetzen inspiriert.

Rückverbindung mit dem URGRUND — das ultimative Abenteuer!

Den URGRUND, das VEREINHEIT-LICHTE FELD können wir nur in uns erfahren. Wir können über ihn nichts aussagen, denn jede Aussage verwendet aus dem Raum-Zeitlichen, der Relativität, abgeleitete Begriffe. Und die verlieren hier ihre Bedeutung. Der URGRUND entzieht sich der Beobachtung, und der Verstand kann nur berechnen und ihn theoretisch einkreisen. Aber wer sagt denn, dass Beobachtung und Verstand die einzigen Quellen der Erkenntnis sind, auch wenn sie bis an ihre äußersten Grenzen ausgereizt werden?!

Die Physik hat die Materie in ihre Bestandteile zerlegt: die Atome in ihre Elementarteilchen und die Elementarteilchen in ihre Subelementarteilchen. Auch dem mit Spannung vorausgesagten Higgs-Teilchen ist man auf die Spur gekommen. Es schart Elementarteilchen um sich herum, und erst so kann Masse entstehen. Umgekehrt kann man Elementarteilchen isolieren und sie in einem Teilchenbeschleuniger kollidieren lassen. Dann verschwinden sie mitunter in einem Nichts, in einem Quantenvakuum, aus dem sie auch wieder auftauchen können, wir sprachen schon davon. *„Jegliche Materie wird aus einem nicht wahrnehmbaren Substrat geschaffen … aus Nichts, aus unvorstellbarem, nicht nachweisbarem Nichts"*, so der britische Physiker und Nobelpreisträger Paul Dirac. Auch gemäß der „M-The-

orie", von der man sagt, sie sei ein Kandidat für die einheitliche Feldtheorie, nach der Einstein suchte, kommt alle Materie aus einem grundlegenden Vakuum. Und aus diesem könnten auch fortwährend parallele Universen wie Blasen aus siedendem Wasser emporblubbern, jedes mit seinem eigenen Urknall. Unglaublich – der Vorstellung sind keine Grenzen gesetzt. Auch dem in sich selbst forschenden Bewusstsein sind keine Grenzen gesetzt, aber da geht es um metastufliche Erkenntnisse, nicht um Vorstellungen.

„Die Grenzen der Seele, du misst sie nicht aus, so tief ist ihr LOGOS"
(Foto: Solybreath.com)

Wir fassen zusammen: Die Annahme eines URGRUNDES, aus dem alles hervorgegangen sein muss, ist zwingend. Hier konvergieren Naturwissenschaften, Philosophie und Religion. In der Quan-

tenphysik hat man die Grundkräfte der Natur vereinigt bis zur Grenze des VEREINHEITLICHTEN FELDES. Hier können die Elementarteilchen in einem mysteriösen Quantenvakuum verschwinden, und von hier aus können sie auch wieder auftauchen. Die Ganzheit des VEREINHEITLICHTEN FELDES wird vermutlich durch Selbstbezug gewährleistet. Im meditativen Selbstbezug, im Bewusstseinsvakuum, vermag der Mensch möglicherweise an das VEREINHEITLICHTE FELD anzukoppeln, und von dort aus findet er zu seiner Ganzheit zurück. Die Philosophie versucht den URGRUND, den LOGOS, mit dem Verstand zu orten, die Religion durch den Glauben. Glauben aber findet seine Vollendung in der Erfahrung …

Wie aber hat die Schöpfung begonnen?

2. Der Urknall – die Entstehung des Universums

Aus irgendeinem Anlass kam es zum uranfänglichen großen Symmetriebruch des VEREINHEITLICHEN FELDES – vielleicht, weil es in seiner Natur liegt, vielleicht, weil es ein Vorläufer-Universum gab, vielleicht aus Freude am Spiel, vielleicht, weil es eine Instanz gibt, die alles lenkt und sich im Menschen vervielfältigt, oder vielleicht war es ein Zusammenspiel von vielen Faktoren. Jedenfalls ist es schön, dass es dazu gekommen ist, dass es die Welt und uns alle gibt. (Der Salatkopf schlechthin!) Hier ist der erste Phasenübergang – oder in diesem Falle Phasensprung – vor etwa 13,7 Milliarden Jahren anzusiedeln. *Wir hatten uns ja vorgenommen, den Phasenübergängen bis in die Gegenwart nachzugehen, um den vor uns liegenden besser zu verstehen und einzuordnen.* Dem Leben auf die Spur kommen, wissen, wo es langgeht, darum geht es. Dabei orientieren wir uns an dem gegenwärtigen Stand wissenschaftlicher Forschung. Mit Sicherheit wird die eine oder andere Einzelheit in absehbarer Zeit durch neue Erkenntnisse abgelöst werden, aber der Entwurf stimmt, und die Evolution selbst ist Fakt.

Die „Singularität" des Urknalls wird von den meisten Kosmologen als Standardmodell akzeptiert. Wir haben bereits überzeugende Indizien dafür angeführt. Eine davon, so sagten wir, ist eine Reststrahlung von Mikrowellen, die sogenannte kosmische Hintergrundstrahlung, das Echo gewissermaßen des Urknalls, das uns noch bis heute erreicht. Inzwischen hat man auch Gravitationswellen nachweisen können, wie sie bereits in Einsteins Allgemeiner Relativitätstheorie vorhergesagt wurden. Im VEREINHEITLICHTEN FELD, aus dem alles hervorging, in dieser totalen Einheit und dynamischen Einfachheit müssen Verhältnisse vorliegen, die sich gänzlich dem gewöhnlichen, an Raum und Zeit gebundenen menschlichen Vorstellungsvermögen entziehen. Auch der Big Bang selbst, so sagten wir, lässt sich nur indirekt erschließen.

Nach der klassischen Vorstellung muss anfänglich alles in einem Punkt von unendlich hoher Dichte und Temperatur komprimiert gewesen sein (was eigentlich physikalisch unmöglich ist), dann folgte ein kurzes Aufblähen und unmittelbar danach begann der kreative Prozess der Expansion des Universums, der bis in die Gegenwart hinein anhält. Man stelle sich etwa einen gigantischen Ballon vor, von innen durch den Urknall aufgeblasen, an dessen Oberfläche sich die Galaxienhaufen ständig voneinander entfernen. Schon in der ersten billionstel Sekunde zerfällt die Superkraft der Ursymmetrie in die vier Fundamentalkräfte der Natur, der umgekehrte Vorgang wie auf dem Diagramm S. 38.

Schon bald nach dem Urknall entstehen mit zunehmender Abkühlung, ähnlich wie aus Wasserdampf Tropfen auskondensieren, die ersten Elementarteilchen: Quarks, Elektronen und Neutrinos. Später werden sich die Quarks zu Neutronen und Protonen zusammenschließen und sich für den Aufbau von Atomkernen zur Verfügung stellen. Hier beginnt das auf allen Evolutionsebenen wirksame Bauprinzip des Zusammenschlusses von Einzelteilen, um eine Ganzheit auf höherer Ebene zu bilden.

In der ersten Sekunde nach der Entbindung des Universums brodelt es gewaltig. Materie und Antimaterie rasen im 2 Billionen Grad heißen Teilcheninferno durch das noch kleine Universum, sie kollidie-

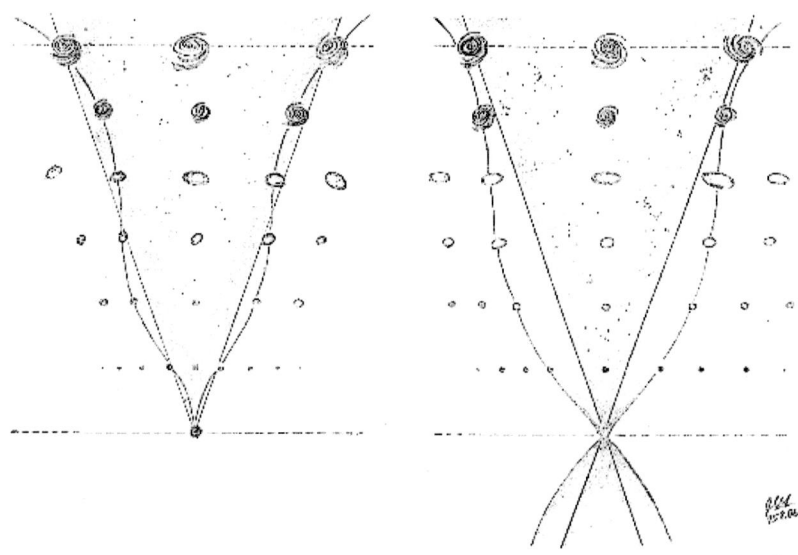

Zwei Modelle des Anfangs. Links: die klassische Urknall-Theorie, die auf Einsteins Allgemeiner Relativitätstheorie beruht. Rechts: die moderne Version, nach der es Quanteneffekte nicht zulassen, dass zur Zeit des Urknalls die Energie/Materie auf einen Punkt unendlich hoher Dichte und Temperatur komprimiert war. Ein solches Modell lässt die Existenz eines Universums vor dem Urknall zu.   (Zeichnung: Frank Mühlhäuser[21])

ren und zerstrahlen einander. Doch eine kleine Asymmetrie sorgt dafür, dass die Materie im Weltraum überlebt: Auf eine Milliarde Antiteilchen kommen etwa eine Milliarde und ein Teilchen. Aus diesem mini-minimalen Überschuss entsteht fortan unser Universum mit all seinen Sternen und Galaxien. Dem verdanken wir unseren Heimatplaneten und unser Leben. Ein purer Zufall? Die beobachtbare Materie macht kaum fünf Prozent der Gesamtmasse des Universums aus. Messungen belegen, dass der weitaus größere Teil auf das Konto der unsichtbaren „Dunklen Materie" geht, von der wir schon sprachen (S. 22). Sie besteht aus bisher noch nicht entdeckten Elementarteilchen. Ihre Schwerkraft ist für die Entstehung der Galaxien verantwortlich. Da tappen die Kosmologen noch im Dunklen.

Die Oberfläche, die mit dem Urknall entsteht, ist außerordentlich glatt und somit ganz anders als nach einer gewöhnlichen Explosion, wo alles auseinanderfliegt. Der Feuerball klingt und schwingt wie eine gigantische Glocke. Töne und Obertöne führen zu einer harmonischen Musterbildung, die sich in die Hintergrundstrahlung einprägt. Die ganze Ordnung des Universums bis in die Gegenwart hinein und in alle Zukunft ist hier angelegt. „Erklingt" da etwa ein Schwingungsmuster, das in der Urharmonie des VEREINHEITLICHTEN FELDES bereits vorhanden war und das jetzt sichtbar wird? Nada Brahma, die Welt ist Klang, so zitierten wir bereits die Veden. Sind es morphogenetische Resonanzen, die auf die Strukturen des Makrokosmos einwirken? Oder kommen hier die platonischen Ideen, die formativen Urbilder ins Spiel? Schon taucht in der Physik der Begriff der Quanteninformation auf, die der sichtbaren Materie zugrunde liegt. Eine Wissenschaft vom Bewusstsein hätte hier viel beizutragen. Aber zunächst muss sie sich profilieren und an Schärfe im Analogiebereich gewinnen. Der Wissenschaftler der Zukunft wird sich in beiden Bereichen auskennen, der Naturwissenschaft und der Bewusstseinswissenschaft.

Kehren wir zurück zum Tagebuch der kosmischen Evolution: Nach dem Urknall, mit der lichtgeschwinden Expansion des Universums setzt auch die Abkühlung der Energie/Materie ein. Schon nach wenigen Sekunden sinkt die Temperatur von 2 Billionen Grad unmittelbar nach der Geburt des Feuerballs auf 10 Milliarden Grad ab. Mit der Abkühlung ändert sich in Blitzesschnelle die Umwandlung von Strahlung in Elementarteilchen; umgekehrt beeinflussen diese Vorgänge wiederum die Geschwindigkeit des Temperaturabfalls.

Nach etwa einer Minute ist die Temperatur so weit abgesunken, dass sie die ersten Kernverschmelzungen ermöglicht. Zunächst entstehen Wasserstoffkerne. Dann folgt eine Reaktionsphase, wir sprachen schon davon, welche die Entstehung von Helium zulässt. Berechnungen zufolge währte sie so lange, dass 23 Prozent der verfügbaren Protonen und Neutronen zu Heliumkernen verschmelzen konnten. Und exakt diese Menge Helium befindet sich im Kosmos! So bestätigt uns ein gasförmiges „Fossil" die kosmische Evolution. Denn hätte die Reaktionsphase länger

Der Urknall – die Entstehung des Universums

gedauert, wären alle Wasserstoffprotonen zu Helium verschmolzen. Wasser hätte sich später nicht bilden können und ohne Wasser keine Entstehung von Leben, keine Evolution: Es gäbe uns schlichtweg nicht. Unser Körper besteht zu 75 Prozent aus Wasser!

„Im Anfang war der Wasserstoff" lautet der Titel eines Sachbuches von Hoimar von Ditfurth. Der erfolgreiche Wissenschaftspublizist sieht das „Wunder" in den Ausgangsbedingungen der Evolution. Der Verlauf selbst ist „natürlich":

„Es ist die staunenswerteste aller Tatsachen dieser erstaunlichen Welt, dass diese Bedingungen ausreichten, um den Wasserstoff einem fortlaufenden Prozess der Verwandlung zu unterwerfen, aus dem im Laufe der Zeit alles hervorgegangen ist, was wir um uns herum wahrnehmen, uns selbst nicht ausgenommen. Dass dieser vergleichsweise so wunderbar bescheidene Satz von Ausgangsbedingungen – Wasserstoff plus Zeit plus Raum plus Naturgesetze – genügt hat, um die ganze Welt entstehen zu lassen, ist die fundamentalste und bewegendste Entdeckung aller bisherigen Wissenschaft. Dass dieser Anfang möglich war, ist das größte aller Geheimnisse …

Das Wasserstoffatom und die Naturgesetze sind kein Objekt möglicher Wissenschaft mehr. Sie sind, unvoreingenommen betrachtet, sichtbare Zeichen dafür, dass unsere Welt einen Ursprung hat, der nicht in ihr selbst liegen kann."[22]

Diesem Ursprung, diesem Geheimnis nachzugehen haben wir uns vorgenommen. Dabei gehen wir noch einen Schritt weiter als von Ditfurth. *Uns geht es um die letzte, „fundamentalste und bewegendste Entdeckung aller bisherigen und zukünftigen Wissenschaft".* Denn dieser „bescheidene Satz von Ausgangsbedingungen – Wasserstoff plus Zeit plus Raum plus Naturgesetze – " genügt nicht, „um die ganze Welt entstehen zu lassen". *Es bedarf zusätzlich einer intelligenten Evolutionsdynamik, die alles in Gang bringt, einer Entelechie, erfahrbar im menschlichen Bewusstsein …*

Aber da ist noch ein anderes „kosmisches Fossil", das vom Urknall kündet. Berechnungen zufolge müsste noch heute eine Reststrahlung von 3 Grad Kelvin im Universum feststellbar sein, und sie müsste „isotrop", d. h. gleichmäßig, im ganzen Weltall verteilt sein. Und tatsächlich hat man das in weit auseinanderliegenden kosmischen Gasnebeln nachweisen können. Unsere Welt hat also einen Anfang gehabt, der etwa 13,7 Milliarden Jahre zurückliegt. Wird sie auch einmal ein Ende haben?

Neben der Urknalltheorie gibt es noch das Modell der „Schleifen-Quantenkosmologie". Sie beschreibt, wie ein existierendes Universum kollabieren und anschließend wieder expandieren könnte, ohne einen Urknall zwischendurch. Das Ende des Universums wäre dann möglicherweise der Anfang eines neuen Universums mit dem gleichen Geschehen in Neuauflage – und einem Autor wie ich und Leser wie Sie? Bizarr, die Vorstellung – wozu das ganze Theater?

Doch die Vorstellung eines „pulsierenden Universums" wurde durch jüngste

Kein absoluter Anfang, sondern ein
Übergang: Der Urknall könnte aus
einem bizarren Vorläufer-Quanten-
universum „entsprungen" sein.

Unser gegenwärtiges Universum – entstanden aus einem kollabierten Vorgänger-Uni-
versum?

(Grafik: Detlef van Ravenswaay)

kosmologische Forschungen infrage gestellt. Drei Physik-Nobelpreisträger des
Jahres 2011 machten unabhängig voneinander die Beobachtung, dass das von weit
entfernten Sternenexplosionen ausgehende
Licht, vom Beobachter aus gesehen, sich
schneller abschwächt als erwartet. Daraus
mussten sie schließen, dass sich die Ausdehnung des Universums beschleunigt,
statt sich zu verlangsamen, wie bis dahin
angenommen. Verantwortlich dafür soll
die gespenstische Dunkle Energie sein,
von der wir bereits sprachen. Allein, wo
soll diese ewige Ausdehnung hinführen?
Vielleicht wird irgendwann alle Materie
gänzlich auseinandergetrieben und die
Atome verschwinden im Unsichtbaren.
„Big Rip" – großer Zerriss – nennen die

Kosmologen dieses Szenario. Weltende in
22 Milliarden Jahren?

Bleibt uns derweil nur die Bewunderung und Ehrfurcht eines Immanuel Kant
(S. 23) und die Möglichkeit ergänzender
Forschung im Subjektiven. Die Rishis, die
altehrwürdigen Forscher im Subjektiven,
sprechen von der Auflösung und Wieder-
entstehung des Universums. Sie geben
größere Zeiträume an als unsere Kosmologen. Vielleicht haben sie recht, und
wir leben doch in einem zyklisch wiederkehrenden Universum. Wer weiß? Oder
leben wir gar in einem „Multiversum"?
Möglicherweise, so sagten wir, entstehen
aus dem VEREINHEITLICHTEN FELD
ständig neue Universen wie Blasen auf einer Wasseroberfläche. Wer weiß?

Der Urknall – die Entstehung des Universums

Im hinter uns liegenden Kapitel ging es um den Ursprung der kosmischen Erfolgsstory. Sie begann vor etwa 13,7 Milliarden Jahren mit dem Urknall. Doch was war vorher? In einer zeitlosen Ursymmetrie, dem großen VEREINHEITLICHTEN FELD, muss alles, müssen die potenzielle Materie, die zwischen ihr wirksamen Kräfte und Naturgesetze und Geist als Bewusstsein vereinigt gewesen sein. Im LOGOS ist alles vorgängig versammelt. Aus ihm ging alles hervor, und zu ihm kehrt alles wieder zurück. Er ist in der Tiefe unseres Bewusstseins anwesend. So die große Hypothese.

Jetzt wollen wir uns der großen ersten Etappe nach dem Urknall zuwenden.

3. Die kosmische Evolution – Entstehung der Erde

Unmittelbar nach dem Urknall, so haben wir gesehen, ist viel passiert. In Bruchteilen von Sekunden entstehen die Elementarteilchen und nach wenigen Minuten die erste Materie, der Wasserstoff. Nach dieser anfänglichen Phase der Mikroevolution kommt es dann mit zunehmendem Alter des Universums zu einer Phase der Makroevolution. Aus dem Urgas entstehen die ersten kosmischen Strukturen. Unregelmäßigkeiten in der Materieverteilung – bereits vorprogrammiert als Schwingungsmuster auf der Oberfläche des Urknalls – führen schon nach etwa 400 Millionen Jahren zur Entstehung der ersten Sterne. Nur eine eng eingegrenzte – eine „anthropisch abgestimmte" – Expansionsgeschwindigkeit konnte das ermöglichen. Denn eine zu schnelle Expansion hätte die lokalen Anhäufungen in der Materieverteilung rasch wieder zerstreut oder erst gar nicht entstehen lassen. Eine zu langsame Expansion wiederum hätte alsbald zu einem Gravitationskollaps und damit zu einem sehr kurzlebigen Universum geführt. „Glück" gehabt?

Es entstehen immer mehr Sterne, und unter dem Einfluss der Schwerkraft und des kosmischen Schwingungsmusters bilden sich nach 1 bis 2 Milliarden Jahren die ersten Urgalaxien. Nach dem Kondensationsmodell nimmt man an, dass die Sterne aus Wolken interstellarer Materie auskondensiert sind. Beim Erreichen einer Mindestdichte kollabieren solche Wolken; es entsteht ein ungeheurer Druck, und bei einer Temperatur von etwa 5 Millionen Grad erfolgt im Innern der Sterne eine Umwandlung von Wasserstoff in Helium unter Abstrahlung von Energie. Im Weltraum erstrahlen die ersten Sonnen!

Das Gleichgewicht zweier Kräfte im Innern der Sterne sorgt für ihre zeitweise Stabilität: der Strahlungsdruck, bedingt durch Kernfusion, und die ihm entgegenwirkende Gravitationskraft. Die hohen

Temperaturen im inneren Schmelztiegel ermöglichen die Entstehung schwerer Elemente durch Kernfusionen. Große Sterne verbrauchen schnell ihren Energievorrat an thermonuklearem Brennstoff und explodieren als Supernovae. Ihre Asche bereichert den interstellaren Raum mit schweren Elementen, die beim Aufbau der nächsten Sternengeneration mit einbezogen und weiterverarbeitet werden. Eine wahre kosmische Stammesgeschichte geht der Entstehung unserer Sonne und unseres Planetensystems voraus und sorgt für das nötige Baumaterial für die Entstehung des Lebens. In den angereicherten interstellaren Wolken bilden sich möglicherweise auch die ersten organischen Moleküle, die man bereits als Vorstufen des Lebens betrachten kann.

„Jedes Atom in uns muss schon mehr als einmal durch den Magen eines Sternes gegangen sein", sagt der deutsche Physiker Günter Hasinger, Leiter des Instituts für Astronomie auf Hawaii. Der Sauerstoff und das Eisen in unserem Blut haben Explosionen von ausgebrannten Sternen hinter sich, Supernovae, wie wir sie noch heute mit unseren Teleskopen beobachten können. Der Kohlenstoff in unseren Zellen wurde im Herzen von Riesensternen fusioniert. Verbeugung vor unseren stellaren Vorfahren!

Wir sind Kinder der Sterne. Sind wir uns dessen bewusst, wenn wir in einer klaren Nacht weit in den Weltraum blicken?

Wir haben zwei Augen, um in den Weltraum zu schauen. Jedes Auge ist mit etwa 130 Millionen Photorezeptoren ausgestattet. Jede dieser Zellen setzt sich aus ca. 100 Trillionen (100.000.000.000.000) Atomen zusammen, weit mehr als die Anzahl der Sterne in unserer Milchstraße. Jedes Atom in jeder Zelle und in jedem Auge wurde vor Milliarden von Jahren aus dem Wasserstoff fusioniert. Und da sind wir Menschenkinder und erblicken die Welt durch zwei Augen, die ihre Entstehung dem gleichen Prozess verdanken, der auch die Sonne erstrahlen lässt!

Aber nicht nur das erforderliche Baumaterial an schweren Elementen braucht ein Planet wie die Erde, um später den Zusammenschluss der Atome zu komplexen Molekülen zu ermöglichen, sondern auch die nötige Sonnenenergie. Zwei Voraussetzungen müssen erfüllt sein: Zum einen muss der in einer stabilen Umlaufbahn rotierende Planet genügend Sonnenenergie empfangen, zum anderen muss die Strahlung während einer langen Zeitdauer aufrechterhalten bleiben, um ausreichend Zeit für die Evolution höherer Lebensformen zu gewährleisten. Just mit diesen Voraussetzungen verwöhnt die Sonne ihr „Lieblingskind", die Erde. Denn helle, massenreiche Sterne, die „Blauen Riesen", brennen zu schnell aus, und kleine, kühlere Sterne, die „Roten Zwerge", leben zwar länger, aber sie strahlen zu schwach. Nur ein Stern, der wie die Sonne eine stabile Mittelposition einnimmt, kann Leben hervorlocken. Wäre die Gravitationskraft nur um eine Größenordnung stärker, dann würde sich die Protosonne zu einem „Blauen Riesen" entwickeln; wäre sie um eine Größenordnung schwächer, würde sie sich in einen „Roten Zwerg" verwandeln. In beiden Fällen gäbe es uns nicht. Wieder „Glück" gehabt? Die Existenz des Lebens bedingt eine Gravitationskonstante von 10^{-40}, exakt wie wir sie in unserem Universum vorfinden.

Entstehung des Sonnensystems

(Grafik: Mark Garlich, SPL/Agentur Focus)

Man nimmt an, dass unser Sonnensystem nach einer Supernova-Explosion aus der Verdichtung der verbliebenen Nebel vor etwa 4,55 Milliarden Jahren entstanden ist (in der Grafik oben links). Die Gaswolke beginnt alsbald zu rotieren, und mit steigender Temperatur setzen Kernverschmelzungen ein. Um den zentralen Feuerball bildet sich ein Gürtel, versetzt mit Klumpen von Materie. Aus Letzteren ballen sich die Planeten zusammen. Unsere Erde ist anfangs vermutlich ein homogener Ball aus Magmenozeanen, der unter dem Einfluss von Konvektionsströmen allmählich abkühlt.

Unsere neunköpfige Planetenfamilie mit ihrem strahlenden Haupt, der Sonne, ist Teil des Milchstraßensystems. Hier lebt eine weitaus größere Familie von etwa 250 Milliarden „Fixsternen" zusammen, spiralförmig rotierend in einer riesigen galaktischen Scheibe von etwa 120000 Lichtjahren Durchmesser. In der Mitte befindet sich ein leuchtender Kugelsternhaufen. *Und wenn man sich vergegenwärtigt, dass mehr als 100 Milliarden solcher galaktischen Systeme unseren Teleskopen zugänglich sind, kann einen der abgrundtiefe Schwindel ergreifen.* Bislang vermögen die Astronomen mit ihren Teleskopen bis zu einer Entfernung von etwa 42 Milliarden Lichtjahren zu sehen – die optische Grenze unseres kosmischen Horizonts. Wer weiß, wie viel es noch jenseits dieser Grenze zu entdecken gibt!

Innerhalb des Milchstraßensystems rotiert unser heimatliches Sonnensystem in einem lebensfreundlichen Gürtel. Weiter innen könnten erdähnliche Planeten nicht überleben. Sie würden aus ihrer Bahn geschleudert oder von Ausbrüchen kosmischer Strahlung versengt werden. Weiter außen befinden sich in der interstellaren Materie nicht genügend schwere Elemente, um sich zu Planeten zu verdichten. Zur lebensfreundlichen Lage unseres Sonnensystems kommt der förderliche Reichtum an schweren Elementen, von denen wir bereits sprachen, der beträchtlich größer ist als der von benachbarten Sternensystemen, die zur gleichen Zeit entstanden sind. Kommt unserer Erde eine bevorzugte Stellung zu? Bislang hat „Seti" (Search for extraterrestial intelligence) noch keine Schlagzeilen gemacht. Allenfalls Ufos! Bislang ist die Erde der einzige uns bekannte Himmelskörper mit einer derart lebensfreundlichen Biosphäre. Vielleicht sollten wir mit ihr etwas pfleglicher umgehen. (Ab morgen fahre ich mit dem Fahrrad zur Arbeit und lass das Auto stehen. Hoffentlich bleibt es nicht nur beim guten Vorsatz!)

Auch innerhalb unseres Sonnensystems gibt es einen lebensfreundlichen Gürtel. Er wird etwa von den Umlaufbahnen von Venus und Mars eingegrenzt. Jenseits der Venus wäre es zu heiß, um Leben, wie wir es kennen, entstehen zu lassen; jenseits des Mars wäre es zu kalt. Unser Heimatplanet hat also einen Platz an der Sonne, der optimal ist für die Evolution des Lebens. Die richtige Position im Milchstraßensystem, die richtige Größe der Sonne, die richtige Entfernung von der Sonne: Über Milliarden von Jahren sind die Bedingungen konstant geblieben. Alles nur Zufall?

Seit dem Auftreten des Lebens vor etwa 3,8 Milliarden Jahren hat sich das

Klima auf der Erde nicht wesentlich geändert. Davon zeugen die Fossilien längst ausgestorbener Organismen, die für ihre Existenz etwa die gleichen Lebensbedingungen brauchten wie die gegenwärtigen. Trotz des sich wandelnden Energieausstoßes der Sonne, trotz Einbrüchen kosmischer Strahlen, trotz Änderungen des Erdmagnetfeldes, trotz tiefgreifender Umwälzungen auf der Erdoberfläche und Variationen in der chemischen Zusammensetzung der Atmosphäre wurden konstante Lebensbedingungen aufrechterhalten.

Einer der namhaften Erforscher unseres sich selbst regulierenden Planeten, der englische Chemiker James Lovelock, ein langjähriger wissenschaftlicher Mitarbeiter der NASA, sah sich daher zur Formulierung einer Hypothese veranlasst, die er, nicht ohne Provokation für seine konservativen Kollegen, als „Gaia-Hypothese" bezeichnete.[23] „Gaia" nannten die Griechen die Göttin der Erde. In der in der Antike volkstümlichen mythologischen Sichtweise war unser Planet ein lebendes Wesen. Tatsächlich deuten moderne Forschungsergebnisse darauf hin, dass sich die Partnerschaft von Biosphäre und Atmosphäre wie ein lebendes System verhält. Durch ständige Zufuhr hochwertiger Sonnenenergie und Abfuhr geringwertiger Restenergie in den Weltraum hält es sich wie jedes andere lebende System beständig in einem Zustand des Fließgleichgewichts und schirmt sich gegenüber dem Weltraum ab.

Das Klima und die chemischen Eigenschaften der Erde waren offensichtlich während der gesamten Erdgeschichte optimal für das Leben geeignet. „Dass dies bloß zufällig so sein sollte, ist ebenso unwahrscheinlich, wie eine blinde Autofahrt durch den Stoßverkehr unverletzt zu überstehen", konstatiert Lovelock. Jede Abweichung von dem als optimal „erkannten" Zustand wird zunächst verstärkt, also „bewusster" gemacht, und alsdann durch Regelmechanismen wieder ausgeglichen. Die Erde, jenes „grüne Juwel", wie sie die Astronauten aus der Perspektive des Weltraums nannten, verhält sich zu ihren Geschöpfen wie eine Mutter zu ihren Kindern. *Kann man dann, gestützt auf wissenschaftliche Befunde, das Bild der „Mutter Erde" als eine naive Personifikation abqualifizieren? Oder handelt es sich hier um eine inzwischen weitgehend verkümmerte, alternative Betrachtungsweise, die dem ausbeuterischen und selbstzerstörerischen Verhalten des Menschen entgegenwirken könnte?*

Am Schluss seines Buches „Unsere Erde wird überleben. Gaia – eine optimistische Ökologie" geht Lovelock der Bedeutung der Menschheit für unseren Planeten nach:

„Bis zu welchem Ausmaß ist unsere kollektive Intelligenz auch ein Teil Gaias? Bilden wir als Art ein gaiasches Nervensystem mit einem Gehirn, das bewusst Umweltveränderungen voraussehen kann?"[24]

Lovelock schließt nicht aus, dass eine verantwortungsbewusste Menschheit mit den ihr zur Verfügung stehenden Mitteln in die Geschicke zum Wohl unseres Planeten eingreifen kann. Denn durch die Menschheit ist die Erde zu sich selbst erwacht und „sich ihrer selbst bewusst geworden". *Dieses Erwachen zur Verantwortung, so argumentieren wir hier, muss sich aber zunächst die gleiche ganzheitliche Intelligenz auf individueller und auf kollektiver Stufe erschließen, wie sie Gaia auf planetarischer Ebene über Jahrmilliarden unter Beweis gestellt hat. Rationale Intelligenz reicht nicht aus. Das beweist trotz allem Reparaturaktivismus die eskalierende Umweltkrise.*

Wir fassen zusammen: Nach der Geburt unseres Universums mit dem Urknall folgt die kosmische Evolution einem anthropischen Spürsinn. Mit zunehmender Abkühlung der Energie/Materie kristallisiert sich das heraus, was im VEREINHEITLICHTEN FELD als virtuelles Muster angelegt war. Zunächst Wasserstoff, der sich zu Sternen ballt, dann die ersten Urgalaxien. Im Feuer der Sterne werden schwere Elemente zusammengebacken. Supernovae-Explosionen geben sie an den Raum ab zur Weiterverarbeitung in der nächsten Sternengeneration. Davon profitierte unsere Milchstraße mit dem Sonnensystem und der privilegierten Mutter Erde als Schoß des Lebens, ein konzertiertes kosmisches Geschehen in Vorbereitung des Kommenden.

---

4. Die chemische Evolution – Entstehung des Lebens

Die phantastische Makroevolution, die zur Entstehung der Erde geführt hat, ermöglicht fortan eine nicht weniger phantastische Mikroevolution, die zur Entstehung des Lebens führt. Der genaue Ablauf ist schwer nachzuvollziehen, da keine genauen Kenntnisse der geochemischen Verhältnisse der Erde vor der Entstehung des Lebens vor etwa 3,8 Milliarden Jahren vorliegen. Doch es gibt zahlreiche Hypothesen. Nichts ist vorgegeben als eine experimentierfreudige Evolutionsdynamik im Zusammenspiel mit der Materie und den Naturgesetzen – und ein anthropischer Spürsinn für das Kommende.

Unsere jungfräuliche Erde, so sagten wir, bietet einen reichen Boden an sogenannten biogenen Elementen für die chemische Evolution. Zuerst entstehen die präbiotischen Moleküle (Monomere). Möglicherweise bilden sie sich in der Uratmosphäre unter Einwirkung von elektrischen Entladungen. Das berühmte Experiment von Stanley Miller hat die uranfängliche Synthese von Aminosäuren, Zucker und anderen organischen Substanzen erfolgreich simuliert. Vielleicht haben sie sich bereits in den interstellaren Wolken gebildet, eine Mitgift an das Sonnensystem. Es ist auch nicht auszuschließen, dass in den Weiten des Weltraums entstandene organische Moleküle durch Kometen auf die Erde gekommen sind.

Der nächste vorbereitende Schritt zur Emergenz, dem Hervortreten von Leben, ist die Synthese präbiotischer Makromoleküle (Polymere) durch Aneinanderkettung der Monomere. Zusammenfügen von Einzelteilen, um Information zu steigern und um Systemgesetzmäßigkeiten – Emergenz – auszulösen, ist, wir sagten es schon, ein auf allen Stufen der Evolution wiederkehrendes Bau- und Bewusstseinssteigerungs-Prinzip. DNA-Makromoleküle und Protein-Makromoleküle sind Vorbedingungen des Lebens. Und um die Möglichkeit ihrer Synthese im Rahmen neodarwinistischer Prinzipien und der Bedingungen der frühen Erde streiten sich die Geister. Die meisten Forscher verschließen sich der Akzeptanz einer mit naturwissenschaftlichen Methoden nicht nachweisbaren Evolutionsdynamik, kommen jedoch ohne ihren unsichtbaren Einfluss nicht aus. Der amerikanische Evolutionsbiologe Edwin Conklin bringt es auf den Punkt:

„Die Entstehung des Lebens auf der Erde mit dem Zufall erklären heißt, von der Explosion einer Druckerei das Zustandekommen eines Lexikons zu erwarten."

Es gibt viele Theorien zur Entstehung der beiden Grundbausteine des Lebens. Manche Evolutionsbiologen sind der Auffassung, dass sich die Vorbereitungen zur „Ur-zeugung" in den Ur-Ozeanen abgespielt haben. Hier, in lebensfreundlicher Tiefe, konnten die präbiotischen Moleküle sich ungestört paaren. An der Oberfläche war die UV-Strahlung der Sonne zu aggressiv, denn es gab noch keine schützen-de Atmosphäre. Auch Vulkanschlote am Boden der Tiefsee, die „Black Smokers", könnten mit ihren heißen Schwefelquellen die Entwicklung eines von der Sonne unabhängigen Ökosystems ermöglicht haben. Oder es waren die porösen Wände in den Schloten hydrothermaler Quellen am Meeresgrund, die als Gebärmutter des Lebens dienten.

Ein weiteres Szenario könnte sich auf dem Festland abgespielt haben – in Tümpeln aus kondensierten Dämpfen aus dem Erdinneren. Einige Astrobiologen hingegen vermuten, dass sich die organischen Moleküle im kosmischen Eis in den Weiten des Weltalls gebildet haben könnten und mit Kometen auf die Erde gelangt sind. Auf dem Kometen „Tschuri" konnte eine Aminosäure, also ein Baustein des Lebens, nachgewiesen werden. Und der Nobelpreisträger Francis Crick, Mitentdecker der Doppelhelix, sah sich sogar durch den wunderbaren, hochkomplexen Aufbau des DNA-Moleküls zur Annahme einer „gelenkten Panspermie" veranlasst, also einer Aussaat primitiver Mikroorganismen auf der Erde durch unbemannte Raketen irgendeiner galaktischen Zivilisation. Science-Fiction in den Chefetagen der Forschung?

Irgendwann und irgendwie haben sich jedenfalls die Vorstufen der DNA- und der Protein-Makromoleküle zu einem genau festgelegten Regelkreis zusammengefunden. Es entsteht gemäß dem deutschen Nobelpreisträger Manfred Eigen ein „Hyperzyklus": Das Leben setzt sich ab von der Materie, beide in wechselseitiger Kooperation. Fortan befähigt das Leben die Materie zum Stoffwechsel, zur Selbstreproduktion und Selbsttranszendenz! *Hier vollzieht sich nach dem Urknall der zweite entscheidende Phasenübergang in der Evolution des Bewusstseins: die Emergenz des Lebens.* Oder, je nach Sichtweise, die „Immergenz", die Herabkunft des Lebens. Als präbiotisches Makromolekül ist die Materie ausreichend sublimiert, ist sie verfeinert und komplex genug für diesen Schritt. Für Shri Aurobindo, den indischen Bewusstseinsforscher und Visionär des Zukunftsmenschen (vgl. S. 103), sind die höheren Prinzipien der Evolution bereits in den niederen involviert; so auch das Leben in der Materie.

Eine neue Realität tritt auf, eine neue Ordnung – die zweite evolutionshistorische Etappe.

Es ist ein Wunder! Von nun an kommen die Gesetze der Biologie ins Spiel, die auf die Gesetze der Physik einwirken können. Chemische Vorgänge ermöglichen zwar die Manifestation von Leben, sind aber nicht das Leben selbst. Rückwirkend beeinflusst fortan das Leben die Materie

dahingehend, dass es sie zu immer komplexeren Verbindungen „animiert". Dualistischer Interaktionismus ist auch immer zugleich Koevolution.

Das Anliegen unseres Buches, wir sagten es schon, ist ein doppeltes: Einmal setzen wir uns mit der Geschichte der Evolution auseinander, weil es ungemein spannend ist, unsere Herkunft nachzuvollziehen. Zum anderen wollen wir, indem wir uns mit den hinter uns liegenden Phasenübergängen auseinandersetzen, eine Orientierung gewinnen für den vor uns liegenden Phasenübergang, der uns ja unmittelbar betrifft. Es handelt sich, um es vorwegzunehmen, um die Erfahrung und die Integration des transzendentalen Bewusstseins, was gegenwärtig evolutionär ansteht. Das geschieht, indem wir lernen, uns von unseren Gedanken, Emotionen und Reaktionsmustern zu lösen, sie anschauen und transzendieren. Das Subjekt wird zum Objekt. Wir gewinnen Abstand von uns selbst, werden einsichtiger, können objektiver bewerten und angemessener handeln; wir werden freier und glücklicher. Affektive Reaktionen bekommen wir besser in den Griff. Dieser Phasen-

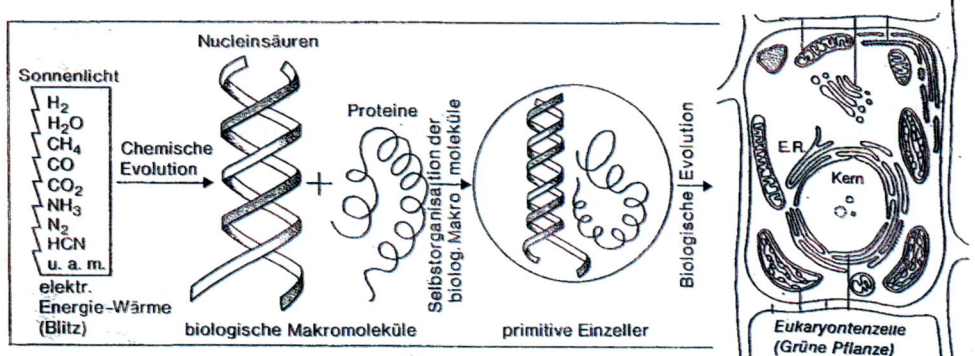

Von der chemischen zur biologischen Evolution: Entstehung des Lebens.[25]

Die chemische Evolution – Entstehung des Lebens

übergang in das selbstreflexive Bewusstsein ist zunächst spontan und kurzfristig. Aber durch die regelmäßige Praxis einer transzendierenden Entspannungstechnik wird der Phasenübergang zur Gewohnheit, und unser Nervensystem wird zur Verfeinerung „animiert". Wir tauchen ein in das reine Bewusstsein, in das höhere Leben, und verlieren es dann wieder im Alltag. Ein Hin- und Herpendeln, bis es sich den geeigneten neurophysiologischen Träger geschaffen und auf höherer Ebene stabilisiert hat: eine neue Realität, eine neue Ordnung. Wir werden uns damit noch eingehend im Kapitel 8 dieses Teiles auseinandersetzen. Spannend.

Dieser Vorgang des Hin und Her – wenn er uns schon vertraut ist – liefert uns eine Analogie zur Emergenz des Lebens. Wir gehen von der Konsistenz der Natur aus und der Kontinuität ihrer Gesetze und nehmen an, dass auch das minimale Leben in der Urzelle sich nicht sprunghaft etabliert hat, sondern dass ein zartes Austesten, ein Hin und Her, vorausgegangen ist. Und dieses Oszillieren, dieses *Pendeln zwischen Struktur und Leben mit ihrer rückkoppelnden Dynamik, bewirkt schließlich die Stabilisierung des Lebens in der „vollendeten" Urzelle,* vielleicht erst bei wenigen, dann plötzlich bei Myriaden.

In der „Ursuppe" des Meeres gab es eine Fülle von vielfältigen sich selbst organisierenden Molekülen. Sie vereinigen sich und fallen wieder auseinander, bedingt durch aggressive Sonnenstrahlen und elektrischen Entladungen; sie suchen nach neuen Partnern, ein Hin und Her, ein Prozess über Jahrmillionen, Aufbau und Zerfall. Aber irgendwann, irgendwo kommt es „durch Zufall", oder sagen wir besser durch Resonanz, zu festen Beziehungen, zu stabilen Partnerschaften mit ganz neuen Qualitäten. Auch hier drängt sich eine Analogie aus unserem eigenen Leben auf: Wir sehnen uns nach einem Partner, gehen diese oder jene Beziehung ein, bis wir „zufällig" mit jemandem eine Resonanz erleben (uns verlieben!) und unseren Lebenspartner (hoffentlich!) gefunden haben. Ähnlich verhält es sich mit der Evolution: Da ist nur die Sehnsucht nach Erfüllung. Wie diese Erfüllung sich gestaltet, ist offen.

Sicherlich hat unter den Molekülen der Ursuppe auch die Dynamik des „survival of the fittest" seine Berechtigung. Nur stabile Partnerschaften setzen sich durch, die andern bleiben auf der Strecke. Diese Dynamik gilt nach außen; innerhalb des Zusammenschlusses ist Kooperation angesagt. Haben sich Nukleinsäure- und Proteinbausteine gefunden, dann unterstützen sie sich gegenseitig. Die Nukleinsäuren enthalten Sequenzen, die zur Synthese von Proteinen führen, Proteine können die „Replikation" der Nukleinsäure, also eine Kopie von ihr, herbeiführen. So entsteht der Kreislauf, aus dem das Leben hervorgeht.

Freuen wir uns also über die Hochzeit der beiden intelligenten präbiotischen Partner, des Nukleinsäure- und des Proteinmoleküls, und die Geburt des Lebens. Die Nukleinsäure beschränkt sich in ihrem Aufbau auf vier organische Basen; ihre Anordnung in der Doppelhelix bestimmt den genetischen Code. Die Proteinmoleküle beschränken sich in ihrem

Aufbau auf 20 essentielle Aminosäuren; ihre Reihenfolge und räumliche Anordnung bestimmen ihre Wirkungsweise als Enzym zur Steuerung des Stoffwechsels.

Gemäß dem evolutions-hierarchischen Bewusstseinskonzept wird die Emergenz des Lebens als *Schwellenphänomen* eines kontinuierlichen, mit Phasenübergängen markierten Prozesses angesehen. Die gleiche Dynamik, die seit dem Urknall im Zusammenspiel mit der Materie und den Naturgesetzen fortschreitend komplexere Strukturen geschaffen hat, manifestiert sich mit der Entstehung der Urzelle als elementares Leben. Das bisherige Evolutionsprinzip der physikalisch-chemischen Selbstorganisation isolierter Strukturen wird durch das biologische Prinzip der Selbstreproduktion des gesamten zyklisch organisierten Systems ergänzt.

Solch ein System muss sich als Ganzes seiner selbst bewusst sein, denn der „Erlebniswert" von Leben ist Bewusstsein. Es ist die *„Innenseite der Dinge"* (Teilhard de Chardin), die Subjektivität, die jetzt hervortritt und deren Außenseite die einfachsten Merkmale von Leben sind, wie Stoffwechsel, Selbstreproduktion, Anpassung an die Umwelt und Selbsttranszendenz. Dieses wenn auch noch äußerst rudimentäre Wissen um das eigene Sein, der erste Ausdruck von Leben mit einem Hauch von „Individualität", manifestiert sich mit einer *Abgrenzung* von der weniger geordneten Umwelt – eine winzige Insel biotischer Ordnung im weiten Ozean abiotischer Strukturen.

Möglicherweise dient zur Abgrenzung zunächst eine dünne, elektrisch aufgeladene Wasserhülle, auf die sich dann sei-

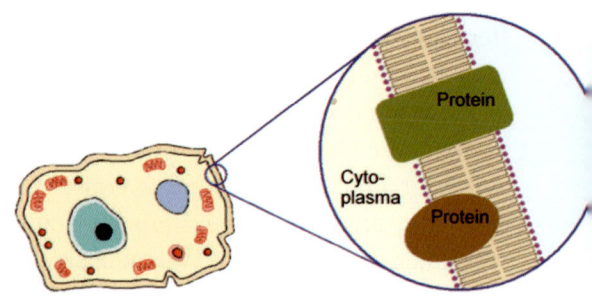

Abgrenzung und Offenheit: Merkmale des Lebens (Graphik: Chemgapedia.de)

fenähnliche Substanzen konsolidierend anlagern. So entsteht allmählich die halbdurchlässige Membran einer *Urzelle*, die „weiß", was sie zur Aufrechterhaltung ihres Energiehaushaltes zu importieren und zu exportieren hat. Hoimar von Ditfurth bringt den Sachverhalt auf den Punkt:

„Vom ersten Augenblick ihrer Existenz an mussten die lebenden Systeme in der Lage sein, zwischen verschiedenen Eigenschaften ihrer Umwelt zu unterscheiden. Lebensfähig waren sie nur insoweit und nur so lange, wie sie es fertigbrachten, die Umweltfaktoren zu erkennen, von denen sie zur Aufrechterhaltung des Stoffwechsels abhängig waren. Diese Faktoren (etwa Energie liefernde Großmoleküle wie Zucker oder Eiweiße) mussten sie schließlich aus der großen Zahl aller übrigen Moleküle, die für sie nutzlos waren oder sogar gefährlich (weil sie als ‚Gifte' ihren Stoffwechsel chemisch aus dem Geleise brachten), auf irgendeine Weise auswählen können … Ich bin davon überzeugt, dass die sich in diesen Formulierungen ausdrückende Analogie zu den psychischen Leistungen des Unterschei-

Die chemische Evolution – Entstehung des Lebens

dens, des Erkennens und der Auswahl alles andere als zufällig ist."[26]

Die „Innenseite der Dinge": Fähigkeiten zur Unterscheidung, zum Erkennen und zur Auswahl sind Leistungen, die Bewusstsein voraussetzen. Denn das Unterschiedene, das Erkannte und das Ausgewählte sind als Sachgegebenes etwas anderes als das Wissen um dieses Sachgegebene. So manifestiert sich mit der Urzelle zum ersten Mal Bewusstsein als Leben. Die Innenseite der Dinge ist eine „primäre biologische Funktion", genauso wie die Außenseite der Dinge, wie Stoffwechsel, Reproduktion und Anpassung. Und zu den gleichen Leistungen auf psychischer Ebene beim Menschen sieht von Ditfurth nur einen graduellen, keinen prinzipiellen Unterschied. Sein Buch „Der Geist fiel nicht vom Himmel" trägt den Untertitel „Die Evolution unseres Bewusstseins".

Nur betrachtet von Ditfurth, genauso wie Manfred Eigen, das Bewusstsein als eine „nichtmaterielle" Erscheinung der Materie. Er argumentiert monistisch. Gewiss, der Geist fiel nicht vom Himmel, aber er hat von Anfang an als Evolutions- und Bewusstseinsdynamik mit der Materie interagiert, und im Organismus entfalten sich beide in wechselseitiger Koevolution. *Der „Innenseite der Dinge" gebührt die gleiche Aufmerksamkeit wie der Außenseite. Sie als eine vitalistische Vorstellung zu etikettieren und aus dem Bereich der Wissenschaft, weil grundstuflich empirisch unzugänglich, auszuklammern, ist ebenso kurzsichtig wie die Überantwortung einer mit metastuflich empirischen Methoden nachweisbaren Dimension an irgendeine unerforschliche Vitalkraft.* Diese Ausklammerung hat bereits unverantwortliche Konsequenzen für die Menschheit zur Folge gehabt.

Wir fassen zusammen: Nach der Makroevolution kosmischer Strukturen sind wir der Mikroevolution chemischer Elemente nachgegangen. Auf der jungfräulichen Erde entstehen zunächst relativ einfache präbiotische Moleküle, dann komplexe Makromoleküle: das Nukleinsäure- und das Proteinmolekül. Durch ihre Kooperation entsteht eine neue Realität: das Leben – ein Wunder, der zweite entscheidende Phasenübergang in der Evolution des Bewusstseins! Fortan manifestiert sich die Dualität der Dinge, Struktur *und* Leben, Außenseite *und* Innenseite, in wechselseitiger Koevolution. Sie findet ihren ersten Ausdruck in der von der Umwelt sich abgrenzenden Urzelle. Hier beginnt Individualisierung.

---

5. Die biologische Evolution –
Entfaltung des organismischen Bewusstseins

Das Leben ist da. Mit der Urzelle ist der Phasenübergang in eine neue Ära der Evolution vollzogen. Ein Organismus ist entstanden, der „weiß", wie er sich am Leben erhält. *Der Bezug zur Umwelt und die eigenen metabolischen Prozesse sind von einem Erleben, einem rudimentären Bewusstsein, begleitet. Und auf die sukzessive Entfaltung dieses organismischen Bewusstseins hat es fortan die Evolutionsdynamik angelegt.* Dem wollen wir in diesem Kapitel nachgehen.

Nach der Emergenz des Lebens wird die Evolutionsdynamik nach neuen Phasenübergängen suchen: nach dem reflexiven, dem selbstreflexiven, dem transzendentalen und dem kommenden integralen Bewusstsein. Sie drängt nach der Erkenntnis ihrer selbst, ein Abenteuer, das alles andere relativiert. Es ist das ultimative Abenteuer. Dabei dürfen wir nicht aus den Augen verlieren, dass die kosmische und chemische Evolution, der wir sukzessiv nachgegangen sind, keineswegs abgeschlossen ist, sondern dass Sterne und Planeten ständig neu entstehen und vielleicht auch Leben in irgendeiner Nische unseres Universums. Auch auf unserer Erde vollzieht sich weiterhin Evolution, gleichzeitig auf allen Stufen des Bewusstseins.

Man schätzt das Alter der Erde auf 4,6 Milliarden Jahre. Es hat „ein Weilchen" gedauert, bis die Voraussetzungen zur Entstehung des Lebens gegeben waren, etwa 800 Millionen Jahre. Die ältesten fossilen Urzellen, die man in Sedimentgesteinen Afrikas und Australiens gefunden hat, haben ein Alter von etwa 3.8 Milliarden Jahren. Es sind einfache RNA-Eiweiß-Komplexe, umgeben von einer schützenden, halbdurchlässigen Hülle, sogenannte *Prokaryoten*, Zellen ohne Kern. Einige dieser einzelligen Lebewesen, die Vorfahren der „Chloroplasten", entwickeln die Fähigkeit zur Photosynthese und erschließen sich damit eine neue Energiequelle. Andere decken ihren Energiebedarf durch räuberisches Einverleiben bereits existierender biologischer Strukturen. Die Evolution steht an der Weggabelung von Pflanzen und Tieren.

Die Photosynthese ist das Vermögen, die von der Sonne abgegebene Energie aufzunehmen und zum Aufbau von organischen Verbindungen zu verwerten. Mithilfe des grünen Chlorophylls können die Chloroplasten aus simplem Kohlendioxyd und Wasser komplizierte organische Verbindungen wie Stärke, Teile von Eiweiß und Fette aufbauen. Die Sonne macht`s möglich. Ohne die Photosynthese gäbe es kein pflanzliches und damit tierisches und menschliches Leben. Denn wir können ja weder allein von Luft und Liebe noch von Kohlendioxyd und Wasser leben. So hat die Sonne gewissermaßen aus sich selbst – denn unsere Erde ist ja wie sie aus dem gleichen Wasserstoffnebel entstanden –

das Leben hervorgerufen, so, wie sie später ein Wahrnehmungsorgan, das Auge, hervorlocken wird.

Mit der Verbreitung von photosynthetisierenden Zellen und Blaualgen, den Vorfahren der heutigen Pflanzen, kommt es zu einer zunehmenden *Anreicherung der Atmosphäre mit Sauerstoff* und zu einer tiefgreifenden Umgestaltung der Biosphäre. Es entsteht die globale „autopoietische" = sich selbst erschaffende und selbst erhaltende Stabilität zwischen Biosphäre und Atmosphäre. Sie hat sich seit etwa anderthalb Milliarden Jahren nicht verändert, was Anlass gegeben hat zur Gaia-Hypothese, von der wir bereits sprachen. Ohne die Photosynthese als permanente Energiequelle wären die organischen Stoffe als Nahrungsquelle schnell verzehrt gewesen und das jugendliche Leben auf der Erde verhungert.

Der Übergang zur sauerstoffreichen Biosphäre war, wie so oft, eine geniale Anpassungsleistung und ein Meisterwerk der Evolution. Gegenwärtig ist es der Mensch, der mit seinem nicht mehr zeitgemäßen, d. h. den Herausforderungen der Umwelt unangepassten Bewusstsein in die Biosphäre fuscht. Fossile Brennstoffe belasten die Atmosphäre mit Kohlendioxyd, Massentierhaltung mit Methan. Urwälder, die grünen Lungen des Planeten, werden kurzsichtig abgeholzt. Die globale Erwärmung ist bedrohlich geworden. Sie führt nicht nur zu Wetterkapriolen – wir steuern auf eine Klimakatastrophe zu. *Zwar wird die Evolution weitergehen, aber die Anpassungsvorgänge werden für Mensch und Kreatur nicht ohne Schmerzen sein. Sie zu reduzieren ist ein zentrales Anlie-*

gen dieses Buches. Was ansteht, ist der Übergang der Menschheit zum metarationalen integralen Bewusstsein mit seiner ganzheitlichen Intelligenz, von der wir im Zusammenhang mit der Gaia-Hypothese (S. 53) bereits sprachen.

Der nächste entscheidende evolutionäre Schritt erfolgt wieder nach dem bewährten Bauprinzip des kooperativen Zusammenschlusses von Einzelelementen, um ein Ganzes aufzubauen, das mehr ist als die Summe der Einzelteile: die Ganzheit der *eukaryotischen Zelle*, der Zelle mit einem Kern als Management-Zentrale. Damit hat die Evolution den idealen Baustein geschaffen für kommende Ganzheiten höherer Ordnung.

Nach einer von Lynn Margulis (1970) entwickelten Theorie ist die eukaryotische Zelle nicht durch allmähliche Veränderung, sondern durch den *kooperativen Einbezug verschiedener Prokaryoten in die gastgebende Zelle* hervorgegangen, durch „Endosymbiose". Hatten sich die Chloroplasten auf Photosynthese mit der Freisetzung von Sauerstoff spezialisiert, so konnten sich in der Folge andere Prokaryoten auf Sauerstoffatmung umstellen: Es entstanden die ersten Bakterien. Ihre Aufnahme im Zellverband diente später der Zelle als Kraftwerk, als „Mitochondrium". Einige Bakterien hatten die schlängelnde Fortbewegung erfunden. Jetzt wurden sie im Zellverband als „Geißeln" integriert, und so entstanden wahrscheinlich die Vorfahren der noch heute lebenden einzelligen Geißeltierchen. Wurden dagegen Chloroplasten als Energiequelle einbezogen, kam es zu den ersten Pflanzenzellen.

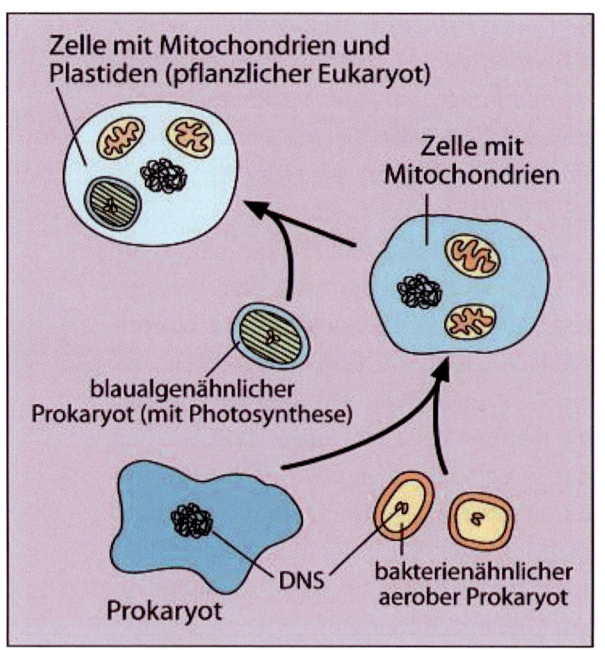

Endosymbiose: Entstehung der eukaryotischen Zelle.[27]

Die Bündnispartner schließen sich zu einem System zusammen, ohne ihre Eigenständigkeit aufzugeben. Einige bewahren ihr individuelles genetisches Material und unterscheiden sich durch eine doppelte Membran deutlich von der Gesamtzelle. Das funktionale Zusammenspiel der kleinen Organe, der „Organellen" – wir haben nur einige wenige angeführt – wird durch das genetische Management des Zellkerns gewährleistet. Ist dies ein Vorbild für den wackelnden Zusammenschluss zur Europäischen Union mit der Management-Zentrale in Brüssel? Ob die kleinen Pokaryoten sich wohl ebenso schwertaten, sich zu integrieren, wie die einzelnen Staaten der EU?

Was war es, das die kleinen Individuen veranlasste, einen Teil ihrer Selbstständigkeit aufzugeben, um sich in einer höheren Ganzheit wiederzufinden? Wir ahnen es schon: *die der gesamten Schöpfung eingeprägte Sehnsucht nach Selbsttranszendenz und Vollkommenheit.* Selbstständigkeit im Wirtschaftsleben zum Beispiel ist oft mit Risiko und Mühsal verbunden. Integration und Kooperation bringen ganz konkrete Vorteile mit sich, auch für die Zelle: Sowohl die aufgenommene kernlose Urzelle als auch die Ganzheit der entstehenden höheren Zelle profitieren von dem kooperativen Zusammenschluss. Der Zellverband koordiniert lebenswichtige Funktionen und bietet Schutz. Es handelt sich also bei der Entstehung der eukaryotischen pflanzlichen und tierischen Zelle um eine echte Symbiose. Von „Versklavung", wie das mancherorts zu lesen ist, kann hier nicht die Rede sein.

Mit dem symbiotischen Zusammenschluss im Zellverband, der Endosymbiose, entstehen Systemgesetzmäßigkeiten, die in der Zelle Regelmechanismen auslösen. Wir sprachen schon von dem makroskopischen Fließgleichgewicht zwischen Biosphäre und Atmosphäre. Ähnlich verhält es sich mit dem mikroskopischen Fließgleichgewicht innerhalb der hoch differenzierten eukaryotischen Zelle, der sogenannten *Homöostase.* Sie ist eine Grundbedingung des Lebens. Abweichungen von einem lebenswichtigen Sollwert werden registriert und durch Regelmechanismen ausgeglichen. Wir kennen das auch von unserem eigenen Körper: Wenn wir zum Beispiel schwitzen und die mittlere Körpertemperatur ins Wanken gerät, gibt der Organismus Schweiß ab und damit Wärme. Durch die Verdunstung kann alsdann Kühlung eintreten. *Homöostase zeugt also auf der Ebene der Zelle von Selbstbezüglichkeit und damit von einem organismischen Bewusstsein.* Sie ist ein wahres Wunderwerk: *Die eukaryotische Zelle ist der ideale Baustein für Ganzheiten höherer Ordnung.* Und sie hat sich im Verlauf der Evolution vom Einzeller zum Vielzeller noch weiter differenziert und spezialisiert. Die Anweisungen allein innerhalb der DNA der menschlichen Zelle „würden, wenn sie herausgeschrieben würden, eintausend 600-seitige Bücher füllen. ... Die Chromosomenfäden wären zusammengenommen fast zwei Meter lang. Der Kern, in dem sie enthalten sind, hat jedoch nur einen Durchmesser von weniger als einem hundertstel Millimeter", so dokumentiert die Zeitschrift „National Geographic."[28]. Dabei ist dieser Chemiekonzern en miniature noch weitgehend unerforscht. Und wenn wir uns vergegenwärtigen, dass unser Körper aus einem Zusammenspiel von Billionen solcher Zellen besteht, dann reicht unser Staunen nicht aus, um das Erstaunliche zu erstaunen.

Zellen vermehren sich zwar durch Teilung, aber einzellige Pantoffeltierchen haben außerdem schon „Sex" miteinander. Sie legen ihre bewimperten Körper „liebevoll" aneinander, verbinden sie mit einer dünnen Brücke aus Zytoplasma und tauschen genetisches Material aus. Und dann gehen sie wieder ihre Wege. Keines von beiden wird schwanger, sie haben lediglich Erbinformationen miteinander ausgetauscht. Lediglich? Genau das will

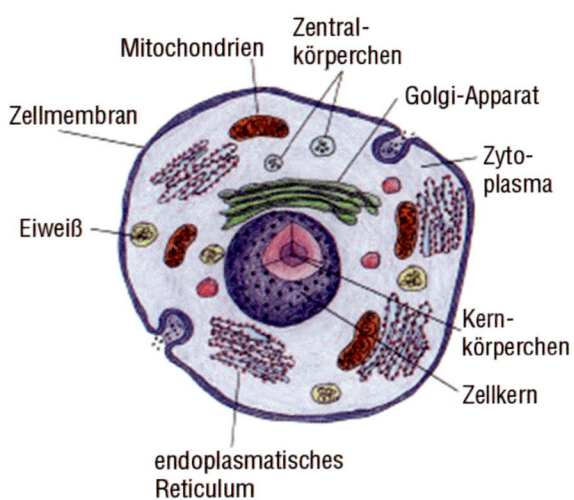

Eukaryotische Zelle mit einem Kern als Management-Zentrale[29]

die Natur: *Vielfalt, immer wieder neue, genetisch einzigartige Individuen.* Später wird das Leben noch reicher und schöner durch die sexuelle Fortpflanzung. Ei und Samenzelle verschmelzen miteinander, und es kommt zu einer Rekombination von Erbanlagen. Die Nachkommen unterscheiden sich sowohl untereinander als auch von ihren Eltern. So sorgt die Natur für erhöhte Variabilität und damit neuartige Immunabwehr und verbesserte Voraussetzungen zur Anpassung an die Umwelt.

Nach der Entstehung des Lebens, dem zweiten großen Phasenübergang in der Evolution des Bewusstseins, entfaltet sich das organismische Bewusstsein immer mehr von der Urzelle bis zum Menschen in etwa 3,8 Milliarden Jahren. *Während dieser langen Zeit gab es auch kleinere, aber dennoch deutliche Phasenübergän-*

ge, gab es „Meilensteine". Zum Beispiel war die Entstehung der eukaryotischen Zelle ein solcher Meilenstein. Ihr organismisches Bewusstsein umfasst die komplexen metabolischen Prozesse und ihren Bezug zur Umwelt deutlich differenzierter als bei ihrer Vorgängerin, der Urzelle. Einzellige Pantoffeltierchen können bereits lernen; das haben Experimente gezeigt. Ein weiterer Meilenstein des Lebens auf dem Wege zu sich selbst ist die *Entstehung der vielzelligen Organismen.*

Der bereits zitierte Biologe Gordon Taylor ist der Überzeugung, dass der Zusammenschluss der Zellen untereinander *„das verwirrendste aller Darwin'schen Rätsel ist und zugleich auch dasjenige, das die Unzulänglichkeit der natürlichen Auslese als einzigen Schiedsrichter der Evolution am deutlichsten bloßlegt."* Was hat die autonomen Einzeller vor etwa 1,5 Milliarden Jahren dazu bewegt, einen Teil ihrer Selbständigkeit aufzugeben, um sich zu Mehrzellern zusammenzuschließen? Vor der gleichen Frage standen wir beim Aufbau der eukaryotischen Zelle. Und die Antwort ist sicherlich die gleiche: die Sehnsucht des Lebens nach sich selbst.

Nachdem die Einzelzellen eine Stufe der Vollkommenheit erreicht und ihre „Individualität ausgelebt haben", wächst der „Wunsch" nach einer Verbindung mit ihresgleichen. Da ist eine dumpfe Ahnung von dem Vorteil des Zusammenschlusses mit der entstehenden Systemdynamik. Vielleicht sind analoge Gesetzmäßigkeiten auch in unserer Gesellschaft am Werk. Noch leben wir unsere Individualität aus. Noch fällt es uns schwer, uns in einer Gemeinschaft voll zu integrieren. Aber die Zellen unseres Körpers haben es schon erfahren: Das Ganze ist mehr als die Summe der Einzelteile. Und indem eine Ganzheit entsteht, wird jedes einzelne Teil angehoben, erfährt es ein „Mehr an Leben".

Es gibt viele Theorien, wie die mehrzellige Ganzheit erstmals zustande gekommen ist. So kann man beispielsweise annehmen, dass einige Zellen aufgrund von Mutationen, welche die Zelloberfläche verändern, nach der Teilung einfach aneinander haften blieben. Auch besteht die Möglichkeit, dass vielzellige Lebewesen aus Gallertmassen, die viele Zellkerne enthalten, durch Membranbildung und Arbeitsteilung entstanden sind. Der Zusammenschluss bot darüber hinaus den Vorteil, nicht so schnell gefressen zu werden, sich schneller fortbewegen zu können und durch den Aufbau einer inneren Organisation die Nahrung besser auswerten zu können.

Eine solche Ansammlung, eine Aggregation von Einzellern, kann man noch heute beim Aufbau eines Schleimpilzes aus Amöben beobachten: Aus unbekannten Gründen – vielleicht aus Nahrungsmangel – strömen Tausende von sonst selbständigen Amöben zusammen und bilden vorübergehend ein schneckenartiges Wesen, das sich als Ganzes, an Licht und Wärme orientierend, auf die Suche nach Nahrung begibt. Schließlich formt es aus sich heraus einen langen Stängel mit einem Fruchtkörper, aus dem Sporen freigesetzt werden. Letztere bilden neue Amöben, während diejenigen, die den Stängel geformt, alsbald ausgedient haben und absterben. Opfer im Dienst der Gemeinschaft?

Entwicklungszyklus eines Schleimpilzes aus selbständigen Amöben: 1 einzelne Amöbe, 2 Vermehrung, 3 – 4 Versammlung, 5 Fortbewegung, 6 – 7 Aufrichtung, 8 ausgereifter Fruchtkörper, 9 Spore.[30]

Bei der Entstehung des Schleimpilzes handelt es sich um den Zusammenschluss von „Gleichgesinnten", die einen Teil ihrer individuellen Bewegungsfreiheit opfern, zu ihrem eigenen Vorteil und zum Wohl des Ganzen. Ein noch größeres Opfer und ein noch größerer Gewinn bringt die *Umstellung vom Ich zum Wir im zentral gesteuerten Organismus.* Denn das Ich wird noch mehr Ich, zu einem „reiferen Ich", wenn es sich im Wir integriert. Die Einzelzelle „dachte" nur daran, sich selbst zu erhalten und sich durch Teilung zu vermehren. Zu diesen Urtrieben kam jetzt die „soziale Verantwortung".

Integration ist Ausdruck von Reife.

Unsere Konsum- und Spaßgesellschaft ist vom Egoismus geprägt. Jeder giert nach Leben, und in seiner Gier verkapselt sich das Ego. Es vermag nicht über seinen en- *gen Horizont hinauszuschauen. Denn erst jenseits dieses Horizontes findet es Erfüllung. Noch sind diejenigen, die innehalten und nach innen gehen, um das Ego zu relativieren und zu transzendieren, in der Minderheit. Die Mehrheit hat keine Zeit, es gibt „Wichtigeres" zu tun im Dienste des Egos. Hinzu kommt die Angst, die vertraute Welt der kleinen und begrenzten Persönlichkeit zurückzulassen, um das unbegrenzte, allumfassende Selbst zu entdecken. Es ist ja bequem, sich in der Mittelmäßigkeit auszuruhen!*

Die Umstellung vom Ich zum Wir beginnt sicherlich mit dem Zusammenschluss zu Aggregaten. Aufkommende Systemgesetzmäßigkeiten führen alsdann zur Spezialisierung der Zellen für spezifische Aufgaben und zur Anpassung der Körperform für den Aufbau eines kooperativ funktionierenden Vielzellers. Die Kommunikation der Zellen untereinander erfolgt zunächst vermutlich durch

Hormone und alsdann bioelektrisch durch Ausbildung von Nervenzellen. Bei der Weiterleitung der Nervenimpulse von einem Nervenende zum anderen ist eine Synapse dazwischengeschaltet, wo die Übertragung der Impulse durch hormonale Transmittersubstanzen erfolgt. Zwei verschiedene Formen der Kommunikation werden hier also auf intelligente Weise miteinander verknüpft: Der elektrische Impuls dient der linearen Weiterleitung, die chemische Substanz ermöglicht zusätzlich durch differenzierende Reaktionen einen steuernden Einfluss.

Die Spezialisierung der Zellgruppen führt zur Ausbildung von Organen mit einem Nervensystem, das sie aufeinander abstimmt. Der Übergang von der nachbarschaftlichen Kooperation der Zellklumpen zur harmonisch interagierenden Ganzheit des Organismus, vom Ich zum Wir, vollzieht sich wahrscheinlich schrittweise durch Ausbildung einer Koordinationszentrale: erst ein simpler Nervenknoten, später ein Stammhirn. Die zugrundeliegende Dynamik ist, so ist anzunehmen, die gleiche wie bei der Entstehung des Zellkerns: Systemgesetzmäßigkeiten, diesmal auf höherer Ebene. Dieses Wir, das jetzt im Bewusstsein einer Ganzheit, eines kollektiven Ich, sich abzeichnet, ist sicherlich noch zart und rudimentär. Aber es lässt sich ganz ausgezeichnet damit leben. Das beweisen die Weichtiere, die zahlreichen Polypen, Quallen und Muscheln, die bis in die Gegenwart hinein die Meere bevölkern: eine vegetative Geborgenheit, frei von komplizierten zerebralen Vorgängen, frei von „Kopflastigkeit".

Die Ausbildung eines Nervensystems mit einem Knoten als Koordinationszentrale und schließlich einem Stammhirn verweist auf *die langfristige Strategie der Evolutionsdynamik: die Steigerung des individuellen Bewusstseins. Es geht offenbar weniger um die Vervollkommnung der Intelligenz für den „Kampf ums Dasein" als um das Bewusstsein dieser Intelligenz.* Denn intelligentes Verhalten ohne Gehirn auf der Grundlage des simplen organismischen Bewusstseins eines Nervenknotens kann man schon bei niederen Lebewesen feststellen.

Die noch nicht zum Bewusstsein *ihrer selbst* erwachte Natur zeigt eine Fülle von Beispielen organismischer Intelligenz, die der bewussten menschlichen Intelligenz mitunter um ein Vielfaches überlegen ist. Man denke nur an die hochkomplexen chemischen Vorgänge, die sich still und unmerklich in jedem Sekundenbruchteil in den Billionen systemisch interagierenden Zellen unseres Körpers abspielen! Das ganze phantastische Lebens- und Evolutionsgeschehen steht unter der Regie einer verborgenen Intelligenz, von der wir eine Ahnung bekommen, wenn unser mentales Getriebe zur Ruhe kommt. Albert Einstein nannte die Evolution „*eine Intelligenz von solcher Erhabenheit, dass verglichen damit das ganze systematische Denken und Handeln des Menschen ein höchst unbedeutender Abglanz ist".[31]* Sich diese Intelligenz bewusst zu erschließen, darum geht es!

In Sibirien lebt ein Vogel mit einem Superhirn: der Tannenhäher, ein Rabenvogel, etwa so groß wie eine Dohle. Er legt für den Winter bis zu 1.400 Verstecke mit meist sieben Nüssen an in einem Umkreis von etwa 15 Kilometern. Und alle Depots behält er genau im Kopf, denn er und ein Junges müssen sechs kalte Monate davon zehren. Schachweltmeister Gary Kasparow vergisst zwar keine Telefonnummer, die er einmal gewählt hat, aber mit dem Ortsgedächtnis des Tannenhähers könnte er es nicht aufnehmen. Bereits im Spätsommer beginnt der schlaue Vogel, die Nüsse der Zirbelkiefern zu sammeln und zu verstecken. Er wählt Plätze, an denen im Winter nicht meterhoch Schnee liegt, sondern wo sich der Wind als Schneefeger betätigt. Und wenn dann doch noch eine dicke Schneeschicht zu überwinden ist, macht er mit dem Schnabel voran einen Kopfsprung und trifft mit verblüffender Sicherheit genau auf die Stelle, an der die Nüsse deponiert sind. Der Schnee hat alles verdeckt, da gibt es keine Erinnerungsmarken. 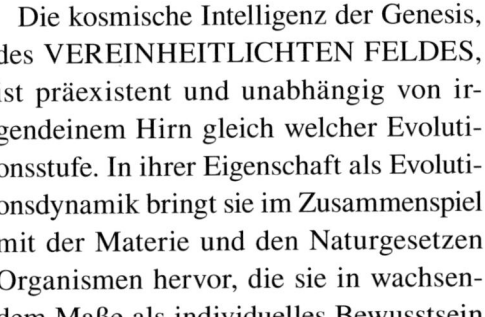 Und zu riechen gibt es auch nichts. Woher dieses „übermenschliche" Erinnerungsvermögen?

Die kosmische Intelligenz der Genesis, des VEREINHEITLICHTEN FELDES, ist präexistent und unabhängig von irgendeinem Hirn gleich welcher Evolutionsstufe. In ihrer Eigenschaft als Evolutionsdynamik bringt sie im Zusammenspiel mit der Materie und den Naturgesetzen Organismen hervor, die sie in wachsendem Maße als individuelles Bewusstsein reflektieren. Aus dieser Sicht wären die Nervensysteme individualisierte Reflektoren, nicht aber Erzeuger von Intelligenz, ähnlich wie Radios Programme nicht erzeugen, sondern sie als elektromagnetische Schwingungen empfangen und hörbar machen. Diese Sichtweise geht konform mit der dualistischen Hypothese, wie sie von dem australischen Nobelpreisträger John Eccles vertreten wird, steht aber im Gegensatz zur modernen Hirnforschung, die monistisch argumentiert. Hören wir den englischen Neurologen Cyril Burt:

„Ein Vergleich der spezifischen mikroneuralen Situationen, in denen Bewusstsein entsteht bzw. nicht entsteht, legt nahe, dass das Gehirn das Bewusstsein nicht erzeugt, sondern eher als Sender und Empfänger sowie als Detektor fungiert, d. h., seine Aktivität ist zwar offensichtlich eine notwendige, aber keine hinreichende Bedingung für das bewusste Erleben."[32]

Im Verlauf der Evolution des Bewusstseins kommt es nach jedem Phasenübergang zur Ausbildung einer neuen hierarchischen Ebene und damit zur Integration der vorausgehenden Ebene. So baut das reflexive Bewusstsein des Menschen und mit ihm der rationale Verstand auf dem organismischen Bewusstsein des Körpers mit seinen vegetativen Funktionen auf. *Die reflexive Intelligenz hat zwar einen höheren Grad an Bewusstheit und damit an Individuation, ist aber der organismischen Intelligenz mit ihrer spontanen Organisation hochkomplexer autonomer Abläufe an funktioneller Wirksamkeit weit unterlegen. Dem linear arbeitenden Verstand fehlt die ganzheitliche Orientierung. Er vermag in seinem eigenen Kör-*

per Unordnung zu stiften – beispielsweise psychosomatische Krankheiten; oder er vermag in der Umwelt Unordnung zu schaffen – beispielsweise ökologische Verwerfungen. Anliegen des Buches ist es, für einen evolutionären Phasenübergang des Bewusstseins zu plädieren, wo dem Menschen die vorbewusste ganzheitliche Intelligenz des organismischen Bewusstseins auf einer höheren Stufe bewusst zugänglich wird.

Eine not-wendige, eine realistische Vision!

Doch kommen wir zurück zur faszinierenden Geschichte der Evolution. Das Leben – unsere Biomoleküle, Einzeller und Mehrzeller – entstanden alle im Wasser. Auch die grünen Pflanzen haben ihren Ursprung im Wasser. Als einzellige Algen oder als ganze Kolonien treiben sie im Meer. Einige bleiben zufällig am Ufer hängen, überleben an feuchten Stellen und passen sich allmählich dem Leben am Land an. Die Entwicklung und die Verbreitung von Pflanzen bildet die Lebensgrundlage für Tiere und Menschen, auf deren Evolutionsgeschichte wir uns hier themenbedingt beschränken. Sie beschleunigt sich zusehends, im Vergleich zu den großen Zeiträumen der vorausgegangenen kosmischen und chemischen Abläufe.

Die ältesten mehrzelligen tierischen Fossilien stammen aus dem Kambrium, aus einer erdgeschichtlichen Periode vor etwa 550 Millionen Jahren. Davor war es relativ ruhig, aber jetzt setzt eine Phase beschleunigter, fast explosionsartiger Entwicklung

in der Tierwelt ein. Erstmals tritt eine Fülle von Arten, Gattungen, Familien und Ordnungen auf; es erscheint im Wesentlichen die Vielfalt der bis in die Gegenwart durchhaltenden Baupläne. Aus den Weichtieren gehen alle möglichen Meeresbewohner mit Panzern, Schalen und festen gegliederten Beinen hervor, urige Kreaturen mit bizarren Formen. Die Evolution breitet ihr ganzes kreatives Potenzial aus – massenhaft sind die Trilobiten, die tintenfischartigen Cephalopoden und die Korallen, aus purer Lebensfreude, wie es scheint; einer will den anderen übertrumpfen, ein Wettrennen ums Dasein. Ein jüngst in China entdecktes, gut erhaltenes Fossil eines Gliederfüßlers mit einem dreigliedrigen Gehirn beweist, dass schon damals sich die Grundbaupläne noch heute existierender Tiergruppen entwickelt haben.

Der Periode der Ausbreitung folgt ebenso rasch eine Periode des Aussterbens; als ob die Natur für neue Entwicklungen Platz machen wollte. Skelettbildung und Entwicklung der Wirbelsäule stehen jetzt an. Die ersten Fische beleben die Meere. Der Wechsel von „Faunenfülle und Faunenschnitt" wird noch wiederholt im Verlauf der Evolution eintreten. Man sucht nach erklärenden Ursachen wie Vulkanismus, Kontinentaldrift, Klimaveränderungen, Explosionen von Sternen, Meteoriteneinschlägen oder einer Umpolung des Erdmagnetfelds. Aber vermutlich verbirgt sich dahinter die konsequente Strategie der Evolution, durch ständige Veränderung die Entwicklung lebendig zu halten. Kennen wir das nicht auch aus unserem eigenen Leben? Kaum haben wir eine Situation bewältigt oder einen Job hinter

Kambrium: explosionsartige Entwicklung der Tierwelt[33]
„Es ist, als wären sie einfach dorthin gesetzt worden,
ohne irgendeine evolutionäre Vorgeschichte."

(Autor des Zitates: Richard Dawkins)

uns, wartet schon der nächste auf uns: Die Steuererklärung ist erledigt; dann hat die Waschmaschine ihren Geist aufgegeben; danach muss ich mich mit einer mir unbekannten Computer-Anwendung amüsieren; dann darf ich nicht vergessen, meinen Amalgam-Sondermüll in den Zähnen sanieren zu lassen; dann eröffnet mir meine Partnerin, dass sie einen neuen Freund hat, dann, dann, dann … Nichts ist beständig außer der Veränderung im Vordergrund und dem VEREINHEIT-LICHTEN FELD im Hintergrund.

Weiter geht die Entdeckungsreise. Man kann den Grad der Komplexität des Nervensystems und des Hirns als einen Maßstab ansehen zur Bestimmung des Grades an Bewusstsein eines Lebewesens. Betrachtet man nun den Stammbaum des Lebens, so verweist dieser Maßstab eindeutig in Richtung der *Wirbeltiere*. Mit dem Zuwachs an Komplexität der Vielzeller wuchs nicht nur die Notwendigkeit der Kommunikation zwischen den verschiedenen Regionen innerhalb eines Organismus, sondern auch die Notwendigkeit der Stabilisierung der an Umfang zunehmenden Organismen. Die kreative Antwort bestand zum einen in der Ausbildung eines Nervensystems als Kommunikationsnetz, zum anderen in einem tragenden Innenskelett.

Zu den ersten Wirbeltieren gehören die Lanzettfischchen; bald darauf bevölkert ein breites farben- und formenprächtiges Artenspektrum von Fischen die Meere. Die Quastenflosser zählen zweifelsohne zu den Vorfahren der Landwirbeltiere. Sie verfügen bereits über quastenförmige Stützflossen mit knöchernem Stützskelett und Muskeln, mit denen sie sich in flachem Wasser und ausgetrockneten Lachen vorwärtsbewegen können. Primitive Lungen ermöglichen ihnen, aus der Luft Sauerstoff zu beziehen: ein Überlebensvorteil in den Trockenzeiten des Devon vor etwa 400 Millionen Jahren. Zu dieser Zeit ist das sicherlich eine sinnvolle Anpassung, aus einer rückblickenden Perspektive eine „Präadaption", eine Vorausanpassung für den kommenden Landgang der Amphibien. Wer oder was führt hier vorausschauend Regie?

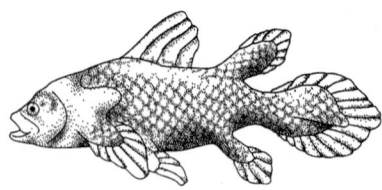

Der Quastenflosser – ein lebendes Fossil[34]

Der Übergang vom Wasser- zum Landleben ist sicherlich, nach der Entstehung der eukaryotischen Zellen und der Vielzeller, ein markanter dritter Meilenstein entlang der biologischen Evolution und der Entfaltung des organismischen Bewusstseins. Auch diesmal ist der Übergang nicht sprunghaft, Schritt für Schritt werden die für die Erschließung einer neuen Welt erforderlichen Voraussetzungen geschaffen, werden bestimmte Funktionen intensiviert und Organe ab-

gewandelt. Die ersten Landgänger kehren zunächst immer wieder zurück ins Wasser, ein Hin und Her, das uns aus vorausgegangenen Zeiten des Übergangs vertraut ist.

Zu ihnen gehört der „Ichthyostega", dessen Fossilien man in Grönland gefunden hat. Er hat viele Gemeinsamkeiten mit dem Quastenflosser, hat aber schon vier stummelförmige Beine und noch einen fischähnlichen Schwanz. Sein walzenförmiger Körper ist mit kleinen Schuppen bedeckt, und er atmet bereits mit Lungen – ein uriger Gesell. Den Ichthyostega kann man bereits den *Amphibien* zuordnen. Er ist genauso im Wasser zu Hause wie an Land. Warum aber, so fragen wir wieder, haben seine Vorfahren das angenehme und schwerelose Dasein im Wasser hinter sich gelassen, warum zog es sie an Land? – Wir kennen bereits die Antwort. …

Sicherlich gibt es am Land auch handfeste Vorteile. Es ist zunächst ein sicherer Aufenthaltsort; noch gibt es keine Bedrohung durch größere Landtiere. Und zu futtern gibt es reichlich: Würmer, Schnecken und die Vorfahren von Insekten. Das Wasser dient weiterhin der Aufzucht des Nachwuchses; dort werden die Eier befruchtet, dort wachsen die Larven auf. Erst die *Reptilien* haben sich definitiv dem Leben auf dem Lande angepasst – obwohl sie auch das Wasser schätzen, genauso wie wir an heißen Tagen. Ihre Eier können sie in einer trockenen Umgebung ablegen. Das Junge wächst im Fruchtwasser des Eies auf, das ihm den Tümpel ersetzt.

Vor etwa 225 Millionen Jahren kündigt sich eine neue Art von Reptilien auf

Der Ichthyostega: Verständliche Reaktion – dann aber ging ihm ein Licht auf.

(Comic: Frank Mühlhäuser)

dem Festland an: die *Dinosaurier.* Sie erregen unsere Gemüter wie kaum andere Geschöpfe aus der Vergangenheit. Staunend stehen wir vor ihrem urigen und mächtigen Arten- und Formenreichtum, belegt durch zahlreiche Fossilien. Neueste Forschungen haben ergeben, dass sie bereits Warmblütler waren. Ihre Rekonstruktionen in Büchern, Museen, Parks und Filmen üben eine Faszination auf uns aus. Als ob wir da mit einem Stück unserer eigenen animalischen Vergangenheit konfrontiert werden. Vielleicht ist da auch eine Resonanz zu niederen Trieben in uns, die als Drachen versinnbildlicht, durch den Erzengel Michael, den Träger des neuen Bewusstseins, überwunden werden. Unser Stammhirn, das um diese Zeit weiter ausgebildet wurde, wird zu Recht auch als „Reptiliengehirn" bezeichnet. Es wird für mancherlei unbewusste „Primärvorgänge" verantwortlich gemacht, die häufig bewusste Vorgänge überlagern, zum Beispiel, wenn wir „ausrasten". Derlei innere Unfreiheit wird gelockert und bewusstgemacht durch transzendierende Bewusstseinserweiterung. Doch darüber später.

Wie mag die Welt des Lebewesens mit einem Reptiliengehirn aussehen? Sie ist sicherlich bereits bedeutend differenzierter als die des Einzellers oder des Mehrzellers mit einem einfachen Nervenknoten als Koordinationszentrale. Auf dieser rein vegetativen Organisationsstufe, so sagten wir, ist das organismische Bewusstsein auf die Erfahrung des eigenen Metabolismus und auf die Auseinandersetzung mit der Umwelt als Reiz und Reaktion beschränkt. Diese Auseinandersetzung führt aber bereits zu einem ersten brauchbaren Abbild der Außenwelt. Abbilder, die sich im Leben bewähren und zu einer besseren Anpassung führen, werden alsdann durch den Ausleseprozess, der gewiss auch eine Rolle gespielt hat, verankert und mit ihnen die entsprechenden Verhaltensdispositionen. So kann man sagen, dass das Wissen über die Umwelt bereits im vegetativen Nervensystem verankert ist; es wird mit der Keimesentwicklung mitgeliefert. Ähnlich verhält es sich mit den anatomischen Anpassungen des Körpers an die Umwelt. So

stellt Konrad Lorenz fest, dass die Flosse des Fisches ein „Abbild" des Wassers ist, genauso wie der Flügel des Vogels die Eigenschaften der Luft „abbildet".

Diese Entsprechung von inneren Verhaltensdispositionen und der äußeren Körperform mit der Umwelt, diese Entsprechung von Subjekt und Objekt, ist auf dieser Stufe eine ganz unmittelbare. Sie wird erst gelockert mit der Entwicklung der Fernsinne, die bereits vor Äonen im Meere begonnen hatte und dann auf dem Lande bei den Amphibien und Reptilien mit der Ausbildung des Stammhirns weiter vorangeschritten ist. *Der von außen kommende Reiz bewirkt jetzt nicht nur eine körperliche Empfindung, sondern auch Informationen über die Außenwelt. Und das ist etwas ganz Neues. Fortan ist das Tier nicht mehr passiv dem Reiz ausgeliefert, sondern kann im Vorgriff aktiv reagieren. Seine Freiheit hat zugenommen. Die Distanz zwischen außen und innen ist gewachsen und damit das Empfinden des eigenen Seins, das Bewusstsein. Denn darauf hat es die Evolution angelegt.*

Vor etwa 65 Millionen Jahren gab es wieder einen großen „Faunenschnitt". Er traf die Dinosaurier gemeinsam mit den Flug- und Fischsauriern und die umfangreiche Artengruppe der Ammoniten. Über die möglichen Gründe für das Aussterben haben wir uns schon Gedanken gemacht im Zusammenhang mit dem großen Exitus nach der Fülle des Kambriums. Es gibt zahlreiche Theorien: Vielleicht war es ein großer Meteoriteneinschlag, vielleicht gesteigerter Vulkanismus oder beides. Mutter Evolution stimuliert immer wieder Neues, obwohl die

Jurassic Park[35]

Ablösung vom Alten oftmals schmerzhaft ist. Kennen wir das nicht auch aus unserem eigenen Leben? Nach einem Schicksalsschlag kommt ein Neuanfang. *Mutter Evolution meint es immer gut mit uns, obwohl wir das oftmals erst im Nachhinein erkennen. Bewahren wir uns dieses Vertrauen, wenn es das nächste Mal an die Substanz geht.*

Vielleicht gibt es auch ein verborgenes Gesetz der Ablösung, das auch in der Kulturgeschichte wirksam ist: Sumerer, Babylonier, Assyrer, Chaldäer, Griechen, Römer – Zivilisationen kommen und gehen. Jedenfalls gibt es mehr Dinge zwischen Himmel und Erde, als unsere Schulweisheit sich träumen lässt.

Schon während der Blütezeit der Dinosaurier wurde der *nächste Meilenstein in der Evolution des organismischen Bewusstseins vorbereitet: die Klasse der Säugetiere.* Im Gegensatz zu den Reptilien werden bei den „Plazentatieren" für die Aufzucht der Jungen die Eier nicht abgelegt, sondern das befruchtete Ei verbleibt wohlbehütet im Schoß des Muttertiers. Es kann also nicht gestohlen werden – Wertsachen trägt man sicherheitshalber bei sich! Während der Keimesentwicklung werden die Embryonen über einen Mutterkuchen, eine Plazenta, ernährt.

Der Übergang vom Reptil zum Säugetier vollzieht sich wieder schrittweise; ursprüngliche, aus der Vergangenheit tradierte Merkmale vermischen sich mit neu dazugekommenen, ein Vorgang, der als

„Mosaikevolution" bezeichnet wird. Es gibt viele durch Fossilien belegte Übergangsformen, die säugetierähnlichen Reptilien. Die ersten eigentlichen Säugetiere tauchen an der Grenze zwischen Trias und Jura auf, vor etwa 190 Millionen Jahren. Es sind überwiegend kleine, in der Verborgenheit lebende, meist unauffällige und nachtaktive Tiere. Die Hauptphase ihrer Evolution und Ausbreitung setzt erst nach dem Aussterben der Dinosaurier ein. Es musste wohl Platz gemacht werden für das Neue.

Unter den zahlreichen Ordnungen der Säugetiere wie den Nagetieren, Fledermäusen, Huftieren, Raubtieren, Walen usw. erweisen sich die *Primaten*, die sogenannten Herrentiere, als besonders zukunftsweisend. Sie setzen sich vor etwa 90 Millionen Jahren von den anderen Ordnungen ab und erschließen sich vor allem den Wald als Großnische mit einem Leben auf den Bäumen. Ein Repräsentant des Übergangs ist das noch heute in Hinterindien lebende Spitzhörnchen. In Aussehen und Verhalten ähnelt es dem Eichhörnchen. Halbaffen wie die Lemuren auf Madagaskar und echte Affen wie die Paviane in den Steppen Afrikas bilden eine Vorstufe zu den Menschenaffen, dem Orang-Utan, Schimpansen und Gorilla. Sie haben vermutlich eine gemeinsame Ausgangsform, einen gemeinsamen Ahnen mit dem Menschen, der vor etwa 40 Millionen Jahre lebte.

Wie sieht nun die Welt der Säugetiere aus, soweit wir sie aus unserer allzu menschlichen Perspektive verstehen können? Welche Tendenzen zeichnen sich ab in der letzten Etappe der Evolution des organismischen Bewusstseins? Die Reptilien verfügen mit der Ausbildung des Stammhirns bereits über ein abbildhaftes Wissen über ihre unmittelbare Umwelt. *Die wissende Instanz, das Subjekt als individualisierter Träger des organismischen Bewusstseins, ist bereits erstarkt. Diese Tendenz setzt sich mit der Evolution der Säugetiere fort.* Sie reflektiert sich vor allem in der Ausbildung des limbischen Systems, des über dem Stammhirn befindlichen *Zwischenhirns*, das sich bereits mit dem Übergang vom Reptil zum Säugetier entwickelte.

Das limbische System zeugt von einem *reicher gewordenen Innenleben.* Die Umwelt vermittelt nicht nur Informationen, sondern löst auch verstärkt Stimmungen im Säugetier aus und prägt dadurch die Innenwelt. Umgekehrt können Vorgänge der Innenwelt die Wahrnehmung der Außenwelt verändern – beispielsweise das Sexualverhalten durch periodische Ausschüttung von Hormonen. Jedenfalls scheint es so zu sein, dass Triebe, Gefühle und Stimmungen die Lebenswirklichkeit des Zwischenhirnwesens bestimmen. Es wächst das Gefühl für die eigene Identität. Dadurch wird das Subjekt weitgehend auf seine Innenwelt zentriert, und die Umwelt wird aus einer artspezifischen Sichtweise erlebt. – *Geht das uns manchmal nicht auch so, wenn wir von Wolken an Gedanken und Emotionen überschattet sind und nichts mehr von dem blauen Himmel über uns merken? Dann sind wir ganz Zwischenhirnwesen, eingesponnen in unserer eigenen Welt. Wir sind unfrei und merken nichts davon.*

Mit der Bewusstwerdung wächst auch die Freiheit. Alles begann in der Urzelle mit dem aufkeimenden organismischen Bewusstsein und manifestierte sich mit der Abgrenzung von der Umwelt durch Ausbildung einer Membran: eine erste *Subjekt-Objekt-Trennung*. Fortan wächst die Subjektivität, erstarkt das Bewusstsein und damit die Distanz zur Umwelt. Sie wächst mit dem Vielzeller, mit der Ausbildung eines Nervenknotens als Koordinationszentrale, mit der Entstehung eines Stammhirns, eines Zwischen- und schließlich eines Großhirns. Aber entlang des ganzen Kontinuums organismischen Bewusstseins bleibt die Einheit mit der Natur gewahrt. Sie wird von der Anpassung an die Umwelt, die angeborenen Verhaltensprogramme und einem sicheren Instinkt getragen. Bedrohung durch natürliche Feinde und klimatische Einbrüche stimulieren Wachheit und Fitness. Viele Tiere im Zoo sind vergleichsweise apathisch, langweilen sich und werden dick oder krank. Das gibt es nicht in der freien Wildbahn. Hier ist Evolution angesagt, die schließlich mit dem Auftreten des Menschen zu einem reflexiven Bewusstsein findet. Damit wächst zwar die Freiheit, aber zerbricht die unschuldige organismische Einheit mit der Natur. Aus der Subjekt-Objekt-Trennung wird eine *Subjekt-Objekt-Spaltung*. Die Natur ist jetzt das Andere, die bedrohlich sein kann und die es zu beherrschen gilt; das Paradies ist verloren gegangen. Verloren für immer?

Und wie verhält es sich mit der Entstehung des Zeitbewusstseins? Ein Stück Paradies ist es, ganz in der Gegenwart zu leben, unbeschwert von Gedanken, die aus der Vergangenheit aufsteigen oder in die Zukunft wandern. Das war sicherlich der Fall, solange die Evolution noch kein Nervensystem ausgebildet hatte. Aber es ist ein bescheidenes Paradies, ein Flachland ohne Konturen und Erinnerung. Mit der Ausbildung des Stammhirns ändert sich das. Es ist nicht nur Verrechnungszentrum für das Jetzt, sondern auch schon Speicher von Abbildern, ein abrufbereites Gedächtnis, aber noch kein Bewusstsein der Vergangenheit. Im Wiederholungsfall ist das Verhalten vorgeprägt.

Auf der Stufe des Zwischenhirns hellt sich diese Entwicklung auf; sowohl Gegenwart als auch Vergangenheit werden plastischer. Noch liegt kein Zeitbegriff vor, keine Abfolge von Ereignissen aus der Vergangenheit, sondern eher eine Trennung der erlebten Gegenwart von allem Vergangenen. Säugetieren mit der beginnenden Ausbildung des Großhirns beschert die Evolution eine weitere Aufhellung des organismischen Bewusstseins. Jetzt steht eine größere Kapazität an Neuronen zur Verarbeitung von Sinneswahrnehmungen zur Verfügung und ein Bereich, in dem nicht alle synaptischen Verbindungen von vornherein festgelegt sind. Das ermöglicht das Einfahren neuer Bahnen, das ermöglicht Lernprozesse, das ermöglicht ein Langzeitgedächtnis, das ermöglicht Bewusstsein des Vergangenen.

Der Rotfuchs beispielsweise, der berühmt-berüchtigte Räuber, kennt sich in einem weiträumigen Jagdrevier aus. Ein ausgeprägter Ortssinn mit erinnerten Landmarken hilft ihm immer wieder,

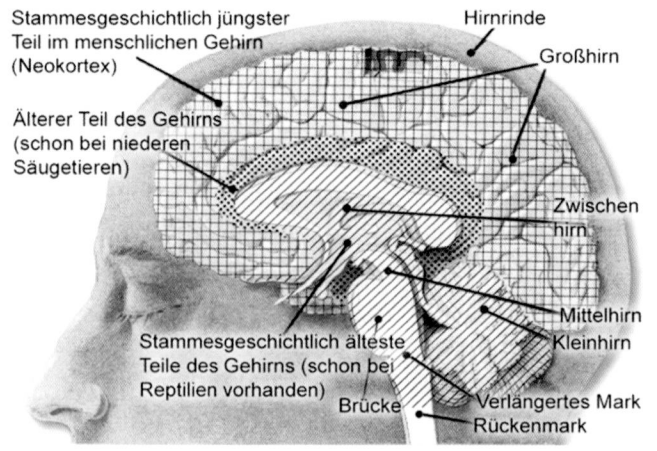

Evolution der Gehirnareale beim Menschen[36]

zu seinem Bau zurückzufinden. Reineke hat sein Revier, seinen Unterschlupf und seine Familie; er lebt in einem differenzierten Gegenwartsbewusstsein. Und des Nachts meldet sich vermutlich im Traum die Vergangenheit.

Ob im Gegenwartsbewusstsein auch schon *die Zukunft* anwesend ist? Der Winter vielleicht, für den das Eichhörnchen im Herbst Vorräte anlegt? Oder für das Walross, das sich just dann auf die Eisdecke begibt, wenn sich das Eis kurz darauf spalten wird? Dann lässt es sich nämlich auf Schollen gut fischen. (Inzwischen ist übrigens das Verhalten von Walrossen zu einem wesentlichen Bestandteil der Eisvorhersage im Norden Russlands geworden.) Oder für die Kuh, die immer dann weniger Milch gibt, wenn ein Hochdruckgebiet abwandert, bevor noch die Schlechtwetterfront aufzieht. Vermutlich ist die Zukunft genauso wie die Vergangenheit in einem differenzierten Gegenwartsbewusstsein unterschwellig anwesend.

Konrad Lorenz berichtet von seiner Schäferhündin Folgendes: Wenn abends jemand zu Besuch im Hause war, dann richtete sie sich in ihrer Zimmerecke auf und begab sich, just einige Minuten bevor der Besuch gehen wollte zur Tür. Woher das Vorwissen? Verstand die Hündin die Sprache der Menschen? Oder spürte sie den Entschluss des Besuchers, bevor er ausgesprochen wurde? Lorenz wollte das überprüfen. Zusammen mit einem Bekannten simulierte er einen Abschied mit Worten, Gestik und Händeschütteln. Doch das Tier blieb unbeeindruckt in seiner Ecke liegen. Hatte die Hündin das Spiel durchschaut? Oder hatte sie eine Antenne für den wahren Sachverhalt? Haben wir Menschen manchmal nicht auch ein Gespür für verborgene Dinge? Oder ist es uns weitgehend verloren gegangen durch unsere Verkopfung?

Bevor wir das Kapitel über die biologische Evolution und die Entfaltung des organismischen Bewusstseins abschließen, noch kurz etwas über die *Kooperation* unter den Lebewesen, ein Aspekt, der oft unterbelichtet bleibt. Allgemein wird die Evolution mit „Darwinismus" in Verbindung gebracht, mit dem „Kampf ums Dasein" und dem „Überleben der Fittesten". Und das mag auch zutreffen, denn Konkurrenz ist eine starke, wenn auch egoistische Triebfeder des Fortschritts. Das kennen wir aus unserer Wirtschaft, die leider immer noch einem schonungslosen „Sozialdarwinismus" huldigt. Mehr als in der Wirtschaft gibt es in der Natur zahlreiche Beispiele der Kooperation, der gegenseitigen Hilfe und sogar aufopferungsvollen Verhaltens. Wir wollen einige Beispiele anführen.

Bekannt ist die Kooperation unter einigen Insekten. Rote Waldameisen zum Beispiel sind Liebhaber von Blattläusen. Sie schätzen ihren zuckrigen Pflanzensaft, den sie beim Fressen ausscheiden, und sie halten sich eine ganze Schar von ihnen, so wie die Bauern sich Kühe halten. Dafür werden die Blattläuse vor Feinden geschützt. Unter ihresgleichen haben die Ameisen, genauso wie die Termiten und Bienen, eine differenzierte Kooperation entwickelt. Sie leben in Kolonien, in denen jedes Individuum einer vorgeschriebenen Rolle nachkommt. Es gibt nur eine Königin, die Eier legt. Die anderen Weibchen sind unfruchtbar, und sie folgen einer strengen Arbeitsteilung. Einige Bienen gehen der Brutpflege nach, andere sorgen für Nahrung, wiederum andere für Reinlichkeit im Bau oder für die Abwehr von Feinden. Und die Männchen, die Drohnen? Sie begatten die Königin, das ist alles. Dafür aber leben sie nicht lange. Sie sind harmlos, anders als die gleichnamigen unbemannten Flugkörper für militärische Zwecke.

Wenn Ameisen, die von einem parasitären Pilz befallen sind, von ihren Artgenossen nicht gemieden, sondern gründlich geputzt und abgeleckt werden, wenn Erdmännchen in der Kalahari-Wüste im südlichen Afrika im Team zusammenarbeiten, wenn Schimpansen in Westafrika auf Gemeinschaftsjagd gehen oder wenn Moschusochsen in Nordamerika zur Feindesabwehr zu einem Bollwerk zu-

sammenrücken, dann dient das dem Vorteil sowohl des Individuums als auch der Gruppe – „gemeinsam sind wir stark." Wenn aber ein Tier sein Leben dem Wohl der Gemeinschaft opfert, dient das nicht dem eigenen Vorteil. Hier sprechen wir von *Altruismus.* Die Belding-Ziesel in den Prärien Nordamerikas beispielsweise sind putzige kleine, in Gruppen lebende Nagetiere. Immer wenn Feinde auftauchen, etwa ein Marder oder ein Kojote, stoßen sie einen speziellen Warnruf aus. Blitzschnell sind sie dann in ihren Höhlen verschwunden. Der warnende Ziesel jedoch bringt sich selbst in höchste Gefahr. Die Wahrscheinlichkeit ist groß, dass er gefressen wird. Unter uns Menschen ist solch ein selbstloses Verhalten eher die Ausnahme als die Regel. Man müsste dem sich aufopfernden Ziesel posthum das Große Verdienstkreuz der Bundesrepublik zuerkennen! Darwin gerät wieder einmal in Verlegenheit, denn das Konzept der „Gruppenselektion" steht zwar für „Gemeinnutz vor Eigennutz", erklärt aber nicht die Opferbereitschaft der individuellen Kreatur.

Auch was Respekt vor alten, gebrechlichen Artgenossen betrifft, könnten wir etliches von unseren Stammesverwandten lernen. Es gibt zahlreiche Beobachtungen, wo hinfälligen Tieren aus der Gruppe Wertschätzung und Hilfe entgegengebracht wird. Der holländische Zoologe Adriaan Kortlandt beobachtete beispielsweise einen uralten Schimpansen im Regenwald am Kongo. Er vermochte nicht mehr auf Bäume zu klettern und konnte sich keine Früchte mehr holen, genoss aber viele Altersvorrechte in der Gemeinschaft. War er hungrig, so streckte er nur seine Hand hin und bekam von seinen jüngeren Artgenossen bereitwillig etwas gereicht. Keiner würde ihn jemals zur Seite stoßen, es war, als ob sein graumeliertes Kopfhaar Rücksicht und Respekt auslöste. Im Zoo kann man derlei mitfühlendes Verhalten nicht beobachten. Dort gibt es ausreichend Nahrung und nur Egoisten. Ist es bei den Menschen ähnlich? Im Wohlstand verschließen wir oft unser Herz, im Notstand sind wir eher bereit, es zu öffnen. Doch finden wir das gut? Uns Menschen mangelt es noch an Menschlichkeit und Mitgefühl. *Wir leben unter unserem Niveau.*

Wir fassen zusammen: Nach dem Urknall sind wir der kosmischen und chemischen Evolution der dritten Etappe, der biologischen Evolution von Struktur und Bewusstsein, nachgegangen. Von der Urzelle bis zur Schwelle zum Menschen haben wir die Entfaltung des organismischen Bewusstseins nachvollzogen. Da gab es markante Meilensteine: die eukaryotische Zelle, der Zusammenschluss zum Vielzeller, die Ausbildung eines Nervensystems – erst mit einem Koordinationszentrum, dann mit einem Stammhirn und schließlich einem Zwischenhirn und Neuhirn. Der Aufstieg der Wirbeltiere begann mit dem Ausstieg aus dem Meer: vom Fisch zum Amphibium, weiter zum Reptil, zum Säugetier und letztlich zu den Primaten, den Herrentieren. Jetzt erwartet uns eine neue, spannende Etappe: der Übergang zum Menschen.

---

6. Die mentale Evolution – das reflexive Bewusstsein

Beim Nachvollzug der bisherigen Evolution des Bewusstseins bis zu den höheren Säugetieren konnte leicht der Eindruck entstehen, dass es sich um einen gleichbleibend fließenden Strom der Höherentwicklung handelt. Aber das ist eine grobe Vereinfachung, die dem kreativen Spiel der Natur nicht gerecht wird. Der Strom mäandert mit zahlreichen Windungen und Schleifen; da gibt es Stromschnellen und zähflüssige Staus, da gibt es Seitenarme, die sich als Sackgassen erweisen. Nichts ist festgelegt außer dem Fließen mit der Sehnsucht nach dem großen, weiten Meer und außer der vorgegebenen Landschaft.

Wir kennen das auch aus unserem eigenen Leben. Da ist die vage Sehnsucht nach SELBSTverwirklichung: Wir wollen glücklich sein, eine Sehnsucht nach Erfüllung. Sie macht sich zunächst an konkreten Dingen fest. Mal geht die Suche in diese Richtung, mal in jene. Die Verwirklichung meines Suchens hängt von der vorgegebenen Landschaft, von meiner Umwelt ab. Sie fördert den einen Versuch, sie hemmt den anderen. Ich werde realistischer, entwickle neue Kräfte, entfalte mein Potenzial, wachse und reife, entfalte mein Bewusstsein. Heute kreist mein Denken um die Finanzierung eines Elektroautos, morgen um die Fortbildung zum Betriebswirt, dann um einen guten Job, schließlich um den Sprung in die Selbstständigkeit. Irgendwann frage ich mich: Was soll das alles, und ist das wirklich alles? Vielleicht beginnt dann mein Suchen nach SELBSTständigkeit, nach einem festen Stand in mir, einem Pol der Selbstreferenz zur Orientierung im Chaos der Umwelt und für ein ganzheitliches, dynamisches Handeln.

Alles ist in Bewegung. Auf der einen Seite die von innen treibende Dynamik der Evolution mit der Suche nach immer vollkommeneren Ausdrucksformen ihrer selbst, auf der anderen Seite die von außen wirkende Dynamik einer sich ständig ändernden Umwelt: Große Klimaschwankungen haben zu Eiszeiten geführt; das Magnetfeld der Erde hat sich wiederholt umgepolt; Supernovae-Explosionen haben für kosmische Strahlungen gesorgt, und mehrfach „kippte" die Umwelt um, wie von der etwa einer Milliarde Jahre anhaltenden, sauerstofffreien Uratmosphäre zur sauerstoffreichen, die Atmung ermöglichenden Atmosphäre, in der wir heute leben. Erich Jantsch, Astrophysiker und Mitbegründer des Club of Rome, schreibt:

„Ich kann mich der Vorstellung nicht erwehren, dass die mächtige Mutter Evolution gelegentlich im Topf ihrer Lebenssuppe umrührt, mit keiner anderen Absicht als der, die Dinge in Bewegung zu halten und damit gegebenenfalls Neues zu stimulieren."[37]

Die „mächtige Mutter Evolution" sorgt nicht nur für Bewegung, sie macht auch manchmal Pausen und ruht sich scheinbar auf dem bislang Erreichten aus. Sie bewahrt ihre Erfolge und baut in der nächsten Etappe darauf auf. Über Jahrmillionen bleiben die Arten relativ konstant; dann plötzlich kommt es zu einer sprunghaften Entwicklung und Aufspaltung in viele neue Arten, einer „adaptiven Radiation". So gab es nach Äonen scheinbaren Entwicklungsstillstandes vor 550 Millionen Jahren die explosive Kreativität des Kambriums oder nach dem „Jurassic Park", der Dinosaurierfülle, vor 200 Millionen Jahren einen eher gemächlichen Neuanfang mit den Säugetieren. Die Evolutionsbiologen sprechen von „Punktualismus", d. h. Ruhephasen, die immer wieder durchbrochen werden. Die Lebenssuppe wird von neuem umgerührt.

Zwei Ereignisse heben sich jedoch unverkennbar von dieser mit Intervallen durchsetzten Kontinuität ab: der Ursprung des Lebens und der Ursprung des Menschen. Der amerikanische Genforscher Theodosius Dobzhansky spricht in diesem Zusammenhang von „Transzendenzen im Evolutionsprozess": *Das Erscheinen des Lebens und des Menschen waren die zwei schicksalhaften Transzendenzen, welche die Anfänge neuer evolutionärer Epochen markierten."*

Zwischen unbelebter und belebter Materie vollzog sich ein Übergang von unfasslicher Einzigartigkeit. Mit der Emergenz des Lebens konnte sich ein neues Prinzip auf unserem Planeten manifestieren. Eine Triebkraft von „unten" hat sozusagen eine materielle Struktur geschaffen, in der immaterielle Vorgänge, die wir Leben nennen, von „oben" sich einlassen konnten. Ob Emergenz oder Immergenz, es kommt auf den Blickwinkel an, unter dem man das Systemphänomen interpretiert, ein Wunder bleibt es allemal. Urzellen geben dem neuen Prinzip einen ersten Ausdruck und initiieren die phantastische Evolution des organismischen Bewusstseins, der wir gerade nachgegangen sind. Alles Leben mit seinen Millionen von Pflanzen- und Tierarten drückt sich in vier variierenden Buchstaben (Basen) des genetischen Alphabets aus, dem DNA-Code. Als ob die chemische Evolution durch dieses Nadelöhr hindurchmusste, sei es, dass das Leben nur einmal entstand oder dass sich das existierende genetische Alphabet als einziges unter anderen in der Auseinandersetzung mit der Umwelt durchsetzte.

Der zweite nicht minder einzigartige Übergang ist der Auftritt des Menschen auf der Bühne der Evolution. Jetzt hat die Triebkraft von „unten" das Nervensystem des Primaten so weit verfeinert, dass sich geistige Vorgänge, die wir als reflexives Bewusstsein bezeichnen, von „oben" einlassen konnten. *Das organismische Bewusstsein ist jetzt so weit entwickelt, dass sich das Subjekt in einem (wenn man den Urknall mit einbezieht) dritten Phasenübergang als eine eigenständige Instanz erlebt. Und erst hier setzen wir das Auftreten des Menschen an, des Lebewesens, das „ich" zu sich selbst sagt und in eine reflexive Distanz zur Umwelt tritt.*

Die Phase des Übergangs vom Tier zum Menschen ist für die Paläoanthropologen – so nennen sich die Wissenschaftler des

In der Karikatur lassen wir Darwin testen, ob das Äffchen bereits über ein reflexives Bewusstsein verfügt. Denn dann würde es sich in dem Spiegel selbst erkennen und nicht meinen, ein anderes Äffchen vor sich zu haben. Tatsächlich verfügen einige Menschenaffen bereits über diese Fähigkeit. (Lithographie 1874)

vorgeschichtlichen Menschen – ein spannendes Feld. Und natürlich auch für uns. Wir sind nicht nur ergriffen von dem, was sich vor einigen Millionen Jahren auf unserem Planeten abgespielt hat, sondern wir finden darin auch Inspiration für das, was gegenwärtig ansteht: die Übergangsphase des Gegenwartsmenschen zum

Die mentale Evolution – das reflexive Bewusstsein

Zukunftsmenschen, vom mentalen zum supramentalen Bewusstsein.

Im Jahre 1974 glaubte man das lang gesuchte „Missing Link" zwischen Schimpansen und Menschen gefunden zu haben. Damals entdeckte der Amerikaner Donald Johanson in der Afar-Wüste Äthiopiens die Reste des 3,2 Millionen Jahre alten Skeletts eines „Hominiden", eines Menschenartigen. Die Freude unter den Knochengräbern war groß: „In der ersten Nacht nach der Entdeckung gingen wir nicht zu Bett. Wir redeten unaufhörlich und tranken ein Bier nach dem anderen. Wir hatten ein Tonbandgerät im Lager und dazu ein Band mit dem Beatles-Song ‚Lucy in the Sky with Diamonds'. Wir ließen dieses Band immer wieder mit voller Lautstärke ablaufen." Und als sich herausstellte, dass es sich um ein weibliches Skelett handelte, war man sich schnell einig: Der kostbare Fund wurde auf den Namen „Lucy" getauft.

Hatte man sie endlich entdeckt, Lucy, die Stamm-Mutter der Gattung Mensch?[38]

Der wissenschaftliche Name von Lucy ist „Australopithecus afarensis", der Südaffe von Afar. Lucy hatte auch wirklich stark affenähnliche Züge, wurde etwa 1,20 Meter groß und wog zwischen 30 und 50 Kilogramm. Doch ihre Anatomie zeigte überraschend moderne Züge und ließ darauf schließen, dass sie bereits aufrecht durch die afrikanische Landschaft wanderte. Damit hatte man nicht gerechnet: Hominiden, die vor 3 bis 4 Millionen Jahren bereits aufrecht gingen! Unglaublich! Einige Jahre später fand man bei Laetoli in Nord-Tansania in Vulkanasche konservierte Fußspuren von drei Hominiden. Sie bestätigten zweifelsfrei, dass Lucys Zeitgenossen schon aufrecht gingen: Ein großes Männchen, oder sagen wir etwas respektvoller: ein großer Mann, eine kleinere Frau und hinter ihnen ein Weggefährte – sie schritten durch den weichen Lehmboden der Savanne Zentralafrikas vor 3,6 Millionen Jahren und hinterließen Spuren bis in die Gegenwart.

Viele Forscher sahen im ostafrikanischen Grabenbruch die Wiege der Menschheit. Doch im Juli 2001 entdeckte ein Team um den Franzosen Michel Brunet mitten in Afrika, im Tschad, den auf 6 bis 7 Millionen Jahre datierten Schädel eines Australopithecus. Damit wurde Lucy ihres Throns als Stamm-Mutter des menschlichen Geschlechts enthoben. Die erfolgreichen Fossiliendetektive gaben dem Schädel den Namen „Toumai" – zu Deutsch: „Hoffnung auf Leben". So nennen die Wüstenbewohner im Tschad ihre Kinder, die kurz vor der Trockenzeit das Licht der Welt erblicken. Toumai war eine Sensation, die zum Umdenken

zwang. Sein Hinterhauptloch da, wo die Wirbelsäule mit dem Schädel verbunden ist, verrät deutlich, dass er ein Zweibeiner war. Unsere Vorfahren waren also offensichtlich schon imstande, aufrecht zu gehen, als sie noch auf Bäumen lebten. Sie hatten die Hände frei, konnten von der Erde aus besser Früchte ernten, um sie dann zum heimatlichen Nistbaum zu bringen. Ihr Aktionsradius hatte sich erweitert und damit ihr Erfahrungshorizont; der aufrechte Stand förderte den Weitblick – das Wachstum des Großhirns wurde angeregt. Und vor allem war jetzt erwiesen: Die Trennung von Menschenaffen und Hominiden hat sich in mehreren Regionen Afrikas unabhängig voneinander entwickelt.

Vielleicht hat sich die Trennung sogar in Europa abgespielt. Ein fossiler Unterkiefer, der bereits 1944 beim Bau eines deutschen Kriegsbunkers in Griechenland entdeckt wurde, und ein fossiler Zahn aus Bulgarien wurden 2017 mit modernsten Methoden neu vermessen. Das Ergebnis war überraschend: Die Fundstücke sind, anders als bislang angenommen, nicht einem Menschenaffen, sondern einer Vormenschen-Art zuzuordnen, die vor etwa 7,2 Millionen Jahren auf dem Balkan lebte. Sicherlich werden auch in Zukunft noch andere Fossilien von sich sprechen machen. Die Evolutionsdynamik drängte in unterschiedlichen Regionen der Erde in Richtung Anthropogenese, in Richtung Menschwerdung. Leben will sich selbst erkennen.

Hunde und Katzen erkennen sich nicht im Spiegel und meinen, ein anderes Tier vor sich zu haben. Aber bei Schimpansen

Die mentale Evolution – das reflexive Bewusstsein

gibt es bereits ein Indiz für erwachende Reflexivität. Etwa 10 bis 20 Prozent von ihnen erkennen sich im Spiegel. Pioniere der Evolution? Und etwa ein gleicher Prozentsatz – vermutlich – der Gegenwartsmenschen, die eine bewusstseinserweiternde Technik ausüben, transzendiert regelmäßig, d. h., sie erfährt das Bewusstsein an sich. Pioniere der Evolution!

Klammeraffe: Nicht das Spiegelbild, sondern das Wasser zum Stillen des Durstes interessiert.[39]

Die Australopithecenen mit Merkmalen des Menschen und der Menschenaffen sind Repräsentanten des Tier-Mensch-Übergangsfeldes. Sie besiedelten für einige Millionen Jahre die Savannen Afrikas und waren bereits Zeitgenossen des *Homo habilis,* des „geschickten Menschen", einer schon weiterentwickelten Art. Fossilien von ihm wurden erstmals 1964 in der Olduvai-Schlucht in Kenia entdeckt. Der Homo habilis verstand es bereits, Splitter vom Geröll abzuschlagen und sie als Steinwerkzeuge zu verwenden. Er lebte vor etwa 2,6 Millionen Jahren und gilt als ein erster Vertreter der Gattung Mensch. Anthropologen sind der Ansicht, dass nur Menschen in der Lage sind, Werkzeuge herzustellen. Mit seiner geringen Größe, seinen langen Armen und kurzen Beinen wirkt Homo habilis allerdings noch mehr wie ein Affe als ein Mensch. *Aber er wird nicht mehr ausschließlich von der Herausforderung der gerade anstehenden Situation vereinnahmt, sondern vermag bereits die zukünftige Situation zu sehen, auf die hin er seine Faustkeile anfertigt. Das ist ein weiterer Meilenstein in der Entwicklung des organismischen Bewusstseins. Jedoch ist der Homo habilis noch weit entfernt vom spezifisch Menschlichen, dem Selbstbewusstsein, und die Bezeichnung „geschickter Mensch" ist eher irreführend.*

Mit der Herstellung von Faustkeilen für Jagdzwecke wirkt der Vormensch zum ersten Mal bewusst auf seine Umwelt ein. Damit beginnt eine Entwicklung, die gegenwärtig bedrohliche Züge annimmt. *Die durch den Eingriff des Menschen ausgelöste Veränderung der Umwelt zwingt uns, uns selbst zu verändern, wenn wir überleben wollen. Die Veränderung der Innenwelt liegt in der Konsequenz der Evolution des Bewusstseins, deren Verlauf wir hier nachgehen, um eben diese bevorstehende Veränderung besser zu verstehen.*

Zahlreiche jüngst in einer Höhle in der Nähe von Johannesburg, Südafrika, entdeckte Fossilien werden auch bereits der Gattung Homo zugeordnet. Die Höhle ist nur durch einen schmalen Spalt zugänglich. Nichts für beleibte Paläoanthropologen! Es kam zu einer ungewöhnlichen Stellenausschreibung der nahegelegenen University of the Witwatersrand. Über Facebook wurden schlanke Fossiliendetektive gesucht, die sich durch einen Spalt von 18 Zentimetern zwängen konnten. Und siehe da, es meldeten sich 57 Bewerber aus aller Welt – überwiegend Frauen! Ein auserwähltes Team konnte dann reiche Beute einsammeln: 1.550 Knochen und Zähne. Der „Homo naledi" lebte vor knapp 2 Millionen Jahren, hatte nur ein Hirn von der Größe eines Schimpansen und Kletterhände, gleichzeitig aber einen ausgeprägten Zweibeinerfuß. „Als das Tier zum Menschen wurde", titelte der „Spiegel" am 12. 9. 2015.

Unsere Ahnenforscher nehmen an, dass aus dem Homo habilis der *Homo erectus*, der „aufgerichtete Mensch" hervorging. Die Bezeichnung stammt aus einer Zeit, wo man noch nicht wusste, dass sich schon Millionen Jahre vorher die Australopithecenen aufgerichtet hatten. 1891 fand der Niederländer Eugène Dubois einen ersten Vertreter der Gattung

Homo erectus auf Java, den er *Pithecanthropus erectus*, „aufrecht gehender Affenmensch", nannte. Sein Alter wird auf 1,8 Millionen Jahre geschätzt; er hatte einen gedrungenen Körperbau und kräftige Überaugenbögen. Dubois war der festen Überzeugung, das „Missing Link" entdeckt zu haben, das Bindeglied zwischen Affe und Mensch.

Homo erectus – der „aufgerichtete Mensch"
(Rekonstruktion: Hessisches Landesmuseum Darmstadt)

Immerhin schreibt man dem Homo erectus ein Gehirnvolumen von annähernd 1.200 Kubikzentimetern zu. Folgt man der Ansicht des Kulturkritikers E. A. Hooton, wäre damit bereits eine kritische Größe überschritten: „900 Gramm Hirngewicht sind ausreichend für das Optimum an menschlichem Verhalten. Was darüber hinausgeht, wird nur

Die mentale Evolution – das reflexive Bewusstsein

zu Untaten verwendet." (Der moderne Mensch hat ein mittleres Gehirnvolumen von 1.500 Kubikzentimetern bei einem Gewicht von etwa 1.300 g.) Damit kritisiert Hooton das von einem begrenzten Ichbewusstsein gesteuerte Verhalten des Gegenwartsmenschen. Und das, zugegebenermaßen, ist selbst- und umweltzerstörerisch. Es enthält aber in sich das Potenzial zur Ich-Transzendenz, ja, es enthält das Potenzial eines Leonardo da Vinci oder Gandhi in uns, und darauf hat es die Evolution angelegt.

Der Homo erectus, so wird vermutet, hat bereits vor 2 Millionen Jahren Afrika verlassen und Asien und Europa besiedelt. Was seine Rastlosigkeit anbetrifft, sich neue Lebensräume zu erschließen, stand er dem modernen Mensch in nichts nach. Es ist wohl die eindrucksvollste Besiedlungsgeschichte der Erde, bedenkt man die simple Technologie der Frühmenschen. In Spanien, Georgien, China und Indonesien hat man Fossilien von ihnen gefunden. Erectus-Populationen haben es geschafft, sich völlig neue Biotope zu erschließen und sich klimatischen und regionalen Veränderungen erfolgreich anzupassen. Man vermutet, dass sie bereits zur See gefahren sind, von Afrika über Sizilien nach Süditalien und über die Meeresenge von Gibraltar nach Spanien. Vielleicht sind sie den Elefanten gefolgt, die eine Vorliebe für Wasser haben und deren Fossilien man auf vielen Mittelmeerinseln gefunden hat.

In unserem Zusammenhang interessiert vor allem der Phasenübergang zum reflexiven Bewusstsein, sagten wir doch, dass wir *das spezifisch Menschliche* erst

hiermit ansetzen, obwohl die Vervollkommnung des organismischen Bewusstseins mit der Befähigung zur Werkzeugherstellung beim Homo habilis und dem Homo erectus bereits zur Bezeichnung „Mensch" geführt hat. Aber auch Affen benutzen Werkzeuge. Sie schleppen Hölzchen heran, um damit in einem Termitenbau zu stochern, oder, wie die „Intelligenzprüfungen an Anthropoiden" des Gestaltpsychologen Wolfgang Köhler beweisen, sie stecken sogar Stangen ineinander, um mit dem verlängerten Arm Bananen zu erhaschen. Und durch Lernexperimente konnte man nachweisen, dass Schimpansen einem zweieinhalbjährigen Kind an Begrifflichkeit in nichts nachstehen. Wo will man da die Zäsur zwischen Tier und Mensch ansetzen?

Der Göttinger Paläoanthropologe Gerhard Heberer setzt den Schnitt noch nicht mit der Anfertigung von Werkzeugen und Geräten an, sondern erst mit der Verwendung von „Geräten zur Herstellung von Geräten":

„Die regelmäßige und zielgerichtete Geräteherstellung ist z. Z. der sicherste Nachweis des Intellektes. Wird dabei die Stufe erreicht, die zu erkennen erlaubt, dass ‚Geräte zur Herstellung von Geräten' geschaffen wurden, dann eben ist der Definition nach das Tier-Mensch-Übergangsfeld durchschritten und die Phase der humanen Hominiden erreicht."[40]

Die rastlose Evolutionsdynamik drängt zum modernen Menschen. Er soll eine neue Stufe an Lebensintensität und Lebensfreude verkörpern, sich als ein eigenständiges Wesen, als ein Ich erleben. Die Evolution ist wie immer nicht geradlinig, sondern mäandernd, sie testet aus, sie ist verspielt. Australopithecen-, Homo-habilis- und Homo-erectus-Arten kamen und gingen. Nicht anders verhält es sich beim Übergang zum Homo sapiens. Ob er sich in Afrika abgespielt hat oder woanders auf der Mutter Erde, überlassen wir den zerstrittenen Paläoanthropologen. Entscheidend ist, dass er sich abgespielt hat, und das ist Anlass zum Staunen und Grund zur Freude!

Als Steinbrucharbeiter im August des Jahres 1856 in einer Höhle im Neandertal auf seltsame Knochen stießen, begannen sie zu rätseln. Sie glaubten, die Überreste eines Höhlenbären vor sich zu haben. Um sicherzugehen, informierten sie den Lehrer Johann Carl Fuhlrott, einen begeis-terten Naturforscher. Er erkannte sofort, dass es sich nicht um die Fossilien eines eiszeitlichen Tieres handelte, sondern – und das war provozierend – um eine längst ausgestorbene, äußerst primitive „Menschenrasse". Ein Anatom aus Bonn war entschieden anderer Ansicht: Nach ihm handelte es sich um einen Kosaken der russischen Kavallerie, der auf dem Feldzug gegen Napoleon 1814 schwer verletzt worden war. Zum Sterben sei er in die Höhle gekrochen, und aus Schmerz hat er dauernd die Stirn runzeln müssen. Das erkläre die ausgeprägten Überaugenwülste seiner Schädeldecke. Und als man den berühmten Mediziner Rudolf Virchow – ein entschiedener Gegner der Evolutionstheorie – um Rat ersuchte, erklärte er, dass es sich um einen modernen Menschen handle, dessen Knochen durch

Zeitungsnotiz in der „Bonner Zeitung" vom 9. September 1856.[41]

Die mentale Evolution – das reflexive Bewusstsein

Arthritis und Rachitis sich krankhaft verändert hätten. Damit wollte er allen weiteren Spekulationen ein Ende bereiten. Das war ihm aber nicht gelungen. Bis dato gehen die Kontroversen weiter.

Mit dem Neandertaler sind wir beim Homo sapiens, dem frühen modernen Menschen angekommen. Lange Zeit hielt man ihn für eine Form des Übergangs zum Gegenwartsmenschen, dem *Homo sapiens sapiens*. Aber jüngste Genanalysen haben ergeben, dass er nicht in unsere unmittelbare Ahnenreihe gehört, obwohl wir bis zu 4 Prozent seines Erbguts in uns tragen. Man hat sich also vermischt – Gegensätze ziehen sich an! *Mit dem Neandertaler in Europa und dem anatomisch modernen Menschen in Afrika ist es der Evolution vermutlich zum ersten Mal gelungen, das reflexive Bewusstsein zum Ausdruck zu bringen. Wir setzen hier nach dem Urknall und der Entstehung des Lebens den dritten markanten Phasenübergang an in der Evolution des Bewusstseins. Nach der langen Chronologie der Organismen blickt ein Lebewesen in den Spiegel seiner selbst und erkennt sich als eine eigenständige Identität, als ein Ich.*

Das dritte evolutionshistorische Ereignis!

Wir verdanken der Paläoanthropologie und der Paläogenetik sowie der Archäologie und Evolutionsbiologie beeindruckende Erkenntnisse. Akribisch werden Daten gesammelt, ausgewertet und miteinander verglichen. Die Ergebnisse werden auf Kongressen vorgetragen, von Kollegen kri-

tisch beurteilt, und es werden heftige Debatten ausgetragen. Stück um Stück wird zusammengetragen, um das Puzzle der Menschwerdung zu lösen. Und wir dürfen stolz sein auf das bisher Erreichte. Der Forscherdrang, die Suche nach Selbsterkenntnis, ist der Evolution eingeschrieben, und sie wird nicht eher ruhen, bis sie sich im Menschen selbst erkannt und verwirklicht hat. Nennen wir es Erleuchtung.

Nur wird dieses Ziel bisher von wenigen gesehen. *Man verliert sich in der Geschäftigkeit des Forschens und erkennt nicht die bisherigen Etappen als Hinweise auf den zukünftigen Verlauf der Evolution. Diese Hinweise sind von eminenter Wichtigkeit, wenn wir aus der selbst verursachten Krise unserer Gesellschaft einen Ausweg finden und unseren Planeten und uns selbst nicht zerstören wollen. Es geht nicht nur um die Ansammlung von Wissen über unsere Herkunft, sondern vornehmlich um die daraus abgeleitete Orientierung und Handlungsstrategie für die Zukunft.*

Die Entwicklung des Neandertalers kam vor etwa 30.000 Jahren aus bisher ungeklärten Gründen zum Stillstand, während sich die vom Homo sapiens sapiens bis in die Gegenwart fortsetzte. Vermutlich hat sich der aus Afrika eingewanderte, anatomisch moderne Mensch gegenüber den Alteingesessenen durchgesetzt. Auch gepaart haben sie sich, und Inzucht gab es unter den Neandertalern gemäß Genanalysen. Vielleicht hat ein Mangel an „genetischer Fitness" zu ihrem Aussterben beigetragen. Oder es war wieder das Gesetz der Ablösung wirksam, von dem wir bereits sprachen. Jedenfalls handelt es sich nicht um eine Sackgasse, sondern um eine abgeschlossene und in sich erfüllte Ausdrucksform der Evolution.

Oben: Der „erleuchtete" Neandertaler. Denn im Vergleich zum organismischen Bewusstsein seiner Vorgänger ist sein reflexives Bewusstsein eine Stufe der „Erleuchtung". Unter ihm mit ausgestreckten Händen der Australopithecus, dessen vergrößerte Augenpartie ein Mammut und ein Wollnashorn überlagern. (Wandgemälde: John Gurche[42])

Die mentale Evolution – das reflexive Bewusstsein

Und was hat die Evolution hier zur Erfüllung gebracht? Die Ausbildung des reflexiven Bewusstseins oder Ichbewusstseins! Wir beziehen uns wieder auf die Konsistenz der Natur und die Beständigkeit ihrer Gesetze und gehen davon aus, dass sich der Phasenübergang – analog zur Entstehung des Lebens – wieder „intermittierend", also zeitweilig aussetzend und wieder erneut eintretend, vollzogen hat, kommend und gehend, bis ein durchhaltendes Identitätsgefühl etabliert war. Das spontane Auftreten des Ichbewusstseins ist sprunghaft, wie eine Idee, die plötzlich da ist. Der Phasenübergang bis zur Ausbildung eines stabilen Ichs mag sich allerdings über viele Generationen hingezogen haben. Woraus können wir das entnehmen?

Eine Verständnishilfe für das, was wir nicht mehr exakt nachvollziehen können, bietet uns die *Entstehung des Ichbewusstseins bei Kindern unserer Gegenwart.* Die biogenetische Grundregel der verkürzten Wiederholung der Stammesgeschichte während der Entwicklung der befruchteten Eizelle bis zum Erwachsenen gilt auch für die Bewusstseinsentwicklung. Das Baby in der Gebärmutter bildet noch eine völlige Einheit mit seiner Umwelt. Es weiß

vermutlich noch nicht um seine eigenständige Existenz. Mit der Geburt ändert sich das: Es wird körperlich aus der Geborgenheit entbunden. Ein erster Schritt der Bewusstwerdung. Alsdann entsteht – so kann man annehmen, denn bei uns ist das verdammt lange her – ein Gefühl für den eigenen Körper, ein organisches Bewusstsein. Das Neugeborene wird zum Beispiel schnell und lautstark unterscheiden können zwischen einer nassen und einer trockenen Windel. Und nach einem halben Jahr weiß es schon zwischen sich selbst und der Umwelt zu unterscheiden. Aber erst ein ganzes Jahr darauf beginnt ein vages Ichgefühl zu dämmern. Woraus können wir das entnehmen?

Da gibt es ein lustiges Experiment. Ab wann können sich Kinder in einem Spiegel selbst erkennen? Man lässt sie erst in den Spiegel schauen und setzt sie dann auf den Schoß der Mutter. Die putzt ihnen die Nase und malt ganz unbemerkt auf die Stirn einen Farbtupfer. Alsdann werden die kleinen Versuchskaninchen wieder vor den Spiegel gesetzt. Fassen sie sich reibend an die Stirn, so ist das ein Hinweis darauf, dass sie sich im Spiegel selbst erkennen. Ein einjähriges Kind

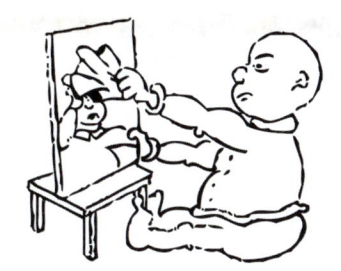 

Der „Fleckentest": Bin ich`s oder bin ich`s nicht?   (Zeichnung: Frank Mühlhäuser)

wird das nicht tun, wohl aber, wenn es ein Jahr älter ist. – Im Alltag jedoch ist die Mama der beste Spiegel. Ihr liebevolles Lob und verständnisvoller Tadel fördern die Entwicklung des Ichbewusstseins.

Irgendwann im dritten Lebensjahr wird das Kind sich selbst als „Ich" bezeichnen. Ein ergreifendes Ereignis für die Eltern. Dem geht ein „Phasenübergang" voraus. Zunächst nennt sich das Kind mit dem eigenen Namen; dann kommt es vor, dass es zu sich selbst „du" sagt; schließlich wird das „Ich" immer häufiger verwendet, bis es zur Selbstverständlichkeit wird. Jetzt ist der Vorgang der Selbstobjektivierung mit einem stabilen Begriff des Ichs besiegelt. Von nun an haben es die Eltern mit einer kleinen Persönlichkeit zu tun. Und das wird durch einen erhöhten Autonomieanspruch bekundet. Das Kind will möglichst alles allein machen, und wenn das nicht möglich ist, gibt es lautstark Protest: die nervige Trotzphase.

Auch hierzu eine interessante Beobachtung: Zwei- und Dreijährige bauen zusammen aus Bauklötzen einen Turm. Diejenigen, die sich im Spiegeltest noch nicht selbst erkennen, freuen sich unschuldig über den fertiggestellten Turm. Es ist ihnen einerlei, wer den letzten Bauklotz aufgesetzt hat. Anders die Kids, die bereits über ein Ichbewusstsein verfügen. Sie beharren energisch darauf, das letzte Bauteil anzubringen. Wenn das nicht gelingt, wird es noch einmal abgenommen und erneut aufgesetzt. Das Bewusstsein „*Ich* habe das gemacht" ist offensichtlich das, worauf es ankommt.

Innehalten

Hier bietet es sich an, von Kindern zu lernen. Wir schmunzeln belustigt darüber, wenn die Kleinen darauf bestehen, unbedingt das letzte Wort, sprich Bauteil, beim Turmbau haben zu müssen. Verhalten wir uns nicht auch des Öfteren wie Kinder, ohne dass wir das merken? Etwa in einer Diskussion, wenn wir das letzte Wort haben wollen oder uns profilieren müssen? Da geht es um das Ego, weniger um die Sache. Haben wir das nötig?

Offenbar ist die Entstehung des Ichbewusstseins eine wichtige Etappe, sowohl in der stammesgeschichtlichen als auch in der individualgeschichtlichen Evolution des Bewusstseins. *Welch eine Intensivierung des erlebten Lebens!* Aber auch diese Etappe ist eine Durchgangsphase, wie alle vorausgehenden. Irgendwann wird sie überschritten und integriert, und das Neue bricht sich seine Bahn. *Ein Festhalten an alten Ichstrukturen wird zum Hindernis. Und genau das ist das Dilemma unserer gegenwärtigen Gesellschaft.* Allenthalben ein Reformaktivismus, aber kein Hinterfragen der Bewusstseinsstrukturen, die für „dilemmaliche" Reformen und „Verschlimmbesserungen" verantwortlich sind. Yogi Bhajan ist der Überzeugung: „Du musst dich zuerst auf den Weg zu dir selbst machen. Alle anderen Kraftanstrengungen sind sinnlos".

Doch kommen wir zurück zu unseren Vorfahren. Woraus schließen wir, dass es zur Entstehung der Reflexivität beim Neandertaler gekommen ist? Da gibt es klare Indizien. Schon in den sechziger Jahren des vergangenen Jahrhunderts wurde in einer Höhle bei Shanidar im Irak eine aufsehenerregende Entdeckung gemacht. Es handelte sich um eine Neandertaler-Grabstätte. Verheilte Knochenbrüche an Gebeinen belegen, dass der Urmensch Kranke und Verwundete pflegte: also ein Hinweis auf Mitgefühl. Die Anlage von Gräbern mit Grabbeigaben zeugt von Ehrfurcht vor den Toten und damit einem Wissen um die Endlichkeit der eigenen Existenz. Bei keinem der Vorgänger, weder beim Heidelberg-Menschen noch beim Homo erectus, gibt es Hinweise auf Bestattungsbräuche. In einem der Neandertaler-Gräber fand man auffällig viele Pollenkörner von Nelken, Hyazinthen und Heckenrosen – Blumen als letzter Gruß? Der Tod wurde vom Homo sapiens, vom „wissenden Menschen", offensichtlich als etwas vom Leben Getrenntes erkannt. Das setzt ein eigenes Identitätsgefühl voraus: Das Subjekt ist jetzt so weit erstarkt, dass es sich als ein Ich erlebt.

Und das Subjekt schöpft aus seiner eigenen Tiefe Humanität. Denn Mitgefühl für seinesgleichen und Ehrfurcht vor den Toten sind menschliche Qualitäten. Ist es dann abwegig, auf soziales Verhalten, Sinn für Gerechtigkeit und Solidarität bei unseren „ungehobelten" Vorgängern zu schließen, auf Qualitäten, die sich nicht von Fossilien ablesen lassen? Sie waren sicherlich bei den Vorgängern des Neandertalers angelegt, wie wir es schon vom Verhalten einer Schimpansen-Sippschaft gegenüber einem greisen Artgenossen gelesen haben (S. 78). Aber sie haben jetzt ein höheres Niveau erreicht. Und es wird – hoffentlich – nicht das letzte sein. *Im*

Subjekt schlummert ein Potenzial, von dem man sagt, dass wir die Neandertaler der Zukunft sein werden. Man wird einmal auf uns zurückblicken wie wir auf den Neandertaler, ohne jegliches Gefühl der Überlegenheit, aber mit Dankbarkeit. Mit unserer gegenwärtigen Mittelmäßigkeit wollen wir uns nicht abfinden. Sie liegt in der übersteigerten Entwicklung des Ichbewusstseins, das im kollektiven Egoismus sich manifestiert und nicht mehr zeitgemäß ist. Die naturgegebenen mitmenschlichen Qualitäten eines „primitiven" Neandertalers werden überlagert. Die Evolution setzt jetzt für ihren Fortschritt auf unsere Mitarbeit!

In Zentralfrankreich stießen Forscher in der Grotte du Renne neben Neandertaler-Fossilien auf Knochen- und Steinwerkzeuge, auf Körperschmuck und verzierte symbolträchtige Objekte, wie man sie eigentlich erst vom Nachfolger des Neandertalers, vom anatomisch modernen Menschen, her kennt. Und da streiten sich wieder einmal die Geister. Hat er sich das abgeschaut, der „ungeschickte Bastler", von den aus Afrika eingewanderten cleveren Artgenossen, oder hat er von sich aus eine eigenständige moderne Kultur entwickelt? Viele biologische Entwicklungen haben sich auch unabhängig voneinander, konvergent und zeitgleich vollzogen.

Wiederum andere Artefakten-Detektive sind der Ansicht, dass unsere beiden Urahnen lange Zeit nicht nur Artgenossen, sondern auch Bettgenossen waren. Sie haben Jahrtausende die gleichen Regionen besiedelt, und es ist anzunehmen, dass sie sich auch vermischt haben. Von jeher haben sich Gegensätze angezogen. Und tatsächlich gibt es Fossilien, die Merkmale von Neandertalern und anatomisch modernen Menschen aufweisen. Etwa der Skelettfund eines Kindes aus dem Lapedo-Tal in Zentralportugal. Die Rekonstruktion des Schädels weist eindeutig moderne Züge auf; die kurzen, stämmigen Beine eher „neandertaloide" Merkmale. Nun ja, was damals gelaufen ist, werden wir nie genau ausfindig machen.

Mit dem Auftreten des Neandertalers und damit des Ichbewusstseins ist die bisherige naive Einheit mit der Natur durchbrochen. Schon mit der Entwicklung des organismischen Bewusstseins kam es zu einer zunehmenden Distanzierung von der Umwelt: der Einzeller, der sich mit der Ausbildung einer Membran von der Ursuppe abgrenzt; der Vielzeller, der seine Einheit mit einer umgebenden Haut konstituiert; die Fische, Amphibien und Reptilien, die Fernsinne entwickeln; das Säugetier, dessen Innenleben zur Entfaltung kommt; der frühe Hominid schließlich, der mit Steinen aus der Entfernung wirft und gezielt auf die Umwelt einwirkt. Peter Sloterdijk, Schriftsteller und Philosoph, sieht im *„Prinzip Distanz"* die „Leitschiene aller späteren Hominisationsprozesse":

„Es ist vor allem die Geste des Werfens, die den frühen Menschen eine überlegene Möglichkeit der Distanzerzeugung in die Hand gab: Das Werfen führt im Vergleich zu den animalischen Rivalen eine dramatische Asymmetrie ein, indem es dem Werfer erlaubt, angreifende Tiere zu berühren, ohne von ihnen berührt zu werden."[43]

Später wird das Prinzip Distanz eine Weiterentwicklung erfahren durch die Distanz zur Innenwelt, der Selbstreflexion.

Doch haben Affen nicht auch schon die Fähigkeit zu werfen, wenn es ihnen vorgemacht wird? Das geht aus dem nachfolgenden Zeitungsbericht hervor. Er sollte uns nachdenklich stimmen.[44]

Rache der Affen: Dorf überfallen

Lebensraum in Indonesien zerstört

Jakarta, 17. 11. (AFP/AP) In Indonesien schlagen die von der Zerstörung ihres Lebensraums bedrängten Affen zurück.

Eine Horde von hunderten Tieren machte sich in einem entwaldeten Gebiet über das Dorf Kapuharjo bei Yogyakarta auf der Insel Java her und durchsuchte es nach Nahrung, wie die „Jakarta Post" am Montag berichtete. Die Einwohner wüssten nicht, was sie gegen die Affen unternehmen sollten. „Ich habe mit Steinen geworfen, um sie zu vertreiben, aber die Affen haben die Steine zurückgeworfen", sagte einer der Betroffenen.

Ökologen führen die Überfälle auf die zunehmende Abholzung der Wälder in Indonesien zurück, hieß es. Der Lebensraum der Tiere verkleinere sich dadurch dermaßen, dass sie nicht mehr genug Nahrung fänden.

Mit dem reflexiven Bewusstsein und dem Einbruch der Dualität entstand auch im Menschen die Fähigkeit, das Wesentliche eines Sachverhaltes zu erfassen und im Mentalen symbolhaft abzubilden. So entwickelten sich die auf einen konkreten Sachverhalt beziehenden Begriffe und mit ihnen die Anfänge des logischen Denkens, das den Homo sapiens eindeutig vom Tier unterscheidet. Damit entstand auch der Impuls, Begriffe zum Ausdruck

Die mentale Evolution – das reflexive Bewusstsein

zu bringen, und die anfänglich begrenzte Zahl kommunikativer Laute wurde zahlreicher und differenzierter.

Konrad Lorenz betrachtet die spezifisch menschliche Fähigkeit zum begrifflichen Denken als einen integrativen Zusammenschluss bereits bei höheren Tieren auftretender Leistungen wie Abstraktionsvermögen, einsichtiges Verhalten, Lernfähigkeit, willkürliche Bewegungen, Neugierde, Nachahmung und Tradierung: *„Umso wunderbarer ist ihre Integration in ein übergeordnetes Systemganzes, das sich von allen vorher existierenden lebenden Systemen durch einen ‚Hiatus' absetzt, der kaum minder groß ist als jener andere, der das Leben von der anorganischen Materie trennte."*[45]

Begriffliches Denken und die Distanz vom Konkreten, die Subjekt-Objekt-Spaltung, machten aber die Dinge nicht nur überschaubarer und beherrschbarer, sondern das Andere, an dem das reflexive Bewusstsein nicht mehr wie ehemals das organismische Bewusstsein teilhat, kann nun auch verstärkt als Bedrohung erlebt werden. Sicherlich kennt das Beutetier auch die Furcht vor dem Raubtier, aber jetzt hat die Furcht eine psychische Dimension bekommen, und sie wird zur Angst. Situationen und Ereignisse, denen die Neandertaler-Mentalität sich hilflos ausgeliefert sieht, beunruhigen das Gemüt des Frühmenschen. Auf diesem Boden wächst das Bedürfnis nach Beeinflussung durch Magie und später durch Religion. Neue, im Bewusstsein angelegte Dimensionen brechen auf und kommen zur Entfaltung. Sie kommen schrittweise zur Entfaltung beim Neandertaler, bei seinem

Nachfolger, dem anatomisch modernen Menschen, und beim geistig modernen Gegenwartsmenschen. Aber es ist nicht der letzte Schritt: *Der Zukunftsmensch wird zur Einheit mit der Natur zurückfinden auf bewusster Stufe, und die Angst wird sich verlieren, denn das oder der Andere ist Teil seiner selbst.*

Die mit der Emergenz des Ichbewusstseins provozierten geistigen Fähigkeiten stehen sicherlich auch im Zusammenhang mit der Größe des Gehirns. Der Neandertaler weist ein Hirnvolumen von durchschnittlich 1.500 Kubikzentimetern auf. Damit ist es etwa gleich groß wie das des Gegenwartsmenschen, mitunter sogar etwas größer. Obwohl kein unmittelbarer Zusammenhang besteht zwischen Hirngröße und körperlichen oder geistigen Leistungen, ist es eine Tatsache, dass der Umfang der Verarbeitungs- und Steuerzentrale im Verlauf der Primatenevolution kontinuierlich zugenommen hat. Ein äußerer Faktor zur Förderung des Wachstums mag wohl die Energieversorgung des Gehirns sein. Laubfressende Affen beispielsweise haben generell weniger Energiereserven und ein kleineres Gehirn als fruchtfressende Affen. Früchte werden leichter verdaut und sind ergiebiger. Beim Menschen verbraucht die Gehirntätigkeit etwa ein Drittel seiner Stoffwechselenergie, bei einem Baby fast das Doppelte. *Deswegen sollte man Nahrung, die bei der Verdauung nicht so viel Energie abzieht, den Vorrang geben. Vegetarische Kost ist leicht verdaulich, sie ist ethisch, ökologisch und ökonomisch überlegen und liegt im Trend der Evolution. Wer auf Fleisch und/oder als Veganer auch auf*

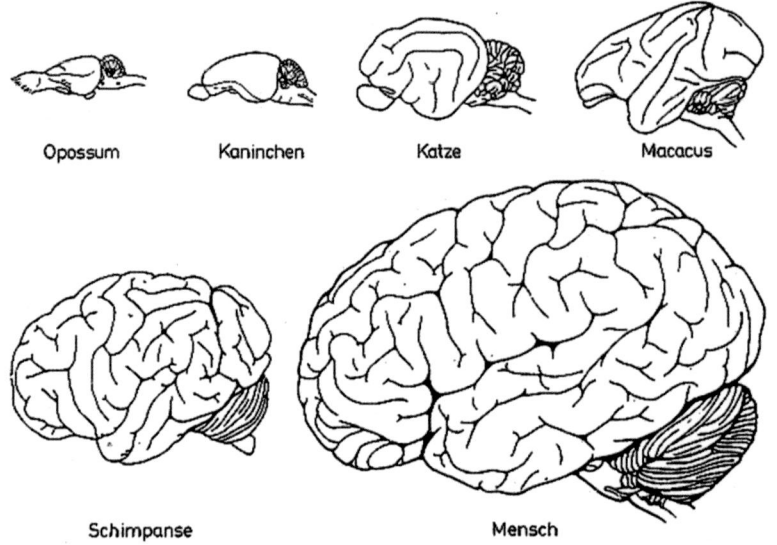

Vergleich einer Serie von Säugetierhirnen unter Beibehaltung des gleichen Maßstabes. Auffällig ist die progressive Überlagerung des Stamm- und Zwischenhirns (Althirn) durch das Großhirn (Neuhirn).

(Zeichnung J. Jansen[47])

Milchprodukte verzichtet, lebt nachweislich länger und gesünder.[46]

Mit dem Auftreten des modernen Menschen auf der Bühne der Evolution ist es zu keiner weiteren Größenzunahme des Gehirns gekommen. Offensichtlich hat die Evolutionsdynamik in einem „biologischen Schub" über Jahrmillionen an einer ständigen Vergrößerung des Gehirns gearbeitet. Jetzt verlegt sie ihre Stoßkraft auf einen „geistigen Schub" zur Aktualisierung des neurologischen Potenzials. Das wirkt sich in einer zunehmenden Fältelung und Zelldifferenzierung im Großhirn aus, besonders des Stirnhirns, das vielfach auch als „Organ der Zivilisation" bezeichnet wird. Es wird mit der Fähigkeit zur aktiven Konzentration und dem logischen Denken in Verbindung ge-

bracht. Und schon gibt es Evolutionsbiologen, die das bisherige Hirnwachstum aus der Hominidenevolution auf die Zukunft übertragen und für den „Homo futurus" in 3 Millionen Jahren ein Hirnvolumen von 3.000 Kubikzentimetern errechnen. Rein spekulativ, zugegebenermaßen.

Mit der Entstehung des Menschen verlagert die Evolutionsdynamik offenbar ihre wesentliche Stoßkraft auf dieses verheißungsvolle Novum. Seit dem Auftreten der Hominiden kommt es zu keiner Neubildung mehr von zoologischen Gruppen. Von jetzt an setzt eine ungewöhnlich schnelle Ausbreitung der Gattung Homo ein. Teilhard de Chardin sieht darin den Beginn einer konvergenten Phase der biologischen Entwicklung. Hatte man bisher immer wieder eine Di-

Die mentale Evolution – das reflexive Bewusstsein

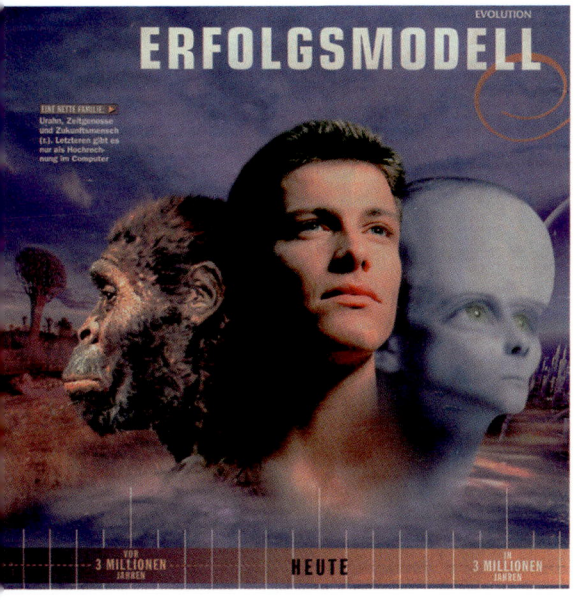

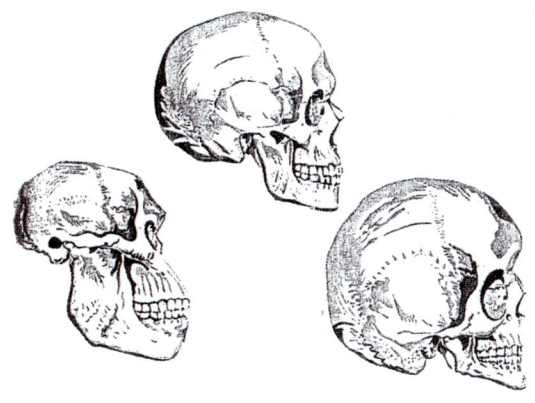

Der Zukunftsmensch – quantitatives Wachstum des Gehirns oder qualitativer Phasenübergang in eine neue Dimension?

(Illustration: D. Wein[48])

vergenz in den vielen evolutionären „Experimenten" der weit verzweigten zoologischen Stämme feststellen können, so kommt es mit dem Auftreten des Homo sapiens offensichtlich zu einer konvergenten Entwicklung, zur Überlagerung der vielgestaltigen Biosphäre durch eine zunehmend einheitliche „Noosphäre", die Sphäre des Denkens. Diese Entwicklung wird mit dem nächsten Schritt der Evolution des Bewusstseins, der kulturellen Evolution, weiter vorangetrieben.

Wir fassen zusammen: Die mentale Evolution und die Entstehung des reflexiven Bewusstseins hat uns im vergangenen Kapitel beschäftigt. Wie kam es zum dritten markanten Phasenübergang in der Erfolgsstory der Evolution? Da gab es das abenteuerliche Tier-Mensch-Übergangsfeld. Es begann mit dem Menschenaffen im Urwald Afrikas, setzte sich fort mit dem Australopithecus, der sich alsbald „auf die Beine machte", dann weiter mit dem Homo habilis, der den Faustkeil schwang, und dem Homo erectus, der vermutlich aus Afrika auswanderte. Schließlich, nach einer langen Odyssee, nach Millionen von Jahren der Hominiden-Evolution, geschah das Wunder: Im Neandertaler-Menschen und vermutlich dem anatomisch modernen Menschen blickt das organische Bewusstsein zum ersten Mal in den Spiegel seiner selbst. Es entdeckt sich als ein individuelles Lebewesen, als ein Ich, mit seiner Würde, mit seinen Problemen.

7. Die kulturelle Evolution – das selbstreflexive Bewusstsein

Wir kommen jetzt zu der aus der gegenwärtigen Perspektive gesehen spannendsten Phase der fast 4 Milliarden Jahre währenden Evolution des Bewusstseins auf unserem Planeten. Denn diese Phase, die kulturelle Evolution, hat uns in die Gegenwart geführt und uns ermöglicht, die Vergangenheit zu überschauen und uns Gedanken zu machen über die Zukunft. Wir (in den satten Wohlstandsländern) brauchen uns nicht mehr von der unmittelbaren Lebensbewältigung vereinnahmen zu lassen, wie das bei unseren Vorfahren der Fall war. Für den Neandertaler war das Leben vom Kampf um das Überleben geprägt; ein Kampf gegen Hunger, Kälte und Raubtiere; ohne Ackerbau, ohne Zentralheizung und ohne Schusswaffen. Obwohl das Leben gegenwärtig verdammt komplex geworden ist und uns, so will es ja die Evolution, auf Trab hält, können wir uns doch den Luxus leisten, über uns selbst, über unsere Herkunft und Zukunft nachzudenken. Deshalb lassen wir uns nicht vereinnahmen von den unzähligen Ablenkungen, Zerstreuungen und Verführungen unserer Medien-, Spaß- und Konsumgesellschaft. Nein, wir sind Menschen an der vordersten Front der Evolution. Dem wollen wir gerecht werden, *ganz Mensch sein und werden.*

Wir sind stolz auf das, was wir erreicht haben, unsere Kultur, unsere Technik und die Werte, an denen wir uns orientieren – oder orientieren sollten. Wir machen uns aber auch Gedanken darüber, dass wir es noch nicht geschafft haben, unser planetarisches Gemeinwesen gerecht zu verwalten, in Frieden miteinander zu leben und die Erde als Lebensgrundlage für zukünftige Generationen zu bewahren. Die Schieflage, in die wir uns hineinmanövriert haben, ist ein Spiegelbild unseres Bewusstseins. Denn unser Denken und Handeln sind Ausdruck unseres Bewusstseins. Dieses Spiegelbild zwingt uns, unser Denken und Handeln zu hinterfragen und es den Gegebenheiten anzupassen. *Aber die hinterfragende Instanz kann immer nur aus dem gegebenen Bewusstsein schöpfen*, das Salatkopfdilemma. Unser Bewusstsein operiert innerhalb eines geschlossenen Systems, das stimmig ist wie das unserer Stammesvorfahren, der Reptilien, der Säugetiere und der frühen Hominiden. Eine Zeit lang war es angemessen und hat es sich bewährt, aber jetzt, im Zuge der Evolution, erweist es sich als unzulänglich.

Die Strukturen, die wir in unserer Gesellschaft geschaffen haben, sind für das aufbrechende neue Bewusstsein nicht mehr angemessen. Was Europa zum Beispiel bereits vor mehr als hundert Jahren abgeschüttelt hat, haben einige arabische Staaten im „demokratischen Frühling" ab 2010 versucht nachzuholen. Aber auch in Europa gärt es nach wie vor. Das nicht mehr zeitgemäße neoliberale Wirtschaftssystem hat uns nach wie vor fest im Griff. Bereits im August 2011 warf die spanische Jugend, die „Indignados", also die Empörten, der Regierung vor: „Ihr repräsentiert uns nicht mehr." Nicht anders empfinden es die jungen Menschen der „Occupy Wall Street"-Bewegung in den USA oder die der „Nuit debout", der „Nacht im Stehen", in Frankreich. Doch die gewählten Repräsentanten des Volkes stehen alle unter Sachzwängen. Auch sie sind Gefangene ihrer Bewusstseinsstrukturen und damit genauso hilflos auf der Suche nach dem Neuen wie die jungen Menschen selbst. Was ansteht, ist ein neues „Betriebssystem"; neue „Apps" allein bringen es nicht. *„Du kannst das Problem nicht lösen von der gleichen Ebene, wo das Problem seine Wurzeln hat"*, erkannte bereits Albert Einstein. *Wenn sich etwas grundlegend ändern soll, dann muss sich unser Bewusstsein ändern. Aber zur Erarbeitung der Kriterien für die Veränderung können wir zunächst nichts anderes als das uns zur Verfügung stehende Bewusstsein heranziehen, um dann mit einer neuen Orientierung unser gegebenes Bewusstsein zu erweitern. Und um diese Orientierung geht es.*

Die Forschungsreise führt nach innen, denn hier residiert die reine Vernunft, jenseits aller Diskussionen über gut oder schlecht, richtig oder falsch. *„Auf diesem Schiff des Wahnsinns sehn ich mich nach einer Stimme der Vernunft"*, sagte Shakespeare.

Obige Karikatur nimmt den verbissenen demokratischen Prozess auf die Schippe, Ausdruck des dominierenden Ichbewusstseins und eines Mangels an Selbstreflexion. Denn in der Tiefe der Selbstreflexion ist „Godot" anwesend als reine Vernunft.

„Warten auf Godot"
(Karikatur Karl-Heinz Schönfeld[49])

Egal, welcher Partei die Abgeordneten des Bundestages angehören, in der Hinwendung zu der in der mentalen Stille anwesenden Intelligenz würden sie sich einem gemeinsamen Nenner nähern. Sie würden von einer der reinen Vernunft eingeschriebenen Orientierung inspiriert werden als Grundlage für einen vernünftigen Konsens.

„Jenseits aller Vorstellungen über richtig und falsch ist ein Feld. Ich treffe dich dort."

RUMI

Nicht nur, dass uns unser Ichbewusstsein von Godot, der reinen Vernunft, trennt, es trennt uns auch von unserer Um- und Mitwelt. Es liegt in seiner Natur, sich vom Nicht-Ich abzugrenzen. Das hatte entwicklungsgeschichtlich seine Berechtigung, denn ohne Ichbewusstsein gäbe es für das Individuum keine Einheit von Wahrnehmen, Denken und Handeln und kein Gefühl für die eigene Identität. Doch es wird erkauft auf Kosten der Ganzheit.

Denn es gaukelt uns vor, zwischen uns und unserer Um- und Mitwelt bestünde ein prinzipieller Unterschied. In dieser Kluft gedeihen Egoismus, gedeihen Mangel an Einfühlungsvermögen und Mitgefühl – der Sand im sozialen Getriebe. Aus dieser Dualität heraus werden die Menschen zum Ausbeuter des von ihnen Getrennten, denn das Ich ist ein Mangelwesen. Es hat keine Substanz. Aus Mangel an *Sein* definiert es sich durch Haben: das schicke Auto, die tolle Villa, der/die gut aussehende Partner/in, die verlässlichen Freunde, der angesehene Beruf, das gut angelegte Vermögen, die soziale Anerkennung und die Altersversorgung und, und, und. Wir beziehen unser Selbstwertgefühl aus dem, was wir nicht sind. Also müssen wir ständig um diese Dinge bangen. Das Leben wird zu einer permanenten, im Hintergrund lauernden Suche nach Sicherheit und Selbstbestätigung durch Haben und Anerkennung. Enttäuschung und Frust bleiben nicht aus. Sie vermiesen uns das Leben.

Ist da ein Anteil in mir, der sich hier wiederfindet?

Das, was meine Substanz ausmacht, ist nicht das hungrige Ich, sondern das in sich erfüllte *Sein* dahinter, der Boden der Selbstreflexion. Es ist der abstrakte Boden, welcher der gesamten Schöpfung zugrunde liegt, der die Dualität überwindet und mich mit allem verbindet. Die große Mehrheit unserer Gesellschaft hat nur wenig von dem verwirklicht, was uns durch einen Phasenübergang des Bewusstseins

vor vielleicht 40.000 Jahren zugänglich wurde: die *Fähigkeit zur Reflexion der Inhalte des Ichbewusstseins*. Vielmehr stehen wir noch in der vollen Blüte des Ichbewusstseins: Der Neandertaler lässt grüßen.

Ist das neurobiologische Potenzial einmal gegeben, kann irgendwann spontan das selbstreflexive Bewusstsein eintreten. Es kommt und geht und wird allmählich

Dem Grübeln, der Reflexion, ein Ende setzen durch Selbstreflexion.

(Foto: Anyaka[50])

Die kulturelle Evolution – das selbstreflexive Bewusstsein

vertrauter. Wir sind diesem hin und her pendelnden Geschehen wiederholt im Verlauf der Evolution des Bewusstseins begegnet, und *die Herausarbeitung dieses wesentlichen Sachverhaltes ist ein zentrales Anliegen unseres Buches. Denn es betrifft uns unmittelbar, hier und jetzt, für die Erweiterung unseres Bewusstseins und für die ganzheitliche Entfaltung unserer Persönlichkeit. Wenn wir gesund und glücklich leben und in harmonischer Koevolution mit unserer Mit- und Umwelt wachsen wollen, dann sollten wir irgendwann und irgendwie mit irgendeiner spirituellen Praxis beginnen. Und dieses Wachstum vollzieht sich intermittierend: ein Sprung in die Selbstreflexion, ein mehr oder minder lang anhaltender Überblick, dann ein „Rückfall" in das gewöhnliche Ichbewusstsein. Ein Hin und Her, bis wir ständig aus unserem SELBST leben. Das Spiel der Evolution des Bewusstseins – und das Leben gewinnt an Intensität, an Farbe und Freude!*

Selbstreflexion kann, wenn sie sich von ihren Inhalten löst, in das transzendentale Bewusstsein, in die Quelle von Intelligenz und Kreativität, einmünden. Von hier aus kommen die Impulse zum innovativen und kulturellen Schaffen. Nach der kosmischen, chemischen, biologischen und mentalen Evolution treten wir in eine neue Phase ein: *die kulturelle Evolution. Ein vierter Phasenübergang erschließt dem Zeitgenossen des Neandertalers, dem anatomisch modernen Menschen, das selbstreflexive Bewusstsein – der geistig moderne Mensch, der Homo sapiens sapiens, erscheint auf dem Bildschirm.*

Das vierte evolutionshistorische Ereignis!

Über die Herkunft unserer eigenen Art gibt es gravierende Meinungsunterschiede, etwa die Kontroverse zwischen den Vertretern des multiregionalen Ursprungs und den Vertretern des afrikanischen Ursprungs des modernen Menschen. Erstere sind der Überzeugung, dass er sich aus dem Homo erectus heraus entwickelt hat, etwa in der Region, wo die heutigen großen Gruppen der Menschheit, die sogenannten Rassen, leben. Evolution vollzieht sich überall und unabhängig voneinander, obwohl in den Kontaktzonen durchaus ein Austausch von Genen möglich ist. Die erstaunliche Entwicklung, die sich seit dem Homo erectus in etwa 1,4 Millionen Jahren vollzogen hat und sich in einer Vergrößerung des Hirnvolumens von ca. 900 auf 1.500 Kubikzentimetern reflektiert, geht jetzt im verstärkten Maße vom Menschen selbst aus. Der amerikanische Evolutionsbiologe Richard Alexander ist der Überzeugung:

„Es waren weder die Bedrohung durch Räuber, weder Futterknappheit noch Wechsel von einem Habitat zum anderen oder Klimaschwankungen, die einen entsprechenden Selektionsdruck ausüben konnten. Es gibt meiner Meinung nach nur eines, das erklären kann, weshalb sich das menschliche Gehirn so weit von jeder anderen Art entfernt hat – und das sind die Menschen selbst."[51]

Die Evolutionsdynamik zentriert sich zusehends im Menschen und beschleunigt so die Entfaltung des Bewusstseins. Zum Anpassungsdruck, der von der Umwelt ausgeht, kommt die Belebung durch das soziale Zusammenleben in Familien und Gruppen. Als Mensch der Gegenwart weiß ich zum Beispiel, wie meine Familie mich wach hält, genauso wie die anderen Gruppen in Beruf und Freizeit, mit denen ich interagiere. Auch Konkurrenzdruck gibt es sicherlich zur Genüge bei unseren Vorfahren. Und die Entwicklung des vorausschauenden Denkens bringt mancherlei Vorteil mit sich und erspart Ärger und Leiden.

Zweifellos regt sich auch der Ehrgeiz, eine große Triebfeder der Evolution, solange er angemessen ist. Denken wir nur an die herausragenden Leistungen in Wissenschaft, Kultur und Sport in unserer Gesellschaft. Es liegt in der Natur des Ichbewusstseins, immer besser sein zu wollen als die anderen; aber diese Natur birgt auch das Potenzial zur Selbsttranszendenz in sich. Irgendwann, vielleicht durch die Umwelt provoziert, vielleicht durch die schmerzhafte Lektion eines körperlichen oder psychischen Leidens, vielleicht durch eine Nahtoderfahrung, vielleicht – oder hoffentlich – durch Einsicht, springt das ganze Getriebe in die Selbstreflexion und hinterfragt unser Verhalten. Und Selbstreflexion ist auch immer zugleich Selbstregulation.

Jüngste Funde aus Marokko belegen, dass die Anfänge des modernen Menschen bereits vor etwa 300.000 Jahren in Nordafrika anzusetzen sind. Vielleicht hat er sich von dort aus über den ganzen Kontinent verbreitet. Bisher war man der Annahme, dass sich der anatomisch moderne Mensch erst etwa 100.000 Jahre später irgendwo in Ostafrika herausgebildet hatte. Von Afrika aus haben sich unsere Vorgänger dann über die ganze Erde verbreitet und dabei die archaischen Bevölkerungsgruppen verdrängt. Gestützt wird diese Ansicht durch molekulargenetische Untersuchungen der Fossilien. Aus der Anzahl der bisherigen Mutationen kann man – allerdings mit Einschränkungen – auf eine gemeinsame Abstammung zurückrechnen.

Wir bewundern die akribische Forschung der Paläoanthropologen und Evolutionsbiologen. Sie liefern uns die naturwissenschaftlichen Grundlagen für unsere naturphilosophischen Betrachtungen. Allein, uns interessiert weniger, ob es nur einen oder ob es mehrere regionale Ursprünge des modernen Menschen gab, uns interessiert viel mehr, *wie* es zu diesem Ursprung kam und *wie* sich der Phasenübergang vom anatomisch modernen Menschen zum geistig modernen Menschen vollzog. *Denn es geht uns um die Anwendung des Wissens; uns geht es um Hinweise für unsere zukünftige Evolution. So, wie die Selbstreflexion uns vor Fehlern bewahrt, so wird uns die SELBSTverwirklichung, das integrale Bewusstsein, die ganzheitliche Intelligenz der Natur erschließen, die wir so bitter brauchen.* Dafür wollen wir im Teil III unseres Buches überzeugende Indizien anführen.

Man nimmt an, dass in Afrika der anatomisch moderne Mensch seine Vorgänger allmählich abgelöst und die Regie der Evolution des Bewusstseins übernommen hat. Allerdings, wir sprachen schon davon, war es sicherlich auch verführerisch, sich mit „primitiven" Frühmenschen zu

Die kulturelle Evolution – das selbstreflexive Bewusstsein

paaren. Das legen unter anderem Schädel-funde aus Nigeria nahe. Der anatomisch moderne Mensch verfügte bereits über den gleichen Körperbau und die gleiche Schädelform inklusive Gehirnvolumen wie der Gegenwartsmensch. Doch war auch sein Bewusstsein schon „geistig modern"?

Das, was den modernen Geist auszeichnet, ist nicht nur das Wissen eines homo sapiens, sondern *das Wissen des Wissens eines Homo sapiens sapiens*. Diese Fähigkeit des reflexiven Rückstiegs in das eigene Bewusstsein ist ein evolutionäres Novum. Die Identifikation mit dem grundstuflichen Wissen wird gelöst, es wird relativiert und in einen metastuflichen Horizont gerückt. Die Loslösung ist zwar zunächst nur kurzfristig, aber sie führt zu Abstand, zu innerer Orientierung und möglicherweise zu intuitiven Erkenntnissen. Sie führt in der letzten Konsequenz zum Kontakt mit dem Bewusstsein an sich, das den Menschen eigentlich erst zum wahren Menschen macht.

Wann kam es zu diesem Durchbruch und woran können wir das erkennen? Der anatomisch moderne Mensch lebte über Jahrtausende auf der Stufe des Ichbewusstseins, ähnlich seinem Vetter, dem archaisch modernen Neandertaler. Fossilien, die man von beiden Spezies im Nahen Osten gefunden hat, legen nah, dass sie in der gleichen Region über 50.000 Jahre nebeneinander gelebt haben. Augenscheinlich war keiner dem anderen deutlich überlegen, um ihn zu verdrängen. Der anatomisch moderne Mensch war aus Afrika eingewandert, und es ist wahrscheinlich, dass es Begegnungen zwi-schen den Alteingesessenen und den Neu-ankömmlingen gegeben hat. Ergreifende Begegnungen mögen das gewesen sein. Zwei verschiedene Ausdrucksformen der menschlichen Evolution kommen in Kontakt miteinander. Wie mögen sie wohl miteinander kommuniziert haben? Gab es Neugier und Austausch oder Angst und Aggressionen? Vielleicht von allem etwas. Und im letzten Kapitel haben wir sogar vermutet, dass sie sich gepaart haben. Romantik in den Steinzeithöhlen?

Während ihrer langen Koexistenz hinterließ weder der archaische noch der anatomisch moderne Mensch Artefakte, von denen man entnehmen könnte, dass sie bereits einer modernen Kulturstufe angehörten – nichts als Steinwerkzeuge der „Mousterien-Kultur" (benannt nach einer Fundstätte in Frankreich). Auch die hinterlassenen Wohnplätze weisen keinerlei Unterschiede auf, kein spezifisches Prinzip der Anordnung ist zu erkennen.

Dann, vor etwa 40.000 Jahren, tritt ein auffallender Übergang ein. Jetzt tauchen auf einmal fein bearbeitete Gegenstände auf: Gravuren, Plastiken, Höhlenmalerei, Körperschmuck, Musikinstrumente, ein weites Werkzeugspektrum und wertvolle Grabbeigaben – Ausdruck eines neuen Bewusstseins, die „Aurignacien-Kultur" (ebenfalls benannt nach einer Fundstätte in Frankreich). Über Jahrzehntausende hatte sich kaum etwas getan, jetzt auf einmal ein Phasenübergang, so wie wir ihn aus der Vergangenheit kennen. Und er muss sich vermutlich zeitgleich in Afrika, im Vorderen Orient und in Europa abgespielt haben, wie man es den Artefakten entnehmen kann. Ein Spiel des Gesetzes der Ablösung? Ein Überschreiten der kritischen Bewusstseinsmasse?

Auf solche Gesetzmäßigkeiten kann man natürlich nur indirekt schließen. Sie suggerieren eine übergeordnete Intelligenz, ein morphogenetisches Suprafeld, das Emergenz stimuliert. Damit wollen die naturwissenschaftlich orientierten Paläoanthropologen verständlicherweise nichts zu tun haben. Doch wir wissen, wo wir nach der Lösung des Rätsels zu suchen haben: im Übergang vom reflexiven Bewusstsein des Mousterien zum *selbstreflexiven Bewusstsein* des Aurignacien. Wir kennen diesen Phasenübergang aus unserer eigenen Erfahrung und haben bereits Beispiele dafür erbracht: Spontan tut sich eine neue Dimension auf, die uns aus der Befangenheit der alten Perspektive befreit. Vielleicht hat uns ein komplexer Zusammenhang verwirrt. Jetzt auf einmal können wir ihn überblicken, ihn einordnen, können wir ihn auf den Begriff bringen und mit einem sprachlichen Symbol benennen. Nicht nur das. Wir können den Begriff mit anderen Begriffen kombinieren, neu verknüpfen und dann Schlussfolgerungen ziehen. In Gedanken können wir dem „Was-wäre-wenn-Spiel" nachgehen und vorausschauend überlegen.

Ian Tattersall, Leiter der Abteilung für Anthropologie am Amerikanischen Museum in New York, sieht in der Entstehung der Sprache den Auslöser für den wundersamen Phasenübergang. Die neurophysiologischen Voraussetzungen dafür waren schon seit langem gegeben:

„Diese Neuerung konnte nur auf dem Phänomen der Emergenz beruhen."[52]

Werkzeugvergleich

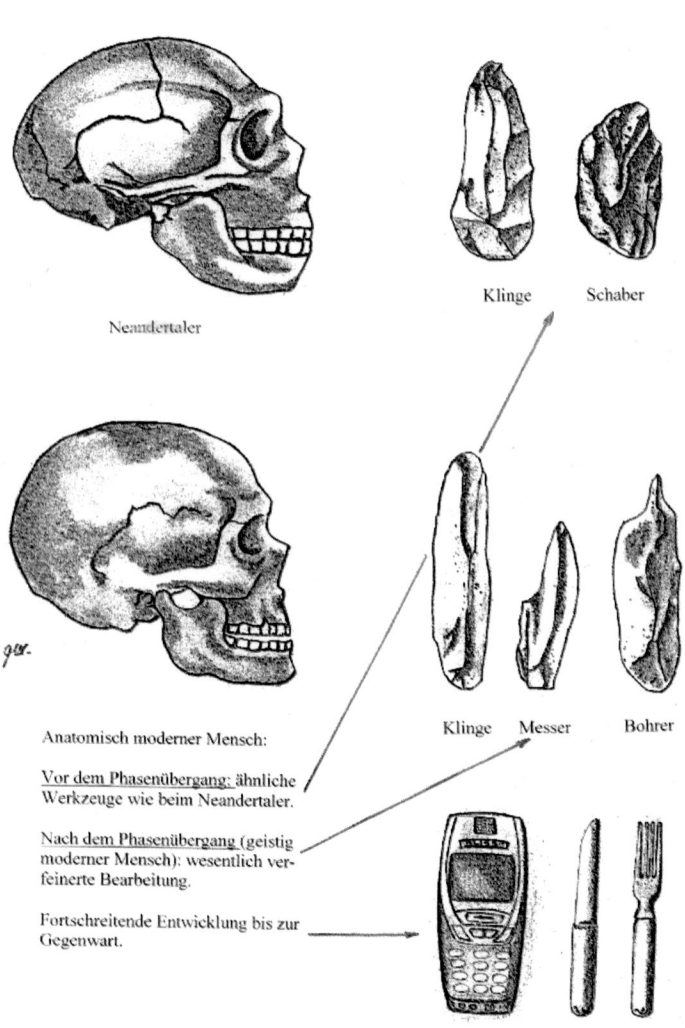

Klinge   Schaber

Neandertaler

Klinge   Messer   Bohrer

Anatomisch moderner Mensch:

Vor dem Phasenübergang: ähnliche Werkzeuge wie beim Neandertaler.

Nach dem Phasenübergang (geistig moderner Mensch): wesentlich verfeinerte Bearbeitung.

Fortschreitende Entwicklung bis zur Gegenwart.

(Zeichnung: Frank Mühlhäuser)

Viele von Tattersalls Kollegen und noch mehr unter den klassischen Naturwissenschaftlern scheuen es, sich mit dem Begriff der Emergenz anzufreunden. Das spontane Auftauchen einer übergeordneten Qualität durch das Zusammenspiel untergeordneter Strukturen entzieht sich dem mechanistischen Erklärungsmodell. Und doch ist es Realität. Jede Selbstreflexion ist eine Emergenz. Sie kann spontan von innen auftreten oder von außen provoziert werden.

An keiner Stelle wird der Darwinismus so stark relativiert wie beim Übergang zur kulturellen Evolution. Genetisch hat sich vermutlich zunächst nichts verändert. Nach einer langen Inkubationszeit kam plötzlich der Durchbruch. Wir kennen das aus unserem eigenen Leben: Da gehen wir schwanger mit einem Problem, brüten etwas aus, tagelang – plötzlich kommt der befreiende Einfall. Woher kam er? Was ist da „ein-gefallen"? *Ist Evolution immer zugleich auch Involution, wie Shri Aurobindo behauptet? Dann käme es auf die Öffnung an, für das, was „ein-fallen" will. Eine wichtige Arbeitshypothese für unsere spirituelle Praxis.*

Selbstreflexion erschließt eine höhere Ebene der Intelligenz. Bei unseren Vorfahren bewirkte sie eine Ausdifferenzierung der Sprache. Sowohl die neurolinguistischen als auch die anatomischen Voraussetzungen zur Artikulation differenzierter Laute waren vorhanden. Die Emergenz war fällig. *Ähnlich verhält es sich mit dem gegenwärtig anstehenden Schritt der Evolution. Die neurophysiologischen Voraussetzungen zur Transzen-denzerfahrung sind gegeben. Sie kann spontan eintreten oder durch eine Entspannungstechnik wie die Meditation, die auch immer zugleich eine Technik der Öffnung ist, vorbereitet werden.*

Emergenz ist erneut fällig.

Auf allen Stufen der Evolution finden wir Entwicklungen, die wir im Nachhinein als eine Vorausanpassung, eine Präadaption, interpretieren: etwa die Entwicklung von Lungen als „Vorbereitung" der Fische für den Landgang. Ähnlich verhält es sich mit der Evolution des Sprechapparates. Sie begann sicherlich mit dem aufrechten Gang unserer Vorfahren, der eine veränderte Atmung ermöglichte. Schimpansen kommunizieren zwar untereinander und verfügen über einen Verstand, der dem eines zweijährigen Kindes entspricht, aber sie können sich nur beschränkt sprachlich ausdrücken. In einem Experiment an der Georgia State University, USA, hat man einem Bonobo, einem Zwergschimpansen, eine Zeichensprache beigebracht, die dem Wortschatz eines Zweijährigen entspricht. Er „spricht" aber grundsätzlich nur über das, was er haben will! Dies kann man ihm allerdings auch nicht verdenken.

Nach jedem Lachlaut müssen Bonobos und Schimpansen tief Luft holen. Beim Menschen verhält sich das anders. Wir können mit einer Ausatmung eine ganze Kaskade von „Ha-ha-has" von uns geben. Ist das nicht toll, und will der Vergleich uns nicht einladen, öfters mal davon Gebrauch zu machen? Als Kinder haben wir uns noch königlich amüsiert, haben wir gekichert und gegackert über Dinge, die uns heute banal erscheinen.

Man kann auch ohne Grund lachen, man muss es nur wollen. Im Lach-Yoga wird eine ganze Reihe wirksamer und lustiger Tricks angeboten. Und Mitglieder von Lachclubs wissen längst, dass beim Lachtraining nicht nur ein ganzer Cocktail von Glückshormonen ausgeschüttet wird, sondern auch die inneren Organe massiert und das Immunsystem gekräftigt wird. Ein „ernsthafter" Anlass zum Lachen! Wir sagen zwar „Lachen ist gesund", aber mit nur 7 Minuten im Schnitt lachen die erwachsenen Mitteleuropäer pro Tag deutlich zu wenig. Wir sind doch keine Schimpansen und sollten unser Potenzial voll nutzen, unser spezifisch menschliches Potenzial! Allein, dass es uns gibt, ist Grund genug, sich zu freuen, und vielleicht sollten wir ab und an einmal *zurücktreten* und herzlich über uns selbst lachen.

Lachyoga:
Wir stellen uns breitbeinig auf den Boden, die Füße etwa einen halben Meter auseinander. Nun beginnen wir langsam seitwärts hin und her zu hampeln. Mit jedem kräftigen Stampfen eines Fußes zur Seite verbinden wir eine ebenso kräftige „Haaaa"-Ausatmung. Das Hampeln mit den „Haaas" wird dann zusehends schneller, bis es sich zum Schluss in einer sich fallenlassenden Vorwärtsbeuge in einer lachenden Kaskade entlädt. Dabei schütteln und rütteln wir vergnüglich Arme und Kopf. Den Vorgang mehrmals wiederholen! Danach langlegen, die Hände locker auf dem Bauch, nachspüren.

Lachyoga (ekg-zornheim.de)

Tattersall vermutet, dass es Kinder waren, die als Erste spielerisch Laute aneinandergereiht haben. Sie brabbelten lustig darauf los, entdeckten Worte und experimentierten mit ihrer Erweiterung zu Sätzen. Der innerseelische Reichtum drängte nach Ausdruck und Kommunikation. Und allmählich im Laufe der Generationen deckte die Sprache auch abstrakte Sachverhalte ab, sie wurde reicher und differenzierter als Ausdruck der kulturellen Evolution. Tattersall schreibt:

„Es ist schwer vorstellbar, dass diese Erfindung, nachdem sie einmal gemacht war, nicht schließlich von der Gesellschaft als Ganzer aufgegriffen worden wäre. Ein Beispiel aus dem Tierreich mag das illustrieren. Auf einer japanischen Insel pflegten Forscher am Strand lebende Makaken mit hingeworfenen Süßkartoffeln zu füttern. Wenn die Tiere die Delikatessen aufhoben, klebte gewöhnlich eine Menge Sand daran. Schon nach kurzer Zeit begannen junge Affen, ihn im Meer abzuwaschen. Und nach einer Weile machten es ihnen schließlich die erwachsenen Tiere nach: erst die Weibchen und als Letzte die dominanten Männchen. Nur einige ältere, besonders hochrangi-

Die kulturelle Evolution – das selbstreflexive Bewusstsein

ge Patriarchen ließen sich nie zu diesem neumodischen Verhalten herab und blieben bei der gewohnten sandigen Kost. Aber eine gute Idee ist nun einmal eine gute Idee – und es fällt schwer zu glauben, dass sich im Fall der Sprache das Prinzip, Worte mit Objekten und Ideen in Verbindung zu bringen, nicht auch ziemlich schnell in der Gesellschaft verbreitet hätte, nachdem es einmal entdeckt war."[53]

So wie die mit der Emergenz der Selbstreflexion freigesetzte Intelligenz die Entstehung differenzierter Sprache ermöglicht hat, so ermöglicht die auf sich selbst gerichtete Selbstreflexion, die Meditation, die Emergenz des transzendentalen Bewusstseins und damit eine ganzheitliche Intelligenz. Und bei der Akzeptanz dieser „guten Idee" geht es ähnlich zu wie bei den Makaken. Oft sind es zunächst die Unkomplizierten, die sich für den Weg nach innen öffnen. Darunter sind viele Frauen, die von Natur aus weniger kopflastig sind. In den Yogakursen des Verfassers zum Beispiel überwiegen die Frauen. Wenn sich dann aber die „dominanten Männchen" auf Selbstverwirklichung einlassen, zunächst vielleicht aus rein pragmatischen Gründen, dann bringen sie oft Selbstdisziplin und Konsequenz mit. Schwer tun sich allerdings die „hochrangigen Patriarchen", unter ihnen angesehene Akademiker, Politiker und Kirchenvertreter. Sie fühlen sich wohl in Amt und Würden, sind stolz auf ihr Wissen und lassen sich nicht gern auf Neues ein.

Die differenzierte Ausbildung der Sprache war sicherlich ein wesentlicher Motor der kulturellen Evolution. Vollzog sich die

Eine gute Idee macht Schule: Knirschende Zähne müssen nicht sein.

(Foto: Miles Barton[54])

biologische Evolution über Jahrmillionen, die mentale Evolution über Jahrzehntausende, so hat die kulturelle Evolution nach 40 Jahrtausenden ein Tempo erreicht, von dem man sagt, dass sich gegenwärtig das Wissen der Menschheit etwa alle fünf Jahre verdoppelt. Die Zeiten, in denen es vorkam, dass das Gesamtwissen des Abendlandes noch in einem Kopf versammelt war, wie bei Thomas von Aquin, sind längst vorüber. Aber dass just dieses Universalgenie, das alle bis zu diesem Zeitpunkt überlieferten Erkenntnisse zu einem allumfassenden philosophisch-theologischen Gebäude zusammenfasste, nach einem Erleuchtungserlebnis von sich sagte: *„Alles, was ich bisher geschrieben habe, kommt mir wie Stroh vor im Vergleich zu dem, was vor mir offenbart worden ist"*, das lässt uns aufhorchen. Die Evolution hat Großes mit uns vor: Wissen, das nicht in Büchern und auf Festplatten erfasst werden kann.

Einleitend zu diesem Kapitel sagten wir, dass wir uns jetzt mit der für uns spannendsten Phase der Evolution befassen. Sie betrifft uns unmittelbar, denn wir stehen da mittendrin: die Verwirklichung des selbstreflexiven Bewusstseins. Aus ihm beziehen wir unsere substanzielle Identität. Vordergründig identifizieren wir uns mit unserem Namen, unserem Aussehen, Alter, Geschlecht und anderem, und wir unterscheiden uns dadurch unverwechselbar von unseren Mitmenschen. Aber erst, wenn wir uns all dieser Attribute durch Selbstreflexion bewusst werden und sie transzendieren, erfahren wir ihren gemeinsamen Nenner, unser SELBST. Unser Ich erlebt sich in äußeren Situationen oder den inneren Vorgängen des Denkens, Fühlens oder Wollens; es wird von ihnen vereinnahmt und ist ihren Inhalten unterworfen. Aber nichts davon ist unsere wahre Identität. Die erfahren wir erst, wenn wir uns von allen Inhalten lösen: Die Selbstreflexion wird zur reinen Reflexion – unserem SELBST – ein Vorgang, so sagten wir schon, der nur im Vollzug verständlich wird.

Mit der Emergenz des selbstreflexiven Bewusstseins vor etwa 40.000 Jahren beginnt bei unseren Vorfahren der Durchbruch der kreativen Intelligenz. Der anatomisch moderne Mensch „mutiert" zum geistig modernen. Wir sprachen von dem fast sprunghaften Übergang von der steinzeitlichen zur modernen Kultur mit ihrer Vielfalt an Gebrauchs-, Kunst- und Schmuckgegenständen. Mit dem Homo habilis vor etwa 2,6 Millionen Jahren werden die ersten Steinabschläge als Schneidewerkzeuge verwendet. Seitdem kam es in mehr als 100.000 Generationen nur schleppend zu technologischen Veränderungen. Doch mit dem Auftreten des Homo sapiens sapiens kommt es zu einer rasanten Entwicklung. Erst seit etwa 1.600 Generationen bevölkert er unseren Planeten. Von der Erfindung des Rades bis zum Solarmobil, welch rasante Entwicklung! Was aber wird uns erwarten mit dem kommenden Phasenübergang in der Evolution unseres Bewusstseins?

Die kulturelle Evolution unterscheidet sich von der biologischen, obwohl beiden die gleiche Dynamik zugrunde liegt. Bei der biologischen Evolution erfolgt die Weitergabe von Information durch Gene. Sie ist in der DNA gespeichert, und gelegentlich kommt es zu Veränderungen, zu Mutationen, natürlich „rein zufällig". Die Gene werden von den Eltern an die Kinder weitergegeben, wobei sie ständig neu kombiniert werden. Anders bei der kulturellen Evolution. Hier erfolgt die Weitergabe von Information durch Sprache, Schrift und Datenträger.

Kultur umfasst Wissenschaft, Technik, Religion, Kunst, Recht, Moral und anderes mehr, welches dem menschlichen Zusammenleben dient, das Dasein erleichtert und ihm Bedeutung verleiht. Damit liegt der Homo sapiens sapiens voll im Trend der Evolution. Das beweist die erfolgreiche Verbreitung seiner Gattung und seine dominierende Stellung auf unserem Planeten. Doch die Natur hat ihm Grenzen gesetzt, wie allen Spezies vor uns, die eine höhere Entwicklungsstufe erreicht haben. Die Frage ist, ob wieder ein „Faunenschnitt" fällig ist oder ob das mit Vernunft begabte Wesen sich rechtzeitig auf das in seiner Vernunft angelegte angemessene Verhalten besinnt.

Während die genetische Information zu Beginn des Lebens weitgehend festgelegt ist, kann die kulturelle Information das ganze Leben über durch Erfahrungen wachsen, kann verändert und weitergegeben werden. Dieser Umstand hat sicherlich dazu beigetragen, dass sich die Entwicklung ständig beschleunigt hat. Auch in der kulturellen Evolution gibt es, wie in den vorausgehenden Etappen, markante Meilensteine. Sie werden in immer kürzer werdenden Zeitabfolgen gesetzt.

Meilensteine waren zweifellos auch die Entstehung der Hochreligionen. Sie schöpfen alle aus einer gemeinsamen Quelle und sahen ursprünglich ihren Auftrag darin, den Menschen wieder zu dieser Quelle zurückzuführen. Der jeweiligen geographischen Region und Zivilisation angepasst, unterscheiden sie sich in ihrem Weg, weniger aber im Kern ihrer Lehre. Das Ziel ist das gleiche. Allein die dominierende Bewusstseinsstruktur setzt ihrer Wirksamkeit Grenzen. Es will nicht und kann nicht das eigentliche Anliegen der Re-ligio, die Rückbindung an den Ursprung, begreifen, versteht aber sehr gut, ihre Lehren für seine begrenzten Zwecke

zu interpretieren und instrumentalisieren. Doch der Trend der Zeit fordert sie heraus, ihre Wurzeln neu zu entdecken.

Viele Religionen, ein gemeinsamer Ursprung. Viele Wege, ein gemeinsames Ziel. (Graphik: 123 RF)

Die Kultivierung von Pflanzen, der Ackerbau, und die Zähmung von Tieren, die Viehzucht, gaben der kulturellen Evolution einen ungekannten Auftrieb. Der Mensch war nicht länger gezwungen, als Jäger umherzuziehen, um dem Wild nachzustellen. Fleisch ist nur begrenzt haltbar, während man Samenkörner über Monate aufbewahren und sich mit ihnen für den Winter Vorräte zulegen kann. Die Menschen wurden sesshaft, es entwickelten sich Dörfer, später Städte. Arbeitsteilung und Güteraustausch schenkten den Bewohnern über die unmittelbare Lebensbewältigung hinaus Zeit für Kurzweil und kreative Dinge.

Sie konnten sich über sich selbst und die Welt Gedanken machen. Gegenwärtig haben uns Wissenschaft und Technik ein bislang ungekanntes Maß an Wohlstand und Freizeit vermittelt – zumindest den egoistischen Industrienationen, Freizeit, die allerdings nur von wenigen sinnvoll genutzt wird. Die Mehrheit der Wohlstandsbürger ist an Konsum und Unterhaltung interessiert. Sie merkt wohl, dass Vergnügen nur kurzfristig Erfüllung vermittelt und dass danach meist ein hohles Gefühl zurückbleibt, weiß aber noch nicht, dass dauerhafte Erfüllung nur mit der SELBSTverwirklichung zu finden ist.

Die Entdeckung von Ackerbau und Viehzucht führten aber nicht nur zu einem Aufschwung der Lebensqualität, sondern auch zu einer *rapiden Zunahme der Bevölkerung*. In der mittleren Steinzeit war die Weltbevölkerung mit etwa 10 Millionen Menschen – das entspricht ungefähr der Einwohnerzahl von London – relativ konstant geblieben. Durch die neolithische Revolution ändert sich das schlagartig. Mit der zunehmenden Bevölkerungsdichte musste das Zusammenleben neu geregelt und für ausreichend Hygiene und Sicherheit gesorgt werden. Es galt, immer mehr hungrige Münder zu stopfen. Auf der Suche nach neuem Lebensraum verbreitete sich die Gattung Homo über den ganzen Erdball. Der Mensch versteht es, als Inuit in den Minusgraden Grönlands zu überleben und als Buschmann in der sengenden Hitze der Kalahari-Wüste. Die Zivilisation brachte neue Krankheiten hervor; doch sie wurden durch Medizin und Hygienemaßnahmen zurückgedrängt.1850 lebte bereits eine Milliarde Menschen auf der Erde,

1980 waren es vier, heute sind es mehr als sieben Milliarden. Bis zum Jahr 2050 wird die Weltbevölkerung voraussichtlich auf zehn Milliarden Menschen anwachsen. *Unser Planet kann sie alle ernähren, wenn wir es lernen, umweltverträglich und nachhaltig zu wirtschaften, unsere Ressourcen gerecht zu verteilen, unsere Streitigkeiten nicht mehr durch Kriege zu lösen und den weiteren Zuwachs der Bevölkerung zu begrenzen. Ob unser gegenwärtiger Bewusstseinsmodus dazu imstande ist, ist allerdings mehr als fraglich.*

Wie die Mehrheit der Tiere ist der Mensch ein soziales Wesen. Zusammen leben und arbeiten bringt Vorteile, es macht das Leben sicherer und angenehmer. Evolution ist immer zugleich Ko-evolution. Indem das Individuum sich entwickelt, entwickelt sich die Gemeinschaft und umgekehrt – eine rückkoppelnde Dynamik, die wir bereits thematisiert haben. Wir kennen das aus der kleinsten Form des Zusammenlebens, der Partnerschaft. Unser Gegenüber spiegelt uns all unsere Macken. Manchmal wird es unerträglich. Dann wechseln wir vielleicht den Partner und wundern uns bald darauf, dass wir in der neuen Kiste wieder mit den gleichen Problemen konfrontiert werden. Jetzt ist Selbstreflexion angesagt, und wenn wir alles loslassen und transzendieren, mündet sie vielleicht in eine SELBSTerfahrung ein, die den andern mit einschließt. Dann, aus der *Ein-sicht* heraus, erkennen wir unseren Anteil am Sachverhalt. Wir suchen das Gespräch, denn jetzt sind auch die Voraussetzungen zum Zuhören gegeben. Wir machen uns Dinge gegenseitig bewusst und einigen uns auf einen Neubeginn.

So kann Liebe wachsen.

Wie im Kleinen, so im Großen: In der Familie, im Beruf, im Verein, in der Partei gibt es zwischenmenschliche Lernprozesse. Mit dieser *sozio-evolutionären Dynamik* mussten sich früher wie heute die Menschen, deren Anzahl ständig wuchs, auseinandersetzen. Sie mussten lernen, auf einen Teil ihrer eigenen Freiheit zu verzichten, und Rücksicht nehmen auf Rechte und Gewohnheiten anderer. Manchmal musste die Gemeinschaft als Ganzes handeln, und so entstanden Verwaltung, Rechtsprechung, Verteidigung und Außenpolitik, so entstand schließlich der Staat.

Auch die Wissensgewinnung durchlief eine Evolution. „Alles Leben strebt von Natur aus nach Wissen", sagte, um es zu wiederholen, Aristoteles. Bei Tieren und Frühmenschen ist dieser Wissenserwerb eher passiv, ausgelöst durch Erfahrungen und ausgerichtet auf das Überleben. Aber neugierig waren sie schon, unsere Vorfahren, genauso wie wir. Neugier ist auch die Wurzel der zweckfreien Wissenschaft.

Der aktive Wissenserwerb des frühmodernen Menschen ist zunächst auf die Lebensbewältigung bezogen. Welche Pflanzen und Früchte sind essbar? Wann muss die Aussaat erfolgen, damit die Getreideernte gut wird? Welche Anhaltspunkte dazu kann man dem Sternenhimmel entnehmen? Das Wissen wurde zunächst mündlich weitergegeben, dann schriftlich niedergelegt. Es wuchs und wuchs, und aus dem Bedürfnis nach Übersicht wurde die Abstraktionsfähigkeit des selbstreflexiven Bewusstseins

gefordert: Systeme wurden ausgearbeitet, Gesetzmäßigkeiten entdeckt, die naturwissenschaftliche Methode entwickelt. *Die Ordnung in der Natur und die Möglichkeit, diese Ordnung im selbstreflexiven Bewusstsein abzubilden, weisen auf einen gemeinsamen Ursprung von außen und innen hin: das VEREINHEITLICHTE FELD, die Einheit von Bewusstsein und Energie/Materie.*

Handwerk und Technik standen der Entwicklung in nichts nach. Erfahrungen der Handwerker wurden aufgezeichnet, Baumeister präzisierten ihre Berechnungen, Metallgießer notierten ihre Rezepte, Seeleute fertigten die ersten Karten an. Apparate und Instrumente wurden entwickelt, um die Leistungen der Sinnesorgane zu verbessern: Messgeräte wie die Uhr und das Thermometer, Vorrichtungen wie das Fernrohr und das Mikroskop. Fortbewegung und Transport profitierten von der Erfindung des Rades. Bald folgten die Romantik der Pferdekutschen, die Schwerfälligkeit der Dampfmaschinen und der Wettlauf der Verbrennungsmotoren. Schließlich hoben Flugzeuge und Raumschiffe ab.

Die Waffentechnik hinkte leider nicht hinterher: Dem Speer und Pfeil und Bogen als erste Fernwaffen folgten nach der Erfindung des Schießpulvers Gewehre und Kanonen. Mit Panzern, U-Booten und Raketen wurde das Zerstörungspotenzial gesteigert, und als Auswuchs egozentrierten Machtstrebens hat es mit den ABC-Waffen eine selbstzerstörerische Dimension erreicht. Die Forschung gewährte Einblicke in die Elementarteilchenwelt des Mikrokosmos und die Galaxienwelt des Makrokosmos, *aber noch scheuen sich die genialen „Flachlandforscher", den subjektiven Bereich des Menschen zu durchleuchten. Da schlummert das Erkenntnispotenzial zur Lösung der Gegenwartsprobleme.* Das ständig anwachsende Wissen wurde zunächst auf Tontafeln, dann auf Pergamentrollen, in Büchern und schließlich auf Festplatten gespeichert.

Die einseitig auf Beherrschung der objektiven Welt ausgerichtete Entwicklung hat gegenwärtig ein bedrohliches Ausmaß erreicht. Wenn der Mensch und sein Heimatplanet überleben wollen, ist eine Paradigmenerweiterung unumgänglich. Es gilt, die subjektive Welt in die Forschung mit einzubeziehen, und zwar mit dem gleichen Wissensdrang, mit dem der Fisch das Festland eroberte, der Dinosaurier das Fliegen lernte, der den Primaten auf zwei Beine stellte und den modernen Menschen seinen eigenen genetischen Code entschlüsseln ließ. Dies ist der gleiche Wissensdrang, aber erweitert um die subjektive Dimension der Forschung. Zunächst wird sich das stolze Ichbewusstsein wehren. Wer will schon seine vertraute Umwelt verlassen und sich auf eine unbekannte Innenwelt einlassen? Wie sehr wurde auch Freud anfänglich angefeindet: Peinlich, diese Triebstruktur des Menschen – damit wollen wir nichts zu tun haben! Inzwischen ist das Unbewusste längst anerkannter Forschungsgegenstand der Tiefenpsychologie.

Wenn wir so weitermachen und mit unserem borniertem Ichbewusstsein an dem Ast sägen, auf dem wir sitzen, wird der Absturz nicht ausbleiben. Das Potenzial des selbstreflexiven Bewusstseins wird nicht genutzt, und so dominiert das Ichbewusstsein mit seinem begrenzten Horizont. Es vermag nicht die Folgen seines egoistischen Handelns abzusehen oder will es nicht. Da beuten wir die Natur aus und kennen keine Grenzen: Unsere Maßlosigkeit macht keinen Halt vor der Zerstörung der Regenwälder, der Lungen unseres Planeten. Maßlosigkeit in der Produktionssteigerung und der „Nutztier"-Industrie ist es auch, die zu erhöhtem Ausstoß von Kohlendioxyd und Methan führt. Sie versiegeln zusammen mit anderen Gasen langsam, aber sicher die Troposphäre und drohen, unseren Planeten in ein Treibhaus zu verwandeln. Und es ist die Maßlosigkeit unseres Konsumverhaltens, die zur berüchtigten Mülllawine führt und zu den wuchernden Deponien, die das Grundwasser gefährden. *„Der Mensch ist das Maß aller Dinge", gewiss. Aber es ist das Maß des Ichbewusstseins,* dessen selbstgestrickte Probleme uns auf die Sprünge bringen werden, hoffentlich auch auf Sprünge in die Transzendenz, dem Intelligenzpool der Natur, bevor es zu spät ist. Hier ist das rechte Maß zu finden.

Weshalb verhalten wir uns so selbstzerstörerisch?

Manchmal tun wir etwas, obwohl wir wissen, dass es keineswegs gut für uns ist. Da futtern wir vielleicht eine ganze Tafel Schokolade wie ein Butterbrot, obwohl wir sehr gut wissen, dass uns danach übel wird und es unserer Figur keineswegs guttut. Oder wir benutzen das Auto aus

Das Paradies am Amazonas – Opfer einer Brandrodung zum Anbau von Sojabohnen für Viehfutter.

(Foto: Pixinstock[55])

Bequemlichkeit, obwohl wir sehr gut das Ziel mit dem Fahrrad erreichen und damit sowohl der Umwelt als auch unserer eigenen Fitness einen Gefallen tun könnten. Oder wir genehmigen uns etwas, wenn uns keiner sieht, etwas, das wir in Gegenwart anderer moralisierend ablehnen würden. Oder wir ziehen es vor, uns vom Fernseher berieseln zu lassen, statt uns kritisch mit der Tagespolitik auseinanderzusetzen. Oder, oder, oder. Das Verlangen nach Genuss und Ablenkung ist oftmals stärker als unsere Einsicht. So steht es nun mal um uns auf der gegenwärtigen Stufe unseres Bewusstseins.

Hoimar von Ditfurth versucht dieses gespaltene Verhalten evolutionsbiologisch zu verstehen. Das Großhirn als neurobio-logisches Fundament des selbstreflexiven Bewusstseins wird von den stammesge-schichtlich älteren Teilen des Gehirns, dem Stammhirn mit seinem vegetativen Automatismus und dem Zwischenhirn mit seinen instinktiven Verhaltenspro-grammen, beeinflusst:

„Da nun weder der Hirnstamm noch das Zwischenhirn lernfähig sind – diese Leistung taucht, wie wir sahen, erst beim Übergang zum Großhirn auf –, ist die un-ausbleibliche Folge eine anachronistische Kluft zwischen den verschieden alten Ab-schnitten unseres Gehirns…[56]

Von Ditfurth betrachtet unsere zwiespäl-tige Befindlichkeit als „grundsätzlich vorübergehender Natur" und spielt damit auf die zukünftige Evolution des Menschen an, die ihm möglicherweise ein Mehr an Freiheit erschließt. Er verlegt diesen Schritt allerdings aus evolutionsbiologischer Sicht in die ferne Zukunft und stellt die Frage, ob sich dann das vielleicht vollzieht, „was auf jener anderen Ebene, in einer anderen sprachlichen Dimension, als ‚Erlösung' bezeichnet wird."[57]

Die kirchenchristliche Erlösungsvorstellung wird allerdings nicht in einem „nach Jahrhunderttausenden zu bemessenen Zeitraum" auf diese Erde verlegt, sondern bezieht sich auf das Leben nach dem Tode. Für den Apostel Paulus erfolgt jedoch dieser erlösende (mystische) Tod schon während des Lebens: „Bei unserem Ruhm in Christo Jesu…, ich sterbe täglich" (1. Kor. 15,31). Vielleicht hat seine Aussage etwas mit der in der täglichen Meditation vollzogenen Transzendenzerfahrung zu tun, bei der alle Gedanken und Vorstellungen zurückgelassen werden. Und wenn Paulus „in einer anderen sprachlichen Dimension" sagt: „Ist jemand in Christo, so ist er eine neue Kreatur", meint er vielleicht das, was wir im nächsten Kapitel als das metarationale integrale Bewusstsein bezeichnen. Jedenfalls ist für unsere an Bedeutungsverlust leidenden Kirchen angesagt, die mystische Dimension, die Lebensader des Christentums, wieder neu zu beleben: „Der Christ von morgen wird ein Mystiker sein, einer, der etwas ‚erfahren' hat – oder er wird nicht mehr sein", so Karl Rahner, der angesehene katholische Theologe.

So etwas wie „Erlösung" ist es sicherlich, wenn man nicht mehr dem Verhaltensprogramm des Zwischenhirns ausgeliefert ist, individuell wie kollektiv. Denn gegenwärtig, im Zeitalter der Hochtechnisierung, droht die hybride Natur des Menschen zum Verhängnis zu werden: auf der einen Seite die Beherrschung der Materie bis zur Konstruktion von Raketen mit atomaren Sprengköpfen, auf der anderen Seite die Borniertheit des Ichbewusstseins mit seinem infantilen Dominanzstreben. Die Ressourcen unseres Planeten sind begrenzt; dem gegenüber steht eine unbegrenzte Gier nach Konsum und Wohlstand. Hatte der Mensch sich bisher der natürlichen Umwelt anpassen müssen, so passt er sie jetzt seinen Zwecken an. Nicht mehr die Natur wählt nach evolutionären Kriterien aus, sondern der Mensch maßt sich an, der Natur auf die Sprünge zu helfen, beispielsweise durch Genmanipulation.

Inzwischen ist das menschliche Genom entziffert, und mit dem Einblick in den Bauplan des menschlichen Körpers erhofft man sich eines Tages das Designer-Baby und damit den perfekten Menschen. „Genetic engineering" heißt das Passwort. Besonders die „Crispr-Methode" vereinfacht Gentech-Experimente und versetzt die Techniker in einen Schaffensrausch. Jetzt ist auch ein gezielter Eingriff in die menschliche Keimbahn möglich, und zwar nicht nur, um Erbkrankheiten auszuschließen, sondern auch, um den Menschen zu „optimieren": die Züchtung des Supermenschen! Doch nach welchen Kriterien? Ein evolutionär niederes Bewusstsein kann niemals die Prinzipien eines evolutionär höheren Bewusstseins erfassen.

Die Gentechniker glauben, ihren „Erfolg" mit Pflanzen und Tieren auf den Menschen übertragen zu können. Dabei nehmen sie nicht zur Kenntnis, dass der Mensch seit seinen tierischen Vorfahren zwei markante Phasenübergänge hinter sich hat, die sich nicht mit genetischen Kategorien erfassen lassen. Das reflexive und selbstreflexive Bewusstsein gehören anderen Dimensionen an, die zwar mit dem Körper interagieren, nicht aber ausschließlich vom Körper determiniert werden. Der Einfluss ist wechselseitig. Auf der Stufe des organismischen Bewusstseins wurde der Geist weitgehend von den organismischen Vorgängen bestimmt. Auf der Stufe des reflexiven und selbstreflexiven Bewusstseins verlagert sich der Einfluss zugunsten des Geistes. *Und in der Transzendenzerfahrung erleben wir uns als frei. Daraus erwächst ein Vorgefühl auf die Möglichkeit des wachsenden Einflusses auf die Materie in höheren Bewusstseinszuständen. Noch verkennen wir das Potenzial des Menschen. Was wir brauchen, ist eine ganzheitliche Wissenschaft.*

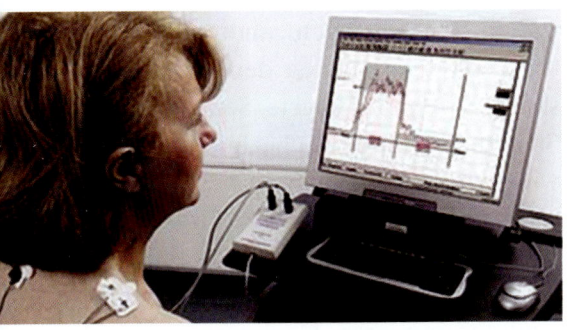

Biofeedback: Rückenschmerzen werden sichtbar gemacht und können willkürlich beeinflusst werden. (Foto: SinfoMed[58])

Allein die Betrachtung der eigenen Vorgänge auf dem Bildschirm, also ihre bloße Rückmeldung, verändert die elektrischen Hirnsignale. *Somit haben wir hier eine objektive Bestätigung der subjektiven Erfahrung, dass allein die Bewusstwerdung auf den Inhalt des Bewusstseins einen Einfluss ausübt, und zwar dahingehend – was allerdings nicht sichtbar gemacht werden kann – ,dass der Inhalt relativiert wird, also gewissermaßen in einen ganzheitlichen Horizont gerückt wird.*

Die biologische Evolution des Menschen hat sich weitgehend verlagert. Vorbei sind die Zeiten, wo nur noch die Gene der Fittesten weitergereicht wurden. „Heute kommen buchstäblich jedermanns Gene in die nächste Generation – nicht nur die von Menschen, die am besten an ihre Umwelt angepasst sind", sagt der Genetikprofessor Steve Jones vom University College in London. Auch die Zeiten der begünstigten Evolutionsnischen durch Isolation sind im Zeitalter der Globalisierung und des Massentourismus vorbei. Neuer Selektionsdruck entsteht unter anderem durch Klimawandel, Nahrungsbelastung durch Chemikalien, Umweltverschmutzung und einen Lebensstil mit wenig körperlicher Bewegung.

Die Erforschung des im Bewusstsein angelegten Potenzials wird betriebsblind vernachlässigt. Es ist ja auch einfacher, dem Hirn medikamentös nachzuhelfen: „die pharmakologische Selbstoptimierung". Was im Sport Schlagzeilen macht, findet meist unbeachtet und ganz legal in Beruf und Studium Eingang. Mit „Gehirn-Doping" soll die geistige Leistung gesteigert werden. Da werden zum Beispiel Präparate wie Ritalin gegen Aufmerksamkeitsdefizit-Störungen zum „Neuro-Enhancement" eingesetzt. Dem kurzfristigen Enhancement = Steigerung erfolgt dann meist ein langfristiger Abstieg. Allein die natürliche Evolution, durch Bewusstwerdung beschleunigt, führt zu einem langfristigen, ganzheitlichen Aufstieg.

Doch die einseitig mechanistisch ausgerichtete Forschung auf der Grundlage einer monistisch-materiellen Weltanschauung wird weiter vorangetrieben. Sie ist Ausdruck der rastlosen Evolutionsdynamik auf der Suche nach sich selbst; nur sind ihr mit dem Glauben an die technische Machbarkeit Scheuklappen gewachsen. Schon ist man dabei, Hirnaktionsströme mit EEG-Verfahren für die Gedankensteuerung von Computern zu nutzen. Wieder ein ehrgeiziges Vorhaben, in dem Wissenschaftler international zusammenarbeiten, das „Esprit-Projekt". Millionen werden in das „Adaptive Brain Interface" investiert, die Anpassung einer Hirn-Computer-Schnittstelle – also die Übertragung von Gehirnwellen in Computerbefehle, ohne lästige Maus und Tastatur. Und schon ist es gelungen, den Cursor durch die mit der Gedankenkraft einhergehenden Gehirnwellen zu steuern. Eine Anwendung für gelähmte Menschen?

Den Chirurgen der *„künstlichen Intelligenz"* geht es knallhart um eine Variante des „Homo futurus". Nanotechnologien eröffnen ihnen ungeahnte Möglichkeiten zur Herstellung neuer Materialien durch Manipulation auf atomarer Ebene. Hier wird also noch eine Etage tiefer angesetzt als bei der Genmanipulation auf moleku-

larer Ebene. Der amerikanische Wissenschaftstheoretiker Ray Kurzweil stellt sich bereits extrem miniaturisierte Nanoroboter vor, die in die Blutbahn eingespeist werden, um unsere synaptischen Verbindungen zu optimieren. Neuronale Chipimplantate sollen uns drahtlos mit dem Internet verbinden, geistige Zustände werden „eingescannt" und auf den Rechner übertragen. Dank Gentechnologie wird unser Leben so lange andauern, bis unser Ich sich im Rechner voll installiert hat und wir uns elektronischer Unsterblichkeit erfreuen. Herrliche Perspektiven!

Technologie ist „die Fortführung des evolutionären Prozesses, der die technologieschaffenden Wesen hervorgebracht hat", so Ray Kurzweil. Damit offenbart ein Wissenschaftstheoretiker seine Unkenntnis des vergangenen evolutionären Prozesses und seiner fundierten Projektion in die Zukunft, wie wir ihn im nächsten Kapitel aufzeigen werden. Nicht der elektronisch unsterbliche, sondern der erwachte Mensch ist die Fortführung, obwohl diese Fortführung durchaus durch arbeitserleichternde Technologie unterstützt werden kann.

Zum Beispiel durch „androide" Roboter, deren Fähigkeiten denen des Menschen durch raffinierte Sensoren- und Steuerungstechnik nachgebildet sind und wie sie in der Produktion bereits eingesetzt werden. Sie können auch lernfähig sein und sogar einen Schachweltmeister besiegen. Selbst Werte kann man ihnen einprogrammieren. Doch was geschieht, wenn bei Androiden eigene Werte einrasten und sie sich danach verhalten? „Schöne neue Welt!" Wird es dann gefährlich für den Menschen? „Obwohl wir erst am Anfang stehen, zeichnet sich das Potenzial von Robotern mit Selbstbild doch bereits deutlich ab." Es handelt sich „womöglich um eine emergente Eigenschaft eines geeignet konfigurierten Satzes von Selbstprozessen und kein gesondertes Element", so spekuliert Tony Prescott, Professor für kognitive Neurowissenschaften an der University of Sheffield.[59] Dabei unterliegt er dem gleichen Kategorienfehler wie Kurzweil. Selbst aus raffinierter lebloser Technologie wird niemals ein Selbstbewusstsein hervorgehen, wie es die Natur nach einem 13,7 Milliarden Jahre langen Evolutionsprozess in einem Organismus hervorgebracht hat.

In diesem Verlauf der Evolution hat es zahlreiche Sackgassen gegeben. Etwa den Irischen Hirsch, dessen monströses Geweih ihm zum Verhängnis wurde –, wahrscheinlich ein Auswuchs des Dranges nach Selbstdarstellung (vgl. S. 28). Ein Drang übrigens, der uns als Menschen auch im Griff hat – nur merken das andere schneller als wir selbst! Auch Schutzbedürfnisse, die einseitig zum Ausdruck kommen, können sich als fatal erweisen. Etwa bei Schildkröten oder Käfern, die durch ihren Panzer zwar gut geschützt, aber gänzlich hilflos sind, wenn sie durch ein Missgeschick auf den Rücken purzeln und hoffnungslos strampeln. Auch wir Zweibeiner sind mit unserem einseitigen Ehrgeiz nach Steigerung der rationalen Intelligenz auf dem besten Weg, zu purzeln und hoffnungslos zu strampeln!

Solche Sackgassen gab es auch wiederholt in der Kulturgeschichte. Als beispielsweise der Sozialismus in der Sowjetunion in den 80er Jahren zu erstarren drohte und die Perestroika von Michail Gorbatschow eingeleitet wurde, führte der gesellschaftliche Umbruch eigendynamisch zu einer Rückkehr zu bürgerlichen Strukturen. Ähnliches kennen wir auch aus unserem eigenen Leben. Haben wir uns auf ein bestimmtes Ziel oder eine bestimmte Lebensweise versteift, die uns unbemerkt von der Ganzheit des Lebens abbringt, so gibt es irgendwann ein Feedback. Der Rohköstler zum Beispiel, der Kochtopf und Backofen aus seiner Küche gänzlich verbannt hat, handelt sich möglicherweise irgendwann Verdauungsstörungen oder Darmbeschwerden ein. Er muss sich wieder umstellen oder auf Smoothies einstellen. Doch solche „Rückschläge" tun meistens weh; Besonnenheit bekommt man nicht zum Nulltarif. Auf mehr Besonnenheit und Achtsamkeit hat es das Leben nun einmal angelegt, sie bewähren sich im Alltag. Dem muss nicht immer ein schmerzhafter Lernprozess vorausgehen. Wir können lernen, potenzielle Fehler schon in unserem Bewusstsein rückgängig zu machen, bevor wir sie überhaupt begehen. In der tiefen Entspannung, wenn wir alles hinter uns lassen, meldet sich die Vernunft. *Der Rückstieg in das reine Bewusstsein, in die mentale Stille, ist jedes Mal ein Rückstieg zur Mitte, in die Einsicht und den Überblick.*

Wir haben eine gefährliche Diskrepanz geschaffen zwischen wissenschaftlichen Errungenschaften mit angewandter Technik einerseits und primitivem Dominanz- und Konkurrenzverhalten andererseits. Es sind kindische Staatsmänner, die sich mit Atomsprengköpfen brüsten, und pubertierende Konzernchefs, die durch „feindliche Übernahme" ihre Konkurrenz kalt schlucken. Ist die Evolution wirklich zu schnell vorangeprescht, so dass dem Neuhirn als Organ der Zivilisation, von Sprache, Logik und abstraktem Denken, die nötige Kontrolle fehlt, die Kontrolle über das Stamm- und Zwischenhirn als Organe von instinktiven und emotionalen Vorgängen? Ein Fehler im evolutionären Entwicklungsprogramm?

Oder will die Evolution die Verantwortung in die Hände ihrer Kreaturen legen? Wir sagten, dass mit dem Grad der Höherentwicklung auch der Grad an Freiheit wächst. Welch ein Unterschied an Handlungsfreiheit zwischen einer Zecke, einem Rotfuchs und einem Menschen! Wir sagten aber auch, dass die Fähigkeit zur Selbstreflexion noch lange nicht ausgeschöpft ist. Und es ist genau dieser Mangel an Selbstreflexion, der den Menschen unfrei macht und ihn an seine Instinkte und Emotionen bindet. Der Stressgeplagte, der einem hormonalen Programm ausgeliefert ist, das ihn langfristig psychosomatisch aufs Kreuz legt: alles ein Mangel an transzendierender Selbstreflexion und der damit einhergehenden neurophysiologischen Selbstregulation. Man hat es uns nicht beigebracht. Wir kennen nur diskursives Denken von der Grundschule bis zum Hochschulabschluss! Aber „rekursives Denken" – was ist das?

Wir fassen zusammen: Das hinter uns liegende Kapitel hat uns mit der Gegenwart konfrontiert. Zum reflexiven Ichbewusstsein des anatomisch modernen Menschen ist das selbstreflexive Bewusstsein des geistig modernen Menschen getreten. Das ist das, was unsere Würde auszeichnet: die Fähigkeit, unser rationales Denken durch einen Rückstieg ins Bewusstsein zu überblicken, den Sachverhalt gegebenenfalls mit einem Symbol oder Begriff abzudecken und damit abstrakt zu denken. Der gleiche Rückstieg ermöglicht es uns, unser begrenztes, ichbezogenes Verhalten zu durchschauen und uns neu zu orientieren. Die Emergenz dieser Fähigkeit zur Selbstreflexion hat vor etwa 40.000 Jahren die kulturelle Evolution eingeleitet. Information wird jetzt nicht mehr allein durch die Gene weitergereicht, sondern auch durch Sprache, Schrift und Datenträger. Wissenschaft und Technik haben uns zwar das Leben erleichtert, aber uns auch die Möglichkeit gegeben, die Umwelt für unsere Zwecke auszubeuten bis hin zu ihrer Zerstörung. Diese Gefahr, aber auch unsere beißenden individuellen und kollektiven Probleme, machen uns deutlich, dass wir das Potenzial der Selbstreflexion noch keineswegs erkannt, geschweige denn erschlossen haben.

---

8. Die supramentale Evolution – das integrale Bewusstsein

Wir haben uns in den zurückliegenden Kapiteln mit dem Gang der Evolution des Bewusstseins auseinandergesetzt. *Es ist unsere Vergangenheit.* Sie zu überblicken ist eine Errungenschaft des modernen Geistes, eine Errungenschaft der Evolutionsdynamik, die im Menschen zu dieser Erkenntnis geführt hat. Wir wollen sie uns noch einmal kurz vergegenwärtigen: Aus dem VEREINHEITLICHTEN FELD – an dem sich die Naturwissenschaft reibt – hat alles seinen Ursprung genommen. Anfangs eine gigantische Explosion, der Urknall (1), dann die Aufspannung des Universums mit einer gewaltigen *kosmischen Evolution* (2), die zur Entstehung der Erde führt. Hier die Bedingungen zur *chemischen Evolution* (3) und mit dem Aufbau von Biomolekülen der Phasenübergang in das Leben. Es folgt die *biologische Evolution* (4), die eine weit verzweigte Entfaltung des organismischen Bewusstseins auslöst. Stufe um Stufe kommt es zu wachsender Komplexität der Organismen und Intensivierung des Bewusstseins. Mit dem anatomisch modernen Menschen und dem Neandertaler erfolgt der Phasenübergang in die *mentale Evolution* (5), zum Homo sapiens. Jetzt entsteht das reflexive Bewusstsein und mit ihm das Ich, die Subjekt-Objekt-Spaltung, der Verlust der Einheit mit der Natur. Schließlich der Phasenübergang in die Gegenwart, der geistig moderne Mensch tritt auf, der Homo sapiens sapiens. Er denkt nicht nur, sondern hat auch die Möglichkeit, zu wissen, dass er denkt. Das selbstreflexive Bewusstsein wird zum Träger der *kulturellen Evolution* (6). Und da stehen wir heute.

Zwischen den Phasenübergängen, also innerhalb einer Evolutionsstufe, gibt es natürlich auch Meilensteine, also *graduelle* Übergänge. Beispielsweise während der biologischen Evolution: Einzeller, Vielzeller, Fische, Amphibien, Reptilien, Säugetiere. Die markanten Phasenübergänge, die man auch, punktuell betrachtet, als Phasensprünge bezeichnen könnte, sind aber *prinzipielle* Phasenübergänge. Ein neues evolutionäres Paradigma taucht auf, emergiert sozusagen. Neue Prinzipien kommen zum Tragen. So werden auf der bevorstehenden Stufe – für viele ist sie bereits Realität – Prinzipien wie Liebe, Gewaltlosigkeit, Achtsamkeit, Mitgefühl, und Gelassenheit zum Alltag. Sie sind im integralen Bewusstsein (7) einprogrammiert.

Der Rückblick in die Vergangenheit in den hinter uns liegenden Kapiteln war auf das Wesentliche beschränkt, aber wir hatten auch Freude am Detail. Es war eine faszinierende Geschichte, die einer verborgenen Logik folgte, dem „anthropischen Prinzip". Wir entdeckten es überall; so bereits in den Urgalaxien: Der Kohlenstoff in unseren Zellen, so sagten wir, wurde im Herzen der frühen Sterne geboren, lange noch bevor es die Erde gab. Und sie, „Gaia", unsere Mutter, hat über Jahrmilliarden stets für gleichbleibende Bedingungen gesorgt, um die Evolution des Lebens zu ermöglichen: vom Einzeller bis zum Dinosaurier, vom Australopithecus bis zum Menschen der Gegenwart. Fast 14 Milliarden Jahre Evolution liegen hinter uns, und es wäre naiv anzunehmen, dass die Evolution gegenwärtig ihren Höhepunkt erreicht hätte. Nein, da, wo wir jetzt stehen, mit dem Horizont unseres Wissens und damit, wie wir die Erde verwalten, sind wir nicht zufrieden: „Er nennt's Vernunft und braucht's allein, nur tierischer als jedes Tier zu sein", so Goethe im „Faust" über seinesgleichen.

Vereinbar mit dieser Vernunft ist es offenbar, dass täglich etwa 30.000 Kinder sterben, weil sie nicht genügend Nahrung haben, nicht ausreichend medizinisch versorgt werden oder in bewaffneten Konflikten umkommen. Gleichzeitig werden etwa 50 Prozent der weltweiten Getreideernte und 90 Prozent der Sojaernte an die „Nutztiere" der Fleisch- und Milchindustrie verfüttert. Jeden Tag werden weltweit mehr als zwei Milliarden Dollar für Rüstung ausgegeben. Centbeträge fehlen für die Jodierung von Salz, die Millionen Kindern blei-

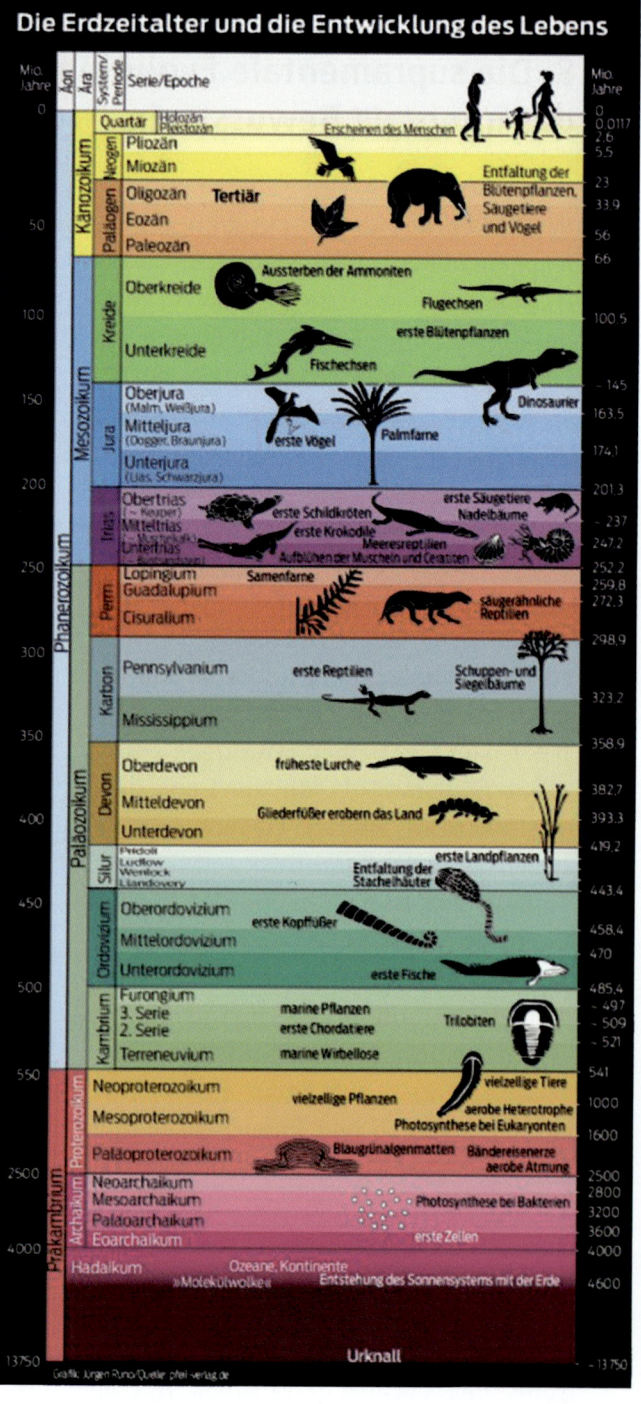

Die Entwicklung des Lebens ist die Entwicklung des Bewusstseins.[60] (Vgl. Ergänzende Grafik S. 137)

Die supramentale Evolution – das integrale Bewusstsein

bende geistige Schäden ersparen würde. In Deutschland leben etwa eine Million Vermögensmillionäre und gleichzeitig mehr als 4 Millionen Hartz-IV-Empfänger (Stand 2016). Nein, damit wollen wir uns nicht abfinden. Unser Bewusstsein hat diese Widersprüche hervorgebracht. Es ist nicht mehr zeitgemäß. Deshalb befassen wir uns mit der Vergangenheit, um mit einer *evolutionären* Orientierung in die Zukunft zu schauen. Winston Churchill sagte einmal: *„Je weiter wir in die Vergangenheit zurückblicken, desto besser können wir in die Zukunft sehen.“*

Eins ist uns zur Gewissheit geworden: Die Evolution geht weiter. So schreibt Gerhard Heberer am Ende seiner paläontologisch fundierten Studie „Homo – unsere Ab- und Zukunft“: „Seit dem Erreichen der (Eu-)Hominiden-Stufe vor etwa 3 Millionen Jahren ist die Evolution mit großer Geschwindigkeit weitergegangen. Sie wird auch den Homo sapiens sapiens weiterführen.“[61]

Und Erich Jantsch, der uns schon wiederholt in unserer Argumentation unterstützt hat, ist sich auch im Klaren darüber, in welche Richtung die Weiterführung geht. Über der Stufe des selbstreflexiven Bewusstseins setzt er die Ebene des „Selbstbildes“ an. Damit meint er die Erkenntnis des Menschen von seiner Stellung im Universum. Sie erwächst ihm mit der „Re-ligio“, der Rückwendung zum Ursprung. Durch „Versenkung“, wird der Ursprung in die Gegenwart „hineingeholt“. *Von wo ich komme, dahin gehe ich.* Es entsteht ganzheitliches Wissen, denn der Ursprung, das VEREINHEITLICHTE FELD, ist die virtuelle Ganzheit. Jantsch schreibt:

„Das der Re–ligio entsprechende holistische Wissen um die eigene Evolution, das schon einfachen chemischen dissipativen Strukturen eigen ist, ist *In–tuition* – Lernen aus sich selbst. Intuition ist nicht strukturelles Wissen, sondern Wissen um den eigenen Geschichtsprozess. Damit wird Intuition zum einzigen Richtungsanzeiger, wenn im raschen Wandel die Orientierung an gespeicherter Information und am Austausch mit der Umwelt versagt.“[63]

Der Weg ist noch nicht beendet.[62]

Kennen wir nicht die Situation, dass wir vorübergehend die Orientierung verlieren, weil wir mit Informationen derart überflutet werden, dass uns der Schädel brummt und wir keinen klaren Gedanken mehr fassen können? Etwa im Büro: Da müssen Marktanalysen ausgewertet werden für das Produktmanagement. Dann kommt ein Vertreter, der eine neue Verfahrenstechnik vorstellt mit rückgekoppelten Steuerungsmechanismen. Während der Manager einen Rentabilitäts-Überschlag macht, nervt das Telefon. Der Computer soll Daten hergeben – der Internetanschluss ist unterbrochen. Der gute Mann könnte im Zickzack springen. Er verkrampft sich. Es kommt zu Fehlentscheidungen.

In solchen Situationen ist „Rekursivität" angesagt, ein Rückstieg in die Reflexion und Selbstreflexion. Manch einer kann das spontan. Andernfalls verschaffen wir uns eine Möglichkeit zum Rückzug, zu einer Standort-Neubestimmung. Wir lösen uns kurzfristig von allem mithilfe einer Entspannungstechnik und bringen das mentale Getriebe zum Abklingen. Jetzt kann das Supramentale hindurchschimmern. Es war immer schon da.

Derlei Transzendenzerfahrungen liegen im Trend der Zeit, im Trend der Evolution. Nach der kosmischen, der biologischen, der mentalen und der kulturellen Evolution die *supramentale Evolution*. *In der STILLE ruht zwar das SELBST in sich selbst, aber es ist eine dynamische Stille, ein Sein, das auf das Werden ausgerichtet ist.* Das SELBST möchte sich nicht mehr überschatten lassen, es will auch im Alltag präsent sein, sich in der dynamischen Handlung erleben und ihr im *integralen Bewusstsein* eine ganzheitliche Orientierung geben. Es erkennt, dass die Umwelt Teil seiner selbst ist, und es will seine Freude teilen. *Im Menschen, durch den Menschen, für die Menschen und für die Schöpfung vollendet sich die Evolution.*

Doch die „STILLE", das „SELBST", oder das „transzendentale Bewusstsein" – alles Bezeichnungen für die gleiche Substanz – bleiben so lange leere Worthülsen, bis sie mit Erfahrung gefüllt werden. Und hier begegnen wir einem grundlegenden Dilemma, wenn wir über die zukünftige Evolution des Bewusstseins sprechen: Wir haben zum Verständnis nur unser gegenwärtiges Bewusstsein zur Verfügung – es fehlen uns die Erkenntnis ermöglichenden Voraussetzungen. „Gleiches wird nur durch Gleiches erkannt." Zwar können wir die in der Vergangenheit erschlossenen Bewusstseinsebenen nachvollziehen, eine zukünftige Ebene bleibt uns jedoch

Durchbruch in eine neue Dimension.
(Holzschnitt Camille Flammarion, 1888)

aus Kategorialgründen verschlossen. Sie beinhaltet eine neue Dimension.

Ken Wilber versucht dieses Dilemma durch die Analogie der chinesischen Schachteln zu veranschaulichen. Eine kleinere passt jeweils in die größere, jedoch nicht umgekehrt:

„… so wie die Newton'sche Physik eine Untereinheit der Einstein'schen Physik ist, in eben dieser Weise ist der Existentialismus eine kleinere chinesische Schachtel, richtig für sich, soweit es ihren eigenen Bereich anbetrifft, der allerdings umhüllt wird von der größeren Schachtel der Transzendentalisten."[64]

Doch wie kann ich mich aus meiner kleinen Schachtel heraus an eine größere herantasten? Bin ich mir in meinem „dunklen Drange des rechten Weges wohl bewusst"? Der dunkle Drang kann zu skurrilen Abenteuern führen. Wir sprachen von dem durch Nanotechnologien aufgerüsteten Homo futurus, von drahtloser Verbindung zum Internet durch Chipimplantate und der Vision elektronischer Unsterblichkeit.

Das ist das Dilemma: In seinem Streben nach Vollendung kann unser gegenwärtiger Bewusstseinsmodus sich nur an den ihm gegebenen Kriterien orientieren. Blind für das emergente Potenzial der Evolution will man Designer-Babys entwerfen nach vermeintlich erstrebenswerten Maßstäben. Die Natur hat größere und schönere Dinge mit uns vor, als es unsere Schulweisheit sich träumen lässt. Immer wieder hat es zahlreiche schmerzhafte Sackgassen im Verlauf der Evolution

gegeben. Aber jetzt, im 21. Jahrhundert, haben wir keinen Bock mehr auf Katastrophen Marke Eigenbau. Wir wollen uns unnötiges Leid ersparen.

In seinem Buch „Biologie der Erkenntnis" sagt der Evolutionsbiologe Rupert Riedl:

„Was für ein Vermessen wäre es, wollte sich die Zecke die Blutgefäße eines Säugetieres vorstellen, der Polizeihund die internationale Rauschgiftszene oder wir uns die Gesetze jenseits des Kosmos."[65]

Die Gesetze jenseits des Kosmos, die der Evolutionsdynamik innewohnen, kann eine Naturwissenschaft, die innerhalb des Kosmos forscht, nicht erfassen. Gleiches wird nur durch Gleiches erkannt. Wohl aber erlaubt uns die Konsistenz der Natur, ihre Einheitlichkeit, Universalität und Kontinuität, Verallgemeinerungen und Voraussagen. Eine solche Verallgemeinerung ist die den gesamten Kosmos durchwaltende Evolution, und eine solche Voraussage ist ihre Kontinuität. Es geht weiter. Die Natur hat es auf Organismen angelegt, die in wachsendem Maße Bewusstsein reflektieren. Auf dem langen Weg der Evolution zu sich selbst hat es markante Etappen gegeben. Und es ist legitim, anzunehmen, dass dieser Trend sich fortsetzt. Nicht nur eine quantitative Intensivierung auf der gegenwärtigen Etappe des selbstreflexiven Bewusstseins, sondern auch, darüber hinaus, ein Phasenübergang in ein qualitatives Novum stehen an. Wir werden im Teil III klare Hinweise dafür aufzeigen.

In seinem Buch „Unbegreifliche Realität" spricht Hoimar von Ditfurth von einer unseren „Erkenntnishorizont übersteigenden Transzendenz", will sie aber keinesfalls in einen mystischen Zusammenhang bringen:

„Um diese der objektiv existierenden Realität zuzurechnende Transzendenz von anderen Bedeutungen des Wortes, etwa der des theologischen Sprachgebrauchs, unmissverständlich abzugrenzen, habe ich sie schon bei früherer Gelegenheit als ‚weltimmanente Transzendenz' bezeichnet. Diese ließe sich positiv vielleicht in der Weise kennzeichnen, dass man sie als ‚prinzipiell bewusstseinsfähig' definiert, also etwa als grundsätzlich möglichen Gegenstand (oder Inhalt) eines über unseren eigenen Entwicklungsstand hinaus evoluierten Bewusstseins".[66]

H.v. Ditfurth argumentiert in unsere Richtung, grenzt sich aber als Naturwissenschaftler von der Theologie ab. Es gibt jedoch nur eine Transzendenz, und es ist egal, ob sie vom Bewusstsein eines Naturwissenschaftlers oder eines Theologen erschlossen wird – mit der Erfahrung erst wird sie real für das Bewusstsein.

Theologen und Naturwissenschaftler haben sich über Jahrhunderte in den Haaren gelegen. Noch im Mittelalter standen Naturforschung und Philosophie im Dienste der Theologie. Das änderte sich zu Beginn der Neuzeit, als Kopernikus, Kepler und Galilei die Erde aus dem Zentrum des Weltalls stießen. Schließlich rüttelte das am Weltbild der Kirche. 1633 wurde Galilei gezwungen, sein heliozentrisches Modell zu widerrufen. Und wie

es Darwins Evolutionstheorie anfänglich ergangen ist, haben wir noch gut in Erinnerung. Mit jeder neuen wissenschaftlichen Erkenntnis wurde die Welt Stück für Stück entzaubert. Für die noch unerklärlichen Dinge konnte man GOTT als Lückenbüßer noch gebrauchen. Doch seine Funktion wurde zusehends eingeschränkt. Im mechanistischen Weltbild benötigte man GOTT nur noch als Uhrmacher zur Einstellung der Anfangsbedingungen. Und bei dieser Uhrmacherfunktion ist es geblieben, auch nachdem das mechanistische durch das moderne, quantenmechanische und das systemische Verständnis von Materie und Leben abgelöst worden war. Entspricht doch das mechanistische Verständnis der gegenwärtigen dominierenden Bewusstseinsstruktur.

Doch woher kommen die Naturgesetze, die alles regeln? Und wer oder was bringt sie ins Spiel? Sie existierten vor der Entstehung des Universums und werden auch die gleichen bleiben, wenn das Spiel einmal ein Ende hat. Was der Naturwissenschaftler punktuell aufdeckt und mathematisch formuliert, sind lediglich Ausschnitte einer ganzheitlichen Intelligenz. Sie ist einfach gegeben, unabhängig von aller Forschung. Die Existenz und die Konsistenz des Universums kann die Naturwissenschaft nicht erklären, sie werden einfach stillschweigend vorausgesetzt. Albert Einstein sagte einmal, das einzige Unverständliche am Universum sei seine Verständlichkeit. Doch das Unverständliche wird verständlich, wenn man davon ausgeht, dass *das Universum und das menschliche Bewusstsein einen gemeinsamen Ursprung haben.*

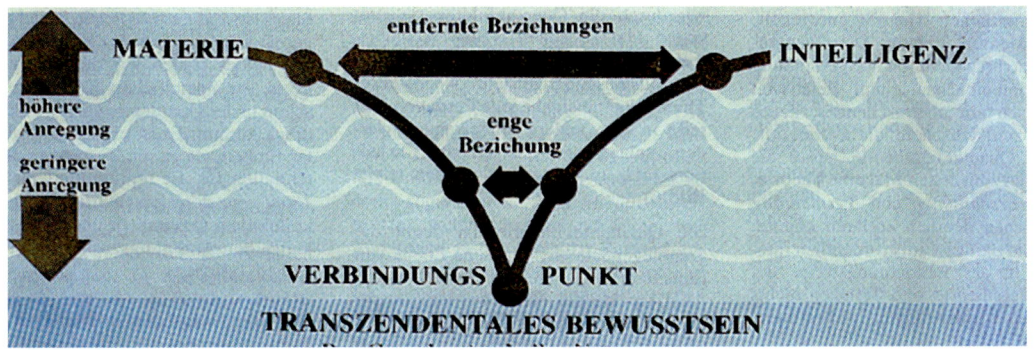

An der Oberfläche sind Materie und Bewusstsein als Intelligenz voneinander getrennt und verschieden. Auf einer tieferen, weniger angeregten Ebene des Bewusstseins sind sie eng miteinander verbunden. Das transzendentale Bewusstsein in seiner vollen Auslotung berührt das VEREINHEITLICHTE FELD als Verbindung und Ursprung von Bewusstsein und Materie.[67]

Zwar macht man sich Gedanken über den Ursprung, über das VEREINHEITLICHTE FELD, doch erklären kann man es nicht. Da bleibt also ein Refugium für Philosophen, Theologen und die meta-stuflichen Empiriker, die Mystiker. Aber die werden nicht ernst genommen, denn sie können ja nichts beweisen. Deswegen vertreten viele Naturwissenschaftler konsequenterweise die Position des Agnostizismus, also die Überzeugung, dass man empirisch und rational nichts über das Übersinnliche aussagen kann. Zu Recht, denn innerhalb der Grenzen ihrer Forschungsmethode kann man da nichts finden. Wer sagt aber, dass nicht jenseits dieser Schranken, metastuflich empirisch, gültiges Wissen zu gewinnen ist, Wissen, das manches Rätsel löst? Den Bewohnern innerhalb des eingegrenzten Flachlandes wird dieses Wissen unrealistisch erscheinen, für grenzüberschreitende Pioniere ist es knallhart realistisch, ist es „Inhalt

eines über unseren eigenen Entwicklungsstand hinaus evoluierten Bewusstseins".

Wie über die biologische und mentale Stufe so drängt die Evolution über die kulturelle Stufe hinaus ins Supramentale. Man könnte nun argumentieren, dass in konsequenter Folge der Entwicklung vom reflexiven Bewusstsein und selbstreflexiven Bewusstsein die nächste Stufe die „Reflexion des selbstreflexiven Bewusstseins" wäre. Doch hierbei würde es sich nicht wie bisher um die Emergenz eines qualitativen Novums handeln, sondern lediglich um einen weiteren rekursiven Schritt innerhalb des gleichen selbstreflexiven Vermögens. Auch noch weitere Schritte in Richtung eines unendlichen Rückstiegs wären lediglich Rotationen innerhalb des selbstreflexiven Bewusstseins.

Offensichtlich steht ein Phasenübergang in ein qualitatives Novum an, eine erneute Emergenz, ähnlich dem Übergang von der mentalen zur kulturellen Evolution: Vorher hatten die Archäologen nur bescheidene Artefakte gefunden, jetzt auf einmal fanden sie eine Fülle an fein ausgearbeiteten Kunst- und Werkgegenständen. Ein erneuter kreativer Schub bahnt sich mit der gegenwärtig bei vielen Menschen spontan einsetzenden oder durch Bewusstseinserweiterungs-Techniken willkürlich vorbereiteten Erfahrung des transzendentalen Bewusstseins an. Bewusstsein hat dabei nur sich selbst zum Inhalt, und das es tragende neuronale System springt – nachweisbar – in ein Regime höherer Ordnung. Solange Bewusstsein sich mit Inhalten beschäftigt, nimmt es die Färbung dieser Inhalte an, so wie Licht durch seine Reflexion an Objekten Farben im Auge des Betrachters bewirkt. *Losgelöst von Inhalten, nimmt das Bewusstsein einen unbegrenzten Status an. Das reine Bewusstsein ist zugleich reine Intelligenz, das alles inhaltliche Bewusstsein umfassende Wissen um die Ganzheit.*

Und diese zunächst kurzfristige Erfahrung der Ganzheit vermittelt Abstand, vermittelt Überblick und Einsicht. Manchmal ergeben sich daraus eine Standort-Neubestimmung, eine Kurskorrektur oder mehr Verständnis und Einfühlungsvermögen für Mitmenschen. Aber schnell stellt sich unser begrenztes Bewusstsein wieder ein, und wir werden wie eh und je vom Alltag vereinnahmt. Was bleibt, ist die wachsende Sehnsucht nach Freiheit und damit die Motivation, eine transzendierende Entspannungstechnik auszuüben, regelmäßig. Und siehe da, mit dem ständigen Erfahrungswechsel von unbegrenztem Bewusstsein und „begrenzter" Aktivität, von innerer Stille und äußerem „Lärm" bleibt allmählich der innere Abstand, unser SELBST, und mit ihm der ganzheitliche Horizont auch im Alltag mehr und mehr erhalten: der Phasenübergang, das Hin und Her, das wir aus vergangenen Etappen der Evolution kennen. Bis schließlich das SELBST in sich selbst gefestigt ist als stiller Hintergrund dynamischer Aktivität; ein Zustand, den wir als *integrales Bewusstsein*, als Erleuchtung bezeichnen. Denn dieser stille Hintergrund vermag alles zu einer umfassenden Ganzheit zu integrieren. Jetzt erst wird das Leben und wird die Schöpfung in ihrer vollen Würde und Schönheit erkannt.

Integrales Bewusstsein ist das Ziel jeglicher Handlung.

Alles, was wir tun und lassen, wird von einer stillen Sehnsucht nach Erfüllung getragen. Egal, ob wir eine Berufsausbildung machen, uns nach einem Partner umschauen, unsere Traumvilla bauen oder eine Ayurveda-Kur machen: Immer suchen wir nach Erfüllung. Diese kann aber *prinzipiell* niemals allein im Äußeren gefunden werden, das ständig dem Wandel unterliegt. Erfüllung ist ein innerer Zustand. Jegliche Handlung zielt letztlich auf diesen Zustand innerer Erfüllung ab, der erst die äußere Erfüllung ermöglicht: das integrale Bewusstsein.

Schwer nachzuvollziehen. Wir sind wieder mitten im erkenntnistheoretischen Dilemma, von dem wir schon sprachen.

Die supramentale Evolution – das integrale Bewusstsein

Gleiches erkennt nur Gleiches. Ken Wilber behalf sich mit der Analogie der chinesischen Schachteln. Wir wollen ein Gleichnis heranziehen:

Eine Seiltänzerin stellt in luftiger Höhe ihr Können zur Schau. Kein Netz ist unter ihr gespannt. Deshalb empfindet sie eine gewisse Unsicherheit, eine unterschwellige Angst, welche die Freiheit ihrer Bewegungsabläufe beeinträchtigt. – Ähnlich verhält es sich mit uns, den (noch) nicht integral bewussten Menschen. Unser Sprechen und Handeln ist nicht vom Netz ganzheitlicher Intelligenz und Geborgenheit getragen, unsere Freiheit und Kreativität sind beeinträchtigt, oft sind wir verunsichert. – Anders die Seiltänzerin, die ein Netz unter sich hat. Sie vollzieht ihre Kapriolen frei von Angst und Verspannungen und mit natürlicher Anmut. Ohne an das Netz zu denken, ohne dass ihre Aufmerksamkeit gespalten ist, wird sie von einem Gefühl der Sicherheit getragen und ist voll auf ihre Bewegungsabläufe konzentriert. – Ähnlich verhält es sich mit dem integral bewussten Menschen. Getragen von einem Netz innerer Geborgenheit, einem Netz des reinen Bewusstseins und der kosmischen Intelligenz, ist er voll auf seine Handlung konzentriert, frei von störenden Gedanken, mit ungeteilter Aufmerksamkeit. Leben im Hier und Jetzt, Da-SEINS-Freude.

Ein solches Bild hilft dem Verstehen, aber den Beweis muss jeder für sich selbst antreten, in dem er sich auf den Weg macht. Allerdings gibt es schon zahlreiche *wissenschaftliche Hinweise für die Realität des integralen Bewusstseins:* In einer Untersuchung am Institut für höhere Bewusstseinszustände der Maharishi University of Management in Fairfield, Iowa, USA, konnte beispielsweise durch ein psychologisches Testverfahren und durch neurophysiologische Messungen ein klarer Hinweis erbracht werden. Wurden bislang die Korrelate während der Meditation erforscht, so ging es hier um die Aufzeichnung der gleichen Merkmale während der Aktivität. Als Testpersonen wurde eine Gruppe von Individuen herangezogen, die sich in einem „Kontinuum der SELBSTbezogenheit" erlebten, die also selbst des Nachts sich ihres Schlafes bei einer ruhevollen Bewusstheit erfreuten. Sie zeichneten sich während der Aktivität, im Vergleich zu Kontrollpersonen, durch eine Anzahl eindeutig optimierter physiologischer und psychologischer Merkmale aus.[68] *Damit sind die Zeiten, in denen man Erleuchtung mit etwas Mysteriösem in Verbindung brachte, endgültig vorbei.* (Vgl. III.2.)

Für höhere Bewusstseinszustände gibt es unterschiedliche Bezeichnungen. Wir nennen den Zustand jenseits von Gedanken und Gefühlen *transzendentales Bewusstsein*, in Sanskrit als Samadhi = Einheitserfahrung oder auch als Turiya = der Vierte bezeichnet. Es ist der vierte Bewusstseinszustand jenseits von Schlaf-, Traum- und Wachbewusstsein. Wird dieser Zustand durch wiederholte Erfahrung im Nervensystem gefestigt und in die tägliche Aktivität einbezogen, so sprechen wir von

Integrales Bewusstsein: Nichts Mysteriöses – der Mensch hinter dem Menschen.[69]

integralem Bewusstsein, von Erleuchtung – dem fünften Hauptbewusstseinszustand, empirisch nachgewiesen (s. Kap. III, 1). Letzteres hat man bislang auch als kosmisches Bewusstsein bezeichnet, insofern es mit der Ganzheit des Kosmos verbindet.

Ken Wilber ist der Ansicht, „dass heute schon eine beachtliche Minderheit

Anmerkung: In dem Grundlagenwerk des Autors „Vom Urknall zur Erleuchtung" wurde durchgängig für den fünften Hauptbewusstseinszustand die Bezeichnung „kosmisches Bewusstsein" gewählt. Wir bevorzugen hier den Begriff „integrales Bewusstsein" in Anlehnung an die in der Literatur gängige Bezeichnung (Jean Gebser, Ken Wilber u. a. m.)

von Individuen die Transformation in transpersonale Bereiche beginnt". *Was zählt, ist die Transformation, weniger das Erleuchtungserlebnis,* obwohl es ein Meilenstein auf dem Wege ist. „Erleuchtungserlebnisse" werden häufig als etwas Persönliches und Intimes angesehen, und die Betreffenden ziehen es vor, lieber zu schweigen, aus Furcht, missverstanden zu werden. Doch in der Literatur kann man einige Schilderungen und auch zahlreiche Hinweise auf den Durchbruch in eine höhere Dimension finden. Meist ist dieser Durchbruch kurzfristig; der Betreffende kehrt danach wieder zu seinem „normalen" Bewusstseinszustand zurück. Was bleibt, sind unauslöschliche Spuren. Wir wollen einige solcher Schilderungen anführen:

Es war ein Erleuchtungserlebnis, das Jakob Böhme, den einfachen schlesischen Schuhmacher, im Jahre 1600 in einen Gelehrten verwandelte. Er sagte von sich, „dass ich in einer Viertelstund mehr gesehen und gewusst habe, als wenn ich wäre viel Jahr auf hohen Schulen gewesen". Woher, so könnte man fragen, hat Böhme, der einfache Handwerker, sein umfangreiches Wissen geschöpft? Als „Philosophus Teutonicus" ging er fortan in die Geschichte der Philosophie ein.

Ähnlich erging es dem amerikanischen Psychologen und Präsidenten der American Medico-Psychological Association Richard Bucke. In seinem Buch „Die Erfahrung des kosmischen Bewusstseins" (1975) sagt er: „Der Autor weiß, dass er in den kurzen Augenblicken der Erleuchtung mehr lernte als in allen vorangegangenen Jahren und dass sie ihm darüber

Die supramentale Evolution – das integrale Bewusstsein

hinaus so manches erschlossen, das ihm kein Studium je hätte beweisen können." *Offenbar muss man sich nicht unbedingt jahrelang an Schulen und Hochschulen den Kopf zerbrechen, um Durchblick zu bekommen. Vielleicht ist eine Mischung von beidem, Ausbildung des Intellekts und Öffnung für die Intuition, das Optimale.*

Kein Geringerer als der große Naturphilosoph Friedrich W. Schelling nannte Jakob Böhme eine „Wundererscheinung der Geschichte der Menschheit". Schelling selbst bezeichnete den Zugang zur Transzendenz, als „intellektuelle Anschauung":

„Uns allen nämlich wohnt ein geheimes, wunderbares Vermögen bei, uns aus dem Wechsel der Zeit in unser innerstes, von allem, was von außen her hinzukam, entkleidetes Selbst zurückzuziehen und da unter der Form der Unwandelbarkeit das Ewige in uns anzuschauen. Diese Anschauung ist die innerste, eigenste Erfahrung, von welcher allein alles abhängt, was wir von einer übersinnlichen Welt wissen und glauben."[70]

Was Schelling hier anspricht, ist die jedem Menschen gegebene Möglichkeit, sich *willkürlich* in sich selbst zurückzuziehen und sich der Transzendenz zu öffnen – anders das *unwillkürliche* Erleuchtungserlebnis. Ein solches schildert der englische Schriftsteller Arthur Koestler. Er befand sich 1939 in Gefangenschaft in Spanien während des Bürgerkrieges. In der Zuchthauszelle sitzend, erwartete er seine Erschießung. Mit einem Draht, den

er von seiner Sprungfedermatratze gelöst hatte, kritzelte er mathematische Formeln an die kahle Wand. Dabei überkam ihn urplötzlich eine mystische Freude: Das Unfassbare ließ sich mathematisch fassen! Die Möglichkeit des bevorstehenden Todes verblasste jetzt ins Triviale, so überwältigend war die Erfahrung. In seiner Autobiographie schreibt Koestler:

„Mystische Erkenntnisse, wie wir sie unzulänglicherweise nennen, sind nicht nebulos, vage und rührselig – sie werden allenfalls dazu, wenn wir sie dazu erniedrigen, indem wir sie in Worte kleiden. Um sie jedoch auszudrücken, was von Natur nicht ausdrückbar ist, muss man Worte brauchen; und so bewegt man sich in einem Circulus vitiosus. Wenn ich sage, ,dass ich hatte aufgehört zu existieren', so beziehe ich mich auf ein konkretes Erlebnis, das in Worten so wenig ausdrückbar ist wie die Empfindungen, die durch ein Klavierkonzert ausgelöst werden, das aber genauso wirklich ist – nein, sehr viel wirklicher. Tatsächlich ist sein wichtigstes Kennzeichen der Eindruck, dass dieser Zustand viel realer ist als irgendein je zuvor erlebter – dass zum ersten Mal die Schleier gefallen sind und man in Berührung gekommen ist mit der ,wirklichen Wirklichkeit', der geheimen Ordnung der Dinge, die im Normalzustand schichtenweise von Unerheblichkeiten überdeckt ist."[71]

Ein unwillkürliches Erleuchtungserlebnis hatte auch C. F. von Weizsäcker 1970 in Indien bei einem Besuch im Ashram des als Erleuchteten verehrten Ramana

Die geheime Ordnung der Dinge: das Shri-Yantra

Maharshi. Am Schluss seines Buches „Der Garten des Menschlichen" schreibt von Weizsäcker:

„Als ich die Schuhe ausgezogen hatte und im Ashram vor das Grab des Maharshi trat, wusste ich im Blitz: ‚Ja, das ist es'. Eigentlich waren schon alle Fragen beantwortet… Das Wissen war da, und in einer halben Stunde war alles geschehen."[72]

Welches Wissen war da? So könnte man kritisch fragen. Doch von Weizsäcker hatte vorgewarnt: Es lässt sich nicht schildern; es ließ ihn nur danach völlig verändert zurück.

Der Autor des vorliegenden Buches kann es ein wenig nachvollziehen: Als ich vor Jahren durch Bangkok, die Hauptstadt Thailands, bummelte, kam ich an einem buddhistischen Kloster, vorbei. Ich betrat die Tempelhalle und setzte mich im Hintergrund auf den Boden. Vor mir, in etwas Entfernung, eine mächtig-goldene Buddha-Statue mit einem mystischen Lächeln. Bald darauf kamen einige Mönche in ihren ockerfarbigen Gewändern in den Tempel und setzten sich auf die Empore vor den Buddha. Es wurden immer mehr, und als die Gruppe vollständig war, begannen sie auf ein Zeichen hin, altehrwürdige Pali-Texte zu chanten. Ich verstand natürlich nichts, war aber von dem Sprechgesang irgendwie fasziniert. Als dann zum Schluss einige Mönche sich unwillkürlich nach mir umschauten, trat etwas Unerwartetes ein. Es war, als ob eine andere Bewusstseinsebene einrastete. Ich fühlte mich allem enthoben, ganz klar und glücklich. Mir war, als wüsste ich alles. Ich war trunken und nüchtern zugleich. Ich empfand eine tiefe Liebe für meine Mitmenschen. Und so sollte es bleiben. Aber der Wunsch wurde mir nicht erfüllt. Bald darauf war ich wieder der Alte, ein wenig verändert und voller Sehnsucht …

Nun, es muss ja nicht unbedingt ein fernöstliches Setting sein. Es kann auch ein ganz gewöhnlicher Raum oder gar eine Entbindungsklinik sein, sagen wir in der Schweiz. Hören wir den Bericht einer Patientin des schweizerischen Medizinpsychologen Balthasar Staehelin:

„Es waren Minuten (oder Sekunden?) der absoluten Erfahrung, des totalen Erlebens, der Verschmelzung von Raum, Zeit, Ewigkeit.
Ich hatte soeben einem Kind das Leben geschenkt. Ich war verbunden mit meinen Urahnen wie mit allen zukünftigen Menschen meiner Familie, verbunden mit allen Menschen und allem Lebendigen und

Lebenden überhaupt, hineingestellt, Teil eines Unendlichen. Raum und Zeit hatten jede Bedeutung verloren, waren aber noch durchaus real, meine Körpergrenze fühlbar und bewusst, jedoch unwichtig. …

ES war reine Mystik. ES war sehr erdnahe trotzdem. ES war beides zusammen und überhaupt unbeschreibbar schön, tief, sakral, es ließ mich zurück in einem Gefühl demütiger Liebe und starker Verantwortlichkeit allem Leben gegenüber und dem Bewusstsein, einen Moment *total gelebt* und gesehen zu haben. (Ich war ohne jede Medikamente gewesen, und mein Geist und mein Empfinden waren von größter Klarheit und Empfindlichkeit und Empfindsamkeit.)

Die euphorischsten Worte würden nicht annähernd genügen, um ES einigermaßen adäquat zu beschreiben."[73]

Staehelin betont, dass derlei Erlebnisse, dass der Einbruch der „zweiten Wirklichkeit" sich jederzeit einstellen kann: „Naturerlebnisse im Wald, in den Bergen, in einer Sternennacht, am Meer, überall; Erlebnisse in großer Stille, großer Einsamkeit, nach großem Leid, in großer Freude… in den verschiedensten Ausprägungen der Liebe – Mutter-, Elternliebe, Liebe zu Tieren, zu Sachen, zu Gott, am häufigsten vielleicht in der Liebe zwischen Mann und Frau, in der Erotik, in der Sexualität – wobei heute zwar in der meisten Erotik und Sexualität diese Sakralität der seelischen Transzendenz und mystischen ‚zweiten Einheit' nicht mehr gekannt, nicht mehr gefunden wird." Die Tiefendimension ist in der Sexualität verloren gegangen, wie auch in anderen Le-

bensbereichen. Wir suchen Erfüllung ausschließlich in der „ersten Wirklichkeit", dort, wo sie nicht zu finden ist.

EINLADUNG

Leg dieses Buch für einen Moment zur Seite und werde still. Spüre in diese Stille hinein. Vielleicht kannst du dich an eine Situation erinnern, wo du an nichts dachtest und innerlich ganz leer und glücklich warst. Vielleicht, als du deine(n) Partner(in) umarmtest oder als du im warmen Sand am Meer lagst, dem Kommen und Gehen der Brandung lauschend, oder vielleicht nach einem erfolgreichen Examen oder, oder, oder. Möglicherweise fühltest du dich für kurze Zeit allem enthoben, ganz frei und glücklich. Du hattest eine Transzendenzerfahrung.

Auch beim Sport, ja, überall kann so etwas unerwartet eintreten. Marathonläufer beispielsweise geraten mitunter in einen unerwarteten Glückszustand, in dem Endorphine ausgeschüttet werden. Sie laufen dann nicht mehr, sondern *es* läuft und läuft, und sie, sie schauen nur zu!

Der ehemalige Bundestrainer der deutschen Fußball-Nationalmannschaft Rudi Völler kam als Nationalspieler zum Einsatz gegen Belgien bei der Weltmeisterschaft 1994 in den USA. Ihm gelang ein atemberaubendes Comeback. Damals war er bereits 34 – aber Alter schützt vor Toren nicht! Nach einem WM-Tor war er von einem „absoluten Gefühl" beflügelt. *„Es entsteht für einen Augenblick eine völlige Leere im Gehirn"*, so berichtet er. Alles, was verbleibt, ist „nur" das SEIN.

Gegenwärtig berichten immer mehr Menschen von Transzendenzerfahrungen, einige leben still im integralen Bewusstsein. Namen aus der Vergangenheit wie Hildegard von Bingen, Franziskus von Assisi, Meister Eckehart oder Leonardo da Vinci sind uns vertraut. Aber es gibt auch zahlreiche Erleuchtete in der Gegenwart.

Da ist zum Beispiel die Amerikanerin Antoinette Palmer. Sie war eine Sucherin von jungen Jahren an und praktizierte buddhistische Meditationstechniken. In Indien begegnete Antoinette 1990 ihrem Meister Shri Poonja, einem Schüler von Shri Ramana Maharshi. Seine Liebe, Ausstrahlung und gelebte Wahrheit inspirierten ihre Hingabe und lösten einen Prozess der inneren Befreiung aus: „In jenem Augenblick sah ich etwas, das größer war als mein Geist, größer als meine Suche." Ihr Meister gab ihr den Namen Gangaji, nach dem heiligen Fluss Ganges im Norden Indiens, und beauftragte sie, die Botschaft des Innehaltens, der STILLE, in den Westen zu tragen.

„Sei still. In dieser Stille ist ein Riss in Zeit und Raum. In diesem Riss kannst du entdecken, wer du bist. Dieser kurze Einblick lädt dich dann ein, tiefer und tiefer zu erforschen, wer du bist. Du bist nicht, wer du glaubst zu sein. Wer du bist, kann nicht erdacht werden. Wer du bist, ist vor, während und nach allen Gedanken. Halte einen Augenblick inne und erkenne Das."[74]

Kreative Unterbrechung der Arbeit   (Foto: C. Brehmer)

Gangaji plädiert für ein Innehalten der Gedanken, einen Rückstieg in die STILLE, wann immer sich die Gelegenheit bietet. Die Einübung dieses Vorganges während eines dafür bestimmten Zeitabschnittes ist die Meditation. Mit der nachhaltigen Praxis des Rückstiegs im Alltag oder während eines gesonderten Zeitabschnittes bleibt allmählich auch die STILLE *während* der Gedanken und Aktivitäten erhalten: integrales Bewusstsein.

Auch Eckhart Tolle, ein gebürtiger Deutscher, in Kanada lebend, ist ein weiteres Beispiel gelebten integralen Bewusstseins. Sein Buch „JETZT! Die Kraft der Gegenwart", war lange auf der Bestsellerliste in den USA. Im 1. Kapitel schreibt er:

„Das Wort Erleuchtung lässt an eine Art übernatürliche Fähigkeit denken und das Ego möchte daran festhalten. Doch Erleuchtung ist einfach dein natürlicher Zustand von *empfundener* Einheit mit dem Sein. In diesem Zustand bist du mit etwas Unermesslichem und Unzerstörbarem verbunden, mit etwas, das paradoxerweise du selber bist und das zugleich etwas viel Größeres ist als du. Es geht um das Entdecken deiner wahren Natur jenseits von Name und Form."[75]

Bei der Lektüre dieses Buches hatte ein Manager aus Berlin einen spontanen Durchbruch in die ständige Gegenwart, in die Einheit mit dem SEIN: Anssi Antila. Er hatte sich vorher kaum für Spiritualität interessiert. Jetzt mutierte er zum spirituellen Lehrer!

Anssi, Gangaji und Eckhart Tolle sind Menschen, die das integrale Bewusstsein bereits realisiert haben. Und sie sind nicht die einzigen. Wir haben sie angeführt als lebendige Beispiele für das, was wir alle anstreben, bewusst oder unbewusst: inneren Frieden, Freiheit und Erfüllung. Wie viele andere Erleuchtete haben sie ihr Leben in den Dienst am Mitmenschen gestellt. Ein ganz natürliches Leben, ganz „normal" nur intensiver, einfühlsamer und glücklicher. Unser gegenwärtiges Leben nennen wir normal, weil wir nichts anderes kennen. Wir merken nicht, wie unsere innere Vorstellungswelt, die Alltagstrance, das Erleben der äußeren Welt ständig trübt und die Lebensfreude beeinträchtigt. Deswegen bezeichnet man einen Erleuchteten auch als einen Erwachten. Die Bezeichnung „integrales Bewusstsein" ist, wie alle vorausgehenden Stufen der Evolution, eine Orientierungshilfe. Die Evolution selbst, das Leben, lässt sich nicht kategorisieren. Es *ist*. Ein Erwachter ist einfach da, und aus dieser zeitlosen und erfüllten Gegenwart handelt er spontan und richtig.

Ken Wilber unterscheidet zwei Entwicklungsstränge: „Waking-up" = Aufwachen und „Growing-up" = Aufwachsen. Aufwachen wird im Verständnis traditioneller fernöstlicher spiritueller Wege als „Enlightenment" bezeichnet. Es führt zur Erkenntnis, dass unser Ich und die Welt, in der wir leben, an und für sich nichts als Illusion sind, als „Maya". Westliche Entwicklungspsychologie hingegen beschäftigt sich mit dem „Growing-up", beschäftigt sich rein theoretisch mit den Entwicklungsstufen des phänomenalen Ich vom Kleinkind bis zur reifen Persönlichkeit. Wilber argumentiert, dass beide Entwicklungsstränge gleich wichtig sind und sich ergänzen sollten. Auch ein Erwachter muss ggf. noch Entwicklungsstufen durchschreiten, um zu einer vollen integralen Persönlichkeit heranzureifen und um voll funktionstüchtig in der Welt der Erscheinungen zu agieren. Andererseits bleibt westliche Entwicklungspsychologie im Theoretischen befangen und kennt keine Wege zur Befreiung. – Das Wissen um beide Entwicklungsstränge ist ohne Zweifel hilfreich auf dem Wege. Eine vereinfachte Formel wäre: „Meditiere, transzendiere, reflektiere und integriere" und hab einfach Vertrauen in die innere Führung.

Im Jahre 2012 fand der 1. Berliner Kongress „Forum Erleuchtung" statt. Es trafen sich 27 erwachte spirituelle Lehrer für drei Tage, um sich über das SEIN, das Leben und ihre Erfahrungen auszutauschen. Es gab wenig vorgeplante Struktur, alles war offen, alles konnte geschehen, alles durfte sein. Ein Feld der Harmonie und der Einheit tat sich auf, das aber auch Konflikte und Schmerzen zuließ. Hören wir Jan Rautenberg:

„Es entstanden zum Ende hin so starke Öffnungskanäle in der Gruppe, dass jeder ein Lichtpunkt in diesem Netzwerk der Einen Wahrheit und des Einen Willens wurde. Hier herrschte Stille, unberührbarer Frieden, das Wissen um die Verbundenheit aller. Und es geschahen so liebevolle Augenblicke, die keiner vergessen möchte. Es bildeten sich Kreise vor den Lehrern, alle hielten sich die Hände und es ertönte Halleluja und Om. Dort gab es keinen Einzelwillen mehr, nur den Einen Willen, nur das Eine Bewusstsein. Ein Raum des Eins-Seins und der vollkommenen Liebe und Bewusstheit getragen von mutigen und verletzlichen Menschenwesen."[76]

Integrales Bewusstsein, das wir als Erleuchtung bezeichnen, ist von Erleuchtungserlebnissen zu unterscheiden, so sagten wir schon. Wir haben einige Fallbeispiele von solchen Erleuchtungserlebnissen angeführt und sie als Meilensteine auf dem Wege bezeichnet. Allerdings besteht die Gefahr, dass nach einem derartigen Erlebnis der Betreffende meint, er wäre ein Auserwählter oder wäre bereits erleuchtet. Denn das Ich nutzt jede Gelegenheit, um sich mit bunten Federn zu schmücken. Solange das Ich – in diesem Zusammenhang meist als Ego bezeichnet – nicht bereit ist, seinen Platz der höheren Führungsinstanz des SELBST zu überlassen, wird es alle möglichen Tricks einsetzen, um sich zu behaupten. Oh, es ist ungemein clever und nur schwer zu entlarven. Es gefällt sich zum Beispiel in seiner Rolle als Lehrer und Therapeut und hat jederzeit einen guten Rat bereit. Werden Erleuchtungserlebnisse nicht lediglich als Meilensteine auf dem Wege erkannt, können sie, wenn man bei ihnen stehen bleibt, zu Hindernissen werden. *Erleuchtungserlebnisse haben immer einen zeitlichen Anfang und irgendwann ein Ende. Das transzendentale Selbst aber, das SEIN, hat keinen Anfang und kein Ende. Es war schon immer da und wird auch immer sein, allgegenwärtig. Sich dafür zu öffnen und es freizulegen ist unsere Bestimmung.*

„Ein Meister gibt seinem Schüler die Anweisung, sich auf seinen Atem zu konzentrieren. Nach Monaten der eifrigen Übung erscheint der Schüler eines Tages aufgeregt bei seinem Meister. Er berichtet ihm, noch ganz außer Atem, er habe in seiner Versenkung einen von strahlendem Licht umgebenen goldenen Buddha gesehen. ‚Beeindruckend‘, sagt der Meister, hält kurz inne und fragt: ‚Aber hast du deine Aufmerksamkeit auch weiterhin auf den Atem gelenkt?‘"[77]

In einem gewissen Sinn ist der Weg jedoch bereits das Ziel. Denn wer allein das Ziel im Auge hat, ist blind für die Blumen am Wegesrand, die kleinen liebenswerten Überraschungen des Alltags. Starrsinn kann das Erreichen des Zieles verzögern. Und das Ziel, wir wissen es, ist das integrale Bewusstsein. Jedesmal wenn wir uns auf dem Wege „zurücknehmen", sind wir schon da, zumindest kurzfristig. Mit Erleuchtung verbinden wir nichts Mystisches, nichts Geheimnisvolles, nichts Abgehobenes, sondern ein Leben in Achtsamkeit und im Hier und Jetzt, durchleuchtet von der Freude und der Intelligenz des BEWUSST-SEINS und der Freude an der Handlung zum Wohle der Evolution. *Vorrangig im Leben ist dieser Schritt zurück zu uns selbst,* denn die Erfahrung des SELBST ist zugleich eine Standort-Neubestimmung und eine Korrektur des Verhaltens.

Will man auf einen Erwachten, einen Verwirklichten hören, wie beispielsweise Shri Aurobindo, so geht alle Bemühung um Erleuchtung ab einer gewissen Stufe ganz natürlich über in Öffnung, Öffnung

für DAS, was einem entgegenkommen will. Er ist der Auffassung, dass das „alte" Bewusstsein nicht das „neue" hervorbringen kann: Es bedarf der „Herabkunft", es bedarf jener kreativen Intelligenz, die schon immer da ist.[78] Jede Emergenz ist zugleich eine „Immergenz", so vermuteten wir bereits bei der Emergenz des Lebens aus der Materie s. S. 79/80. Und vielleicht gilt das für die gesamte Evolution: Da ist etwas, was drängt, und da ist etwas, was zieht.

„Lass dich von einer Kraft ziehen,
die nicht von dieser Welt ist,
damit du die Welt veränderst."

JÖRG ZINK

Menschen im integralen Bewusstsein erleben sich als ganz „normale" Menschen. Nach Ken Wilber sind es bereits 5 Prozent der Weltbevölkerung. Sie haben das freigelegt, was naturgegeben ist: den in jedem Menschen anwesenden Seinsgrund des reinen Bewusstseins. Der Alltag vollzieht sich auf dieser Grundlage – eine sanfte Präsenz, die auch im Schlaf erhalten bleibt. Zwar ruht der Körper tief im Schlaf, doch das Bewusstsein registriert alle Vorgänge der Innen- und Umwelt; es ist ein stiller Zeuge all dessen, was sich im Körper abspielt, und von allen Gedanken, Bildern und Träumen. Das SELBST erfreut sich seines Daseins im Schlaf genauso wie während des Tages. „Leider" ist dann der Schlaf etwas kürzer; denn er ist erholsamer und regenerierender, und des Morgens ist man voll präsent. In der Yoga-Tradition wird dieser Schlaf auch als „Yoga Nidra" bezeichnet,

Schlaf im Zustand des Yoga, im Zustand der Verbindung mit dem SELBST. In Japan bezeichnet man diesen „Wachschlaf" als Inemuri, i = anwesend sein, nemuri = schlafen. Und viele gestresste Zeitgenossen Nippons haben die Fähigkeit, sich kurzfristig in den Inemuri zu versetzen, etwa in der U-Bahn, um dann aufzutanken.

Power-Nickerchen

Hast du dich schon einmal während des Tages erschöpft hingelegt, durftest aber nicht einschlafen, weil du nur wenig Zeit hattest oder auf etwas achten musstest? Vielleicht bist du da in einen Zustand des „Wachschlafes" gekommen: ruhiges rhythmisches Atmen wie im tiefen Schlaf, doch bei wachem Bewusstsein, eine angenehme und erholsame Befindlichkeit. Dein Geist wusste, du darfst nicht einschlafen, und da bist du halbwach geblieben. Doch dein Körper hat geschlafen. Und danach? Wie hast du dich gefühlt? Vielleicht bei weitem erfrischter und klarer, als wenn Körper und Geist tief geschlafen hätten, auch wenn es nur 20 Minuten waren. – Dieses „Power-Nickerchen", diesen Wachschlaf, kann man auch gezielt herbeiführen. Im Kapitel III, 3 wollen wir das ausprobieren.

Allgemein verschlafen wir fast ein Drittel unseres Lebens, liegen da wie ein Kohlkopf oder schnarchen wie ein Wildschwein, bis wir wieder aufwachen, und finden das auch noch gut, weil wir all den Alltagsstress für ein paar Stunden vergessen haben. Jemand auf dem Wege zum integralen Bewusstsein ist da besser dran. Hören wir eine Beschreibung:

„Während des Träumens bin ich innerlich häufig wach, in einem ruhigen, glückserfüllten Zustand. Die Träume kommen und gehen, Gedanken über die Träume tauchen auf und verschwinden, aber ich bleibe in dem ruhigen, friedvollen Zustand, völlig getrennt von den Träumen und Gedanken."[79]

Als wir über die Entstehung des Universums sprachen, zitierten wir große Naturwissenschaftler, die den Ursprung der Welt mit dem Phänomen des Bewusstseins in Zusammenhang brachten (vgl. S. 39). Für Erwin Schrödinger, sagten wir, ist Bewusstsein dasjenige, „wodurch diese Welt allererst manifest wird". Und für C. F. von Weizsäcker ist die Einheit der Natur eine Spiegelung der Einheit, „um die es in der Meditation geht". Einen ähnlichen Sachverhalt hatten schon die großen Philosophen aufgedeckt: Für Platon nimmt der „höchste Seelenteil des Menschen" – das transzendentale Selbst – teil an der „in ewiger Selbstschau verharrenden höchsten Idee" – dem VEREINHEITLICHTEN FELD in unserer Terminologie. Für Hegel ist die Substanz – das VEREINHEITLICHTE FELD – wesentlich Subjekt, also das transzendentale Selbst. Und für Kant ist das „Ding an sich" – das VEREINHEITLICHTE FELD – „eine andere Art, sich selbst zum Objekt zu machen" – das transzendentale Selbst. (Vgl. S. 39). Und genau dieser Sachverhalt erklärt das Erfahrungswissen der Pioniere der Evolution, von dem wir sprachen: *die Verbindung*

Die supramentale Evolution – das integrale Bewusstsein

des Menschen mit seinem Seinsgrund und damit die Verbindung der Menschen untereinander und des Menschen mit der Natur. Alle und alles sind eins in der Tiefe unseres Bewusstseins in einer differenzierten Identität.

Nach Teilhard de Chardin gelangen wir in die Tiefe unseres Bewusstseins, indem wir uns auf uns selbst zentrieren. Und eben dadurch, meint er, treten wir in Verbindung mit allen anderen Strukturen im Kosmos, ob belebt oder unbelebt, denn alle sind sie von Bewusstsein durchdrungen. In „Der Mensch im Kosmos" spricht Teilhard dem Bewusstsein drei Eigenschaften zu: „1. Alles nacheinander um sich selbst zu zentrieren." (Das entspricht dem Wesen des bis in die Gegenwart hinein dominierenden Ichbewusstseins.) „2. Sich *immer mehr* in sich selbst zu zentrieren." (Das geschieht beispielsweise durch Ausübung einer auf sich selbst zentrierenden Entspannungstechnik.) „Und 3. Eben durch diese Überzentrierung *in Verbindung mit allen Zentren* zu treten. ..." (Das erfolgt im Moment der Transzendenzerfahrung, wo wir uns mit unserem Ursprung und der gesamten Schöpfung verbinden.)

Ein Ursprung, eine Gattung, ein Planet: die Einheit in der Vielfalt.

(Wandgemälde: John Gurche[80], vgl. S. 88))

Die Abnabelung von der instinktgegebenen Einheit mit der Natur durch die Emergenz des reflexiven Bewusstseins, so sagten wir, ist ein notwendiger Schritt auf dem Wege der Rückkehr zur Einheit auf bewusster Stufe. Die Reflexion ist die beginnende Zentrierung. Sie setzt sich fort mit der Selbstreflexion und wird vollendet in der reinen Reflexion, der Transzendenzerfahrung. Leider schöpfen wir unsere Fähigkeit zur Selbstreflexion nicht voll aus. Unsere Gesellschaft ist überwiegend nach außen hin orientiert: Leistungsdruck, Informationsflut, Medien, Konsum und Vergnügen lassen uns nicht zur Besinnung kommen. Wir verharren in unserem hautverkapselten Ich und müssen uns gegenüber dem durchsetzen, was wir als getrennt von uns empfinden: unseren Mitmenschen und unserer Umwelt – das Leben ist anstrengend!

„Die industrielle Zivilisation ist in ihrer gegenwärtigen Form nicht mehr haltbar." Ihre Fortsetzung würde dazu führen, „dass mehr Menschen nach mehr Ressourcen verlangen, als der Planet hergeben kann", so der Zukunftsforscher Ervin Laszlo, gebürtiger Ungar. 1993 gründete er den „Club of Budapest", eine Vereinigung von Menschen mit der Überzeugung, dass die eskalierende globale Krise nur durch Entwicklung eines weltbürgerlichen Bewusstseins gemeistert werden kann. Am Schluss des „Manifest on the Spirit of Planetary Consciousness" heißt es:

„Wenn sich der Geist und das Bewusstsein der Menschen nicht in die planetarische Dimension weiterentwickeln, werden sich die Prozesse, die das globalisierte Gesellschafts- und Natursystem belasten, zuspitzen und eine Schockwelle verursachen, die den gesamten Übergang in eine friedliche und kooperative globale Gesellschaft gefährden könnte. Das wäre ein Rückschlag für die Menschheit und eine Gefahr für jeden Einzelnen. Den Geist und das Bewusstsein des Menschen weiterzuentwickeln, ist das erste wichtige Anliegen, das die gesamte Menschheit gemeinsam hat. "

Im Manifest des Club of Budapest kommt das Anliegen unseres Buches zum Ausdruck: einen Beitrag zu leisten, um „den Geist und das Bewusstsein des Menschen weiterzuentwickeln". *Allein, das geschriebene Wort kann bestenfalls nur Einsicht vermitteln. Die Umsetzung, die Weiterentwicklung ist ein anderer Schritt. Er führt mich, egal, für welchen Weg ich mich entscheide, über den Ausbruch aus meinem Ich-Kokon zum integralen Bewusstsein, welches das planetarische Bewusstsein mit einschließt. Es wäre mühselig, wenn nicht unmöglich, planetarisches Bewusstsein der Menschheit allein durch Aufklärung zu vermitteln. Hinzutreten muss die Bereitschaft, aus meinem Kokon auszubrechen durch Arbeit an mir selbst. Die Hinführung zum rekursiven Denken gehört in unsere Gesellschaft von Kindesbeinen an, genauso wie die zum diskursiven Denken. Intuitive Intelligenz ist der Wegweiser für rationale Intelligenz.*

John Steward, Mitglied der Forschungsgruppe „Evolution, Komplexität und Erkenntnis" an der Freien Universität Brüssel, hat ein „Evolutionary Manifesto" (2008) verfasst. Da heißt es einleitend zum Teil I:

Die supramentale Evolution – das integrale Bewusstsein

„Eine gänzlich neue Phase in der Evolution des Lebens auf der Erde hat begonnen. Sie wird alles ändern.

In dieser neuen Phase wird die Evolution intentional von der Menschheit vorangebracht. Das evolutionäre Weltbild, das sich aus dem Verständnis unserer Rolle in der neuen Phase ergibt, hat das Potenzial, die Natur der menschlichen Existenz zu transformieren…"

Und wenn das nicht geschieht, „wird die Menschheit ein gescheitertes evolutionäres Experiment sein", meint Steward. So weit wird es aber nicht kommen. Wir haben die befreiende Erkenntnis. Sie muss nur in unserer Gesellschaft ankommen und umgesetzt werden.

Nach all den Indizien, die wir in diesem Kapitel im Besonderen und im zweiten Teil des Buches im Allgemeinen angeführt haben, ist das integrale Bewusstsein eine logische Konsequenz der bisherigen Evolution, die zur Verwirklichung ansteht. Zwingend war unsere Argumentation und zwingend ist der Forschungs- und Handlungsbedarf. Die Missstände und das Leiden auf unserem Planeten drängen nach einer Lösung von ihrer tieferen Ursache her. Wir befinden uns in einer Evolutionskrise. Symptombehandlung als erste Hilfe ist wichtig, aber gleichzeitig sollte die Ursache klar erkannt und angegangen werden.

Nachfolgendes Diagramm will noch einmal die Stufen der bisherigen Evolution veranschaulichen mit ihrer konsequenten Weiterführung:

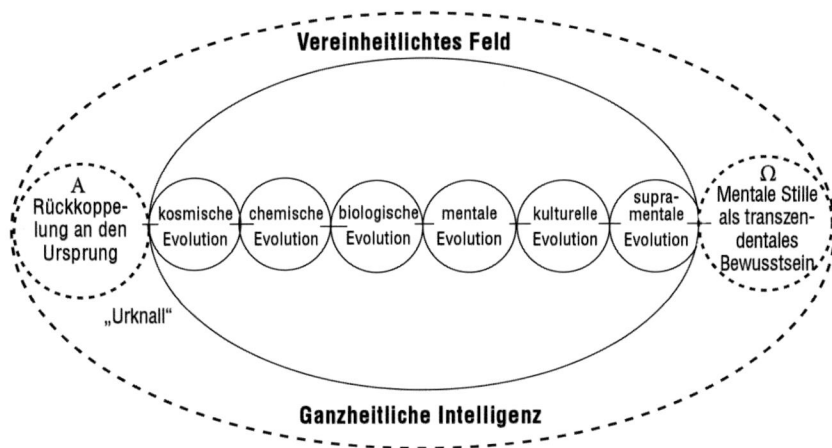

Aus dem allumfassenden VEREINHEITLICHTEN FELD ist mit dem Urknall (links) das Universum hervorgegangen. Die Materie wird zum Träger individuellen Bewusstseins, das in einem mit Phasenübergängen durchsetzten Prozess der Evolution im Menschen sich selbst zu erfassen vermag. In der mentalen Stille als transzendentales Bewusstsein rückkoppelt das individuelle Bewusstsein mit der ganzheitlichen Intelligenz des VEREINHEITLICHTEN FELDES. Integrales Bewusstsein wird von der ständigen Rückkopplung getragen – es bewirkt ein Leben aus der Einheit.[81]

In den asiatischen Kulturen besteht eine lange Tradition der Bewusstseinsforschung. Zur Veranschaulichung des integralen Bewusstseins erzählt man gern folgende Geschichte:

Im alten Indien kam auf einer Durchreise ein Gelehrter, der als erleuchtet galt, an einem Dorf vorbei. Es war bereits Abend, und er bereitete sein Lager am Ufer des kleinen Flusses, unweit der Häuser. Schnell verbreitete sich die Kunde des hohen Besuchs unter den Dorfbewohnern.

Am frühen Morgen, bereits zur Dämmerung, kamen einige Neugierige und hofften auf einen Anblick des Durchreisenden. Sie wollten schauen, wie ein Erleuchteter sich verhält. Und siehe da, zum Sonnenaufgang stand er auf, ging in ein Gebüsch und verrichtete seine Notdurft. Dann wusch er sich im kühlen Wasser des Flusses, trocknete sich ab, setzte sich zur Meditation und sprach anschließend ein kurzes Gebet. Bald darauf setzte er sich in die Morgensonne und arbeitete an einem Manuskript. Da war nichts Auffälliges an seinem Verhalten. Ganz gewöhnlich ging es auch zu, als er sein Frühstück zubereitete, es geruhsam zu sich nahm und danach den Teller im Fluss reinigte.

Als er dann Anstalten machte aufzubrechen, trat ein beherzter Mann zu ihm, grüßte und fragte höflich: „Meister, man sagt, du wärst ein Erleuchteter. Nun haben wir dich aber den ganzen Morgen über beobachtet, und wir konnten wirklich nichts Un-

gewöhnliches an deinem Verhalten feststellen." Der Gelehrte schaute ihn an und sprach: „Was erwartet ihr von mir? Mein Leben ist genauso wie das eurige. Nur, wenn ich mich wasche, dann wasche ich mich; wenn ich mich abtrockne, dann trockne ich mich ab; wenn ich bete, dann bete ich; und wenn ich schreibe, dann schreibe ich."

„Ja, das tun wir doch auch", erwiderte der Mann. Darauf der Gelehrte: „Nur da ist ein kleiner, aber entscheidender Unterschied: Wenn ihr euch wascht, dann seid ihr mit euren Gedanken woanders; wenn ihr euch abtrocknet, dann sind eure Gedanken wieder woanders, und desgleichen mischen sich Gedanken ein, wenn ihr betet, schreibt oder arbeitet." Alle vernahmen sie seine Worte, und sie dachten darüber nach.

FREIE NACHERZÄHLUNG

Ein integral bewusster Mensch, ein Erleuchteter, wird auch als ein „Befreiter" bezeichnet. Und genau das will die Geschichte verdeutlichen. Er ist von den ständig sich aufdrängenden Gedanken und Vorstellungen befreit. Und der Frust des Alltags wird von einer stillen „Meta – Okaynes" überlagert.

Führen wir nicht am Tag überwiegend unfreiwillig einen inneren Monolog? Bis auf die Ausnahmen, wo wir gänzlich von Ereignissen überschattet sind oder wir uns willentlich konzentrieren? Diese permanenten „Nebengeräusche" beeinträchtigen unsere Lebensqualität, unsere Kreativität und die Wirksamkeit unserer Handlungen. Wir leben nicht im Hier und

Die supramentale Evolution – das integrale Bewusstsein

Leonardo da Vinci: Porträt zweier Frauen. Eine von ihnen wirkt freier.[82]

Jetzt, sondern beschäftigen uns gedanklich fortwährend mit der Vergangenheit oder der Zukunft. Und wir empfinden dieses assoziative Dauergeplätscher der Gedankenmühle mit ihrer mahlenden Naivität als ganz normal. Gewiss, weil es die Norm ist für Menschen auf der gegenwärtigen Stufe der Evolution. Aus der Sichtweise des Befreiten ist es jedoch *unter* der jetzt evolutionär angesagten Norm, ist es ein von Nebengeräuschen beeinträchtigtes Bewusstsein. Diese Nebengeräusche verzerren unsere Wahrnehmung und Erkenntnis. Wir erschaffen unsere eigene Realität und verwechseln sie mit der Realität an sich. Und wenn dann solche subjektiven Realitäten miteinander kommunizieren und interagieren, sind Missverständnisse vorprogrammiert.

Gravierender wird es, wenn ganze Interessengruppen, Nationen oder Religionen in ihrer „Realität" befangen sind. Dann sprechen wir von Paradigmen, von Weltbildern, die kollektives Verhalten prägen. Gegenwärtig (2016) ist es beispielsweise der „Islamische Staat", der einem gemeingefährlichen, überkommenen Weltbild aufsitzt. In einem hartnäckigen Paradigma ist auch unsere Naturwissenschaft (genauer gesagt, Materiewissenschaft) befangen. Peter Russell nennt es das *materielle Metaparadigma* – die Grundannahme, dass die materielle Welt die reale Welt ist, und das, obwohl uns Quanten- und Chaostheorie längst vor Augen geführt haben, dass wir nichts dingfest machen können. Die Atome, die unsere Materie aufbauen, bestehen zu 99,9 Prozent aus leerem Raum. Und wie steht es mit denjenigen, welche die Materie erforschen? „Das Hirn produziert Geist, und zwar auf rein physikalische Weise; das müssen wir Hirnforscher feststellen – auch wenn das ernüchternd klingt", so der Neurologe Gerhard Roth. (Obwohl wir da anderer Ansicht sind.) Und dieser produzierte Geist produziert dann sein Weltbild. Das klingt nochmals ernüchternd. „Das Weltbild eines jeden bleibt ein Gebilde seines Geistes.", so Erwin Schrödinger. Und gemäß diesem Weltbild wird fleißig geforscht.

Das materielle Metaparadigma lässt sich aber nicht durch derlei erkenntniskritische Befunde verunsichern. Es wird weitergeforscht und durchaus mit Erfolg innerhalb der Welt der objektiven Phänomene. Die Welt der subjektiven Phänomene, die Welt des Bewusstseins, wird ignoriert, denn da gilt es, mit anderen Methoden zu arbeiten. So wird eine Hälfte der Wirklichkeit ausgeklammert und mit ihr die Möglichkeit, sich von allen Paradigmen zu lösen und sich der Ganzheit, der Wirklichkeit zu nähern. Aber es ist nur eine Frage der Zeit. Die Evolution, die Entelechie, trägt das Ziel in sich. Und das Ziel ist Ganzheit, ist integrales Bewusstsein, ist Wahrheit und die Fülle des Lebens.

Damit schließen wir das letzte Kapitel von Teil II „Der Verlauf der Evolution des Bewusstseins" ab. Es ging um unsere Zukunft: die supramentale Evolution – das integrale Bewusstsein. Es ging um den Ausweg aus unserer Misere, individuell und kollektiv. Die gleiche Intensivierung des Bewusstseins, die bisher gelaufen ist, setzt sich fort; ein neuer Phasenübergang steht an. Auf der Suche nach Indizien knüpfen wir an unsere eigene Erfahrung an: den Rückstieg in die Selbstreflexion und die Möglichkeit der reinen Selbstreflexion, das transzendentale Bewusstsein. Damit koppeln wir an unseren Ursprung an, das VEREINHEITLICHTE FELD, dessen Präsenz uns im integralen Bewusstsein nicht mehr verloren geht. Aus der Einheit heraus finden wir die Lösung unserer Probleme. Und es gibt Menschen, Erleuchtete, die bereits in der Einheit leben. Ein Leben so, wie es gemeint ist, frei und natürlich. Das motiviert.

Unsere Herkunft, unsere Zukunft: Staunen – Ehrfurcht – Dankbarkeit – und Freude.

(Zeichnung: Frank Mühlhäuser)

III. Der Weg, der vor uns liegt

1. Das transzendentale Bewusstsein – der bevorstehende Phasenübergang

Ein neuer Denktypus ist unentbehrlich, wenn die Menschheit fortleben und sich höher entwickeln soll.

A. EINSTEIN

Im hinter uns liegenden Teil des Buches haben wir uns mit dem Gang der Evolution des Bewusstseins auseinandergesetzt. Eine ergreifende Geschichte: vom Urknall zur Erleuchtung. Die kommende Etappe, das integrale Bewusstsein, können wir zwar noch nicht nachvollziehen – wie könnten wir auch! Aber wir haben Kriterien aus der Vergangenheit, an denen wir uns orientieren können. Wir wissen, es geht weiter, und wir kennen die Richtung. Über Jahrmilliarden hat sich das Bewusstsein mit der ständig wachsenden Komplexität der Organismen entfaltet. Und dieser Drang nach Entfaltung und Verwirklichung ist auch dem jüngsten Spross der Evolution, dem Menschen, eingeschrieben. Er ist manchmal stiller, manchmal stürmischer Hintergrund unseres Lebens. Der bisherige Prozess hat sich in Etappen abgespielt mit Phasenübergängen, das haben wir deutlich herausgearbeitet. Jetzt erwartet uns ein erneuter Phasenübergang.

Dafür gibt es klare Indizien. Zum Beispiel Erfahrungen aus dem eigenen Leben: Meine Partnerin kauft sich einen neuen „Fummel", ein schickes Kleid. Herabgesetzt, versteht sich, aber immerhin 68.- Euro. Dabei ist der Kleiderschrank – aus meiner Sicht – voller Klamotten. „Für das Geld hätte sich eine hungernde Familie im Südsudan eine ganze Woche ernähren können!" Ich ereifere mich, genauso wie meine Partnerin, der ich ein schlechtes Gewissen vermittelt und die Freude am neuen Outfit vermiest habe. Dann, nachdem sich das Gewitter gelegt hat und ich mich beruhigt habe in der Entspannung, macht es unerwartet „Klick" bei mir; ich trete ein wenig zurück, und für einen Moment rastet eine andere Ebene des Bewusstseins ein, eine Ebene des Abstandes. Ein Phasensprung gewissermaßen, der mir die Einsicht vermittelt: Frauen legen nun mal großen Wert auf ihre äußere Erscheinung, und ich bin nicht das Maß aller Dinge.

Also muss da eine Ebene des Abstands und der erkennenden Vernunft tief in mir anwesend sein. Eine Ebene, die gewöhnlich überlagert ist von all den Aktivitäten und den Einflüssen von außen. Aber auch durch Aktivitäten von innen: der Film, der sich ständig bei mir abspult, und der inneren Monolog, den ich dauernd führe, die vielen Gedanken. *Manchmal kommt es zu einem kurzen Shift, ganz spontan oder von außen provoziert, und ich werde transparent für das Licht der Vernunft.* Für einen Moment habe ich alle äußeren und inneren Aktivitäten „transzendiert", überschritten. Von daher der Begriff des transzendentalen Bewusstseins. Diesen Lichtblick kann ich auch willentlich herbeiführen, ihn vertiefen und erweitern. So kann ich mir angewöhnen, im Alltag mich ab und an zurückzunehmen, um für einen Moment innezuhalten. Oder ich kann mir Zeiten herausschneiden, um das Bewusstwerden einzuüben durch Meditation. Das ist es, worum es geht: transzendentales Bewusstsein. Eine Befreiung zur inneren, zur vernehmenden Vernunft, der Zugang zu einem höheren Bewusstseinsmodus, zum Genius in mir.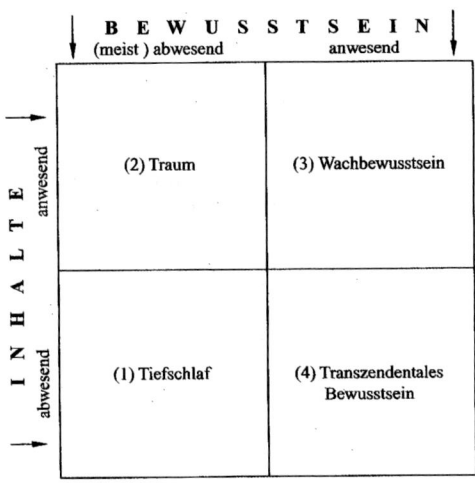

Es gibt Menschen, die haben von Natur aus einen ungehinderten Zugang zu dieser Dimension, oder sie ist bei ihnen generell schon durchlässig. Einige können sich nach einer Auseinandersetzung wieder schnell besinnen, andere sind von Natur aus besonnen. Meist sind es Menschen in führenden Positionen oder von ungewöhnlicher Kreativität. Denn das transzendentale Bewusstsein ist nicht nur ein Feld reiner Vernunft, sondern auch ein Feld reiner Kreativität. Für uns „Durchschnittsmenschen" wird die ganze Sache spannend, wenn wir entdecken, dass wir uns diese Dimension durch eine uns gemäße Bewusstseinserweiterungs-Technik systematisch erschließen können. Jeder ist nicht nur seines Glückes Schmied, sondern auch seiner Persönlichkeit. In uns allen schlummert ein ungeahntes Potenzial an Kreativität, an Kraft und Daseinsfreude.

In der vedischen Psychologie, die sich auf die Erkenntnisse der Erleuchteten des alten Indiens beruft und die in ihren wesentlichen Aussagen durch moderne wissenschaftliche Forschung bestätigt wird, unterscheidet man *vier Hauptbewusstseinszustände: Tiefschlaf, Traum, Wachbewusstsein und transzendentales Bewusstsein. Dabei kommt dem transzendentalen Bewusstsein auch der Status eines Grundzustandes des Bewusstseins zu, insofern es den periodisch wechselnden Bewusstseinszuständen Tiefschlaf, Traum und Wachbewusstsein zugrunde liegt.* Es ist also ständig anwesend, nur gewöhnlich von den Vorgängen der drei sich abwechselnden Bewusstseinszustände überlagert. Manchmal, kurz vor dem Einschlafen, also beim Übergang vom Wachbewusstsein in den Tiefschlaf, schimmert das transzendentale Bewusstsein als Verbindungsebene durch. Eine kurze, angenehme Übergangsphase.

Das Diagramm ordnet die vier Hauptbewusstseinszustände entlang des Bewusstseins und seiner Inhalte ein. Im Tiefschlaf (1) ist das Bewusstsein abwesend, Inhalte werden nicht erfahren. Im Traum (2) ist das Bewusstsein ebenfalls meist abwesend, obwohl Inhalte vorhanden sind. Im Wachbewusstsein (3) wechseln Phasen bewusster und unbewusster Inhalte miteinander ab. Im transzendentalen Bewusstsein (4) wird „nur" reines Bewusstsein erfahren.[83]

Alle vier Hauptbewusstseinszustände werden von spezifischen physiologischen, neurologischen und biochemischen Vorgängen begleitet, so dass man sie nicht nur vom subjektiven Erleben her, sondern auch klar durch objektive Messungen unterscheiden kann. So hat man zum Beispiel festgestellt, dass der Schlaf alles andere als ein durchgehend gleichbleibender Vorgang ist. Das wissen wir nur zu gut aus eigener Erfahrung: Kurz nach dem Einschlafen versinken wir in einen Tiefschlaf, der besonders wichtig ist für unsere Regeneration. Dann kommt eine Phase des Träumens, mitunter mit skurrilen Episoden. Anschließend wieder Tiefschlaf, dann Traum, mehrmals abwechselnd.

Während der Traumphasen machen die Augen schnelle Bewegungen, weshalb man sie auch als REM-Phasen bezeichnet, abgekürzt vom Englischen „Rapid Eye Movements", als ob wir unseren eigenen Träumen zuschauten. Die Hirnströme weisen jetzt ein Muster auf, das dem Wachzustand sehr ähnlich ist, obwohl wir schwerer aufzuwecken sind als in anderen Stadien des Schlafes. Von unseren

Träumen merken wir oft nichts, sie sind weitgehend unbewusst. Aber paradoxerweise geht damit eine gewisse körperliche Unruhe einher und oft eine gestörte Atmung. Aus diesem Grunde hat man auch die REM-Phasen als einen paradoxalen Schlafzustand bezeichnet, denn das Bewusstsein ruht, während der Körper aktiv ist. Gegen Morgen allmählich wird unser Bewusstsein registrierfähiger, und häufig wachen wir mit unserem letzten Traum auf, an den wir uns dann auch erinnern können.

Im Traum werden viele Dinge verarbeitet; er ist wichtig für unsere geistig-seelische Gesundheit. Möglicherweise spielt auch der REM-Schlaf eine entscheidende Rolle für unsere Gedächtnisleistung und für das Lernen. *Schlaf macht schlau,* chronische Schlafschuld macht dumm. Während der Tiefschlafphasen werden Wachstumshormone ausgeschüttet, die wichtig sind für Reparaturarbeiten und zum Aufbau von neuem Gewebe. Auch das Nickerchen am frühen Nachmittag zur Aufladung der Batterie ist längst wieder salonfähig geworden. Im Kapitel 3 dieses Teiles werden wir auch auf das Power-Nickerchen eingehen, das den Stress-Abbau während einer kurzen Auszeit optimiert.

Wir sagten, dass man die Traumphase, den 2. Hauptbewusstseinszustand, auch als einen paradoxalen Schlafzustand bezeichnen kann, denn das Bewusstsein ruht, der Körper ist aber aktiv. Umgekehrt kann man das transzendentale Bewusstsein, den 4. Hauptbewusstseinszustand, als einen *paradoxalen Wachzustand* bezeichnen, denn jetzt ruht der Körper, und

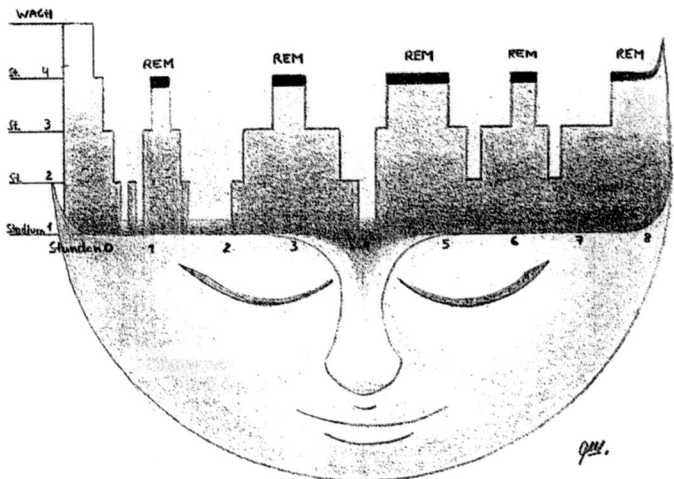

Die Schlaftiefe, gemessen an der durchschnittlichen Weckschwelle, wurde in vier Stadien unterteilt. Während des Schlafes erfährt man gewöhnlich 3 bis 5 Perioden des Tiefschlafes von etwa 90 Minuten Dauer, die mit einer REM-Phase abschließen.[84]

(Zeichnung: Frank Mühlhäuser)

das Bewusstsein ist wach und frei von Inhalten. Die körperliche Ruhe ist dabei tiefer als im Tiefschlaf, und der Geist ist hellwach; von daher der hohe regenerative Wert der Transzendenzerfahrung. *Jetzt sind der Wissende als Subjekt, der Gegenstand des Wissens, das reine Wissen als Objekt und der vermittelnde Vorgang der Wissensgewinnung in einem Zustand der Einheit. Bewusstsein hat nur noch sich selbst zum Inhalt.*

Jeder der vier Hauptbewusstseinszustände hat seine eigene Realität. Mit der Pizza, die ich im Wachbewusstsein esse, kann ich meinen Hunger stillen. Mit der Pizza, die ich im Traum verzehre, gelingt mir das vielleicht im Schlaf. Doch wenn ich tagsüber von einer Pizza träume, bringt mir das wenig, und mein Magen fängt erst recht an zu knurren. Die Be-

wusstlosigkeit des Tiefschlafes schließlich entzieht sich völlig meiner Erfahrung. Und im 4. Hauptbewusstseinszustand bin ich reines Bewusstsein und wunschlos glücklich.

Wo bleibt da die „wirkliche Wirklichkeit"?

Auch die scheinbar handfesten Erfahrungen des Wachbewusstseins sind oft verzerrt von unbewussten Konditionierungen, von Blockaden und Zwängen. Nichts ist von Bestand, alles ist dem Wandel unterworfen: meine Innenwelt mit all den Stimmungen, meine Umwelt mit all den Veränderungen. Unveränderlich ist allein das Feld reinen Bewusstseins. Deswegen sagen die Pioniere der Evolution, die Erleuchteten: Befreie dich von deinen Fesseln der Unwissenheit, und erwache zur unveränderlichen letzten Wirklichkeit. Denn erst auf dieser Basis sind Wahrnehmungen und Verstandestätigkeit verlässlich. Das erinnert uns an Platons Höhlengleichnis.

Jede spirituelle Tradition formuliert die gleichen metastuflichen Erkenntnisse in unterschiedlichen Worten. In unserer Argumentation beziehen wir uns auf den Veda (= Wissen), die altindischen Weisheitslehren, wie sie in den Upanischaden zusammengefasst sind. Eigentlich handelt es sich um eine Wissenschaft vom Bewusstsein, denn die Erkenntnisse wurden von den Rishis, den Sehern, metastuflich empirisch gewonnen. Transzendentales Bewusstsein wird in den Upanischaden als Turiya = der Vierte bezeichnet, ein absoluter Bewusstseinszustand, losgelöst von den relativen Zuständen des Wachens, Träumens und Schlafens. Seine Erfahrungsqualitäten sind Sat = Sein, Chit = Bewusstheit und Ananda = innere Freude. Atman, das SELBST, und Brahman, das SEIN, befinden sich dann in einer „differenzierten Identität", zwei Seiten der gleichen Münze. Das hört sich alles sehr philosophisch an, wird aber im Nachvollzug plausibel. Man muss einfach nachhaltig nach innen gehen und sich von allem lösen. Auf Entdeckungsreise!

Der Veda beschreibt drei höhere Bewusstseinszustände: Turiyatita ist das integrale Bewusstsein, der fünfte Hauptbewusstseinszustand, Leben auf der Grundlage der letzten Wirklichkeit. Bhagavad-Chetena = Bewusstsein von GOTT, ist der sechste Hauptbewusstseinszustand. Er entwickelt sich durch die Verfeinerung der Wahrnehmung, denn mit der Bewusstseinserweiterung normalisiert und optimiert sich das Nervensystem. So wird beispielsweise die Farbenpracht feinstofflicher Umfelder von Pflanzen, Tieren und Menschen, die sogenannte Aura, wahrgenommen und mit ihr die entsprechende Information. Durch die Kirlian-Hochfrequenz-Fotographie lassen sich Teilbereiche der Aura auch jetzt schon sichtbar machen. Brahmi-Chetena = All-Eins-Bewusstsein ist schließlich der siebente Hauptbewusstseinszustand, die Entfaltung des vollen menschlichen Potenzials. Das SELBST erkennt sich in allem Wahrgenommenen wieder, es durchdringt die gesamte Schöpfung mit allumfassender Liebe; Handlung vollzieht sich in völliger Übereinstimmung mit den Naturgesetzen. Dabei geht die Identität des Individuums keineswegs verloren; im Gegenteil, sie wird im All-Eins-Bewusstsein vollendet: „Ich bin DAS (VEREINHEITLICHTE FELD), und du bist DAS, und all dies ist DAS. Und DAS allein ist, und da ist nichts außer DEM", verkündet der Veda. Hier wird das vollendet, was sich mit der Transzendenzerfahrung anbahnt: die vollendete Erleuchtung, der „normale" Mensch.

In der Yoga-Tradition wird transzendentales Bewusstsein als Samadhi = Sammlung oder Vereinigung bezeichnet. Der Meditierende, der zur Sammlung seines Geistes ein Objekt seiner Wahl herangezogen hat, sei es einen Gegenstand, einen Klang oder ein Bild, wird eins mit dem Objekt, indem er wachbewusst darin aufgeht. Man unterscheidet verschiedene Stufen von Samadhi: Im Savikalpa-Samadhi bleibt noch ein Anteil der

Subjekt-Objekt-Beziehung erhalten; im Nirvikalpa-Samadhi gibt es keine Dualität mehr, nur reines Bewusstsein; im Sahaj-Samadhi koexistiert das transzendentale Bewusstsein ganz natürlich mit den Aktivitäten des Alltags: integrales Bewusstsein. *Darum geht es, um die im Alltag gelebte Transzendenz, um Erleuchtung. Und die Schriften betonen immer wieder, dass integrales Bewusstsein das Geburtsrecht eines jeden Menschen ist und dass dieser Zustand von jedem verwirklicht werden kann, der sich ernsthaft darum bemüht.*

Integrales Bewusstsein: das unbegrenzte Meer des transzendentalen Bewusstseins und der begrenzte Raum des Studios in der Einheit des Erlebens. Selbstporträt auf Keramikteller von M. C. Escher.

(M. C. Escher´s „View from Study", © 2006[85])

Es gibt Menschen, die auch manchmal im Alltag transzendieren, oft etwas verschwommen, und ohne dem große Bedeutung beizumessen. Mitunter, wenn sie erschöpft sind, schalten sie spontan ab; sie starren einen Moment in die Leere, ein entspannter, abwesender Gesichtsausdruck. Kurz darauf kommen sie wieder zurück, fühlen sich etwas erfrischter und können sich wieder besser konzentrieren.

„Sie glauben gar nicht, wie gesund Vor-sich-hin-Starren ist", heißt es im Titelthema des „Focus" 49/2016. Traditionelle Psychologen bezeichnen das als eine Alltagstrance; von einem Hinweis auf einen höheren Bewusstseinszustand wollen sie nichts wissen. Hier fehlen klare Konzepte, Forschung im Subjektiven und eine Auseinandersetzung mit der Humanistischen und der Transpersonalen Psychologie.

Transzendenzerfahrungen können auch länger anhalten. Auf einer unterschwelligen Präsenz spielen sich dann Gedankenvorgänge und Handlungen ab: ein Vorgeschmack auf das integrale Bewusstsein. Wir erinnern uns an den Begriff der „Plateau-Erfahrung" von Maslow. – Der Autor selbst entsinnt sich solch einer Erfahrung als Kind: Ich war etwa elf oder zwölf Jahre alt, als ich mit meinen Eltern und meinem Bruder im Wald Blaubeeren sammelte. Wir lebten damals im Harz und der Wald lag direkt vor unserer Tür. Nach Stunden des Sammelns, des Trödelns und des Träumens geschah etwas Seltsames. Es war, als ob ich unversehens aus mir selbst herausgetreten war. Ich fühlte mich als Zuschauer meiner selbst und des langweiligen Abstreifens der kleinen Blaulinge. Meine Hände waren bereits blau. (Natürlich hatte ich auch blaue Lippen und einen blauen Mund, aber davon wusste ich nichts.) Ich kam mir in meiner Zuschauerrolle recht komisch vor und dachte: „Was ist denn nun los?" Es war angenehm und befremdend zugleich. Ich wollte nicht zu meinen Eltern deswegen; die würden mich ja doch nicht verstehen. Und mein älterer Bruder hätte bestimmt gesagt: „Reif für die Klapsmühle." So pflückte ich denn weiter, und bald darauf war die Welt wieder die alte.

Heute kann ich das einordnen, würde es weniger komisch empfinden und mich eher daran erfreuen. Es war eine länger anhaltende Transzendenzerfah-

rung, ganz unvertraut, aber an und für sich etwas ganz Natürliches. Die meisten „Seelenärzte", die Psychiater und Psychologen, sowie die „Seelsorger", die Priester und Pastoren, können solche und ähnliche Erfahrungen, die jetzt immer häufiger eintreten, meist nicht einordnen. Die Seelenärzte würden dann von einer „neurologischen Dysfunktion" mit einem „schizoiden" Erscheinungsbild sprechen, vielleicht ein Medikament verschreiben oder eine Therapie erwägen. Die Seelsorger würden darüber hinaus ein Gebet sprechen. Sie meinen es alle gut, haben aber diesbezüglich keinen Durchblick und nur in seltenen Fällen Selbsterfahrung. Dadurch wird vieles erschwert, was zum Durchbruch kommen will. Vieles wird auch, genauso wie bei meiner Kindheitserfahrung, verschwiegen aus Angst, missverstanden zu werden oder mit einem „Virus in der Birne" abgestempelt zu werden. Kompetente spirituelle Begleiter sind noch selten. Mitunter ist ein klärendes Gespräch mit einem Ansprechpartner des Spiritual Emergence Network (SEN) angesagt.

Bald nach meiner Erfahrung „war die Welt wieder die alte". Aber für 15 oder 20 Minuten schimmerte das durch, was immer vorhanden ist: der Grundzustand des Bewusstseins. Von daher sind wir schon, genau genommen, erleuchtet. Wir müssen nur werden, was wir sind. Somit ist die Suche nach Erleuchtung eigentlich eine Unmöglichkeit, denn die Erleuchtung ist schon immer da, sie ist lediglich überlagert und muss freigelegt werden. Egal, wo und womit wir uns freischaufeln, überall stoßen wir letztlich auf Grundwasser und sehen in unser eigenes Spiegelbild. Allerdings müssen wir schaufeln, um unser SELBST freizulegen, und insofern ist es Arbeit am Ich. Und da gibt es viele passende Schaufeln und Spaten, eine davon ist die Meditation.

Der Grundzustand des Bewusstseins, das reine Bewusstsein, ist reine Gegenwart. Im unerleuchteten Zustand, und das ist nun mal unsere Befindlichkeit, leben wir oft in der Vergangenheit oder in der Zukunft. Ich handle, um ein Ziel zu erreichen, und denke dabei an das Ziel. Nicht immer bin ich voll auf die Handlung konzentriert, und wenn, dann identifiziere ich mich ganz mit dem Vorgang der Handlung, und mein Gegenwartsbewusstsein ist überschattet. Gewöhnlich mischen sich aber irgendwelche Gedankenvorgänge ein, oder ich denke an den Zustand der Erfüllung, der sein wird, wenn ich einmal mein Ziel erreicht habe. Und wenn das endlich der Fall ist, hält das Glücksgefühl nur für kurze Zeit an. Gleich darauf denke ich an das, was ansteht, also wieder an die Zukunft. Oder vielleicht hänge ich gedanklich während der nächsten Handlung dem vergangenen Glücksgefühl – oder dem Frust – nach, befinde mich also in der Vergangenheit. Sowohl die Vergangenheit als auch die Zukunft entbehren aber jeglicher Realität, sie sind lediglich Gedankenformen. Denn die Vergangenheit ist passé, und die Zukunft, wenn sie einmal da sein wird, kann nur als Gegenwart erlebt werden. Und mit der, das haben wir gesehen, ist es schlecht bestellt. So betrügen wir uns um das Leben, denn Leben ist Bewusstsein, ist *erlebte* Gegenwart. Wir beneiden

Kinder um den Charme der unschuldigen Gegenwart. Ihn gilt es auf bewusster Stufe wiederzufinden.

GANZ ENTSPANNT
IM HIER UND JETZT
Einmal hatte der Mulla sein Haus ausgebessert, und es blieb ihm vor dem Haus ein Haufen Erde liegen. Als er nun von den Nachbarn gefragt wurde, wohin er diese Erde schaffen werde, antwortete er: „Nichts ist leichter als das; ich werde eine Grube machen und sie hineinwerfen." „Und was wirst du dann mit der Erde aus dieser Grube tun?" „Oh, ihr unspirituellen Narren!", entgegnete der Mulla entrüstet. „An eine so ferne Zukunft denke ich überhaupt nicht. Ich lebe ganz entspannt im Hier und Jetzt!" [86]

Die Sehnsucht nach reiner Gegenwart ist groß. Wir lieben die „Zerstreuungen", eben weil sie unsere vielen Gedanken und Probleme zerstreuen. Oft ist die Ablenkung nicht stark genug, um die Altlasten der Vergangenheit und die Sorgen um die Zukunft zu vertreiben. Deswegen brauchen wir ein „Adrenalin-Kick", um uns in die Gegenwart zu katapultieren. Extremabenteuer à la Reinhold Messner üben eine Faszination auf uns aus, oder Kicks wie das Bungee-Jumping.

Manchmal zwingt uns ein extremer Schmerz in die Gegenwart. Das kann ein körperliches Leiden sein, wie eine quälende Migräne oder ein seelisches Leid wie eine tiefe Depression oder der Verlust eines Partners. Dem wollen wir am liebsten entfliehen, ist ja verständlich,

Sehnsucht nach Transzendenz – die Angst des Sichfallenlassens überwinden, dann ein Moment der reinen Gegenwart.[87]

entfliehen mit einer Droge, dem Alkohol oder durch Ablenkung. Und doch bietet uns hier das Leben möglicherweise ein Tor zur Transzendenz, wenn wir ganz in den Schmerz hinein- und durch ihn hindurchgehen. „Schmerz bis zur Weißglut gebracht wird zur Sonne" (Amédée Besset). Eckhart Tolle, über den wir im letzten Kapitel sprachen, ging eines Morgens durch solch ein Tor, kurz nach seinem 29. Geburtstag. Er wurde in ein Gefühl des absoluten Grauens hineingerissen und dachte: „Ich kann mit mir selbst nicht weiterleben." Doch dann ging ihm auf, dass in diesem Gedanken zwei Instanzen enthalten waren, eine Instanz, die konstatiert, und eine Instanz, die leidet. Die konstatierende Instanz ist unabhängig. Und diese Erkenntnis war der Schlüssel zum Durch-

bruch in die Gegenwart. Denn die reine Gegenwart leidet nicht und ist frei.

Wir meinen immer, irgendwann komme das große Glück: Wenn ich erst einmal meine Berufsausbildung abgeschlossen habe, ja dann … Wenn ich erst mal meine/n Traumpartner/in gefunden habe, ja dann … Wenn ich erst mal meine eigenen vier Wände habe, ja dann … Mit dem Blick auf das Ziel fixiert, entgeht uns die Schönheit des Weges, denn Schönheit liegt im Auge des Betrachters. Ist das Auge geöffnet, wird der Weg bereits zum Ziel. Und das Auge wird in dem Maße geöffnet, in dem wir uns der gegenwärtigen Situation bewusst sind und sie akzeptieren, auch wenn sie unseren Erwartungen nicht entspricht. *Ich halte kurz inne, nehme mich zurück, erfahre Gegenwart.* Und in dieser Gegenwart liegt Akzeptanz, liegt Schönheit und schwingt Liebe.

Tritt einen Schritt zurück
aus dem Getriebe,
und ein jedes Ding,
und sei es auch gering,
erschließt sich dann dem Blick
der Liebe.

Abraham Maslow unterscheidet zwischen defizit- und wachstumsmotivierten Menschen auf dem Wege zu sich selbst. Dem Defizitmotivierten fehlt etwas Konkretes: Gesundheit, ein Partner, Geld, Anerkennung und, und, und. Er setzt sich selbst oder die Umwelt setzt ihn unter Entwicklungsdruck. Dem Wachstumsmotivierten hingegen fehlt etwas Geistig-Spirituelles. Seine konkreten Bedürfnisse sind weitgehend erfüllt oder in den Hintergrund

Shri Aurobindo, Visionär des Zukunftsmenschen (Shri Aurobindo Society, 1950)

die Menschen immer wieder in das alte
Bewusstsein zurück und dann wechseln
sie wieder in das neue Bewusstsein. Aber
wenn das neue Bewusstsein einmal auf-
getaucht ist, gibt es kein Zurück mehr. Es
kann zwar zeitweilig verschwinden, aber
es kommt immer wieder zurück. Der ganze evolutionäre, unpersönliche Impuls des
Universums bewegt sich in diese Richtung, dahin, wo ein größeres Bewusstsein
herrscht und sich durch den Menschen
äußert. Es ist der Sinn des menschlichen
Lebens, dorthin zu gelangen."[88]

An anderer Stelle sagt Tolle:

„Unser vorrangiges Ziel besteht darin, dafür zu sorgen, dass Bewusstsein in alles
einfließen kann, was wir tun. Dabei ist
das, was wir durch unser Tun erreichen,
zweitrangig."

*Wo immer wir auch stehen, entscheidend
ist, dass wir uns selbst bewusst sind und
hinschauen, was in uns abläuft, wenn
wir denken und handeln.* Wir machen
uns die Selbstreflexion zur Gewohnheit.
So befreien wir uns aus den unbewussten Maschen unseres Egos, der Sinne,
der Emotionen und des Verstandes. Eckhart Tolle empfiehlt, so oft wie möglich
aus der Zeitdimension herauszutreten:
„Mache es dir zur Gewohnheit, deine
Aufmerksamkeit von Vergangenheit und
Zukunft abzukoppeln, wann immer diese
nicht benötigt werden. Wenn es schwie-
rig für dich ist, direkt in die Gegenwart
zu gehen, dann beobachte zu Anfang die
Gewohnheit deines Verstandes, vor dem
JETZT zu entfliehen."[89] Für die Einübung

getreten, und die Sehnsucht nach innerer Erfüllung, nach Selbstverwirklichung
oder Dienst am Mitmenschen dominiert.
Er ist von innen heraus motiviert: Menschen wie Henri Dunant, Bertha von Sutt-
ner, Mahatma Gandhi, Albert Schweitzer,
Mutter Theresa, Martin Luther King, Nelson Mandela, Ernesto Cardenal, um nur
wenige zu nennen. Und da ist das Heer
der Unbekannten und Ungenannten, die
still an sich selbst arbeiten und unauffällig
ihrer Umwelt dienen. Ihre Anzahl wächst
ständig; aus Defizitmotivierten werden irgendwann Wachstumsmotivierte.

Eckhart Tolle:

„JETZT entsteht offensichtlich ein globales, neues Bewusstsein. Noch fallen

dieser Entkopplung ist die regelmäßige Praxis von Yoga, Tai Chi, Zazen oder dergleichen hilfreich. Der Quantensprung in die Gegenwart, in die Freiheit und Orientierung von innen wird dann allmählich zur Gewohnheit: der Grundzustand des Bewusstseins, unsere Heimat, nach der wir uns immer mehr sehnen.

Anderenfalls sind wir ohne festen Wohnsitz, Marionetten unserer Sinne, unserer Emotionen und des Verstandes, dieses Sammelsuriums, für das die englische Sprache das Wort „mind" hat. Mangels einer Entsprechung im Deutschen sagen wir einfach Verstand. Und der hat uns voll im Griff. Er hypnotisiert uns den ganzen Tag über. Da wir und unsere Mitmenschen nichts anderes kennen, halten wir das für normal. Wir identifizieren uns mit den Vorgängen des Verstandes, und unser Ich baut seine Identität darauf. „Ich denke, also bin ich", erklärte Descartes, der Mitbegründer des Rationalismus, und er sah im Vorgang des Denkens die Grundlage des Seins menschlicher Existenz und damit das Fundament von Philosophie und Wissenschaft. Das trug zwar zur Aufklärung bei, ist aber an sich ein kardinaler Irrtum. Nicht das Denken begründet unser Sein, sondern das SEIN, das Ich-bin, begründet unser Denken. Freilich schimmert mit dem Denken auch immer etwas SEIN hindurch und verleiht dem Denken Bewusstsein und damit ein wenig Vernunft. Aber das reicht nicht, um sich dem Sammelsurium des Verstandes gegenüber durchzusetzen. *Unserem eigenen Leben und unserer Umwelt mangelt es an vernünftiger Orientierung. Und die kann nur vom SEIN kommen, von der reinen Vernunft.* „Auf diesem Schiff des Wahnsinns sehn' ich mich nach einer Stimme der Vernunft", sagte Shakespeare.

Nach Kant enthält die reine Vernunft „die Prinzipien, etwas schlechthin a priori zu erkennen". „A priori" will heißen: vor aller Erfahrung, also naturgegeben. Wir haben also eine Instanz, uns von innen her zu orientieren. Nur ist diese Instanz überlagert von dem besagten Sammelsurium. Kein Wunder, dass es in unserer Gesellschaft so viel Wirbel gibt. Die Massenmedien tragen das Ihrige dazu bei. Am stärksten leiden die Kinder darunter, die dem nur wenig entgegenzusetzen haben. Sie reagieren mit Überaktivität, Aufmerksamkeitsstörungen und Aggressionen. Was fehlt, ist eine Erziehung zur vernehmenden Vernunft durch Hinführung zum rekursiven Denken. (Wir wiederholen diesen befreienden Vorgang immer wieder in neuen Zusammenhängen!). Von hier aus erhalten Verstand und Sinne ihre Zügel. Und wenn das versäumt wird, werden die Menschen häufig am Ende ihres Lebens von ihren mentalen Vorgängen überflutet. So etwas nennt man Demenz. „Aufklärung", so Kant, „ist der Ausgang des Menschen aus seiner selbst verschuldeten Unmündigkeit. Unmündigkeit ist das Unvermögen, sich seines Verstandes ohne Leitung eines anderen zu bedienen." Die authentische Leitung des Verstandes aber, ohne Einmischung von außen, kann einzig und allein die Vernunft übernehmen. Sie gilt es zu stärken. *Eine Aufklärung der Aufklärung steht an.*

In der griechischen Antike wurde die reine Vernunft als LOGOS bezeichnet. Wir erinnern uns an diesen Begriff im

Zusammenhang mit Sokrates, der Philosophie nicht nur gelehrt, sondern auch gelebt hat. Der im Menschen anwesende LOGOS, die reine Vernunft, befähigt den Menschen, alles Seiende auf das SEIN hin zu ordnen. Zugänglich als transzendentales Bewusstsein begründet das SEIN Denken und Handeln, begründet es Philosophie und Wissenschaft. Die Logik war ursprünglich nicht nur die Lehre vom richtigen Denken, sondern auch die Ortung des Denkgegenstandes im SEIN. Wird diese Ortung vernachlässigt, sind Irrtum und Leiden vorprogrammiert. In der Namensgebung einiger Wissenschaften klingt die Logik in ihrer Doppelfunktion noch an: Geo*logie*, Bio*logie*, Anthropo*logie* u.a. m. Doch wer weiß das schon?

Im hinter uns liegenden Kapitel ging es um den bevorstehenden Phasenübergang in der Evolution des Bewusstseins. Es ging um die Erschließung einer neuen Dimension des Lebens: das transzendentale Bewusstsein, die Rückkopplung an unseren Ursprung. Jenseits des Tiefschlafs, des Traum- und des Wachbewusstseins handelt es sich um einen vierten Hauptbewusstseinszustand, den immer vorhandenen Grundzustand des Bewusstseins. Er wird uns zugänglich, indem das freigelegt wird, was schon immer da ist, was nur überlagert ist von dem Sammelsurium des Verstandes und der Gefühle. Letztere rotieren ständig in der Vergangenheit oder in der Zukunft. Transzendentales Bewusstsein bringt uns in die Gegenwart. Wir halten inne und lösen uns von den Vorgängen des Verstandes und der Gefühle. Und indem das Innehalten in der Meditation eingeübt und dann im Alltag zur Gewohnheit wird, machen wir uns das transzendentale Bewusstsein mehr und mehr als Quelle der reinen Vernunft zugänglich.

---

2. Auf sicheren Füßen: Wissenschaftliche Untersuchungen, Aussagen großer Menschen und Bewährung im Alltag

Wir beschäftigen uns hier mit dem Sinn unseres Lebens, mit dem Weg in unserer Zukunft. Unser Leben hat schon von sich aus eine evolutionäre Ausrichtung, denn alles Leben ist auch immer zugleich Evolution; aber wir wollen ja bewusst mit diesem Trend kooperieren, um Leid zu vermeiden und um glücklich zu werden. Denn all unsere Blockaden und Probleme, individuell und kollektiv, sind ein Zeichen dafür, dass wir nicht im Fluss sind. Und wenn wir die bewusste Entscheidung treffen, uns der Strömung anzugleichen, und unser Boot immer wieder erneut auf Kurs bringen wollen, dann müssen wir uns auch vergewissern, dass der Kurs stimmt. Deshalb sind wir gut beraten, wenn wir die bisherigen Erkenntnisse durch wissenschaftliche Untersuchungen und andere Kriterien abgleichen und wachsam dafür bleiben, ob unser Boot auch wirklich in die vorgegebene Richtung steuert.

An ihren Früchten
sollt ihr sie erkennen.

MATTHÄUS 7, 6

Dass eine Evolution hinter uns liegt vom Urknall bis zur Gegenwart, daran können wir nicht zweifeln nach all dem, was wir im Teil II angeführt haben. Dass eine Evolution vor uns liegt, von da, wo wir jetzt stehen, bis zum integralen Bewusstsein – da könnten vielleicht noch Zweifel bestehen. Deshalb ziehen wir wissenschaftliche Untersuchungen heran, um sicherzugehen, dass sich positive Veränderungen abzeichnen. *Den Beweis allerdings muss jeder für sich selbst antreten.* Was integrales Bewusstsein ist, wissen wir erst, wenn wir es haben. Wir entsinnen uns der Analogie mit den chinesischen Schachteln. Eine mittelgroße kann die kleineren Schachteln umfassen, nicht aber die größeren. Das selbstreflexive Bewusstsein kann die kleineren Schachteln, die vorausgehenden Stufen, nachvollziehen, weil es darauf aufbaut; doch für die größeren Schachteln, für die zukünftigen Stufen, müssen wir uns Kriterien zur Orientierung erarbeiten. Wir haben zwar ein Gespür für das, was gut und richtig ist, aber wir wollen auch sichergehen. Auf einer Wanderung sind wir mit der Strecke, die hinter uns liegt, vertraut. Aber hinsichtlich des Weges, der vor uns liegt, verlassen wir uns auf unseren Orientierungssinn, auf die Wanderkarte und auf die Wegmarken, die Menschen hinterlassen haben, die den Weg bereits gegangen

sind. Manchmal begegnen wir auch jemandem, der sich gut auskennt, der uns zeigt, wo es langgeht, und da ersparen wir uns vielleicht manch einen Umweg.

Als Wanderkarte kann uns eine Fülle von populärwissenschaftlicher und *seriöser spiritueller Literatur* dienen. In jeder gut sortierten Buchhandlung oder Bücherei finden wir Werke von kompetenten Autoren. Nur müssen wir kritisch sein, was die Auswahl anbetrifft. Jeder wird sich an seinen gegenwärtigen Interessen und Bedürfnissen orientieren. Manchmal stößt man auch „zufällig" auf die richtige Lektüre, oder sie wird einem durch Freunde zugespielt. Als spirituelle Wegbegleiter sind beispielsweise Titel vom Dalai-Lama, von Eckhart Tolle, Willigis Jäger, Anselm Grün, Jon Kabat-Zinn oder Deepak Chopra zu empfehlen. Und wenn die Lektüre mit eigenen Erfahrungen in Verbindung gebracht wird, wird sie echt spannend und fruchtbar. Wer religiös orientiert ist, wird in den heiligen Schriften der Weltreligionen wertvolle Hinweise finden. Moderne Fassungen religiöser Literatur sind die „Gespräche mit Gott" (Neale Donald Walsch) oder „Ein Kurs in Wundern".

Die gleiche Wachheit und kritische Unterscheidungskraft hinsichtlich der Lektüre wird uns auch begleiten, wenn wir uns für den Besuch von Vorträgen, von Seminaren oder Workshops entscheiden. Wir wollen uns nicht in Esoterik verlieren. Die Begegnung mit Gleichgesinnten auf Kursen ist inspirierend, das lebendige Gespräch wirkt oft nachhaltiger als die Lektüre. Mitunter entsteht ein dynamisches Gruppenfeld, das uns trägt und anhebt, besonders wenn ein „Erwachter" die Zusammenkunft leitet. In solch einer „reinen" Atmosphäre können auch *Resonanz-Gesetzmäßigkeiten* unmittelbarer wirken. Es kommt zu spontanen Lernprozessen, wertvollen Einsichten oder schicksalhaften Begegnungen.

Solch eine schicksalhafte Begegnung erwartete den Autor auf einem Meditationsseminar: die Frau, mit der er auch jetzt noch so manche Nuss zu knacken hat. Es war – zumindest bei ihm – Resonanz auf den ersten Blick, Liebe, wie man das so nennt. Für sie war es Resonanz auf den zweiten Blick. Es war anfangs unheimlich schön. Was dann folgte, war allerdings weniger schön. Das ganze Umfeld meiner Freundin lehnte mich ab. Für ihren Vater, einen angesehenen Pastor, war ich Nicht-

mitglied der evangelischen Kirche und Mitglied einer Sekte; für ihren Exfreund, einen selbsternannten Inquisitor, wurde ich zum Gegenstand einer verbissenen Hexenjagd. Es kam zu Szenen von mittelalterlicher Dramatik, über die auf beiden Seiten heute geschmunzelt wird. Aber das scheint nun mal ein Trick der Evolution zu sein: Menschen zusammenzuführen, verborgene Strukturen zu offenbaren und Lernprozesse zu initiieren.

Bücher, Seminare, Begegnungen, Gespräche und Auseinandersetzungen dienen als Landkarten auf dem Wege. Und dann ist da noch das innere Gespür, von dem wir sprachen: „Ein guter Mensch in seinem dunklen Drange ist sich des rechten Weges wohl bewusst." Innerlich wissen wir, dass wir richtig liegen, wenn wir uns auf

Fortbildung für Halberleuchtete. (Karikatur: Gerhard Mester[90])

eine erdverbundene Spiritualität einlassen. Zwar kommt es mitunter zu heftigen Anpassungsvorgängen – es muss nicht immer so dramatisch sein, wie eben geschildert –, aber das Leben wird ungemein intensiver und farbenreicher. In dem Maße, wie wir unser Bewusstsein integrativ erweitern, wird unsere Wahrnehmung sensibler und unser Nervensystem stabiler. Wir sind einfühlsamer, weniger krank und leistungsfähiger. Und das bestätigt unser inneres Gefühl. Hinzu kommen möglicherweise die spirituellen Erfahrungen, von denen wir im Kapitel über das integrale Bewusstsein sprachen, die Blumen am Wegesrand, an denen wir uns erfreuen, bei denen wir uns aber nicht aufhalten. Auch sie bestätigen, dass die Richtung stimmt.

Lassen sich eigentlich die Erweiterung des Bewusstseins und das Wachstum an Spiritualität auch wissenschaftlich, sprich objektiv, bestätigen? Handelt es sich nicht um einen geistigen Prozess, der prinzipiell nicht objektivierbar ist? Lassen sich etwa dieses innere Gefühl oder die spirituellen Erfahrungen sichtbar machen oder messen? Kann man in das Herz und den Kopf hineingucken oder den Zollstock anlegen? Wohl schwerlich. Was sich messen lässt, sind zum Beispiel die körperlichen Entsprechungen und psychischen Veränderungen, die sogenannten Korrelate dieser Vorgänge, nicht das subjektive Erleben selbst. Denn der Mensch ist eine Ganzheit, und *geistig-seelisches Erleben hat auch immer eine körperliche Entsprechung* – dualistischer Interaktionismus, so nannten wir das.

Und natürlich umgekehrt, körperliches Erleben hat eine geistig-seelische Ent-

sprechung. Ein Saunabesuch beispielsweise ist immer auch zugleich ein Stimmungsaufheller. Und wer Yoga macht, weiß die ganzheitlichen Auswirkungen zu schätzen. Das wird durch eine Fülle von empirischen Untersuchungen belegt. In einer Metastudie an der Universität Witten/Herdeke (2012) wurden 25 systematische Übersichtsarbeiten zu therapeutischen Yogaprogrammen ausgewertet. Fazit: „Yoga ist eine komplexe und universell einsetzbare Gesundheitsmethode mit einem breiten Wirkungspotenzial."

Im letzten Kapitel sprachen wir über die vier Hauptbewusstseinszustände, die man eindeutig durch begleitende spezifische physiologische, neurologische und biochemische Vorgänge definieren kann. Wie sehen nun diese Vorgänge im Zustand des transzendentalen Bewusstseins aus? Auf der *physiologischen Ebene* untersuchte der Amerikaner R. Keith Wallace bereits 1970 im Rahmen seiner Doktorarbeit eine Gruppe Praktizierender der Transzendentalen Meditation. Die Veränderungen beim Sauerstoffverbrauch, beim Herz-Minuten-Volumen, beim arteriellen Blutdruck, dem Hautwiderstand und dem EEG während der Praxis ließen auf einen tiefen psychophysischen Ruhezustand bei gleichzeitiger mentaler Wachheit schließen. Und so fühlten sich auch die Versuchspersonen während der Entspannung. Somit wurden subjektive Erfahrungen auf der Ebene objektiver Korrelate bestätigt.

Wallace sieht in seinen Befunden einen wissenschaftlichen Beleg für das im Menschen angelegte Potenzial eines höheren Bewusstseinszustandes:

„Die immer umfangreicher werdende Erforschung der Realität der Erleuchtung ist sicherlich das bedeutendste Ereignis in der Geschichte der Physiologie, weil sie den bekannten Wissensschatz der Physiologie mit den höchsten Möglichkeiten menschlicher Entwicklung verbindet… Die neurophysiologische Forschung hat die Entwicklung zur Erleuchtung aus dem Gebiet abstruser, mystischer Phänomene herausgenommen und in modernen, wissenschaftlichen Begriffen verstehbar gemacht."[91]

Zur wissenschaftlichen Anerkennung der Meditation sagt Ken Wilber in seinem Buch „Naturwissenschaft und Religion – Die Versöhnung von Wissen und Weisheit":

„Auf der Grundlage dieser reproduzierbaren Daten kam Wallace zu dem Schluss, dass der meditative Zustand ein vierter Bewusstseinszustand ist und ebenso wirklich wie der Wach-, der Traum- und der Tiefschlafzustand.

Diese Forschungsarbeit bewirkte möglicherweise mehr für die Legitimierung des meditativen Zustandes als alle Upanischaden zusammengenommen, denn sie zeigte klar, dass Meditation, was immer sie auch sonst sein mag, nicht bloß subjektive Phantasie, wirkungslose Tagträumerei oder lethargische Trance ist. Sie ruft dramatische und wiederholbare Veränderungen im ganzen Organismus hervor, vor allem in den elektrischen Potenzialen des Gehirns, das als der Sitz des Bewusstseins gilt.

Dies führt zu der Frage: ‚Was bedeutet nun dieser vierte Zustand? Was sagt er uns?' Die einzige mögliche Antwort hierauf lautet: ‚Wenn du es herausfinden willst, tritt selbst in diesen Zustand ein'. Die es getan haben, sagen mehr oder weniger einhellig, dass sich in diesem Zustand das Göttliche zu enthüllen beginnt.

Es herrscht sehr weitgehende Übereinstimmung darüber, dass sich in diesem vierten Bewusstseinszustand immer mehr Eigenschaften, Einsichten und Freiheiten zeigen, die meist als ‚spirituell' bezeichnet werden. Eine erweiterte Wahrnehmung des Ich, des Bewusstseins, von Mitgefühl, Liebe, Zuwendung, Verantwortung und Fürsorge treten allmählich, aber immer deutlicher ins Bewusstsein."[92]

Der vierte Hauptbewusstseinszustand wurde in zahlreichen Untersuchungen unter die Lupe genommen. So registrierten die Meditationsforscher beispielsweise bei EEG-Aufzeichnungen hochfrequente Gamma- und phasengleiche Oszillationen. Und so fühlt es sich auch oft bei einer Transzendenzerfahrung an: sanfte, angenehme Vibrationen im Hinterkopf und eine klare und „phasengleiche", d. h. „geordnete" Befindlichkeit. Die Amerikaner J.T. Farrow und L.R. Hebert[93] gingen noch einen Schritt weiter. Sie untersuchten nicht nur generelle physiologische Begleiterscheinungen während der Meditation, sondern auch Perioden des *Atemstillstandes* – genauer gesagt, Perioden kaum wahrnehmbarer, äußerst flacher und hochfrequenter Atmung –, charakteristisch für die Transzendenzerfahrung. Sie konnten 11 Versuchspersonen dafür gewinnen, während der Ausübung der

Transzendentalen Meditation just zum Zeitpunkt der Transzendenzerfahrung einen Signalknopf zu drücken. Und die meisten taten das auch, obwohl es gerade dann sehr angenehm ist und man sich nur widerwillig ablenken lässt. Aber siehe da, bei insgesamt 84 registrierten Atemstillständen wurde dennoch 36-mal eine Erfahrung des reinen Bewusstseins signalisiert. Die Versuchskaninchen gaben an, dass die kleine Fingerbewegung den Versenkungsvorgang nicht weiter gestört habe. Interessant: Handlung aus der Stille heraus, ein Hinweis auf sich anbahnendes integrales Bewusstsein.

Ein solcher Hinweis kommt auch von einer Untersuchung aus Japan. Sie wurde mit „Zazen"-Praktizierenden durchgeführt. Zazen ist eine gegenstandsfreie Meditationstechnik, ein direkter Weg zum „Satori", zur Transzendenzerfahrung. Mit regelmäßiger Praxis stellt sich eine Erweiterung des Bewusstseins ein. Damit geht unter anderem die Fähigkeit einher, besser bei einer Sache bleiben zu können. Jeder hat schon einmal versucht, sich willentlich für eine längere Zeit auf etwas zu konzentrieren. Das geht nicht so einfach. Ohne dass man es will, ohne dass man es merkt, wandern die Gedanken ab. Das ändert sich mit einer regelmäßigen Praxis. Die Phasen müheloser Aufmerksamkeit verlängern sich ganz von allein, als Nebenerscheinung sozusagen. Und diese Nebenerscheinung machte der japanische Neurologe K. Shiomi zum Gegenstand seiner Untersuchung.[94]

Shiomi knüpfte dabei an die Unterscheidung von *zwei Arten der Aufmerksamkeit* (engl. „attention") an. Als „ditention" wird

die Art der Aufmerksamkeit bezeichnet, die als Mittel zum Zweck eingesetzt wird: „Ich will etwas erreichen und konzentriere mich." Doch kann die damit verbundene Anstrengung nur für kurze Zeit aufrechterhalten werden; Ablenkungen sind unvermeidlich. Als „cotention" hingegen wird eine *zweckfreie Aufmerksamkeit bezeichnet, die natürlich fließt aus Liebe zur Sache. Sie wird nicht von störenden Gedanken unterbrochen, ist mühelos und verbraucht wenig Energie.*

Shiomi verglich nun fortgeschrittene Zazen-Praktizierende mit einer Kontrollgruppe hinsichtlich ihrer Fähigkeit zur Ausübung von „cotention". Die Meditationsgruppe hatte erwartungsgemäß keine Schwierigkeiten, „cotention" auf Anweisung herbeizuführen, gemessen an den physiologischen Korrelaten verlangsamter und vertiefter Atmung und spezifischer EEG-Muster. Sie setzte sich deutlich von der Kontrollgruppe ab, die Schwierigkeiten hatte, „cotention" zu produzieren. Kein Wunder, so etwas will eingeübt werden, bis es zum normalen Wahrnehmungsmodus wird. Denn normal wäre es, bei einer Sache bleiben zu können, für die man sich einmal entschieden hat, und nicht ständig von streunenden Gedanken abgelenkt zu werden. Wie würden wir „cotention" übersetzen? Als „Mitmerksamkeit"? Eine natürlich fließende Aufmerksamkeit im Gegensatz zur willentlich beibehaltenen Aufmerksamkeit, die irgendwann einmal verlorengeht, weil die Anstrengung auf die Dauer nicht aufrechterhalten werden kann. Die meisten Autounfälle werden durch ein Abdriften der Aufmerksamkeit verursacht. Und jeder Lehrer würde sich über „mitmerksame" Schüler im Unterricht freuen, als eine natürliche Folge der Einübung rekursiven Denkens.

Während die ersten beiden angeführten Untersuchungen auf eine wissenschaftliche Bestätigung eines vierten Hauptbewusstseinszustandes hinauslaufen, weist die Studie von Shiomi bereits auf den lebenspraktischen Wert meditativer Bewusstseinserweiterung hin. Denn wer innerlich ungestört bei der Sache ist, der ist auch erfolgreich. So hatten wir auch den Ansatz von Jon Kabat-Zinn in seiner „Stressreduktionsklinik" in Boston als erfolgreich bezeichnet. Tausende von Patienten, denen die Schulmedizin nicht weiterhelfen konnte, fanden Erleichterung und Heilung in den von Kabat-Zinn entwickelten 8-wöchigen Kursen des Achtsamkeits-Trainings. Vor allem aber fühlten sie sich gestärkt in ihrer Persönlichkeit und kehrten heim mit einem Zuwachs an Selbstvertrauen, Optimismus und Durchsetzungsvermögen als psychischen Voraussetzungen für ein gestärktes Immunsystem. So kann Leiden zu Wachstum führen und zur Entdeckung einer neuen Dimension. Denn der wiederholte sanfte Rückstieg in die Achtsamkeit während des Alltages, unterstützt durch regelmäßige Meditationspraxis, baut eine Gewohnheit auf, die allmählich zum integralen Bewusstsein führt.

Der Leiter der psychosomatischen Fachklinik Heiligenfeld in Bad Kissingen, Joachim Galuska, ist der Überzeugung, dass diese neue Dimension die Sehnsucht des Menschen erfüllt, „unser Ichbewusstsein zugunsten eines höheren Zusammengehörigkeitsgefühls zu überwinden". Denn das Ichbewusstsein trennt zwischen Ich und Nicht-Ich, und der oder das andere kann potenziell bedrohlich sein. *Dualität ist die Bedingung der Möglichkeit von Angst*, so sagten wir schon im Zusammenhang mit der Emergenz des reflexiven Bewusstseins.

Es liegen mehrere hundert wissenschaftliche Untersuchungen vor über die Auswirkungen der Meditation (www.smmr.de oder www.PubMed.com, Stichwort Meditation). Im Rahmen seiner Doktorarbeit über die Evolution des Bewusstseins führte der Autor selbst eine solche Studie durch. Dabei ging es um die Erhärtung der These, die auch unserem Buch zugrunde liegt: Die Mensch-

Buddhistische Meditation auf dem Prüfstand
(Foto: K. Ehmer-Kraus[94a])

heit steht an der Schwelle des Übergangs zu einer neuen Bewusstseinsebene, dem integralen Bewusstsein. Eine provozierende These für das eher konservative wissenschaftliche Establishment. Hatte doch schon Hoimar von Ditfurth gewarnt: „Wer es unternimmt, Denkgewohnheiten gegen den Strich zu bürsten, ist gut beraten, wenn er von jedem Argument Gebrauch macht, das ihm zur Hand ist." Wissenschaftliche Untersuchungen sind dabei Argumente von besonders starker Bürstkraft.

Was habe ich gemacht in meiner Untersuchung? Mir ging es nicht um die physiologischen Begleiterscheinungen der Meditation – das lag nicht im Bereich meiner Kompetenz. Auch psychologische Tests schieden aus, obwohl ich hier genügend Vorwissen hatte. Es gab derlei Tests schon zur Genüge. So entschloss ich mich zu einer *Fragebogenaktion nach wissenschaftlichen Kriterien* und ihrer Auswertung. Die Befragten sollten angeben, ob sie und wie oft sie während ihrer Praxis auch wirklich abschalten, also gedankliche Stille erfahren oder transzendieren, wie man so schön sagt. Des Weiteren sollten sie ihre Erfahrungen qualitativ beschreiben und die Auswirkungen der Meditationspraxis auf den Alltag angeben.

Es gelang mir, eine Gruppe Praktizierender der Transzendentalen Meditation zu rekrutieren. Dabei zeigte sich, dass mit der Anzahl an Jahren der Praxis auch die Häufigkeit und Dauer der Transzendenzerfahrung zunahm. Sämtliche Merkmale hinsichtlich der Auswirkungen im Alltag, wie zum Beispiel klares Denken, innere Stabilität, spontaner Humor oder bessere

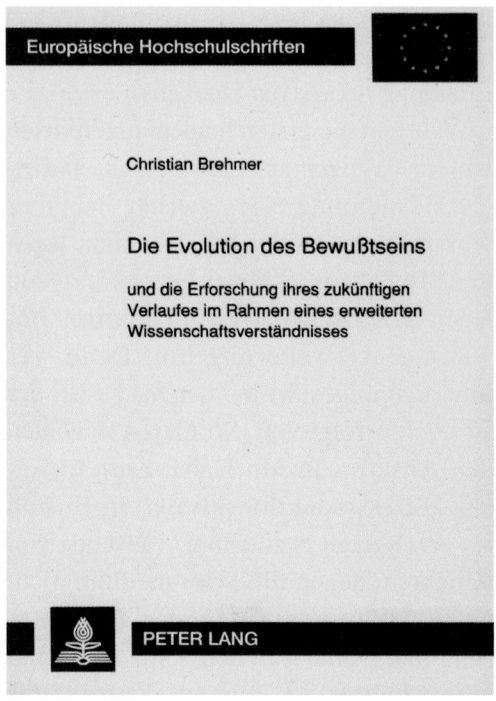

Gesundheit, lagen im positiven Bereich, wenn auch mit unterschiedlicher Stärke. Die Merkmale deckten die gesamte Persönlichkeit ab. Damit wurde der Nachweis bestätigt, dass eine regelmäße Praxis der bewussten Entspannung entscheidend zur Entfaltung der Persönlichkeit beiträgt. Das ist zunächst schwer nachvollziehbar für traditionelle Pädagogen. *Beweist es doch, dass das Gute im Menschen bereits vorhanden ist und dass es freigelegt, nicht nur anerzogen werden kann. In der Tiefe des Bewusstseins ist eine naturgegebene Ethik angelegt.* Denn Meditation ist kein Lern- oder Erziehungsprozess im herkömmlichen Sinn. Das ist eine fundamentale Erkenntnis, ungemein größer als die eines Pestalozzi, Schleiermacher oder Herbart – Pädagogen, auf die wir zu Recht stolz sind. *Auf der gegenwärtigen Stufe*

der Entwicklung der Menschheit ist es die größte und wichtigste Erkenntnis. Sie weist den Ausweg aus der Gegenwartskrise, die uns unsere nicht mehr zeitgemäße egozentrierte Bewusstseinsstruktur vor Augen führt. Alle Menschen haben Anteil an dieser naturgegebenen Ethik, an der Matrix menschlicher Werte.

Werden, der wir sind — darum geht es.

In der Tiefe des Bewusstseins ist also das „Gute" im Menschen angelegt. Wir haben überzeugende Hinweise dafür erbracht, dass es einen vierten Hauptbewusstseinszustand gibt und dass seine Erfahrung uns das „Gute" erschließt. Aber den Beweis dafür muss jeder für sich selbst antreten. (Wir wiederholen uns ständig!) So genügt es zum Beispiel nicht, über die Auswirkungen von Vollwertkost auf unsere Gesundheit zu reden. Wir müssen uns auch entsprechend ernähren, um zu spüren, wie gut sie uns tut. Doch bevor wir uns umstellen, machen wir uns schlau und hören uns an, was Fachleute empfehlen. Genauso wollen wir auch hören, was „Fachleute" zu diesem Schritt in eine neue Dimension gesagt haben, Persönlichkeiten aus der Vergangenheit und Gegenwart, deren Worte Gewicht haben.

Pythagoras: „Was wir, die wir zum Licht, zur Erleuchtung fanden, erreichten, das ist gleichermaßen in euch angelegt und eure Bestimmung. Wie Gott in uns ist, so ist er in euch. Und wie wir zur Vollendung gelangten, so sollt auch ihr vollkommen werden, wie Gott vollkommen ist. Darum

wendet euch schweigend nach innen, bis das göttliche Licht in euch aufflammt, das göttliche Wort in euch ertönt und der Wille Gottes in euch und durch euch will!"

Buddha: „Nach Vollendung des Sinnens und Gedenkens gewann ich die innere Meeresstille, die Einheit des Gemütes, die von innen, von Gedanken freie, in der Einigung geborene selige Heiterkeit."

Aristoteles: „Es gibt ein Leben, welches das Maß der Menschheit übersteigt. Die Menschen leben es kraft ihrer Humanität, sie leben es kraft eines göttlichen, in ihnen vorhandenen Faktors. Wir sollten nicht auf diejenigen hören, die den Menschen warnen, nicht über das menschlich Gedachte hinauszudenken. Vielmehr sollten wir gemäß der höchsten Sache im Menschen leben; es mag zwar klein sein; aber an Macht und Wert übersteigt es alles Übrige."

Jesus: „Das Reich Gottes kommt nicht mit äußerlichen Gebärden. Man wird auch nicht sagen, siehe, hier oder da ist es. Denn sehet, das Reich Gottes ist inwendig in euch."

Augustinus: „Suche nicht draußen! Kehre in dich selbst zurück. Im Innern des Menschen wohnt die Wahrheit."

Meister Eckhart: „Alle Vorstellungen kommen durch die Sinne. Innen aber ist die Seele frei und leer von allen Vermittlungen und Vorstellungen, und das ist auch die Ursache, weshalb Gott sich ganz frei, ohne Vorstellungen und Gleichnisse, mit ihr vereinigen kann.".

Shakespeare: „Wir wissen wohl, was wir sind, aber nicht, was wir werden können."

Goethe: „Ich glaube, dass wir einen Funken jenes ew'gen Lichts in uns tragen, das im Grunde des Seins leuchten muss und welches unsere schwachen Sinne nur von ferne ahnen können. Diesen Funken in uns zur Flamme werden zu lassen und das Göttliche in uns zu verwirklichen, ist unsere höchste Pflicht."

Schiller: „Das Schöne, das Wahre, das Gute – es ist nicht außen, da sucht es der Tor, es ist in dir, du bringst es ewig hervor."

Fichte: „Seligkeit ist … Ruhen und Beharren in dem Einen: Elend ist Zerstreutsein über dem Mannigfaltigen und Verschiedenen; sonach ist der Zustand des *Seligwerdens* die Zurückziehung unserer Liebe aus dem Mannigfaltigen auf das Eine …"

Heisenberg: „Natürlich wissen wir, dass die Wirklichkeit von der Struktur unseres Bewusstseins abhängt."

Einstein: „Die schönste Emotion, die wir erfahren können, ist die mystische. Sie ist die Säerin aller wahren Kunst und Wissenschaft. Wem diese Emotion fremd ist, der ist so gut wie tot."

C.G. Jung: „Wer nach außen schaut, der träumt, wer nach innen schaut, der wacht."

C.F. v. Weizsäcker: „Meditation ist ein Stillwerden des bewussten Getriebes, und es meldet sich, es zeigt sich etwas, was auch vorher immer da war. Überhaupt, man wird durch die Meditation kein anderer, sondern der, der man immer gewesen ist."

Dalai-Lama: „Solange wir unseren Geist nicht kontrollieren können, sind wir nicht fähig, die wahre Natur der Dinge zu erkennen."

So weit einige Zitate von Menschen, an deren Integrität wir nicht zweifeln können. Ihre Aussagen gehen alle in die gleiche Richtung: „Tief innen ist ein Schatz drinnen!" Vielleicht wollen wir auch noch mehr von ihnen hören. Wer naturwissenschaftlich interessiert ist, der wird einen Schatz in dem Buch finden, das Hans-Peter Dürr herausgegeben hat: „Physik und Transzendenz. Die großen Physiker unseres Jahrhunderts über ihre Begegnungen mit dem Wunderbaren" (Scherz Verlag). Wer eher an Kernaussagen bedeutender Persönlichkeiten zur Selbsthilfe interessiert ist, der ist mit der Sammlung „50 Lebenshilfe-Klassiker" (mvg-Verlag) von Tom Butler-Bowdon gut beraten. Da geht es um Inspirationen von Buddha und Laotse bis zu Bestsellerautoren wie Daniel Goleman und John Gray.

Bescheidener als der Aussagewert der großen Vorbilder, aber lebendiger und unmittelbarer sind *das Gespräch und der Austausch* mit anderen auf der Pilgerreise. Wir haben eine natürliche Affinität zu Menschen, die das gleiche Ziel anstreben, auch wenn sie vielleicht einen anderen Weg gehen. Die Tiefe vereint, nur an der Oberfläche kommt es zu Kontroversen und Lernprozessen. Der Austausch von Erfahrungen kann unseren „Fortschritt" bestätigen und uns vor Sackgassen bewahren. Jeder macht seine ganz individuellen Erfahrungen, doch allen liegt etwas Gemeinsames zugrunde: die wachsende Annäherung an das SEIN. Wir sprachen bereits von der Gruppendynamik auf spirituellen Seminaren und Workshops. Das Gleiche gilt für Gruppierungen, die eine gemeinsame Praxis oder spirituelle Ausrichtung zusammenführt. Die Mitglieder stellen sich einem natürlichen Korrektiv; Fehler in der Praxis werden aufgedeckt, Verhaltensauffälligkeiten bewusstgemacht, und die Ausrichtung auf die Transzendenz und den Dienst am Mitmenschen bewahrt vor Sektiererei. Die Präsenz eines authentischen Lehrers kann alles noch intensivieren.

Wir hatten uns vorgenommen, uns zu vergewissern, dass wir uns auf dem richtigen Weg befinden. Da ist einmal, so sagten wir, das subjektive Gespür für die Stimmigkeit unserer spirituellen Praxis, die innere Evidenz. Da sind zum anderen die zahlreichen wissenschaftlichen Untersuchungen, die objektiven Belege. Und da sind ferner die Aussagen von genialen Menschen, die alle das Gleiche oder Ähnliches sagen, nur in anderen Worten. Schließlich der Dialog und die Gemeinschaft mit anderen, die unterwegs sind. Gut und schön. Was aber letzten Endes zählt, sind die *Auswirkungen auf den Alltag*. Komme ich besser mit mir selbst und meiner Umwelt zurecht? Der Friede in der Versenkung, das innere Wissen, das mir zuteil wird, das Gefühl der Geborgenheit, das mich durchdringt, oder die

Die Präsenz eines authentischen Lehrers… (Karikatur: Gerhard Mester[95])

Wonne der spirituellen Erfahrung sind Nahrung auf dem Weg. Aber macht mich diese Nahrung auch stärker für die Auseinandersetzung im Alltag, widerstandsfähiger gegenüber dem Unverständnis der Umwelt, kraftvoller für die Hindernisse, die auf mich zukommen, zäher für die Durststrecken, die nicht ausbleiben, tapferer gegenüber meinen eigenen Schatten, die es aufzuarbeiten gilt, und macht sie mich fitter am Arbeitsplatz? „This is where the rubber meets the road", sagen die Amerikaner, „da treffen Gummi und Straße aufeinander."

Wachsende Achtsamkeit im Alltag ist ein sicheres Zeichen für spirituelles Wachstum, Achtsamkeit meinen eigenen

Bedürfnissen, Gefühlen und Gedanken gegenüber, Achtsamkeit für die Bedürfnisse meiner Mitmenschen und für die Belange der Umwelt. Achtsamkeit als gerichtetes Bewusstsein bewirkt Handlung spontan aus der Mitte heraus, sie ist ein Leben, spielerisch getragen von Vernunft. Achtsamkeit ist zart flimmernde Präsenz und lässt uns das Gegebene als solches akzeptieren. Achtsamkeit ist keine Konzentration, Achtsamkeit ist Achtsamkeit. Sie ist locker, sie heiligt das Profane, ein Leben im Hier und Jetzt.

Ein Beispiel aus dem Leben des Autors: Ich bin ein Mensch, der sehr auf seine Zeit achtet und der meint, jede Minute sinnvoll nutzen zu müssen. Seitdem ich in Rente bin und freiberuflich tätig bin als Hausmann, Yogalehrer und spiritueller Aktivist, ist mein Tag genau eingeteilt. Des Vormittags sitze ich am Laptop mit Mails und Manuskript. Des Nachmittags ist meine Frau, Lehrerin an einer integrierten Gesamtschule, zurück, und es gilt, ihr gerecht zu werden. Da muss ein Mittagessen auf dem Tisch stehen, und Probleme in der Schule wollen mitgeteilt werden. Hinzu kommen Einkäufe, kleine Renovierungen und Reparaturen im Hause und ab und an etwas Gartenarbeit, kleine Jobs, wie sie jeder kennt. Früher hatte ich das immer als lästig empfunden und etwas banal gegenüber meiner selbstinitiierten Berufung als „Weltverbesserer". Aber durch meine tägliche Meditationspraxis haben sich auch während der anstehenden Routinearbeiten mehr und mehr Bewusstheit und Freude eingestellt. Ich bin weniger vergesslich, es unterlaufen mir weniger Fehler, und ein inneres

Schmunzeln setzt sich durch, trotz manchen Frusts und Ärgers. Kurzum, ich bin achtsamer geworden.

Freilich bin ich eher ein unauffälliger Mensch geblieben, anders als Nico Rosberg, Formel-1-Weltmeister 2016, ein langjähriger Meditierer. Vor einem Rennen in Japan hat er einen Zenmeister aufgesucht; das Rennen danach hat er gewonnen. Auf die Frage „Was lernt man bei einem Zenmeister?", antwortete Rosberg:

„Vereinfacht gesagt geht es darum, die Achtsamkeit zu trainieren. Du nimmst dir Momente, in denen du dich entspannst und auf deine Gefühle konzentrierst. So lernst du, diese früh zu erkennen. Dadurch überraschen sie dich nicht so … Du kannst es jederzeit und überall machen, auch beim Gehen. Zack, Achtsamkeit, wie fühle ich mich gerade?"[96]

Achtsamkeit ist längst zu einem gesellschaftlichen Trend geworden. Für „Mindstyle-Magazine"- wie „Auszeit", „Herzstück", „Happinez", „emotion" oder „ma vie" ist Achtsamkeit – neudeutsch „Mindfulness" – ein Schlüsselbegriff. Das „Project Calm" bietet durch kreative Bastelprojekte eine unbekümmerte Gegenwelt zum hektischen Alltag, durchaus ein erfreulicher Trend, der dem Zeitgeist und dem Bedürfnis nach Entschleunigung entspricht. Allerdings birgt er auch die Gefahr der Verwässerung in sich.

In ihrem Buch „Die neue amerikanische Spiritualität" plädiert Elisabeth Lesser dafür, alle Bereiche des Alltags in die spirituelle Praxis mit einzubeziehen. Die Zeiten, wo Spiritualität allein in Klöstern, in der Waldeinsamkeit oder im stillen Kämmerlein beheimatet war, sind längst vorbei. Jack Kornfield, Bestsellerautor und buddhistischer Meditationslehrer, sagt: „Die Opfer, die innerhalb einer Familie gebracht werden, sind die gleichen wie die in jedem strengen Kloster; die Familie bietet genau dieselbe Übung in Verzicht, Geduld, Standhaftigkeit und Großzügigkeit." Doch hören wir Elisabeth Lesser selbst:

„Denn wenn wir von spirituellen Übungen, zum Beispiel Meditation, reden, benutzen wir das Wort „Übung", weil es eine Übung fürs Leben ist. Wir machen das nicht, weil wir große Meditierer werden wollen. Wir machen es als Übung, für den Augenblick, wenn wir mit unseren Kindern sind, während diese vor Wut toben und wir sie am liebsten ohrfeigen würden oder wegrennen möchten oder alles andere lieber täten, als beim Kind zu sein, das nur einfach unsere Gegenwart braucht...

Ich merke, dass das, was ich in meinem Training durch spirituelle Praxis – Meditation und Gebet – lerne, mir sehr hilft, in der Welt ein mitfühlender, wacher und intelligenter Mensch zu sein. Aber das Leben in der Welt macht auch meine Praxis sehr viel bedeutsamer, denn ich mache sie *für* etwas, sie ist *für* die Welt, sie ist *für* meine Kinder, sie ist *für* meine Partnerbeziehung."[97]

Die Praxis im Dienste der Umwelt – und die Umwelt zeigt uns, wo wir stehen, indem sie uns Feedback gibt. Sie ist unser

Lehrer, unser „Guru". Denn wir können uns ja leicht vormachen, wie herrlich weit wir es gebracht haben. Der Frieden in der Versenkung ist das eine, aber wo bleibt der Frieden, wenn die Kinder um uns herum Randale machen, der Partner ausrastet oder wir am Arbeitsplatz Mobbing ausgesetzt sind? Man möchte am liebsten davonlaufen! Aber vielleicht konfrontiert uns das Leben genau mit der Situation, an der wir wachsen und reifen sollen, maßgeschneidert. Ziehen wir etwa aufgrund innerer Defizite äußerlich genau die Menschen und Ereignisse an, die wir zur Aufarbeitung dieser Defizite brauchen? Wie innen, so außen, wie außen, so innen. Der Mensch und sein Schicksal sind eins. *Unser Schicksal hat seine Matrix in unserem Inneren.*

Derlei Erkenntnis lässt uns das Leben als sinnvoll bejahen. Sie setzt sich in dem Maße durch, in dem wir mit einem sanften Rückstieg immer wieder erneut zu uns selbst zurückkehren und uns der gegenwärtigen Situation bewusst werden. Und im Bewusstsein an sich sind alle guten Qualitäten enthalten, so wie im hellen Sonnenlicht alle Spektralfarben. So auch *Mitgefühl*. Wir könnten es auch Liebe nennen, überpersönliche Liebe. Denn über mein SELBST als Teil des VEREINHEITLICHTEN FELDES, dem Urgrund der Schöpfung, bin ich mit allen Mitmenschen, mit allen Tieren, Pflanzen und Dingen wesensmäßig verbunden.

Wachsendes Mitgefühl ist ein Indiz für spirituelles Wachstum. Wobei Mitgefühl von Mitleid zu unterscheiden ist. Denn ein Mit-Leiden macht mich selbst unglücklich, hilft keinem von beiden und schwächt meine Fähigkeit, dem Leidtragenden zu helfen. Dagegen ist Einfühlungsvermögen, ist Empathie immer zugleich auch Therapie.

In dem Maße, wie ich mich von meiner Ichhaftigkeit löse, entsteht Mitgefühl. Solange meine Gedanken nur um meinen eigenen Vorteil und um mein eigenes Glück kreisen, habe ich keine freien Kapazitäten, um mich aufrichtig meinen Mitmenschen zuzuwenden. Schon aus diesem Grunde ist eine spirituelle Praxis immer zugleich auch eine soziale Praxis. Sie bringt mich meinem SELBST näher. Und mein SELBST ist innere Erfüllung. Damit verliert sich alles ichhafte Mangelverhalten, so wie sich im Wohlstand der Mangel an Geld verliert. *Das SELBST ist immer da, der stille Hintergrund von allem; nichts, was je geschah oder was immer geschehen wird, kann es tangieren.*

In der Meditation wird das Loslassen der Gedanken und damit der Ichbezogenheit eingeübt. Dieses Loslassen wird auch im Alltag allmählich zur Gewohnheit. Oft geht damit ein spontanes Mitgefühl einher und ein intuitiv richtiges Handeln zur Linderung von Leiden. Roshi Bernie Glassman, Gründer des „Zen-Peace-keeper-Ordens", spricht in diesem Zusammenhang von „Zeugnis ablegen". In dem Maße, in dem ich mit dem SELBST verbunden bin, geschieht es einfach, dass Mitgefühl sich in uneigennützigem Dienen ausdrückt. *Das beginnt ganz klein:* Ich reinige das Waschbecken von langen Haaren, vor dem sich gerade meine Partnerin im Spiegel gekämmt hat, ohne zu motzen und ganz unbemerkt. Ich besuche

meine Nachbarin, die 86 ist und alleinstehend, einfach so, um uns beiden eine Freude zu machen. Ich erteile einen Dauerauftrag zugunsten einer Kinderhilfsorganisation, obwohl ich mit meinem Einkommen kaum über die Runden komme. Und all das aus Freude.

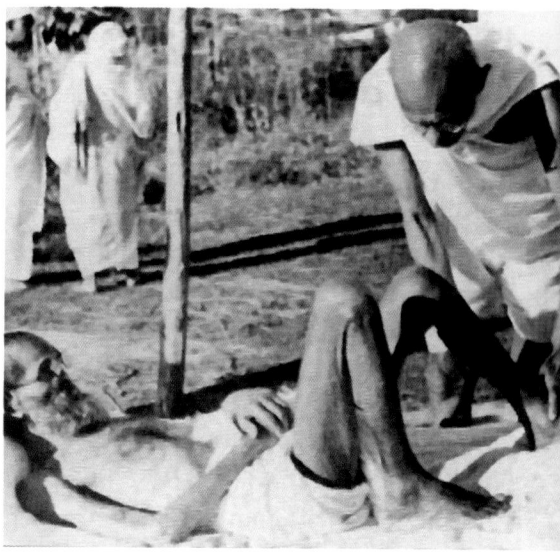

Mitgefühl: Pflege von Aussätzigen, ein Bruch mit dem traditionellen Kastenwesen. (Gandhi im Jahre 1939[98])

Im Bewusstsein, in der Achtsamkeit, schwingt aber nicht nur Mitgefühl mit, sondern auch Akzeptanz des Gegebenen und *Gelassenheit*. Da ist eine innere Melodie, die uns trägt, und immer, wenn sie verloren geht und sie von der uns umgebenden Hektik überlagert wird, sehnen wir uns nach ihr zurück. Wir lösen uns von der Hektik durch einen kurzen Rückstieg zu uns selbst, in der Situation – wenn möglich – oder danach. Wir drücken gewissermaßen den „Resetknopf"

Auf sicheren Füßen

und gewinnen Abstand zu den Dingen; die Sichtweise wird zurechtgerückt, es kommt zu einer Standortneubestimmung. Sonst besteht die Gefahr, dass die stressige Situation, längst nachdem sie vorüber ist, in uns weiterlebt, unsere Gedanken um sie kreisen und uns unglücklich machen. Sagt doch eine überlieferte chinesische Weisheit: „Du kannst nicht verhindern, dass die Raben der Besorgnis über deinen Kopf kreisen. Aber du kannst verhindern, dass sie sich in deinem Kopf ein Nest bauen."

Ein Beispiel: Ein Kollege hat mich kritisiert. Natürlich zu Unrecht aus meiner Sicht. Ich fühle mich verletzt. Aus der Verletzung heraus finde ich zunächst nicht die richtigen Worte, um mich zu rechtfertigen. Und da ich nicht der Typ bin, der jetzt ausflippt und aggressiv wird, sondern eher seine Stärke zeigen will und seine Erhabenheit über „unsachliche Äußerungen", lasse ich den Kritiker stehen und gehe meiner Arbeit nach. Aber in mir schwelt es. Und das wirkt sich natürlich auch körperlich aus durch anhaltende Ausschüttung von Adrenalin. Die wiederum erhöht meinen Blutdruck. Kommt das öfters vor, kann sich in den Gefäßen Plaque ablagern; sie verengen sich, es kommt zu Herzproblemen. Die wiederum führen mir vor Augen, dass ich mir die Dinge zu sehr zu Herzen nehme. Ich muss gelassener werden, Abstand nehmen, indem ich mich zurücknehme. Und aus der Gelassenheit heraus habe ich dann den Abstand und die Urteilskraft, um die Kritik zu überdenken und sachlich zu bewerten. Vielleicht war sie gerechtfertigt, und dann bietet mir das Leben eine Chance

zum Lernen und zum Wachsen. War sie aber nicht gerechtfertigt, dann werde ich aus der Gelassenheit heraus mit meinem Kollegen sprechen.

Natürlich empfiehlt es sich, neben der rekursiven Primärstrategie zur Stressbewältigung noch andere Maßnahmen zu ergreifen. So kann man belastende Faktoren minimieren, Arbeitsvorgänge geschickt organisieren, Beziehungsprobleme lösen, die Zeit intelligent einteilen, gesünder leben, Sport treiben, sich politisch oder ökologisch engagieren usw. *Aber wenn Stressmanagement zu Stressmastery werden soll, wenn wir elegant auf den Wellen der Anforderungen surfen wollen und wenn Disstress zum Eustress werden soll, dann muss uns eine bewusstseinserweiternde Praxis täglich begleiten.* Und siehe da, wir werden stärker, gelassener, behalten den Überblick, und wo sich sonst die Haare sträubten, schmiegt sich das Fell. Gleichzeitig wächst unsere „integrative Kompetenz", die Fähigkeit, die Dinge in der Matrix des Bewusstseins einzuordnen.

Bewusstsein befähigt uns zur Achtsamkeit, im Bewusstsein schwingen das Mitgefühl und die Gelassenheit, aber auch die *Unterscheidungskraft.* Unsere spirituelle Praxis lässt uns erkennen, worauf es im Leben ankommt, wir lernen das Wesentliche vom Unwesentlichen zu unterscheiden. Und in dem Maße, wie unsere Lebensführung sich am Wesentlichen orientiert, gewinnt unser Leben an Sinn, an innerer Freude und an Wirksamkeit. Wachsende Unterscheidungskraft und die damit verbundene verbesserte Lebensbewältigung gibt uns das sichere Gefühl, dass wir auf dem richtigen Weg sind, und die Stärke, ihn zu gehen trotz Widerständen und Unverständnis aus der Umwelt.

„Schwarze Schafe" haben es nicht leicht![99]

Mit der Fähigkeit, zu unterscheiden, zu bewerten und dementsprechend zu handeln, können wir einmal gesetzte Prioritäten besser im Auge behalten. Sie sind im Bewusstsein unterschwellig präsent, wir lassen uns nicht so schnell von unserem Vorsatz abbringen. Habe ich mir beispielsweis vorgenommen, meine Ana-

tomiekenntnisse für den Yogaunterricht aufzufrischen, schneide ich mir für einige Zeit jeden Tag eine halbe Stunde aus dem Tagesverlauf heraus, um mich mit Muskeln, Knochen und Gelenken zu amüsieren. Dabei bleibe ich meinem Vorsatz treu, bin aber nicht auf ihn fixiert. Denn es kann ja sein, dass unerwartet eine Priorität höheren Ranges auftaucht oder dass mir das Leben eine Gelegenheit zuspielt, die mir einen langgehegten Wunsch erfüllt. Dann gilt es, besonders wachsam zu sein. Was hat Vorrang? *Ich bleibe zielgerichtet, bin aber offen für das Unerwartete.*

Mit der Bewusstseinsentfaltung kommt es häufig zu einer Prioritätenverlagerung. Dinge, denen ich bislang einen hohen Stellenwert eingeräumt habe, können an Bedeutung verlieren. Sagen wir, mein Auto: Bisher hatte es neben der Mobilitätsfunktion auch einen Prestigewert für mich. Letzterer tritt nun mehr und mehr zurück, ökologische Überlegungen rücken in den Vordergrund. Oder war ich beispielsweise bislang ein Energiespar- und Recycling-Apostel, so engagiere ich mich jetzt darüber hinaus für eine Partei, die nicht nur Umweltschutz auf ihre Fahnen schreibt, sondern ihn auch konsequent umsetzt. Das Verantwortungsgefühl weitet sich, und die Unterscheidungskraft wahrt das Gespür für angemessenes Handeln.

In einem noch umgreifenderen Horizont vermag die Unterscheidungskraft in dem Maß, wie sie im SEIN gründet, zwischen dem Vergänglichen und Unvergänglichen, zwischen Wahrheit und Täuschung zwischen Haben und Sein zu differenzieren.

Auf sicheren Füßen

Es entsteht eine Perspektive, die Spinoza als „sub specie aeternitatis" bezeichnete, eine Sichtweise aus dem Blickwinkel der Ewigkeit. Oder sagen wir besser aus dem Blickwinkel der Ganzheit. Denn in der Unterscheidungskraft, die im SEIN gründet, ist die Allverbundenheit der Dinge anwesend. Sie verleiht dem Handelnden einen verbindlichen Bezugspunkt und damit eine ganzheitliche Orientierung.

Da ist noch ein Merkmal, das sich mit der Erweiterung des Bewusstseins einstellt und woran wir erkennen, dass wir richtig liegen: die wachsende *innere Freude*. Immer, wenn wir uns in der Meditation von allen Sinneseindrücken und Gedanken lösen, immer, wenn wir transzendieren und still werden, durchströmt uns innere Freude. Denn das Bewusstsein an sich, das Leben an sich, ist Freude, und es kommt nur darauf an, in welchem Maße wir es reflektieren. Und das ist eigentlich *die* Entdeckung! Denn die Dinge, die wir gewöhnlich anstreben, seien es der Traumpartner, der Wunschjob, die Anerkennung der Mitmenschen oder der materielle Wohlstand, vermitteln uns nur kurzfristig Freuden und stehen auf tönernen Füßen. Mein Traumpartner kann mir über Nacht untreu werden, mein Wunschjob kann einer Umstrukturierung zum Opfer fallen, die Anerkennung kann ausbleiben oder die Geldentwertung mein Erspartes auffressen. Allein schon die Befürchtung, dass so etwas eintreten könnte, vermiest mir die unschuldige Freude an diesen Dingen. Anders die innere Freude: Sie ist die unmittelbare Freude, frei von der Vermittlung durch die Umwelt. *Sie ist immer da, keiner kann sie mir neh-*

men. Und in dieser zarten Daseinsfreude schwingt *Dankbarkeit und Demut*, denn die Transzendenzerfahrung ist ein Geschenk des Lebens und hat nichts mit meinem Verdienst zu tun.

In dem Maße, in dem wir unser Bewusstsein erweitern und unsere innere Freude wächst, werden wir auch unabhängiger von der Umwelt. Wir fürchten nicht mehr den Verlust von all den Dingen, von denen wir bisher unsere Identität abgeleitet haben und von denen unser Glück abhing. Denn den inneren Reichtum kann uns niemand nehmen, auch wenn „alles den Bach runtergeht". Heißt es doch: „Das Glück des Weisen stehet fest, indes Fortunas Kugel rollt." Und das Paradoxe ist, dass wir uns in diesem Zustand der inneren Unabhängigkeit all der vergänglichen Dinge der Umwelt unmittelbarer erfreuen und an ihnen Anteil nehmen. Wir erleben die Welt aus einem unbelasteten Bewusstsein heraus und damit intensiver, denn die Welt ist schön, und das Leben seiner innersten Natur nach ist Freude.

Dem inneren Glücksgefühl versucht man auch wissenschaftlich auf die Spur zu kommen. Man hat tibetische Mönche in die enge Röhre eines brummenden Magnetresonanz-Tomographen gesteckt und festgestellt, dass ihr linkes Frontalhirn überdurchschnittlich aktiv ist. Derlei Aktivität, so weiß man aus anderen Erhebungen, steht für einen „positiven affektiven Stil". Sie ist die zerebrale Entsprechung für die heitere Ausgeglichenheit und Gemütsruhe, die für viele Buddhisten charakteristisch ist. „Glück ist eine Fertigkeit, die sich erlernen lässt, wie eine

Sportart oder das Spielen eines Musikinstruments", meint der amerikanische Neuropsychologe Richard Davidson.

Inneres Glück will sich auch ausdrücken. Die Zeiten, in denen wir „gut drauf sind", werden länger. Und andere fühlen sich wohl in unserer Nähe. „Wo ein blühender Zweig ist, lässt sich ein singender Vogel nieder." Und wir freuen uns über die Singvögel und sagen ihnen das auch. Selbst die komischen Vögel sind willkommen. *Wir werden humorvoller. Und kreativer.* Der Zuwachs an Leben will sich ausdrücken auf ganz individuelle und einmalige Weise. Nannten wir doch das VEREINHEITLICHTE FELD einen Bereich aller Möglichkeiten. Denn es ist schon phantastisch, was daraus alles hervorgegangen ist: sogar jemand, der darüber ein Buch schreibt oder der es gerade liest! Und indem wir uns mit der Quelle der Kreativität verbinden, macht die ganze Evolution einen Schritt voran.

All die angeführten Qualitäten entfalten sich auf dem spirituellen Wege in unterschiedlicher Folge und Intensität. Sie werden auch zunehmend begleitet von einer *inneren Stärke* und einem Wissen, dass wir richtig liegen. Unser Selbstvertrauen schöpft aus dem SELBST. Und das brauchen wir auch, jetzt in der Phase des Übergangs in das neue Paradigma, wo alte Strukturen sich auflösen. Zwar sind die meisten Menschen guten Willens und vertreten Tugenden wie Ehrlichkeit, Mut, Fleiß, Solidarität und Toleranz. Doch diese Werte werden vom Ichbewusstsein überlagert – noch geht es nicht anders – und für seine Zwecke instrumentalisiert. Egoismus, Konkurrenzdenken und

zwischenmenschliche Verhärtung sind gesellschaftliche Realität. Wenn dann jemand kommt und beginnt, spontan die angeführten Qualitäten eines erweiterten Bewusstseins zu leben, gilt er nicht selten als Exot. *Doch unserem Verhalten wohnt eine natürliche Authentizität inne, eine innere Stärke und SELBSTverständlichkeit. Wir stehen zu unserer Wahrheit, und unser Handeln ist angemessen.*

Ein Einzelner in Verbindung mit dem SELBST ist immer in der Mehrzahl.

Die von innen kommende Stärke bezieht ihre Kraft und ihr Wissen aus dem SELBST in Verbindung mit dem Urgrund der Schöpfung, dem VEREINHEITLICHTEN FELD. Sie erlebt sich intuitiv im Einklang mit Mensch und Natur und als Ausdruck der Evolution. Jemandem Schaden zufügen wäre mich selbst schädigen. *Gewaltlosigkeit* ist ein spontanes Verhalten des spirituell orientierten Menschen. Es beginnt mit der Bewusstwerdung der Gefühle und Gedanken, denn alle Gewalt hat ihren Ursprung in unseren Herzen und Köpfen. In der Meditation werden wir unserer geistig-seelischen Vorgänge bewusst, wir lösen uns von ihnen, wir transzendieren sie. Und mit der regelmäßigen Praxis werden wir unserer aufkommenden aggressiven Impulse auch im Alltag früher bewusst. Wir können uns von ihnen lösen, und in dieser Loslösung schwingen Mitgefühl und Gewaltlosigkeit.

Gewaltlosigkeit ist nicht mit Tatenlosigkeit zu verwechseln. Mitgefühl für

Mensch und Kreatur und evolutionäre Verantwortung äußert sich im engagierten Eintreten für Gerechtigkeit und Solidarität. Mahatma Gandhi, das Paradigma der Gewaltlosigkeit, hat mehr für sein Volk erreicht als irgendein Politiker vor oder nach ihm. „Sathyagraha", das Festhalten an der Wahrheit, verlieh ihm die innere Stärke, mit der er Indien, ohne auch nur eine Waffe anzurühren, von jahrhundertelanger kolonialer Knechtschaft befreite. Hören wir seine Worte:

„Kein Lebewesen zu verletzen ist zweifellos Bestandteil von Gewaltlosigkeit. Aber es ist ihr geringster Ausdruck. Man verletzt das Prinzip der Gewaltlosigkeit durch jeden bösen Gedanken, durch unangemessene Hast, durch Lügen, durch Hass, indem man irgendjemand etwas Böses wünscht. Es wird auch verletzt, indem man an dem festhält, was die Welt braucht."[100]

Wir, die wohlhabenden Industrienationen, halten an dem fest, was die Welt braucht. Wir vernichten mitunter Nahrungsmittel, nur um Preise stabil zu halten; etwa ein Drittel der gekauften Lebensmittel landet im Müll; Fleischkonsum ist ethisch und ökologisch nicht tragbar; Agrarspekulationen auf Kosten der Ärmsten bescheren den Banken einen satten Gewinn. Während unsere Wohlstandsbürger sich ihr Fett absaugen lassen, leiden etwa 2 Milliarden Menschen an Mangelernährung, etwa 800 Millionen Menschen hungern, 5000 Kinder verhungern täglich, überwiegend in den Ländern der sogenannten Dritten Welt (Stand 2015). Man vergegen-

wärtige sich den ohnmächtigen Schmerz der Eltern. „Die Menschen dort wollen nicht von unseren milden Gaben leben. Das Einzige, worum sie bitten, sind die gleichen Chancen für sich wie für den Rest der Menschheit, um ihren Lebensunterhalt für sich und ihre Familien selbst verdienen zu können", sagte UNO-Generalsekretär Kofi Annan schon 2001 auf der dritten UNO-Konferenz über die 49 weltweit am wenigsten entwickelten Länder. Nach Einschätzung der Hilfsorganisation Oxfam schleusen Unternehmen und Investoren aus den G-7-Staaten seit Jahren Milliardengewinne am Fiskus afrikanischer Länder vorbei. Und bislang hat sich wenig geändert. Wir, ich und du, werden uns nicht vor unseren Enkeln herausreden können, dass wir nichts davon gewusst hätten. Es muss sich etwas ändern! Für 2030 steht weltweit Null-Hunger an! Wir schaffen das!

„Milde Gaben"? Hören wir Hans-Peter Repnik vom Bundesministerium für wirtschaftliche Zusammenarbeit: *„Die jährlichen Wohlfahrtsverluste der Entwicklungsländer durch die Abschottung der Industrieländer sind nach den Berechnungen der Weltbank doppelt so hoch wie die Summe der weltweit geleisteten offiziellen Entwicklungshilfe pro Jahr."* Im Juli 2006 erklärte die Welthandelsorganisation (WTO) in Genf nach fast fünf Jahren zäher Verhandlungen über die Öffnung der Märkte für Agrargüter, Industriewaren und Dienstleistungen die Gespräche als „vorerst" gescheitert. Waren die sogenannten Doha-Runden nicht nach dem Anschlag auf das „World Trade Center" eröffnet worden? When will we ever learn? Subventionen für den Export, Zölle für den Import – wir haben Handelsmauern geschaffen, die verhindern, dass Milliarden Menschen einen Weg aus der Armut finden.

Wir halten nicht nur fest an dem, was die Welt braucht, wir beuten sie auch aus. Indirekt tun wir den Entwicklungsländern Gewalt an: beschämendes Symptom einer nicht mehr zeitgemäßen Bewusstseinsstufe. Es ist nicht das einzige Symptom.

Logik der „Entwicklungshilfe"[101]

Wir fassen zusammen: In dem zum Abschluss gekommenen Kapitel wollten wir uns vergewissern, dass wir richtig liegen, wenn wir uns auf Bewusstseinserweiterung einlassen. Die Auseinandersetzung mit dem Gang der Evolution des Bewusstseins brachte uns die Erkenntnis, dass die Evolution durch Phasenübergänge gekennzeichnet ist. Für einen bevorstehenden Phasenübergang gibt es ein klares Indiz: das transzendentale Bewusstsein als Hinführung zum integralen Bewusstsein. Den Beweis aber muss jeder für sich selbst antreten. Der Weg führt nach innen. Dieser Weg ist authentisch. Dafür sprechen wissenschaftliche Untersuchungen, Aussagen großer Menschen und vor allem die handfesten Auswirkungen im Alltag: mehr Achtsamkeit und Effizienz im Handeln; mehr Mitgefühl, Gelassenheit und Unterscheidungskraft; ein Wachstum an innerer Freude und Stärke, an Dankbarkeit und Demut; eine Tendenz zur gewaltlosen Lösung von Konflikten und zur Vermeidung indirekter Gewalt durch Zurückhalten dessen, was andere brauchen.

---

3. Wege zur Schwelle

Nachdem wir uns mit dem transzendentalen Bewusstsein als dem bevorstehenden Phasenübergang befasst und uns vergewissert haben, dass wir richtig liegen, wollen wir uns jetzt mit den Wegen zur Schwelle auseinandersetzen. Deren gibt es viele. Entscheidend ist, ob wir uns auch wirklich auf den Weg machen wollen.

Erinnern wir uns der Worte von Martin Buber auf Seite 20. Unsere Motivation ist das, worauf es ankommt. Dann spielen Alter, Geschlecht, Herkunft oder Bildung keine Rolle. Wasser findet seinen Lauf auf dem Weg zum Meer.

Wir sind ja ohnehin schon unterwegs, denn alles Leben ist Evolution. Nur, so sagten wir, gilt es, den Weg *bewusst* zu gehen, gilt es, sich dem Strom der Evolution anzupassen, um unnötiges Leiden zu vermeiden und um mehr Freude im Leben zu erfahren. Denn unser Ichbewusstsein, oder unser selbstreflexives Bewusstsein im Dienste des Ich, läuft mit Scheuklappen umher. Es sieht nur sein begrenztes egoistisches Ziel, nicht das große Ziel der Evolution, wiewohl es ihm trotzdem näher kommt, doch nicht ohne schmerzhafte Lernprozesse. Wahrscheinlich müssen noch allerlei Wünsche erfüllt werden, bis das Ich erkennt, dass es das allein nicht ist. Wenn die Sehnsucht, die hinter allen Wünschen verborgen ist, unerfüllt bleibt, hasten wir von einem Wunsch zum anderen, ein Fass ohne Boden. Denn der Boden ist unser transzendentales Selbst, der Grundzustand des Bewusstseins. Ohne ihn keine innere Erfüllung, und ohne ihn bleibt die äußere Erfüllung nicht das, was sie sein könnte.

Mangels Rückbezugs zum SELBST, zum VEREINHEITLICHTEN FELD, der naturgegebenen Vernunft, sind Konflikte in unserer Gesellschaft vorprogrammiert. Sowohl das individuelle Ichbewusstsein als auch das kollektive Bewusstsein von Familien, Betrieben, Gewerkschaften, Konfessionen, Parteien oder Regierungen sind in ihrer Sichtweise befangen und auf ihre unmittelbaren Ziele ausgerichtet. Sie müssen notwendigerweise mit anderen Gruppierungen in Konflikt geraten. Wie kleine Kinder, die, sich selbst überlassen, noch zu keinem gemeinsamen Spiel in der Gruppe fähig sind und erst durch die Erzieherin zu einem gemeinsamen Bezugspunkt finden, so finden gesellschaftliche Gruppen erst durch den Rückbezug zum VEREINHEITLICHTEN FELD zu ihrem angemessenen Verhalten und ihrer Aufgabe im Gefüge der Gesellschaft. „Warten auf Godot" hieß unsere Karikatur auf Seite 97.

Leider ist unser „innerer Godot", unser transzendentales Selbst, also der Rückbezug zur Quelle, generell überlagert durch den ständigen inneren Monolog, den wir mit uns selbst führen: die vielen Gedanken, Vorstellungen, Gefühle und Wünsche. Manch einer ist sich dessen gar nicht bewusst, weil er der ständig mahlenden Gedankenmühle keine Beachtung schenkt, wie ein Tinnitus, den man ignoriert. Nur wenn man einmal für einen Moment die Augen schließt und versucht, an nichts zu denken, merkt man, was innerlich Sache ist. Man sollte meinen, wenn man denken kann, müsste man auch in der Lage sein, mit dem Denken aufzuhören, genauso wie jemand, der sprechen kann, auch mal die Klappe halten kann. Weit gefehlt, wie jeder, der unter Depressionen leidet, nur allzu schmerzhaft bestätigen kann.

Nicht wir denken, sondern es denkt ständig in uns. Den ganzen Tag über, selbst im Schlaf rotiert unser Geist und verarbeitet Geschehnisse. Anstatt unser Denkorgan nur dann einzuschalten, wenn es erforderlich ist, wird es kontinuierlich vom inneren Geschwätz vereinnahmt. Letzteres beeinträchtigt unsere Aufmerksamkeit und raubt uns ständig Energie. Wir führen fiktive Gespräche, malen uns aus, was wäre, wenn .., kauen auf alten Erinnerungen, träumen von Erfolg und Anerkennung, sorgen uns um unsere Zukunft und, und, und. Sicherlich, manches wird dabei verarbeitet, einiges geht uns vielleicht auf, aber das meiste ist Leerlauf, nichts als Leerlauf! Wenn unsere Hand sich ähnlich unkontrolliert bewegen und ständig hierhin und dorthin greifen würde, dann würden wir schnell einen Psychiater aufsuchen. Aber das unkontrollierte Verhalten von Verstand und Emotionen halten wir für normal.

Gewiss, wir denken auch bewusst und gezielt. Etwa, wenn Anforderungen im Studium, im Beruf oder der Familie anstehen. Wenn es gilt, Aufgaben zu bewältigen oder Probleme zu lösen, wenn wir am Computer sitzen, wir kreativ tätig sind oder einfach nur beim Schachspiel überlegen. All unsere zivilisatorischen Errungenschaften sind Ausdruck bewussten Denkens. Doch dieses Denken, besonders wenn es nicht unter Leistungsdruck steht, wird beeinträchtigt durch den ständigen inneren Monolog und durch ungewolltes Abwandern der Aufmerksamkeit. Und wenn wir unter Druck stehen, ermüden wir schnell – schwups erschlafft unsere Aufmerksamkeit, und der innere Monolog übernimmt die Regie.

Die großen Errungenschaften der Menschheit in Wissenschaft, Philosophie und Kunst sind durch ein waches, inspiriertes Bewusstsein und ein klares Denken entstanden, wobei das Bewusstsein die Quelle der Kreativität ist und das Denken die Ausarbeitung übernimmt. Wenn sich ablenkende Gedanken einmischen, werden der Fluss der Kreativität überlagert und das Denken gestört. Die normale, unkontrollierte Psyche ist für unsere Mittelmäßigkeit verantwortlich,

eine Unterbietung des Menschenmöglichen. Doch:

Von Natur aus sind wir Genies!

Nicht nur dass der mentale Störfunk uns auf eine Mittelmäßigkeit reduziert, er überlagert auch unsere innere Melodie, die stille Freude, die aus unserer Mitte quillt. Wir kennen nicht unser wahres Selbst und identifizieren uns mit unserem kleinen, schwatzhaften Ich. Deswegen gilt es, gegen dieses Geschwätz endlich einmal anzugehen und unser naturgegebenes Potenzial freizulegen. *Wir verhalten uns wie ein Bettler, der auf einem Holzkasten sitzt, seine Hand ausstreckt und nicht weiß, dass der Kasten prall mit Geldscheinen gefüllt ist. Wege zur STILLE sind Wege zum inneren Reichtum.*

Und es gibt viele Wege. Die Yoga-Philosophie unterscheidet vier klassische Wege:

1. Raja-Yoga, den königlichen Yoga, wie er von Patanjali im 2. Jahrhundert in seinen Yoga-Sutras dargelegt wurde und dessen wesentlicher Bestandteil die Meditation ist;
2. Jnana-Yoga, den Yoga des Wissens, wo man durch logische Analyse zur spirituellen Einsicht von BRAHMAN kommt, dem VEREINHEITLICHTEN FELD;
3. Karma-Yoga, den Yoga der selbstlosen Handlung. Der Praktizierende bringt alle Früchte seiner Handlung dem Höchsten dar;
4. Bhakti-Yoga, den Yoga der Hingabe

an GOTT. Alle Gedanken, Worte und Taten, das ganze Leben werden dem Höchsten gewidmet.

Ein direkter Weg ist die Meditation; wir haben immer wieder davon gesprochen, und ansatzweise ist er uns allen vertraut. Manche kommen in einen meditativen Zustand, ohne dass sie ihn als einen solchen bezeichnen würden. Mitunter in der Natur. Vielleicht nach einer langen Wanderung: Du legst dich ermüdet ins Gras, schaust den Wolken nach, die langsam am Himmel wandern; manchmal verdecken sie die Sonne, die sie dann mit einer goldenen Umrandung dekorieren. Dann beobachtest du einige Krähen, die sich ein Weilchen vom Winde tragen lassen, um sich wieder flatternd neu zu orientieren. Die Gedanken verlieren sich, du wirst still. Ein tiefer Frieden durchdringt dich, du wirst von einer zarten inneren Freude erfüllt, möchtest die ganze Welt umarmen, als wärst du eins mit ihr. Nach einem Weilchen schaust du auf die Uhr. Es ist mehr als eine halbe Stunde vergangen. Du hattest meditiert.

Derlei spontane Meditation kann eintreten, vielleicht, wenn wir verliebt sind, vielleicht, wenn wir mit Hilfe unserer Lieblings-CD die Seele baumeln lassen oder wenn wir nach angestrengter Konzentration für einen Moment in die Leere starren. Häufig wird sie durch Naturerlebnisse ausgelöst: die Weite des Meeres, die Unermesslichkeit des Sternenhimmels oder den Blick auf die ausgedehnte Landschaft von einer Anhöhe. Caspar David Friedrich hat diese Stimmungen auf Leinwand festgehalten, und Meditationslehrer

benutzen von jeher Bilder, Klänge, Symbole und Texte als Einstieg in die Praxis. In einigen Traditionen werden Initiationen angeboten, die eine Stille-Erfahrung gleich zum Einstieg vermitteln. Sie dient als Anziehungs- und Orientierungspunkt auf dem Wege. Aus der spontanen Meditation wird die willentliche Meditation.

Der Wunsch, eine angenehme Meditationserfahrung erneut zu machen, kann zum Erlernen einer Meditationstechnik motivieren. Denn die erfahrene STILLE und der tiefe Frieden waren auch mit neuer Kraft und Dynamik verbunden. Und das kann man im Alltag gebrauchen. Vielleicht hat die Erfahrung auch Stress abgebaut oder ein psychosomatisches Symptom gelindert. Und das motiviert. Abraham Maslow bezeichnete diesen Auslöser – wir sprachen schon davon – als Defizit-Motivation. Nichts dagegen einzuwenden. Denn wenn ich gesund und glücklich bin, profitiert auch meine Umwelt davon.

Die Wachstums-Motivation geht über den praktischen Nutzen noch hinaus. Der Meditierende ist vielleicht auf der Suche nach Sinn, nach SELBSTerfahrung oder nach metastuflichen Erkenntnissen; mitunter ist er religiös orientiert. Er will wissen, was die Welt im Innersten zusammenhält; ihn schmerzen die Ausbeutung und die Verschmutzung unseres Planeten; er empört sich über die schreiende Ungerechtigkeit auf der Welt. Und er sieht im Bewusstsein des Menschen die tiefere Ursache. Er ist ein Suchender. Über die reine Lebensbewältigung hinaus, mitunter auch durch Krankheit oder Schicksalsschläge ausgelöst, stellt er sich *die Fragen: Woher? Wohin? Was soll das alles im Leben? Hierhin gehört auch unser Buch und Auseinandersetzung mit der Evolution des Bewusstseins vom Urknall zur Erleuchtung, dem ultimativen Abenteuer.*

Vielfach wird zwischen konzentrierender und öffnender Meditation unterschieden. Bei der *konzentrierenden Meditation* wird die Aufmerksamkeit auf einen äußeren oder inneren Gegenstand fokussiert. Als äußeres Objekt der Konzentration kann beispielsweise eine brennende Kerze, eine Blume, ein inspirierendes Bild, ein Mandala oder ein Symbol dienen. Als innerer Gegenstand der Atem, der Herzschlag, ein Gebet, eine Visualisierung, ein Wortklang oder ein Mantra. Bei einer übergegenständlichen Meditation wie dem Zazen dient zunächst der Atem zur Sammlung, alsdann wird das reine Gewahrsein unmittelbar angestrebt.

Nachdem der Meditierende einen möglichst ungestörten Platz und eine angenehme Sitzhaltung eingenommen hat, die Wirbelsäule gerade aufgerichtet, versucht er, seine Aufmerksamkeit ganz auf den Gegenstand seiner Wahl zu sammeln. Anfangs geht es nicht ohne Bemühung und Ausdauer; wenn es fließt, ist Loslassen und Hingabe angesagt und Bemühung ist eher hinderlich: keine Anstrengung, keine Verkrampfung, anhaltende mühelose Sammlung. Bei Ablenkungen von innen – Gedanken, Bilder, Emotionen, körperliche Empfindungen – wird er immer wieder auf seinen Gegenstand der Sammlung oder auf das reine Gewahrsein zurückkommen. Bei Ablenkungen von außen – vornehmlich Geräuschen, nimmt

er, wenn sie sich nicht abstellen lassen, eine akzeptierende Haltung ein. Er lässt sie auf sich beruhen und sammelt sich immer wieder von neuem. Regelmäßigkeit der Praxis; viel Geduld und Beharrlichkeit sind angezeigt. Doch die Früchte bleiben nicht aus: Irgendwann und ganz spontan stellt sich ein Phasenübergang ein – Freiheit! Weite! Transzendenz! Ein angenehm-müheloser Fluss des reinen Bewusstseins. In den Worten der Neurowissenschaft: Synchronisation der Neuronen, das zerebrale System springt in ein Regime höherer Ordnung. Jetzt meditieren wir nicht mehr, jetzt meditiert ES!

Während die konzentrierende Meditation individuell in der Zurückgezogenheit oder gemeinsam in der Gruppe praktiziert wird und die Auswirkungen allmählich im Alltag spürbar werden, setzt die *öffnende Meditation* im alltäglichen Leben an. Man ist bestrebt, in allen Aktivitäten des Alltags eine meditative Haltung einzubringen, das heißt, sie mit Achtsamkeit auszuführen. Egal, ob ich gehe, stehe, sitze, spreche oder arbeite, alles versuche ich mit ungeteilter Aufmerksamkeit und mit voller Präsenz anzugehen. Dabei wird jegliche Anstrengung vermieden; eine sanfte, aber beharrliche Ausrichtung ist angesagt und eine Rückkehr zur Quelle der Achtsamkeit, dem Bewusstsein an sich, wann immer es mir im Alltag vergönnt ist. Wir hörten von der Empfehlung von Gangaji (S. 130) zum Innehalten, zum Rückstieg in uns selbst, wann immer sich die Gelegenheit bietet und wir nicht ganz von der Aktivität vereinnahmt werden. Oder von der Einladung von Eckhart Tolle (S. 151), durch einen sanften

Bewusstseins-Shift immer wieder in die Gegenwart, in das Jetzt, zurückzukehren. Schließlich war es Jon Kabat-Zinn (S. 159), der uns eine ständige Achtsamkeit im Alltag, einen Rückstieg in den Modus des neutralen Beobachters, empfahl.

Erinnern wir uns noch an die Geschichte mit dem Gelehrten in Indien, der als erleuchtet galt und an dem die Dorfbewohner nichts Außergewöhnliches feststellen konnten? „Wenn ich mich wasche, dann wasche ich mich; wenn ich mich abtrockne, dann trockene ich mich ab; wenn ich bete, dann bete ich; und wenn ich schreibe, dann schreibe ich", sagte er (S. 138). Ein Bewusstseinszustand ungeteilter Achtsamkeit. Auf den gilt es sich vorzubereiten – *sich bejahend zu öffnen für die Gegenwart, für das, was ist.* Und indem man sich öffnet, kommt man zu sich selbst, löst man sich von der Anhaftung und wird frei.

Wo immer anfänglich der Schwerpunkt der Meditation liegt, auf Konzentration oder Öffnung, beide Ansätze konvergieren und ergänzen sich letztlich auf dem Wege zur Transzendenz und einer wachsenden Achtsamkeit im Alltag. Man hat beide Ansätze wissenschaftlich untersucht. Yogis, die eine konzentrative Technik ausübten, ließen sich durch äußere Reize nicht ablenken. Selbst wenn man ihre Hände während der Versenkung in kaltes Wasser tauchte (!), hielt die Alpha-Aktivität der Hirnströme an. Bei Zen-Mönchen dagegen, die eine öffnende Technik praktizierten, kam es bei Klick-Geräuschen zu kurzen Unterbrechungen der Alpha-Rhythmen. Sie wendeten sich also den Vorgängen ihrer

Einübung der Achtsamkeit.
(Karikatur: Gerhard Mester[102])

Umwelt zu. – Nun kann man Hirnstromaktivität nicht mit subjektivem Erleben gleichsetzen, aber immerhin sind sie ein Hinweis auf unterschiedliches Verhalten während der Meditation. Was zählt, ist letztlich die Bewusstheit im Alltag, die „Geistes-Gegenwart" als Hinführung zum integralen Bewusstsein. Und da dürfte auf beiden Wegen kein großer Unterschied sein.

Wie gesagt: Konzentration und Öffnung ergänzen sich wunderbar. Angemessene Konzentration vermag bis zur Schwelle zu führen. An diesem Punkt kann dann spontan ein Phasenübergang eintreten, mit dem man an einen Strom des Bewusstseins ankoppelt; anfänglich für einen Moment, dann mit regelmäßiger Praxis für längere Phasen. *In diesem Stadium ist jegliche willentliche Steuerung hinderlich. Jetzt ist nur noch Öffnung angesagt, Öffnung für das, was einem entgegenkommen will.* Wir können auch Hingabe sagen. *Vom Ich zum SELBST.* Andererseits wird derjenige, der mit Öffnung beginnt, eben diese Öffnung zunächst immer wieder bewusst durch den Rückstieg zu sich selbst herbeiführen, bis es zur mühelosen Gewohnheit wird als Übergang zum integralen Bewusstsein. Das kann ein langer Weg sein, und da ist eine Meditationspraxis wie das Zazen zum Beispiel unterstützend. Das ultimative Abenteuer!

„Öffnung für das, was einem entgegenkommen will": Da ist eine Kraft, die im Moment des reinen Gewahrseins andocken kann – eine Erfahrung die jeder macht, der bereits über längere Zeit meditiert. *Das ist etwas Wunderbares, wir sind nicht allein!* Wir sprachen schon darüber im Zusammenhang mit den Erkenntnissen des Bewusstseinsforschers Shri Aurobindo (S. 133).

Im Vorfeld der Meditation kann es ratsam sein, eine Entspannungspraxis im Liegen zu erlernen. Viele Berufstätige sind nach der Arbeit zu müde, um im Sitzen zu meditieren, und zu gestresst, um den Geist zu sammeln. Hier hilft das *Power-Nick(erchen)*, das der Autor entwickelt und in zahlreichen Kursen erprobt hat. Es kann auch als wirkungsvollere Alternative zum Mittagsschlaf eingesetzt werden. In den USA als Power-Napping oder in Japan als Inemuri beliebt, wird der kur-

ze Regenerationsschlaf als Pause, sogar während der Arbeitszeit, vielerorts praktiziert. Die Batterie wird wieder aufgeladen, dem Burn-out vorgebeugt. Für Winston Churchill beispielsweise war ein kurzer Mittagsschlaf eine Selbstverständlichkeit: „…Sonst hätte ich die verantwortungsvollen Aufgaben nicht lösen können", sagte er.

20 Minuten Power-Nick und die Batterie ist wieder aufgeladen. (Foto: Marian Brehmer)

Power-Nick (vgl. S. 134) ist ein wirksames Verfahren, um den inneren Stress zum Abklingen zu bringen und um sich in etwa 20 Minuten wieder neu zu sammeln und zu regenerieren. Dabei aktivieren wir zunächst unseren Körper, spüren, wenden uns dann der Atmung zu und lassen uns schließlich mit der Ausatmung in die Entspannung driften. Wir kommen in drei Schritten zu uns selbst:

1. Raus aus dem Kopf – hinein in den Körper
2. Raus aus dem Körper – hinein in die Atmung
3. Raus aus der Atmung – hinein in die Entspannung. Wir schalten ab, wir kommen zu uns selbst.

Zum Erlernen praktizieren wir am besten zu zweit. Wir machen uns zunächst beide mit dem Text vertraut. Dann liest der eine, während der andere praktiziert. Das nächste Mal wechseln wir, bis jeder die Abfolge verinnerlicht hat und auch allein praktizieren kann.

Schritt 1:
Mit ruhiger Stimme:
- „Leg dich bequem in der Rückenlage auf die Matte, den Kopf auf einem flachen Kissen. Schau, dass genügend Platz hinter deinem Kopf ist, um die Hände nachher hinter dir ablegen zu können. --- (Die Strichfolge am Ende eines Satzes verweist auf eine angemessene Pause.)
- Wie fühlt es sich an, jetzt, wo du bequem liegst? --- Schließe deine Augen und spüre die Auflagepunkte deines Körpers auf der Matte: --- Die Fersen, – das Gesäß mit dem Steißbein, – die Hände und Arme mit dem Ellbogen, – die Schultern und den Hinterkopf. --- Spüre in deinen Körper hinein. ---

- Bringe jetzt deine Aufmerksamkeit auf die Atmung. ---
- Mit der nächsten tiefen Einatmung bringst du beide Arme hoch zum Kopf und legst sie dann hinter dem Kopf ab. Halte jetzt den Atem an und dehne dich kräftig: Hände ganz nach hinten strecken, Füße ganz nach vorn. ---
- Mit einer langen und tiefen Ausatmung führst du dann die Arme und Hände wieder langsam, langsam zurück neben den Körper. ---
- Wiederhole mit der nächsten Einatmung, bringe Arme und Hände hoch zum Kopf, lege sie hinter dem Kopf ab, halte den Atem an und dehne dich kräftig: Hände ganz nach hinten, Fersen ganz nach vorn. – Ah, tut das gut! ---
- Und mit einer langen und tiefen Ausatmung bringst du Arme und Hände langsam, langsam wieder zurück neben den Körper. ---
- Wiederhole noch zwei- oder dreimal, ganz in deinem persönlichen Rhythmus. Besonders die Dehnung am Ende der Einatmung fühlt sich gut an – und dann die lange und tiefe Ausatmung. ---
- Zum Schluss lege deine Arme neben den Körper. Drehe die Hände etwas nach außen, so dass die Handrücken nach unten zur Auflage kommen. – Auch die Beine sind etwas gespreizt, und die Füße fallen lässig zur Seite. – Mache es dir ganz bequem: Augen und Lippen sind geschlossen. – Jetzt wiege noch ein paarmal genüsslich mit dem Kopf nach rechts und nach links --- pendele dann wieder in der Mitte ein. – Neige das Kinn ein wenig nach

unten zum Hals. – Die Stirn ist schön glatt und angenehm kühl. – Unter den geschlossenen Augenlidern schauen die Augen ein wenig nach innen in Richtung Nasenwurzel. – Zunge und Kinn liegen locker – die Lippen zeichnen ein kleines Lächeln. – Und lächelnd spürst du in deinen Körper hinein – spürst, wie es sich anfühlt, jetzt nach dieser angenehmen Dehnung. ---

Schritt 2:

- Lege nun deine Hände locker auf die Bauchdecke und spüre deine Atmung. ---

- Die Bauchdecke hebt sich ein wenig mit der Einatmung, sie senkt sich wieder mit der Ausatmung. – Du lässt atmen. – Es atmet dich. – Woher dieser Rhythmus? – Wunder des Lebens! – Und du erfreust dich vor allem der Ausatmung, einer langen und angenehmen Ausatmung. --- Du lässt dich ganz davontragen mit der Ausatmung, davontragen in eine große Weite. ---

Schritt 3:

- Und irgendwann, am Ende einer langen und tiefen Ausatmung, lässt du dich in dieser Weite spürend nieder und kümmerst dich um gar nichts mehr. – Jetzt löst du auch die Hände von der Bauchdecke und legst sie mit dem Handrücken nach unten neben den Körper. ---

- Immer wenn Gedanken kommen, wenn du an dieses oder jenes denkst oder Bilder auftauchen, Geräusche dich ablenken oder wenn irgendetwas unbehaglich ist – immer wieder kehrst du zurück zur Atmung. Du lässt dich davontragen mit der Ausatmung, davontragen in eine große Weite, lässt dich in dieser Weite spürend nieder – bist ganz bei dir selbst. --- (1 – 2 Min.)

- Immer, wenn deine Aufmerksamkeit abwandert, holst du sie wieder sanft zurück, zurück zur Atmung. Du lässt dich davontragen mit der Ausatmung, davontragen in eine große Weite, lässt dich in dieser Weite spürend nieder – zu Hause bei dir selbst. --- Versuche dich sanft wach zu halten, aber wenn du einschlafen solltest, dann ist das auch o.k. --- (1 – 2 Min.)

- Das SELBST ruht in sich selbst. --- (1 – 2 Min.)

- Und da ist nur DAS, zart vibrierende STILLE, in die du immer wieder zurückkehrst, immer wieder erneut. --- Da ist nur noch DAS. --- Wir gehen diesem Vorgang einige Minuten nach. (Etwa 5 Min. Stille)

- Behutsam, ganz behutsam holen wir wieder zurück. ---

- Du kannst dich etwas räkeln – und mit dem Körper ein paar Mal nach beiden Seiten rollen. –

- Und langsam, langsam öffnest du wieder die Augen und setzt dich auf. ---

- Na, wie war es? Hast du ein wenig abschalten können?" – Wir streben eine kurze Aussprache an, um eventuelle Erfahrungen oder Fragen zu klären.

Natürlich kann man eine Kurzform von Power-Nick auch im Sitzen ausführen. Wir können es dann auch Meditation nennen. Dabei lehnen wir uns bequem im Lendenbereich an; das Rückgrat sollte gerade sein, beide Füße haben Bodenkontakt. Im Schritt 1 bringen wir einatmend die Arme über den Kopf, halten den Atem an, dehnen uns empor und stemmen gleichzeitig die Füße auf den Boden. Ausatmend werden die Arme wieder langsam abgelegt und die Füße gelockert. Dann wiederholen wir genauso wie bei der Abfolge im Liegen. Die Hände werden am Schluss der Körperübung mit dem Handrücken nach unten auf die Oberschenkel gelegt; die Sitzhaltung ist angenehm, der Rücken bleibt gerade. Die weiteren Schritte und die Anweisungen sind die gleichen wie im Liegen.

Power-Nick, im Liegen ausgeführt, kann zu einem angenehmen und erholsamen Wachschlaf führen. In der Yoga-Tradition wird er als *Yoga-Nidra* bezeichnet, als Schlaf im Zustand des Yoga. Und Yoga bedeutet Verbindung mit unserem SELBST. Ein solcher Wachschlaf ist weitaus erholsamer als der gewöhnliche Schlaf, und er ist auch weitaus angenehmer, denn das Bewusstsein und damit die Fähigkeit zum Genießen bleiben erhalten. Nicht nur das: Im wach-entspannten

Schlaf sind wir durchlässig für Intuitionen und Problemlösungen. Und die können wir uns auch merken, während sie uns im gewöhnlichen Schlaf meist verloren gehen. Ein Geschäftsmann zum Beispiel, der Probleme hatte mit seiner Bank, legte sich frustriert auf eine Couch. Im Liegen rutschte er ins „Nirgendwo", und im Nirgendwo kam der Durchblick.

Den Seinen gibt's der Herr im Wachschlaf!

Anfänglich bedarf es viel Geduld, die innere Unruhe spürend zu akzeptieren, aber mit *regelmäßiger* Praxis wird Power-Nick zusehends angenehmer und erholsamer. Entscheidend ist die Kunst, sich mit der Ausatmung in eine große Weite gleiten zu lassen, in diese Weite einzugehen und dort zart spürend zu verweilen. *Es ist eine Austarierung zwischen dem Wunsch, sich zart wach zu halten, und gleichzeitig sich in die Entspannung fallen zu lassen.* Nachstehendes Diagramm will diese Balance veranschaulichen.

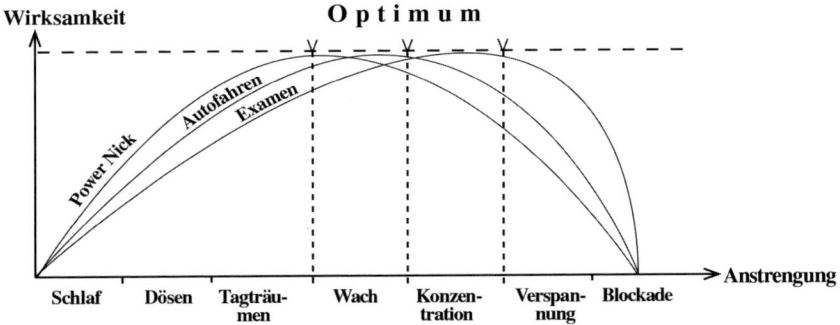

Auf der Suche nach dem Optimum.[103]

Im Zustand des Wachschlafes oder der Transzendenzerfahrung im Liegen, aber auch schon auf dem Wege dorthin kann es, wie bei jeder anderen Entspannungstechnik, zur Lösung von Verspannungen kommen. Tiefverwurzelte Stresse können abgebaut werden, eine Befreiung zu uns selbst. Haben sich Stresse in der Muskulatur festgesetzt, kann es zu einer plötzlichen Zuckung im Körper kommen, so, wie wir es gelegentlich kurz vor dem Einschlafen erleben. Auch Gedankenprozesse können die Lösung von Verspannungen bekunden, wie im nachstehenden Schaubild angedeutet. Viele kleine „Verunreinigungen" werden mit der eintre-

tenden Lockerung und dem Einfließen des Bewusstseins ausgeschwemmt. So manches wird mit den Selbstregulationsvorgängen des Organismus normalisiert. Psychische Belastungen können auch biochemische Veränderungen hervorgerufen haben. Werden beispielsweise Toxine gelöst, so kann es vorübergehend zu einer Benommenheit kommen oder zu einem Kopfschmerz.

Grundsätzlich können wir davon ausgehen, dass ein Entspannungsvorgang wie Power-Nick oder Meditation niemals etwas Negatives bewirken kann, vorausgesetzt wir forcieren nicht und die Zeitdauer ist angemessen. Wohl aber kann ein

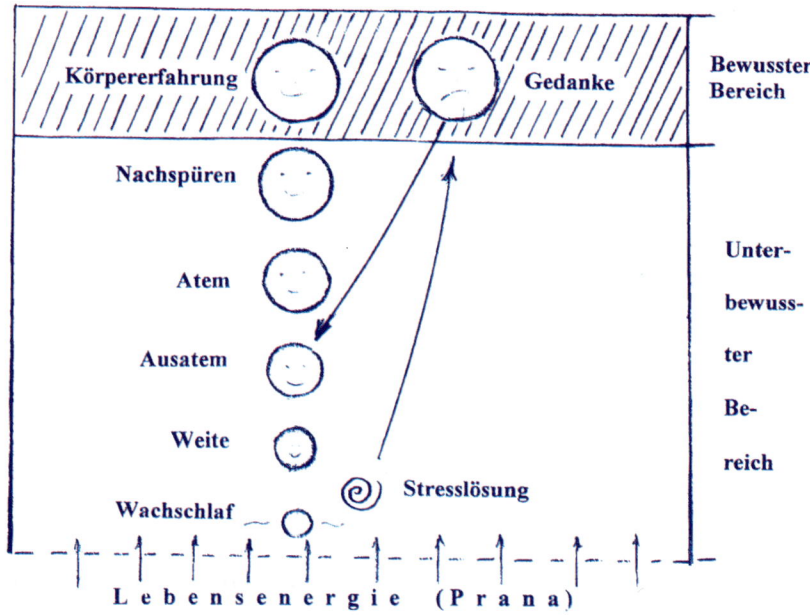

Veranschaulichung des Entspannungsgeschehens beim Power-Nick: Körpererfahrung – Nachspüren – Hinwendung zur Atmung – mit der Ausatmung sich davontragen lassen in eine Weite – in der Weite sich spürend niederlassen (möglicherweise tritt Wachschlaf ein) – Lösung von Verspannungen – Feststellen von Gedankenprozessen (oder anderen Phänomenen) – Rückkehr zur Ausatmung, Wiederholung des Vorganges.[104]

Symptom der Normalisierung ausgelöst werden, das kurzfristig unangenehm ist. Auch Schlaf kann niemals etwas Negatives bewirken, wohl aber zu einem Alptraum führen, in dem das Unterbewusste etwas verarbeitet. Ein kompetenter Meditationslehrer oder der Kontakt mit jemandem, der mit dem Bereich der Bewusstseinserweiterung vertraut ist, kann manches klären. Hilfreich ist auch die Zugehörigkeit zu einer Gruppe von Menschen, die ebenfalls „unterwegs" sind. Über den Vorteil der Gruppenpraxis werden wir noch sprechen. Bei gravierenden Problemen, die selten sind, können wir uns auch mit dem bereits erwähnten Spiritual Emergence Network (SEN) in Verbindung setzen.

Was vielen Menschen bereits vertraut ist, ist Yoga. Gemeint ist Hatha-Yoga, der den Körper, den Atem und die Aufmerksamkeit nutzt, um den Menschen zur Ganzheit zu führen. In Indien gilt er als Vorbereitung für den Raja-Yoga, dem königlichen Yoga, der in die Meditation mündet. Man schätzt, dass in Deutschland mehr als 4 Millionen Menschen aller Altersstufen Hatha-Yoga praktizieren: ein wahrer Volkssport. Und als solcher wird er auch von den meisten Anhängern verstanden. Ihnen geht es vorrangig um Gesundheit und Fitness. Und das ist ja auch eine gute Sache, die Grundlage von allem anderen.

Letztlich kann ganzheitliche Gesundheit nur durch Einbeziehen der seelischen Komponente entstehen, die ein Teil des Menschen ist, genauso wie Körper und Geist. Alles Leben ist aus dem VEREINHEITLICHTEN FELD hervorgegangen

und steht damit in ständigem Kontakt. Mit ihm, dem Seinsgrund, ist auf unserer gegenwärtigen Stufe der Evolution der *bewusste* Kontakt angesagt. Da stehen wir heute. Und wenn wir dem nicht gerecht werden, gibt es irgendwie Leiden, gesundheitlich, gesellschaftlich oder ökologisch. Und wir haben schon Stress und Ärger genug. Also muss etwas nicht stimmen in unserem Leben, offenbar vernachlässigen wir etwas.

„Stress ist nichts anderes als ein durch Druck, Ängste oder lang anhaltende Frustration hervorgerufener unkontrollierter Bewusstseinszustand: ein endloser, wild rasender Strom von Gedanken, der den Fluss der natürlichen Lebensenergie (Prana) im Körper blockiert. So kann an bestimmten Körperstellen ein Energiestau mit negativen Auswirkungen entstehen, die sich in krankhaften Symptomen manifestieren – angefangen von Kopf- und Rückenschmerzen über Asthma und Diabetes bis hin zu Krebs."[105]

So schreibt Dr. Nagarathna, die in Europa ausgebildete medizinische Leiterin des Vivekananda-Kendra-Institut in der Nähe von Bangalore, Indien. In ihrer Klinik wird Yoga therapeutisch eingesetzt und die Wirksamkeit der Anwendungen wissenschaftlich überprüft.

In dem Artikel *Wirksamkeit von körperorientiertem Yoga bei psychischen Störungen* in „Deutsches Ärzteblatt" vom 25. 3. 2016 heißt es:

„Die Effekte von Yoga auf das endokrine System, das Nervensystem und die körperliche Gesundheit sind mittlerweile gut dokumentiert. Eine Verringerung von Cortisol sowie eine Erhöhung von Serotonin- und Melatonin-Spiegeln nach regelmäßigem Yoga konnten ebenso empirisch belegt werden wie eine Reduktion proinflammatorischer Zytokine. Daneben stehen ein erhöhtes Ausmaß an Zufriedenheit, Selbstbewusstsein und eine verbesserte Selbstkontrolle nach Yoga in Zusammenhang mit geringerem wahrgenommenem Stress und einem höheren Wohlbefinden."

Abgesehen vom therapeutischen Wert ist Yoga eine ideale Vorbereitung für den Weg nach innen, ebenso wie die chinesischen Techniken des Chi-gong oder Tai Chi. Wir sagten schon im Zusammenhang mit Power-Nick, dass es vielen gestressten Zeitgenossen schwerfällt, sich meditativ zu sammeln. Da hilft es zunächst, Körperhaltungen einzunehmen und sich auf die Atmung zu konzentrieren. Denn die Erfahrung des Körpers, wenn sie durch Yogahaltungen intensiviert wird, ist noch unmittelbarer und lebendiger als die des Geistes. Dadurch ziehen wir die Aufmerksamkeit vom Kopf ab und verlagern sie in den Körper. Die physiologischen Vorgänge beruhigen sich, und gleichzeitig beruhigt sich auch der Geist: *„Es gibt keinen besseren Weg zu mir selbst, zu mei-*

114 **Fitness für die Seele**
Millionen Deutsche schwören auf **Yoga**. Regelmäßiges Üben balanciert Körper und Geist aus, hilft gegen Schmerzen, entspannt bei Stress und lässt Fettpolster verschwinden

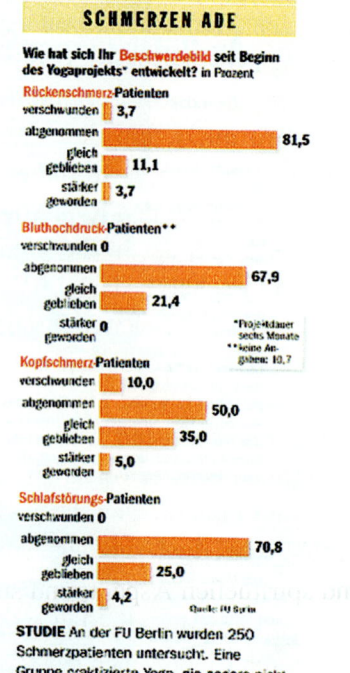

SCHMERZEN ADE

Wie hat sich Ihr Beschwerdebild seit Beginn des Yogaprojekts* entwickelt? in Prozent

Rückenschmerz-Patienten
verschwunden 3,7
abgenommen 81,5
gleich geblieben 11,1
stärker geworden 3,7

Bluthochdruck-Patienten*
verschwunden 0
abgenommen 67,9
gleich geblieben 21,4
stärker geworden 0

*Projektdauer sechs Monate
**keine Angaben: 10,7

Kopfschmerz-Patienten
verschwunden 10,0
abgenommen 50,0
gleich geblieben 35,0
stärker geworden 5,0

Schlafstörungs-Patienten
verschwunden 0
abgenommen 70,8
gleich geblieben 25,0
stärker geworden 4,2

Quelle: FU Berlin

STUDIE An der FU Berlin wurden 250 Schmerzpatienten untersucht. Eine Gruppe praktizierte Yoga, die andere nicht

Am 2. Februar 2004 und am 26. Mai 2007 widmete das Nachrichtenmagazin „Focus" seine Titelgeschichten dem Yoga. Im Focus-online hieß es im Nov. 2014: „Yoga ist schon lange kein Trend mehr, Yoga ist eine Bewegung." (Foto: Manu Agah[106])

nen Mitmenschen und letztlich zu meinem Schöpfer als der mir verliehene Körper", so eine Yoga-Maxime.

Yoga, insofern es unsere Aufmerksamkeit vom Kopf abzieht und in den Körper verlagert, ist aber nicht nur eine gute Vorbereitung für die Meditation, sondern trägt auch dazu bei, den Körper als Träger des Bewusstseins gesund und widerstandsfähig zu halten. Besonders das spürende Verharren in den Haltungen – ein wesentlicher Unterschied zur Gymnastik und zum Sport – bewirkt einen nachhaltigen Druck auf Muskeln, Gewebe und Organe. Der Körper hat ausreichend Zeit, Selbstregulationsvorgängen nachzukommen, sowohl in der Haltung selbst als auch in der anschließenden Phase des Liegens und entspannten Nachspürens. Dadurch kommt der durch Stress bedingte Stau von Lebensenergie wieder in Fluss. Aber auch für Menschen, die bereits täglich meditieren und vertraut sind mit der Erfahrung der mentalen Stille, ist Yoga zur Stabilisierung und zur Unterstützung der Integration des sich erweiternden Bewusstseins in den Alltag von großem Vorteil.

Ken Wilber empfiehlt einen ganzheitlichen Ansatz von Anfang an. Er nennt ihn *„integrale Transformative Praxis"* (ITP). Sie umfasst alle Aspekte des Menschen, den körperlichen, emotionalen, mentalen und spirituellen Aspekt, und stellt die Praxis in einen sozialen und ökologischen Zusammenhang:

„Man kann sich das wie bei einem Modulsystem vorstellen. Stellen Sie sich zum Beispiel sechs vertikale Bereiche vor. Diese Bereiche stehen für Körper, Gefühle und Sexualität (*Prana* oder *Chi*), Geist und Psyche, Kontemplation und Meditation, Gemeinschaft und Natur. Jeder dieser Bereiche beinhaltet viele Praktiken, die sich für diese Dimension als nützlich erwiesen haben. So gibt es beispielsweise im Bereich eins – dem Körper – Dinge wie Aerobic, Gewichtheben, gesunde Ernährung, Schwimmen usw. Im Bereich zwei – *Prana* oder *Chi* – könnten Hatha-Yoga, Chi-gong, Tai Chi und anderes stehen. Der Bereich drei – Psyche – könnte Visualisierungen, Affirmationen und verschiedene Arten der Psychotherapie enthalten. Bereich vier – Kontemplation – mag *Zazen*, *Vipassana*, Selbsterfahrung, zentrierendes Beten u. a. beinhalten. Der Bereich fünf – Gemeinschaft – kann verschiedene Arten des Gemeinschaftsdienstes, Hospizarbeit, Arbeit mit Obdachlosen oder jede Art von Fürsorge und Engagement für andere sein. Der Bereich sechs – Natur – kann Recycling beinhalten, Wanderung in der Natur, die Natur zu feiern usw. Der Grundgedanke der ITP ist einfach: Wählen Sie mindestens eine Praxis aus jedem Bereich und praktizieren Sie alle. Je mehr Dimensionen Sie praktizieren, desto effektiver werden Sie, und um so eher werden Sie zu einer zufallsanfälligen Seele."[107]

Der Zufall, der hier gemeint ist, ist natürlich die Transzendenzerfahrung. Shri Aurobindo sagte einmal: „All life is yoga" und fasste damit zusammen, was die integrale transformative Praxis differenziert. Gewiss, alles Leben ist Yoga, ist Evolution. Der Punkt ist nur, ob wir uns unbewusst vom Leben hin und her schubsen lassen oder uns bewusst mit der Evolutionsdynamik solidarisieren. Hier gilt wieder das Zitat von Martin Buber (S. 20): *Die innere Haltung ist das Entscheidende.* Denn das Ego ist raffiniert. Es bemächtigt sich selbst des edelsten Verhaltens, ohne dass wir es merken.

Im Kapitel, das hinter uns liegt, haben wir uns mit Wegen zur Schwelle befasst. Im Prinzip gilt es „lediglich", stille zu werden, und damit sind wir schon an der Schwelle dessen, was schon immer da ist: das transzendentale Bewusstsein. Der Königsweg zur STILLE aber ist die Meditation. Manchmal tritt sie spontan ein, vielleicht, wenn wir tief ergriffen sind in der Liebe, in der Trauer, im Erleben der Natur. Aber wir können die Meditation auch bewusst herbeiführen, indem wir uns anfangs etwas konzentrieren und uns dann anschließend öffnen, zum Beispiel mit einer Mantra-Meditation. Wir können uns aber auch sofort öffnen, indem wir uns innerlich aus der Aktivität herausnehmen durch einen Rückstieg zu uns selbst. Ein solcher Bewusstseins-Shift wird durch Power-Nick im Liegen als Wachschlaf oder im Sitzen als Meditation gefördert. Wir wollen ganz werden, und auf diesem Weg können uns auch Yoga, Chi-gong, Tai Chi oder die integrale transformative Praxis unterstützen. Ganz werden heißt: werden, der wir im Grunde unserer Natur schon immer sind. Darum geht es.

---

4. Hürden auf dem Weg

Wir haben uns mit der Evolution des Bewusstseins befasst, der faszinierenden Geschichte vom Urknall bis zur Gegenwart. Es ist unsere eigene Geschichte. Wir haben uns auch mit der nächsten Etappe dieser Geschichte befasst: dem integralen Bewusstsein, dem Erwachen zum vollen Leben. Als man Buddha (= der Erwachte) fragte, was „Erleuchtung" sei, sagte er: „Das Ende allen Leidens". Denn die Erleuchtung bringt Licht in unser ich-borniertes Leben; wir machen weniger Fehler und müssen nicht unnötig leiden. All das mag plausibel klingen; aber tatsächlich haben bereits viele Menschen den Schritt in die Freiheit vollzogen. In Berlin z.B. treffen sich alljährlich zahlreiche Erwachte zu einem Kongress „Forum Erleuchtung". Sie betonen unisono, dass es ebenso viele Wege zur Befreiung gibt, wie es Menschen gibt. Und jede Loslösung von rotierenden Gedanken und dem Wiederkauen von Problemen ist ein Schritt in diese Richtung.

Die Frage, die sich jetzt stellt, ist: Warum zögern noch viele, den nächsten Schritt *bewusst* zu gehen? Unterwegs sind sie sowieso. Dieser Frage wollen wir jetzt nachgehen, denn es gibt so manche Hürden auf dem Wege, *Hürden, die in*

Angst vor dem Unbekannten[107a]

uns selbst sind, und Hürden, die aus der Umwelt kommen.

Wir wollen uns zunächst einige Hindernisse, mit denen wir eventuell selbst zu rechnen haben, anschauen. Vielleicht hilft uns der Vergleich mit der Entwicklung des Kindes. Um zu wachsen und zu gedeihen, müssen beim Kleinkind zunächst alle Bedürfnisse erfüllt sein. Solange das nicht der Fall ist, ist es defizitmotiviert. Fehlt ihm beispielsweise Zuwendung, wird es allerhand Tricks erfinden, um auf sich aufmerksam zu machen. Es sammelt Erfahrungen und wächst daran. Sind alle Bedürfnisse erfüllt und langweilt es sich mit Dingen, die es bereits kennt, will es Neues entdecken. Neues in der Umwelt, aber auch bei sich selbst in der Auseinandersetzung mit der Umwelt. Jetzt ist das Kind wachstumsmotiviert. Doch dieser Motivation sind Grenzen gesetzt. Da sind die Angst vor dem unbekannten Neuen und das Bedürfnis nach Sicherheit: „Vielleicht bleibe ich doch lieber im Hause bei meinen Spiel-

sachen und in der Nähe von Mama, statt allein in den Garten zu gehen." Generell erweist sich dann das Bedürfnis nach Sicherheit als das stärkere, zumal, wenn die Mutter auch ängstlich ist.

Ähnlich verhält es sich auch beim Erwachsenen, wenn ein Vorstoß in spirituelles Neuland ansteht. Solange eine Defizitmotivation vorliegt, etwa aufgrund eines psychosomatischen Leidens wie einer Gastritis oder Bluthochdruck, sind wir gern bereit, eine Entspannungstechnik zu erlernen. Fühlen wir uns dann besser, setzen wir die Praxis wieder ab. Vielleicht geht es uns dann eine Zeitlang gut. Allein, nachdem wir im Leben alles ausprobiert und ausgekostet haben, oder nach einem Schicksalsschlag halten wir Ausschau nach neuen Horizonten. Es kann aber auch sein, dass mit der Praxis und der damit verbundenen Erfahrung eine Ahnung einer neuen Dimension heraufdämmert. In beiden Fällen setzt eine Wachstumsmotivation ein. Nun kann es uns wie dem Kinde ergehen. Wir kommen in das Spannungsfeld zwischen einer Angst vor dem Neuen und der Sehnsucht nach Transzendenz. Objektiv gesehen ist die Angst natürlich völlig unbegründet, aber subjektiv ist sie verständlich, denn es gilt, vertraute Gefilde hinter uns zu lassen.

STUFEN
Wir sollen heiter Raum
um Raum durchschreiten,
an keinem wie an einer Heimat
hängen,
der Weltgeist will nicht
fesseln uns und engen,

er will uns Stuf`um Stufe heben,
weiten.
Kaum sind wir heimisch
einem Lebenskreise
und traulich eingewohnt,
so droht Erschlaffen.
Nur wer bereit zu Aufbruch ist
und Reise,
mag lähmender Gewöhnung
sich entraffen.
Es wird vielleicht auch noch
die Todesstunde
uns neuen Räumen jung
entgegensenden.
Des Lebens Ruf an uns wird
niemals enden…
Wohlan denn, Herz,
nimm Abschied und gesunde.

HERMANN HESSE

Natürlich gibt es Menschen, bei denen neue Lebensstufen noch gar nicht angesagt sind. Sie sind so heimisch in ihrem Lebenskreis, traulich eingewohnt und erschlaffen keineswegs. Da ist der Job, in dem sie erfolgreich sind; da ist die Familie, in der sie glücklich sind; da ist der Tennisclub, der Sport mit Geselligkeit verbindet. Ein gutes Stück Normalität. So wie das Kind, bei dem alle Bedürfnisse erfüllt sind, das sich aber keineswegs langweilt und nach nichts Neuem Ausschau hält. Dann ist eben die Zeit noch nicht gekommen, und das ist ja vollends okay. Irgendwann wird sie kommen. Denn Leben in der Relativität ist immer mit Veränderung verbunden und schenkt keine dauerhafte Erfüllung. Leben an sich ist im Absoluten beheimatet, ist unveränderlich und vermittelt bleibende innere Erfüllung.

Zusammen bilden das Absolute und das Relative *die Ganzheit des Lebens. Darauf hat es die Evolution abgesehen.*

Manchmal sind die Bindungen an das Vertraute so stark, dass man sich nicht lösen will. Doch mit der Erweiterung des Bewusstseins wird man authentischer. Man wird ehrlicher gegenüber sich selbst und der Umwelt. Das kann zunächst schmerzhaft sein, wie zum Beispiel jeder Raucher weiß, der von dem vertrauten Glimmstengel Abschied nehmen will. Auch in der Partnerschaft kann es Probleme geben, etwa, wenn der eine plötzlich anfängt, sich auf vegetarische Vollwertkost umzustellen. Tofu statt Schnitzel? Da ist Nachsicht auf der einen und Standfestigkeit auf der anderen Seite angesagt. Liebe macht's möglich.

Anfangs kommen auf dem Weg nach innen mitunter *Zweifel* auf. Besonders wenn wir meditieren, um etwas zu erreichen, und dann das Erstrebte auf sich warten lässt. „Zahlt sich die eingesetzte Zeit aus?" Zweckorientierung gehört zu unserer Defizit-Natur. Sie mag anfänglich motivierend sein, wird dann aber zum Hindernis. Denn nur die zweckfreie Meditation entspricht dem „Ziel", dem SEIN, entspricht der Fülle, die schon immer da ist. Jetzt lassen wir alles los und sind bereit, alle Zielsetzungen hinter uns zu lassen. Immer wieder erneut in Erinnerung gebracht, kann diese Haltung auch tiefsitzende, unbewusste Zweifel lösen, die unseren „Fortschritt" untergraben, ohne dass wir es merken.

Als Steine im Weg erweisen sich auch häufig verdrängte Konflikte oder unbewältigte Probleme, die auf der Reise nach innen an die Oberfläche kommen wollen. Wer zur Schatzkammer will, muss halt erst mal durch die Rumpelkammer. Aber da ist ein innerer Schatzmeister, der uns Schritt für Schritt führt und dem wir uns anvertrauen können. Hindernisse können auch „Schatten" sein, unerlöste Strukturen, die sich oftmals als wunde Punkte im Leben manifestieren. Dann reagieren wir sensibel, oft, ohne es zu merken. Aber das Leben ist so angelegt, dass es uns immer wieder in Situationen führt, wo diese Schatten provoziert werden, so lange, bis wir bereit sind, sie uns anzuschauen und aufzuarbeiten. Auch Allergien können verschlüsselte Botschaften enthalten für Bewusstseinsarbeit, so wie auch Krankheiten (vgl. Ruediger Dahlke: „Krankheit als Sprache der Seele"). Therapeutische Schattenarbeit kann dann hilfreich sein, um sensible Muster, alte Wunden und Ängste aufzudecken. Oftmals bringt aber regelmäßige „Lichtarbeit", wie etwa die Meditation, ganz von allein unbewältigte Strukturen ans Licht. Der Lebensvollzug ist unser Guru, die Reflexion bringt Selbsterkenntnis, und Selbsterkenntnis führt zu Wachstum und Freiheit.

Der Mensch ist ein Gewohnheitstier, so ein vertrauter Ausspruch. Wir bewegen uns gern in eingefahrenen Bahnen, weil sie unserer Bequemlichkeit und unserem Sicherheitsbedürfnis entsprechen. Es ist oft schwer, sich davon zu lösen. Das gilt für das Individuum, das gilt auch für die Gesellschaft als Ganzes. Für Kritiker, die über den Tellerrand geschaut hatten, war es von jeher nicht leicht. Denken wir an das Schicksal von Sokrates, Jesus oder Martin Luther. Heutzutage geht es etwas aufgeklärter zu. Die Meinungsfreiheit ist verfassungsmäßig garantiert. Trotzdem ist es für Eugen Drewermann, Hans Küng oder Willigis Jäger zum Beispiel nicht einfach. Mut muss man schon haben, wenn man einmal das Spiel durchschaut hat und dann dazu steht, Mut zu sich selbst und der Umwelt gegenüber. Noch ist die kritische Masse nicht erreicht.

Aber das ist ja gerade der Kick an der ganzen Sache: sich beispielsweise auf die Seite einer Gemeinwohlökonomie zu schlagen oder sich aktiv für eine Politik des Dialoges einzusetzen. Die Erkenntnis und die Kraft, die Erkenntnis umzusetzen, werden gefördert durch den zur Gewohnheit gewordenen Rückbezug zum SELBST. Wer sich auf das ultimative Abenteuer einlässt, wird schwerlich in die Schlagzeilen kommen, noch erhält er einen Nobelpreis oder kommt in das Guinness-Buch der Rekorde. Er strebt das auch nicht an. Denn die stille Freude und der innere Reichtum sind mehr als Belohnung, und der unauffällige Dienst am Mitmenschen und an der Umwelt braucht keine Anerkennung.

Die „Helden" des neuen Zeitalters sind unauffällig. Sie „kämpfen" gegen ihr eigenes Ich mit seiner Verhärtung, seiner Verblendung und Verhaftung. Ein „heiliger Krieg", anders als der Kampf der islamistischen „Gotteskrieger" oder der amerikanischen „Freiheitskämpfer", die ihre inneren Aggressionen und Interessen nach außen projizieren. Aber es ist auch ein sanfter Krieg, denn die Herausforderung besteht darin, alles Kämpfen letztlich loszulassen und sich dem SELBST hinzugeben. „Organ eines viel Größeren" werden, so hat es C. F. von Weizsäcker ausgedrückt:

„Das Ich erkennt plötzlich, dass es nicht absolut ist, und genau dadurch wird ihm deutlich – und zwar anschaulich deutlich, nicht begrifflich –, inwiefern es Organ eines viel Größeren ist, und es erkennt, dass es immer nur dieses Organ war und nichts anderes und dass es seine Identität, die es mit Zähnen und Klauen gegenüber dem Ansturm des Chaos verteidigt hat, also gegenüber dem, was Freud das Es nennt, überhaupt nicht zu verteidigen braucht, wenn es sich bescheidet, Organ zu sein und nicht die Sache selbst…" [108]

Stell dir vor, du wärst in einem großen Gefängnis aufgewachsen und würdest nichts anderes kennen als die Routine in deiner Haftanstalt. So wie ein Tier, im Zoo geboren, sein kleines umgittertes Revier für seine Welt hält. Du hast es dir in deiner Zelle wohnlich eingerichtet und innerhalb der Gefängnismauern verläuft alles „normal". Die Haftbedingungen sind der Rahmen, mit dem du dich intelligent arrangiert hast und in dem du versuchst, alle möglichen Verbesserungen einzubringen. Denn wer sich für Renovierungen oder beispielsweise für die Modernisierung der Belüftung einsetzt oder gar eine neue Gefängnisordnung ausarbeitet und zur Abstimmung bringt, wird als Reformer gefeiert. Kommt dann aber jemand von außen und verkündet, dass du in einem Gefängnis lebst, dann wirst du ihn entweder nicht ernst nehmen oder dich vehement, vielleicht sogar aggressiv, gegen diese Behauptung wehren. Nichts ist uns lieber als unser vertrautes Weltbild. Wir lassen es uns nicht nehmen durch Bewusstseins-Apostel oder lassen uns durch Weltverbesserer nicht verunsichern. Dann geht das Ich auf die Barrikaden und wehrt sich mit allen zur Verfügung stehenden Mitteln.

„Was ist Freiheit?", fragte der Schüler. „Keinerlei Angst mehr zu haben", sagte der Meister. – „Angst wovor?" – „Vor der Freiheit."

Ken Wilber prägte den Begriff „primordial avoidance". Gemeint ist eine ursprüngliche, auf der gegenwärtigen Be-

Sehnsucht nach Freiheit innen und außen[109]

wusstseinsstufe gegebene Tendenz zur Vermeidung des Neuen. Eine Art Schutzmechanismus als Ausdruck einer unterschwelligen Angst. Und um diese Angst abzubauen, bedarf es der Erkenntnis und der *rechten Motivation*. Ist die Motivation nicht stark genug, wird sie sich gegenüber der Angst und der Bequemlichkeit nicht durchsetzen. Ist sie zu stark, neigt sie zu Ehrgeiz. Das Ich versucht die Erleuchtung zu erzwingen und verstärkt dabei das, was es gilt abzubauen. Die Kunst besteht eher darin, eine *gesunde Mitte zu finden von nachhaltiger Selbstdisziplin und aufrichtiger Hingabe, einen Weg der Mitte.*

In Ausnahmefällen kann anfänglich Hingabe, etwa in der Meditation, Angst auslösen. Dem Ich droht, den Boden unter den Füßen zu verlieren, und es reagiert mit angstvoller Selbstbeschützung. Auch Widerständen gegenüber unangenehmen Selbstregulationsvorgängen will man gern aus dem Weg gehen. Wir sprachen schon davon im letzten Kapitel im Zusammenhang mit der Lösung von Verspannungen durch Power-Nick. Widerstände können psychisch begründet sein, etwa durch Bewusstwerdung von Fehlverhalten in der Vergangenheit; oder es kann vorübergehend zu depressiven Verstimmungen kommen, zu Gereiztheit und Einsamkeitszuständen. Aber das ist eher selten. Auf der körperlichen Ebene können Selbstheilungsvorgänge auftreten, die ein verstärktes Schlafbedürfnis auslösen. Widerstände kann es auch geben, wenn vertraute Menschen Unverständnis für den spirituellen Weg zeigen.

Wahre Freiheit ist Freiheit von Bindungen und Anhaftungen. Und die sind uns lieb und vermitteln uns Sicherheit. Etwa der Partner. Wir lieben ihn meist für das, was er uns vermittelt, und nicht um seiner selbst willen. Deshalb die Angst, ihn zu verlieren, und manchmal der Versuch, ihn an uns zu binden.

(Karikatur: Gerhard Mester[10])

Wenn der Partner uns untreu wird und uns nicht mehr die Zuwendung schenkt, deretwegen wir ihn geliebt haben, werden wir eifersüchtig. Wahre Liebe will, dass der Partner glücklich ist, auch wenn er das Glück woanders findet. Sie ist frei in der Bindung, hat ihre Quelle im SELBST, ist SELBSTgenügsam und will teilen.

So wie die Liebe ihren Ursprung im SELBST hat, so hat die Angst ihren Ursprung im Ich. Das Ich, so sagten wir im Kapitel über die mentale Evolution, taucht mit der Entstehung des reflexiven Bewusstseins auf. *Das Wesen, das sich als getrennt von der Umwelt erlebt, kann die Umwelt potenziell als bedrohlich empfinden. Das ist unsere gegenwärtige existenzielle Befindlichkeit. Erkennen wir sie klar, und erkennen wir, wo der Hebel anzusetzen ist!*

Der indische Jesuitenpater Anthony de Mello sieht in der Angst das Grundübel menschlicher Existenz:

„Es gibt nur eines auf der Welt, was von Übel ist, nämlich die Angst. Es gibt nur eines auf der Welt, was gut ist, nämlich Liebe. Sie hat manchmal auch andere Namen. Manchmal nennt man sie Glück, Freiheit, Frieden, Freude, Gott oder wie auch immer. Aber das Etikett ist nicht so wichtig. Jedenfalls gibt es kein einziges Übel auf der Welt, das sich nicht auf Angst zurückführen ließe; kein einziges.

Ignoranz und Angst, Ignoranz durch Angst: Daher rührt alles Übel, daher rührt auch ihre Gewalttätigkeit. Wer wirklich gewaltlos ist – unfähig zu Gewalt – ist ein furchtloser Mensch."[111]

Alle Aggressionen, alle Kriege, jedweder Terror – der Boden, auf dem sie wachsen, ist die existenzielle Angst. Mitunter wird die Aggression aber auch nach innen projiziert. Autoaggressionskrankheiten führen es drastisch vor Augen: Körpereigene Substanzen werden dann zum Feind erklärt und mit Antigenen bekämpft. *Aber die unbewusste Urangst hinter der Angst ist die Trennungsangst des Ichbewusstseins.*

Als der Autor seine Frau kennenlernte, waren sie über beide Ohren verliebt. Sie hatte eine Pollenallergie, die ihr besonders im Frühjahr zusetzte. Als wir im April mit Schmetterlingen im Bauch einen gemeinsamen Spaziergang machten, gab es bei ihr keinerlei Reaktion, weder Niesen noch tränende Augen, noch Atemnot. Die Schmetterlinge hatten jegliche Überreaktion vergessen lassen. Meine Freundin war viel zu glücklich, um allergisch auf Gräser- und Blütenpollen zu reagieren. Liebe ist das beste Antihistaminikum. Und wer im Sommer an einer längst ausgeblühten Weide vorübergeht, ohne jeglichen Pollenflug, und dennoch anfängt zu niesen, der beweist sich selbst, dass einzig und allein unbewusste Angst der Auslöser ist.

Wege zum SELBST sind Wege zur Überwindung der Angst. Aber wenn wir von Wegen zum SELBST sprechen, so sprechen wir aus der begrenzten Perspektive unseres Ichbewusstseins. Vom befreiten Bewusstsein aus gesehen, ist die Freiheit schon immer da, nur ist sie uns nicht zugänglich aufgrund all der Hindernisse, von denen wir sprachen. Wir finden die Hindernisse in uns selbst, aber auch in unserer Umwelt. Denn wenn jemand beginnt, durch die Praxis einer Bewusstseinserweiterungs-Technik über den Tellerrand zu schauen und dann vorherrschende Meinungen hinterfragt, wird er nur so lange nicht auffallen, wie er seine Klappe hält und weitermacht wie bisher. Aber sobald die neue Sichtweise sich festigt, führt sie auch zu Veränderungen im Leben. Vielleicht hört man auf zu rauchen, sitzt weniger vor dem Fernseher und geht früher zu Bett. Belanglose Gespräche interessieren nicht länger, das Interesse für Politik und Umwelt wächst. Wird dann die Notwendigkeit eines übergreifenden Systemwechsels erkannt, kommt man – spätestens, wenn man sich dafür engagiert – in Konflikt mit dem Establishment. Denn die Alteingesessenen haben sich arrangiert; sie fühlen sich wohl in ihrer Mittelmäßigkeit und wollen ihren vertrauten Lebenskreis bewahren und verteidigen.

Den Alteingesessenen ist es auch nicht möglich, die neue Dimension des Bewusstseins nachzuvollziehen. Sie entzieht sich der Erkenntnis im Rahmen des Ichbewusstseins; denn sonst wäre es ja keine neue Dimension. Die Außenstehenden spüren: Da ist etwas Numinoses, das sie nicht festmachen können; sie fühlen sich ausgeschlossen und reagieren abwehrend oder ironisch, mitunter auch aggressiv. Denn das NEUE lässt sich sprachlich nicht vermitteln, das ist das Dilemma. Und so entsteht ein Abstand zwischen der großen und der weniger großen chinesischen Schachtel, die nur durch die in der großen Schachtel mitenthaltene Liebe überbrückt werden kann. Sagt doch der chinesische Philosoph Laotse: „Der Sinn, der sich aussprechen lässt, ist nicht der ewige Sinn. Der Name, der sich nennen lässt, ist nicht der ewige Name." Alles, was der Bewusstseinspionier tun kann, ist, auf die Erfahrung selbst zu verweisen. Es ist, in der Sprache des Zen formuliert, der Finger, der auf den Mond verweist, nicht der Mond selbst. Kein Wunder, dass die Gesellschaft teils neugierig, teils abwartend, teils ablehnend reagiert.

Diejenigen, die bewusst an ihrer Evolution arbeiten, finden sich meist zu Gruppen zusammen. Oftmals scharen sie sich um jemand, der schon ein Stück des Weges gegangen ist, einen „Meister", dessen Ausstrahlung inspirierend und dessen Anweisungen hilfreich sind. Solche Gruppen sind den Außenstehenden oft suspekt. Am besten, man packt alles in die Schublade der Sekten, und damit ist die Sache zunächst einmal kategorisiert. Und wenn derlei „Sekten" an Einfluss gewinnen, dann muss dagegen etwas unternommen werden. Die Presse, dem Mainstream der Meinungen verpflichtet, wird eingeschaltet, und die sorgt für „spannende" Berichte, die gut ankommen.

„Sind Sie Angehöriger einer religiösen Sekte?", fragt der Richter den Angeklagten, „oder sonst wie vorbestraft?"[112]

Was man allerdings mitunter beobachten kann und was dem Establishment zu Recht suspekt ist, ist die Tendenz einiger Praktizierender von Bewusstseinserweiterungs-Techniken, sich in eine heile Innenwelt zurückzuziehen. Tatsächlich ist die Transzendenzerfahrung ausgesprochen angenehm, und es besteht eine gewisse Versuchung, sie zu häufig herbeizuführen und zu lange darin zu verweilen. Der Betreffende wird dann sensibel gegenüber der „groben" Umwelt, scheut die gesunde Auseinandersetzung und flüchtet in sein vertrautes Schneckenhaus. Die gesunde Balance zwischen Ruhe und Aktivität wird einseitig zugunsten der Ruhe verlagert, genau das andere Extrem zu unserer hektischen Leistungsgesellschaft. Aber gottlob ist das Leben so angelegt, dass es Extreme korrigiert: Der Workaholic legt sich eine Stresskrankheit zu, der Pseudoheilige riskiert eine Immunschwäche, oder er kommt mit dem Leben nicht mehr zurecht.

Psychologen, besonders wenn sie sich der transpersonalen Dimension gegenüber verschließen, behaupten gern, die Transzendenzerfahrung wäre nichts anderes als ein Zustand der Autosuggestion, der Selbsthypnose oder der Trance. Sie ignorieren die Erkenntnisse der wissenschaftlichen Forschung hinsichtlich der spezifischen physiologischen Korrelate und der Befunde zur positiven Auswirkung auf den Alltag, wie wir sie im vorletzten Kapitel angeführt haben. Vertreter des alten Paradigmas überzeugen sich gern gegenseitig davon, dass allein der vertraute Wachzustand – wir nannten ihn den dritten Hauptbewusstseinszustand – der einzig normale und richtige Zustand sei, nur weil sie nichts anderes kennen.

Einige Psychologen argumentieren, dass der transpersonale Bereich nichts anderes als eine Regression auf eine präpersonale Stufe sei, also ein Zurückschreiten auf das Niveau einer früheren Evolutionsstufe, auf der das Ich noch nicht ausgebildet war. Beide Ebenen, die präpersonale und die transpersonale sind nichtrational, also kann man sie leicht verwechseln. Die Vormenschen lebten in einer prärationalen, magisch-mythischen Einheit mit der Natur. Auf der Stufe des Neandertalers entwickelte sich die Rationalität, und mit der Fähigkeit zur Reflexion nabelte sich der Frühmensch von der Natur ab. Hingegen hat der Gegenwartsmensch die Möglichkeit, die Rationalität zu transzendieren und sie auf höherer Stufe zu integrieren: also kein Zurückschreiten, sondern ein Fortschreiten und Einbeziehen der Rationalität.

Wir hatten uns in diesem Kapitel mit Hürden auf dem Weg befasst. Entscheidend ist, ob uns die faszinierende Reise ins Neuland auch wirklich törnt, ob wir motiviert sind. Denn dann sind wir bereit, uns eventuellen Hindernissen zu stellen. Hindernissen etwa, die wir in uns selbst vorfinden, wie das eingefahrene Leben mit den vertrauten Gewohnheiten oder unsere Bequemlichkeit, die uns vom Aufbruch abhält. Oder Hindernissen, die wir in der Umwelt vorfinden, liebe Mitmenschen, die den Kopf schütteln. Da kann uns schon etwas mulmig werden. Hinzu kommt vielleicht die irrationale Angst des Ichs, sich in etwas Unbekanntem aufzulösen. Aber die Sehnsucht nach Freiheit lässt uns nicht ruhen. Wir werden Organ eines Größeren und wissen, dass wir richtig liegen. Was soll's, wenn uns einige Menschen nicht verstehen wollen oder wir vielleicht einer Sekte zugeordnet werden? – Doch da lauern auch noch andere Fallen auf dem Weg. Etwa, dass wir uns in ein heiles Schneckenhaus zurückziehen oder uns von reaktionären Psychologen und Theologen verunsichern lassen. Wir setzen uns mit allem kritisch auseinander, wachsen daran und sind dankbar für jedes Korrektiv.

---

5. Gemeinsamer Wandel – die Bedeutung der Gruppe

Als wir uns im Teil II des Buches mit dem Verlauf der Evolution befassten, tauchte immer wieder ein zentrales Bauprinzip auf: der Zusammenschluss von Einzelteilen zu Ganzheiten, die wiederum zu Bausteinen für Ganzheiten höherer Ordnung wurden. Dabei wirkt sowohl die nächsthöhere Ebene auf die sie aufbauende untere Ebene zurück als auch die aufbauende auf die nächsthöhere – ein rückkoppelndes Geschehen. Dieser Regelkreis erweist sich für Einzelteile und die sie konstituierende Ganzheit als gleichermaßen vorteilhaft; man findet ihn auf allen hierarchischen Ebenen der Evolution - ein Erfolgsgeheimnis der Natur.

Im umstehenden Schaubild haben wir eine faszinierende Vision angedeutet: die erleuchtete Gesellschaft als Fortsetzung eines sich über Jahrmilliarden durchhaltenden evolutionären Prinzips. Und diese Vision ist keineswegs utopisch. Ist nicht der „Teamgeist" einer Mannschaft oder das Zusammengehörigkeitsgefühl einer Solidargemeinschaft eine spürbare Realität? Wie ist der „Heimvorteil" einer Fußballmannschaft in ihrer eigenen Stadt zu erklären? In japanischen Firmen beispielsweise ist der „Corporate Spirit" der Mitarbeiter generell stärker ausgeprägt als in europäischen – ein deutliches Plus hinsichtlich Motivation,

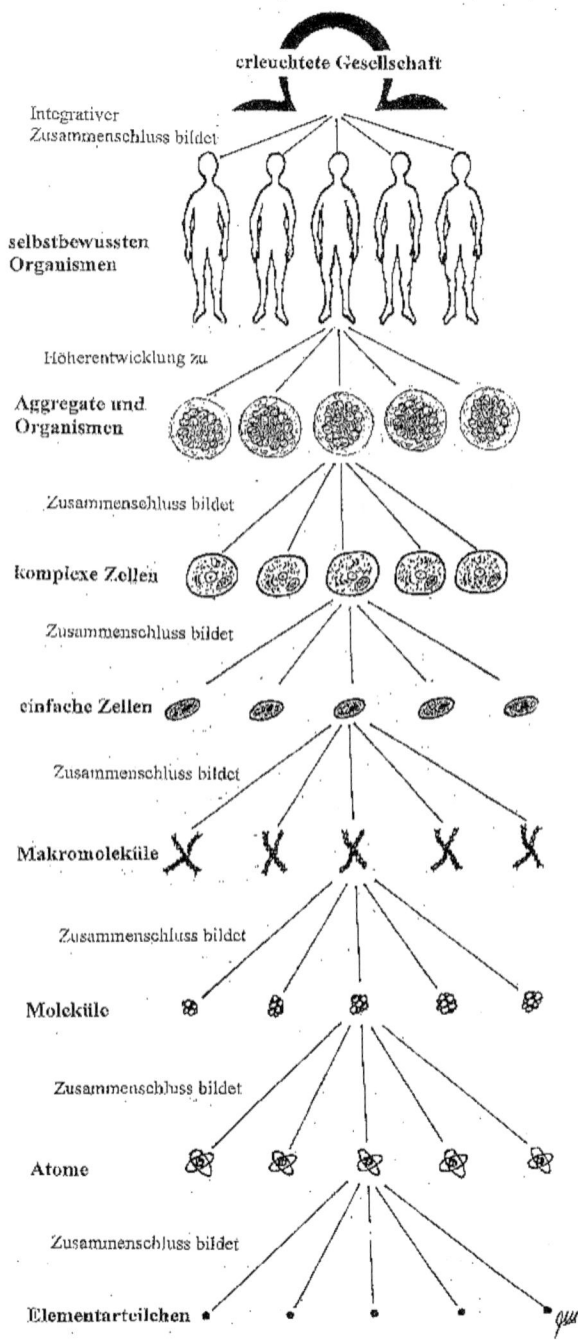

Progressiver Zusammenschluss von Einzelteilen zu Ganzheiten höherer Ordnung.

(Zeichnung: Frank Mühlhäuser[113])

Produktivität und sozialer Gesundheit. Die Belegschaft erlebt sich als eine große Familie. Aber auch bei uns lässt der Begriff „Schwarmintelligenz" aufhorchen. Oder hast du schon einmal in einem Chor mitgesungen? Das gemeinsam gesungene Lied löst in den Sängern und Sängerinnen gemeinsame Emotionen aus. Es entsteht ein Einklang, eine harmonisch beglückende Ganzheit, die sich auf die Zuhörer überträgt.

Worin besteht nun, so könnte man fragen, die Dynamik dieses den sozialen Einklang stiftenden Phänomens? Was ist sein Wesen? Für den amerikanischen Soziologen Talcott Parsons entsteht ein soziales System durch einen „Satz stabilisierter Interaktionsmuster". Er erklärt die Dynamik der Interaktion durch das In-Bezug-Treten zweier Personen. So wird beispielsweise die Begegnung von Kurt und Karl von ihren gegenseitigen Erwartungen geprägt, die ihrerseits von Erfahrungen vergangener Begegnungen, von gemeinsamen Werten und von Rollenerwartungen bestimmt sind. Der gegenseitige Erwartungshorizont ist also für die Dynamik des Zweiersystems ausschlaggebend. Das lässt sich nun auf die gut funktionierende Gruppe übertragen. Hier liegt ein *gemeinsamer Orientierungshorizont* vor, der für das Verhalten und Erleben im Gruppensystem bestimmend ist. Die Interaktionen werden dann durch einen kollektiven Bezugsrahmen von Normen und Werten stabilisiert.

Leider gibt es, wie wir zur Genüge wissen, oft Sand im Getriebe. Wir haben alle unsere Macken und Schwächen, meist unbewusst, und unsere Beziehungen leiden darunter. Gehen wir wieder

vom Zweiersystem aus. Sagen wir, Kurt ist „von Natur aus" etwas blockiert. Das sind wir natürlich alle mehr oder weniger, aber bei ihm ist es etwas ausgeprägter. Stehen Entscheidungen an, wird er von langen Überlegungen geradezu gelähmt. Karl hingegen ist „von Natur aus" offener, aber mitunter auch etwas blauäugig. Er entscheidet aus dem Bauch heraus, manchmal zu seinem Vorteil, manchmal zum Nachteil. Nun begegnen sich die beiden als Geschäftspartner, und da sind die Auseinandersetzungen „von Natur aus" vorprogrammiert. Im Zweiersystem wird es so lange Reibung geben, bis durch Bewusstwerdung, Lernprozesse und Anpassung das System auf höherer Ebene zum Vorteil beider sich wieder einpendelt. *Denn das Leben hat es auf Bewusstseinserweiterung abgesehen und will uns zu unserer wahren Natur führen, zu unserer Mitte.*

Ein anderes Beispiel aus dem Familienleben: Die Ehe ist ja ein weiterer Trick der Natur, um uns durch Lernprozesse zur Ganzheit zu führen: *durch Bindung zur Freiheit!* Kein besserer Spiegel als unser Partner! Häufig gibt es Auseinandersetzungen hinsichtlich der Erziehung der Kinder. Sagen wir, der Vater ist für klare Grenzen im Umgang mit den Medien. Die Mutter sieht das etwas lockerer. Außerhalb der Sichtweite – hoffentlich – der Kinder kommt es dann zur Auseinandersetzung zwischen den Eltern. Das Zweiersystem weist eine Störfunktion auf. Und die tritt immer wieder auf, ob es um Ordnung im Hause geht, Benehmen am Mittagstisch oder Konsum von Süßigkeiten. Da will etwas beiderseitig aufgearbeitet und eine gesunde Mitte gefunden werden. Vielleicht ist es im Elternhaus des Mannes antiautoritär zugegangen, und jetzt wird bei den eigenen Kindern genau das Gegenteil durchgezogen. Oder die Frau hatte möglicherweise strenge Eltern, und da besteht ein Kompensationsbedürfnis. Eine Beziehungskiste ist halt immer auch eine Lernkiste. Der Rückbezug zum SELBST fördert Selbsterkenntnis, Einsicht und Lernbereitschaft und ermöglicht Kompromisse, schmunzelnd.

Ein Idealbild „transparenter Kommunikation" zeichnet Thomas Hübl (www. sharingthepresence.com). Hier soll der oft unrealistische Erwartungshorizont zwischen Gesprächspartnern durch eine wache Präsenz harmonisiert werden. Dadurch wird der Beziehungsraum erweitert und empathisches Verstehen ermöglicht.

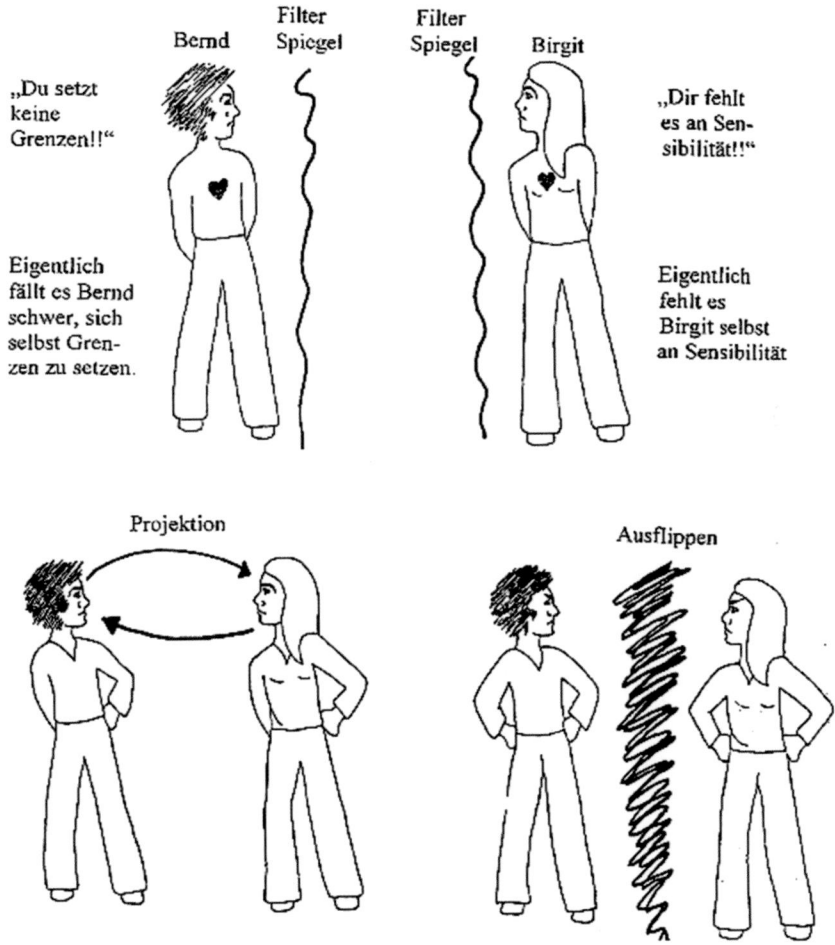

Der Partner als Spiegel und das „Ausflippen" als Anlass zur nachträglichen Selbstreflexion und Einsicht.

(Zeichnung: Mary Ann Bruno[114])

Denn jeder Mensch lebt in seiner subjektiven Welt – wir wissen, was ein Salatkopf für den Esel bedeutet! Wenn es uns gelingt, im offenen, nichtdualen Gewahrsein mit unserem Gesprächspartner zu verweilen, und wenn unsere Wahrnehmung nicht durch Filter beeinträchtigt wird, entsteht nach Hübl ein „heiliger" Kommunikationsraum.

Offenes Gewahrsein in der Kommunikation ist Selbst- und Partnerbezogenheit in einem. Der deutsche Soziologe Niklas Luhmann verwendet den Begriff „Selbstreferenz" und sieht darin die gruppenstiftende Dynamik. Die Gruppe also, das System, hat als solches ein Bewusstsein. Genauso wie das psychische System „Individuum" ein Bewusstsein hat, das Ordnung = Ganzheit in seine Individualität einbringt, so hat die Gruppe oder die Gesellschaft als Ganzes ein mehr oder weniger ausgeprägtes Bewusstsein, das sie ordnet. Luhmann: „Das emergente Ordnungsniveau" wird autonom gesetzt, „und zwar in Hinblick auf die Ermöglichung ‚von unten' als auch Konditionierung ‚von oben'." Mithin ist das Kollektivbewusstsein durchaus etwas Reales, jedoch nichts Konkretes.

Das reibungslose Funktionieren, die Harmonie einer Gruppe oder einer Gesellschaft hängen also von ihrer „Selbstreferenz", von ihrer Bezogenheit auf sich selbst ab. Wie aber lässt sich nun diese Dynamik verbessern? Das ist die entscheidende Frage. Denn an *Ein-vernehmen* fehlt es überall, in Familien, Gruppen, Vereinen und Parteien, erst recht aber unter den Nationen. Einvernehmen ist ein rückkoppelndes Geschehen. Das

weiß beispielsweise jeder Lehrer von sich selbst und seiner Klasse nur allzu gut: Des Morgens, während der ersten beiden Unterrichtsstunden, sind die Schüler noch annähernd ruhig und ausgeglichen. Dementsprechend ist auch der Lehrer ruhiger und ausgeglichener. Im weiteren Verlauf des Vormittags bauen sich meist Spannungen auf – die Klasse wird unruhig, disharmonisch und gereizt. Das wiederum überträgt sich auf den Lehrer, und auf beiden Seiten wird die Hemmschwelle für Aggressionen herabgesetzt. Ein kleiner Anlass, und schon beginnt die Konfrontation und der Schlagabtausch. Es fehlt eine regelmäßige Maßnahme, um die Selbstreferenz zu stärken. Im Kapitel IV.2. werden wir uns mit dem rekursiven Denken befassen, dem Ausgleich zur Dominanz des diskursiven Denkens.

Einvernehmen ist also paradoxerweise eine Sache der SELBSTbezogenheit. Denn im transzendentalen Selbst ist mein Nächster, sind meine Mitmenschen mit einbezogen. In der Sprache von Luhmann würden wir sagen: Indem das Individuum, das „psychische System", seinen Selbstbezug mit der Erfahrung des SELBSTES stärkt, optimiert es zugleich den Selbstbezug des rückkoppelnden sozialen Systems. Die Theorie selbstreferenzieller sozialer Systeme wird also in eine evolutionäre Richtung weitergeführt, und *die Möglichkeit einer erleuchteten Gesellschaft erscheint keineswegs utopisch.*

In der Natur finden wir viele Beispiele von gelungenem integrativem Sozialverhalten, etwa bei Bienen, Wespen, Ameisen und Termiten. Manche Biologen neigen dazu, den perfekt funktionierenden arbeitsteiligen Insektenstaat als einen „Überorganismus" zu bezeichnen. So gruppieren sich in einem Bienenstock um die eierlegende Königin eine Anzahl von männlichen Drohnen und viele Tausende von Arbeiterinnen. Letzteren obliegt aufgrund von Altersdifferenzierung jeweils eine spezifische Aufgabe: Zellenreinigung, Abfallbeseitigung, Brutpflege, Wachdienst, Nahrungssammlung, Nektarverteilung im Stock, Pflege der Königin – alles funktioniert in einer perfekten Ordnung, und das bei einem Volk, das mitunter 80.000 Bienen umfasst – der „Bien"!

Vorbild einer gut funktionierenden Gesellschaft? Die Vermutung liegt auf der Hand, dass es sich hier um optimierte soziale Systemgesetzmäßigkeiten handelt. Vielleicht trägt ein unsichtbarer „Ordner" dazu bei, das differenzierte Sozialverhalten zu regeln. Paläontologische Befunde weisen darauf hin, dass in den durch fossile Insekten nachgewiesenen etwa 100 Millionen Jahren Evolutionsgeschichte keine einzige Art *sozialer* Insekten ausgestorben ist. Den zahlreichen *einzeln* lebenden Insektenarten blieb jedoch dieses Schicksal nicht erspart. *Dieser sozio-historische Befund sollte unsere zerstrittene Gattung Mensch zum Nachdenken veranlassen!*

Nun ist natürlich die Sachlage bei den Menschen bedeutend komplexer. In der Wirtschaft sucht man nach neuen Management-Konzepten, um den „Corporate Spirit" zu stärken und um Kreativität und Produktion zu steigern. Starre Hierarchien sind dem abträglich. Offene Strukturen, individuelle Freiräume und gleichberechtigte Entscheidungskompetenzen sollen die „Schwarmintelligenz" fördern, wie man sie bei Insekten, aber auch bei Fischen und Vögeln antrifft.

Soziobiologen weisen aber darauf hin, dass das Verhalten von Insekten weitgehend vom Genom bestimmt ist. Vergleicht man die Größe des Gehirns mit der Größe des Genoms, so kommen bei Insekten etwa 70 Gehirnzellen auf ein Gen, beim Menschen dagegen sind es 3,3 Millionen! Daraus lässt sich schließen, dass der Mensch bedeutend mehr Spielraum für sein Verhalten hat. Mit der Entstehung des reflexiven Bewusstseins hat er sich vom Instinkt weitgehend abgekoppelt, und das spontane Verhalten im Einklang mit der Intelligenz der Natur ist verloren gegangen. Dieser Verlust wird mit der Auslotung des Vermögens zur Selbstflexion bis hin zur reinen Reflexion und damit der Ankoppelung an das VEREINHEITLICHTE FELD wieder rückgängig gemacht. Der Einklang mit der Intelligenz der Natur wird wiederhergestellt, diesmal auf *bewusster Stufe*. Der Leser weiß, das ist unser Thema, und hier sehen wir die Lösung für unsere zerstrittene Gesellschaft.

Aus dieser Perspektive erscheint die Vorstellung eines sozialen „Überorganismus", um den soziobiologischen Begriff für die geordnete Funktionsweise von Bienen und Ameisenvölkern auf die menschliche Gesellschaft zu übertragen, durchaus realistisch. Jeder Mensch tut gemäß seiner naturgegebenen Anlage das Seine und trägt gleichzeitig zum reibungslosen Funktionieren der Gesellschaft bei.

Dabei würde gemäß der aufgezeigten Systemgesetzmäßigkeit die Integration des Individuums in die organisch funktionierende Gesellschaft nicht die Aufhebung der Individualität, sondern im Gegenteil, wie Teilhard de Chardin richtig gesehen hat, ihre Vollendung bedeuten. *Nur im integrativen Zusammenschluss werden die Kräfte freigesetzt, die der Mensch zu seiner Höherentwicklung braucht.*

Teilhard de Chardin spricht analog zur Biosphäre unseres Planeten von einer durch den denkenden Geist der Menschen geschaffenen „Noosphäre". Tatsächlich hat sich die Spezies Mensch als äußerst erfolgreich erwiesen und über den ganzen Erdball ausgebreitet. Die Globalisierung ist als solche zu begrüßen, nur wird sie noch nicht vom Geist der Solidarität getragen, sondern vom profitorientierten Geist der Wirtschaft und der „Global Player". Hören wir Teilhard de Chardin:

„Der Ausgang der Welt, die Tore der Zukunft, der Eingang zum Übermenschlichen eröffnen sich weder einigen Privilegierten noch einem einzigen Volk, das auserwählt wäre unter allen Völkern! Die Pforten öffnen sich nur, wenn *alle zusammen* nach einem Ziel drängen, in dem sich alle zusammen vereinigen, um sich in einer geistigen Erneuerung der Erde zu vollenden. ... *Der Mensch kann außerhalb einer Vereinigung mit allen anderen Menschen in Zukunft keinerlei Entwicklung erwarten.*"[115]

Das Band der Vereinigung (M.C. Escher´s „Bond of Union" © 2006 [116])

Gemeinsamer Wandel – die Bedeutung der Gruppe

Die Dynamik, die zur Vereinigung führt, zur „psychischen Konvergenz", ist die gleiche, die bei der Entstehung der Materie und des Lebens wirksam war. „Mit den Kräften der Liebe suchen die Fragmente einander, auf dass die Welt sich vollende", so das Zitat von Teilhard einleitend zum Kapitel II unseres Buches.

Die vedische Psychologie bezeichnet das mit der Transzendenzerfahrung kontaktierte VEREINHEITLICHTE FELD in seiner Funktion als sozialer Ordner auch als *kosmische Psyche*. Damit wird zum Ausdruck gebracht, dass sich das Individuum mit der ganzheitlichen Intelligenz, die den Kosmos (griech. = Ordnung) hervorgebracht hat, durchdringt und erhält, bewusst verbindet. In der „differenzierten Identität" von SELBST und SEIN wirkt der SEINSaspekt als kosmische Psyche und koordiniert die Individuen still und unauffällig zu einer harmonisch funktionierenden Gemeinschaft – Familie, Kommune, Land, Nation und Völkergemeinschaft. Die Befriedigung der Bedürfnisse des Individuums dient gleichzeitig den Bedürfnissen der Gesellschaft. Umgekehrt werden die Bedürfnisse der Gesellschaft, die sich in Regierung und Verwaltung ausdrückt, als übereinstimmend erlebt mit den Bedürfnissen des Individuums.

Die Möglichkeit evolutionärer Optimierung sozialer Systeme ist eine Herausforderung für die Sozialforschung. Generationenkonflikte, Arbeitskämpfe, wirtschaftliche und politische Machtkämpfe, Terrorismus und Kriege haben ein bedrohliches Ausmaß angenommen. Weder das additive Kollektiv der sozialistischen Gesellschaftsordnung noch der auf Eigeninteresse aufbauende „Corporate Spirit" des kapitalistischen Produktionssystems haben zu einer auf mitmenschlicher Akzeptanz beruhenden, integrierten Gemeinschaft geführt.

„The Global Brain" nennt Peter Russell sein Buch, dessen deutsche Ausgabe den Titel „Die erwachende Erde. Unser nächster Evolutionssprung" trägt. Er stellt die Frage, wie sich die wachsende Verbreitung von bewusstseinserweiternden Techniken auf die Gesellschaft auswirken wird. Er spricht von zunehmender *Synergie* = Zusammenwirken von Energie, also von der Steigerung der Harmonie in den zwischenmenschlichen Beziehungen. Die positive Veränderung des Verhältnisses zu uns selbst und damit zu unseren Mitmenschen wird sich, nach Russell, in einer neuen Gesellschaftsordnung reflektieren. Es werden neue Gesetze in Erziehung und Bildung, in Wirtschaft und Politik

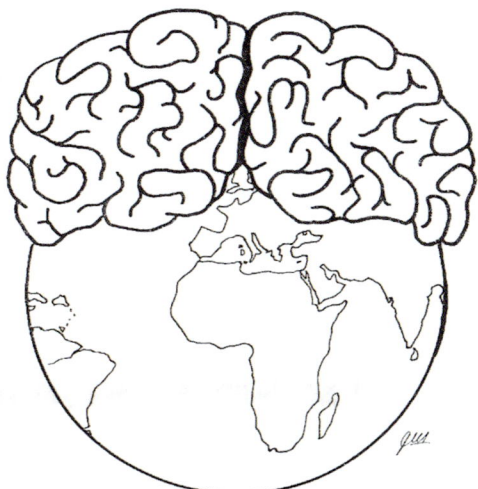

„Global Brain" – ordnende Wirkung durch Synergie. (Zeichnung: Frank Mühlhäuser)

zum Tragen kommen – Gesetze, die den evolutionären, den sozialen und umweltschützenden Aspekt verstärkt zum Ausdruck bringen. Sie werden von innen her bejaht, da die Ziele des Individuums mit den Bedürfnissen der Gesellschaft und der Natur als konform erlebt werden. Ein hoher synergetischer Pegel lässt Konflikte, Kriminalität, Gewalt und Terrorismus zur Ausnahme werden oder ganz verschwinden.

Im zukünftigen Gemeinwesen sind sich die Menschen ihres gemeinsamen Ursprungs im VEREINHEITLICHTEN FELD, ihrer Quelle, mehr oder weniger bewusst. Einen anderen seelisch oder körperlich verletzen hieße sich selbst verletzen. Wachsende SELBSTverwirklichung wird uns auch von dem Zwang befreien, unser Selbstwertgefühl ständig von anderen bestätigen lassen zu müssen. Wir handeln nicht mehr um der Anerkennung willen, sondern wie es die Gesamtsituation erfordert. Die Aufmerksamkeit ist ungeteilt auf die Handlung gerichtet, und dementsprechend ist auch die Wirksamkeit. Auch das Bedürfnis, einer Norm zu genügen, fällt ab. Ich stehe zu mir selbst. Basta.

Die chilenischen Neurobiologen Humberto Maturana und Francisco Varela vertreten die Ansicht, dass der Mensch erst im harmonischen Austausch mit seinesgleichen wirklich zum Menschen wird und dass die Bedingungen dazu biologisch verankert sind:

„Dies ist die biologische Grundlage sozialer Phänomene: Ohne Liebe, ohne dass wir andere annehmen und neben uns leben lassen, gibt es keinen sozialen Prozess, keine Sozialisation und damit keine Menschlichkeit. Alles, was die Annahme anderer untergräbt, vom Konkurrenzdenken über den Besitz der Wahrheit bis hin zur ideologischen Gewissheit, unterminiert den sozialen Prozess, weil es den biologischen Prozess unterminiert, der diesen erzeugt."[117]

Auch starre hierarchische Strukturen können den sozialen Prozess unterminieren. Kompetenz vom Ego getragen ist etwas anderes als Kompetenz von Liebe getragen. Auf allen Stufen der Evolution findet man Wachstumshierarchien, sie sind naturgegeben. Schauen wir uns noch einmal die Graphik zu Beginn des Kapitels an. Es entstehen immer mehr Ganzheiten höherer Ordnung aus der Integration von Ganzheiten niedrigerer Ordnung. Ken Wilber nennt das Holarchien. Da gibt es keinen Sand im Getriebe.

Im integralen Bewusstsein wird die naturgegebene Verbindung des Menschen mit seinem Ursprung, dem LOGOS, der die Schöpfung als kosmische Psyche durchdringt, zu einer lebendigen Realität. Der Erwachte fühlt sich mit dem gesamten Kosmos verbunden, insbesondere aber mit seinen Mitmenschen. Das vornehmste Gebot des Christentums „Du sollst deinen Nächsten lieben wie dich selbst" wird zu einer lebendigen Erfahrung, denn über die kosmische Psyche in ihrer Eigenschaft als universelles Sozialfeld steht jeder mit jedem in Verbindung, auch mit seinen Feinden. Liebe ist somit nicht nur biologisch begründet, wie es Maturana und Varela aufgezeigt haben, sondern darüber hinaus auch ontologisch, also existenziell. Hier liegt ein realistischer Ansatz für den immer wieder gescheiterten Versuch der Harmonisierung sozialer Systeme und für einen dauerhaften Frieden unter den Nationen. *Die Brisanz dieses Ansatzes für die Sozialforschung soll noch einmal hervorgehoben werden.*

Die Integration eines Gemeinwesens zu einer harmonischen Ganzheit kann man durch die partnerschaftliche Liebe veranschaulichen. Die meisten von uns kennen dieses „weit verbreitete Phänomen". Wir sprachen bereits im soziologischen Zusammenhang von dem mit dem Zweiersystem entstehenden Erwartungshorizont. Bei Liebenden sind es – zumindest in der Anfangsphase – weniger die gegenseitigen Erwartungen, die das Neue, den Liebeshorizont, entstehen lassen, als vielmehr der unschuldige Zauber. Martin Buber hat es treffend zum Ausdruck gebracht: Zwischen beiden findet „das, was wesentlich ist, in einer Dimension statt, welche allein diesen beiden Menschen zugänglich ist." Er nennt diese Dimension das „Da-zwischen", das „Ich-Du", „das Geheime ohne Geheimnis".

Worin besteht das „Geheime ohne Geheimnis"?

Liebe ist es auch, die einen Schüler mit seinem spirituellen Meister verbindet. Aus der gegenseitigen Öffnung der Herzen fließt die göttliche Energie, der das Wissen innewohnt und den Schüler zur Erleuchtung führt. Manchmal schart ein Meister auch mehrere Schüler um sich,

und es entsteht eine Gemeinschaft der Herzen. Das Gruppenfeld beglückt und befreit. Der anfallenden Arbeit wird im Geist des „Karma Yoga" nachgegangen, des Yoga der selbstlosen Handlung.

Im Buddhismus bildet die Sangha, die spirituelle Gemeinschaft, neben dem Buddha, dem Erwachten, und dem Dharma, der von ihm dargelegten Wahrheit, eine der „drei Kostbarkeiten" auf dem Weg. „Es genügt, wenn es möglich ist, in einer guten Sangha zu sein, in der die Menschen glücklich sind und jeden Moment tief leben. So wird die Wandlung von selbst kommen, ohne viel Anstrengung", so Thich Nhat Hanh, der vietnamesische Gründer der Plum-Village-Meditations-Schule in Frankreich. In der Sangha unterstützen sich die Suchenden gegenseitig in der Übung von Achtsamkeit, Bewusstheit und voller Gegenwärtigkeit. Wenn jemand sich in der Unachtsamkeit verliert, ist ein anderer da, der allein durch seine Präsenz, seine Wachheit und sein Lächeln ihn sanft in die Gegenwart zurückholt. Negative Gedanken, Bewertungen und Ablehnungen werden vom Gegenüber gespiegelt, treten ins Bewusstsein und werden aufgearbeitet. In dem Maße, wie das Ego abgebaut wird, wachsen der Geist der Zusammengehörigkeit, das Verstehen, das Mitgefühl und die Liebe; es wachsen die Qualitäten des „Da-zwischen". Thich Nhat Hanh: „Der nächste Buddha wird vielleicht eine Gemeinschaft sein."

Ein wenig von dieser bewusstseinserweiternden Dynamik wird schon spürbar, wenn Menschen unterschiedlicher Herkunft gemeinsam meditieren. Sie le-

Gemeinsamkeit der Herzen: „Dharma sharing", Plum village[118]

ben nicht zusammen, aber sie teilen die gleiche Vision. Wer jemals eine Gruppenmeditation mitgemacht hat oder in einer Zenhalle schweigend geübt hat, weiß um das spürbare Kraftfeld und den wahrnehmbaren Frieden. Hier sind Einheit und Verbundenheit Realität, ist *das* spürbar lebendig, was ein herkömmlicher verbal und liturgisch ausgerichteter Gottesdienst nicht leisten kann. In ihrem „Handbuch der Meditation" schreiben die beiden Psychoanalytiker Almuth und Werner Huth:

„Durch die meditative Praxis in der Intimität einer Gruppe lässt sich aber nicht nur die Fähigkeit zur Partizipation auf allen Ebenen steigern, sondern auch die ‚Durchlässigkeit' für die Dimension des Numinosen. Ein Klima der mit anderen geteilten Stille ist dafür weit förderlicher als jede Predigt, jede ´Belehrung`, jede gegenständliche Meditation und jede Aktivität in der Öffentlichkeit. Vermutlich hängt das damit zusammen, dass zwischen der stillschweigenden Anwesenheit von Mitmenschen eine tiefe Analogie besteht: Beide sind völlig unaufdringlich, aber ständig davon bedroht, übersehen und überhört zu werden – von Menschen, die in einer Welt immer brutaleren Lärms, immer massiverer Signale leben, die ihre Sensibilität abstumpfen."[119]

Unsere Welt ist voll brutalen Lärms. Wir werden vollgedröhnt vom Straßenverkehr, von Baumaschinen, Lautsprechern,

Gemeinsamer Wandel – die Bedeutung der Gruppe

Rasenmähern usw. Medien, Leistungsdruck, Zeitmangel, Konflikte, Ängste
und manches andere hinterlassen inneren
Lärm, der uns so vereinnahmt, dass wir
undurchlässig werden für die „Dimension
des Numinosen", der Transzendenz. Doch
da ist eine wachsende Zahl von „kultu-
rell Kreativen" und Gruppen, die einen
gemeinsamen spirituellen Weg gehen,
mitunter als „Sekten" stigmatisiert. Von
solchen, zunächst kleinen Gruppen kann
eine katalytische Wirkung ausgehen.
„Zweifle nicht daran, dass eine kleine
Gruppe die Welt verändern kann", sagte
die amerikanische Verhaltensforscherin
Margaret Mead. Und Aldous Huxley, einer der bedeutendsten Kultur- und Gesell-
schaftskritiker des 20. Jahrhunderts, sagte
schon 1940, dass er zwar pessimistisch
bezüglich der Menschheit als Ganzes sei,
aber „äußerst optimistisch, was Einzel-
personen und Gruppen von Individuen
anbelange, die in den Grenzgebieten der
Gesellschaft existieren."

Sein Landsmann, der englische Histori-
ker Arnold Toynbee, sprach bereits 1935
von der Möglichkeit, dass eine kreative
Minderheit, die „sich der inneren Welt der
Psyche zuwendet", die Vision eines neuen
Lebensstils schaffen könnte. Er sah – ähn-
lich wie später C. F. v. Weizsäcker – im
*Einfluss östlicher Spiritualität auf abend-
ländische Rationalität die bedeutendste
Entwicklung der Gegenwart.*

Vom Einfluss auf die Gesellschaft einer solchen Gruppe von Individuen, die
„sich der inneren Welt der Psyche zuwendet", berichtet eine provozierende soziologische Studie des amerikanischen For-
scherehepaars Arthur und Elaine Aron:

Eine Gruppe Praktizierender des Aufbau-
programms der Transzendentalen Meditation verlegte ihre Praxis vom Stadtrand
von Atlanta, Georgia (Stadtpolizei-Zo-
ne 2 mit niedriger Kriminalitätsrate) an
sechs aufeinanderfolgenden Abenden
in das Zentrum von Atlanta (Stadtpoli-
zei-Zone 5 mit hoher Kriminalitätsrate)
und kehrte darauf wieder zurück. Während der Interventionsphase variierte die
Gruppenanzahl zwischen 21 und 35 Prak-
tizierenden.

Von der Polizei wurden jeden Tag die
Straftaten während der Interventionsphase (Phase II) in beiden Stadtpolizei-Zo-
nen aufgezeichnet und mit den Daten der
sechs vorausgehenden (Phase I) und sechs
nachfolgenden Tage (Phase III) verglichen.
Die Auswertung zeigte eine Zunahme der
Straftaten für den Zeitraum des Experi-
ments in Zone 2, also am Standrand, den
die Meditierenden verlassen hatten. Dagegen ergab sich eine Abnahme der Delikte
in Zone 5, dem Zentrum der Stadt, wohin
sie ihr Programm verlegt hatten. Nach der
Rückkehr der Gruppe zeichnete sich der
gegenteilige Effekt ab. Eine noch deut-
lichere Tendenz ergab der Vergleich von
Schwerverbrechen.

Die gleiche provozierende Erhebung
wurde von dem Forscherehepaar unter
verbesserten experimentellen Bedingungen und detaillierterer Analyse noch
zweimal in den darauffolgenden Jahren
wiederholt. Die Befunde wurden in ihrer
Tendenz bestätigt. Die durch die Gruppe
potenzierte Wirkung der spirituellen Praxis hatte also einen messbaren ordnenden
Einfluss auf das soziale Umfeld. (Vgl.
Graphik nächste Seite)

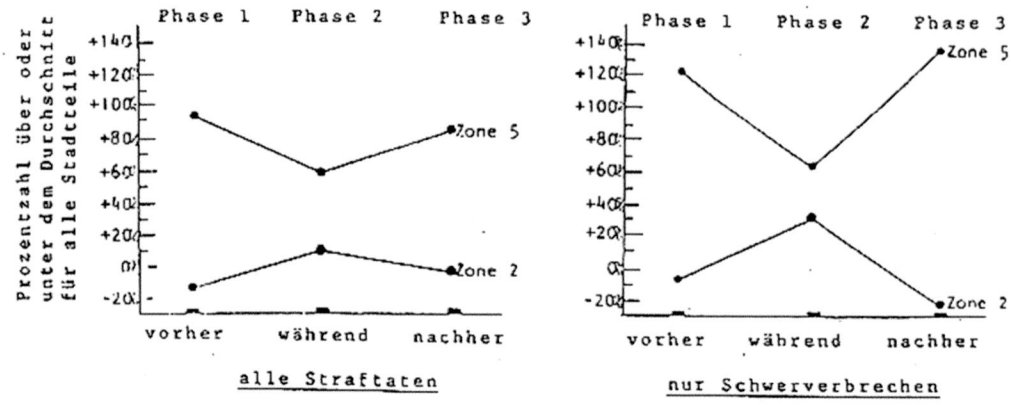

Prozentuale Veränderungen der Anzahl der Straftaten, bevor die TM-Gruppe von Zone 2 (Stadtrand) in die Zone 5 (Innenstadt) umzog, während sie sich dort aufhielt und nach ihrer Rückkehr in Zone 2.[120]

Das sollte zu denken geben …
Das sollte zu Konsequenzen auffordern …

Hier hätte man ein Mittel, soziale Konflikte zu entschärfen und Kriegen vorzubeugen. In dem Versuch, diesen Zusammenhang zu erklären, beziehen sich Arthur und Elaine Aron auf das VEREINHEITLICHTE FELD. Es durchdringt gemäß der vedischen Psychologie als kosmische Psyche alle Strukturen und koordiniert sie zu einem kohärenten Gesamtsystem. Mit der Transzendenzerfahrung wird die kosmische Psyche belebt und übt möglicherweise über eine Resonanzgesetzmäßigkeit einen ordnenden Einfluss auf die unmittelbare Umwelt aus.

Wir haben den Verlauf der Evolution vom Urknall bis zur Gegenwart als eine Folge von Phasenübergängen verstanden. Zunächst haben wahrscheinlich einzelne Organismen einen Phasenübergang erlebt, dann einzelne Gruppen und schließlich

ganze Populationen. Wir entsinnen uns der lustigen Episode mit den Makaken auf der japanischen Insel. Zuerst waren es einzelne junge Affen, die auf die Idee kamen, ihre sandigen Kartoffeln vor dem Verzehr zu waschen. Dann waren es die Weibchen, schließlich die Männchen und damit die ganze Horde – bis auf einige ergraute Patriarchen. Vielleicht vollzieht sich der Übergang in eine neue Gesellschaftsordnung, die auf naturgegebenen und nicht vom menschlichen Verstande konstruierten Prinzipien beruht, auf analoge Weise: Erst vereinzelte Erwachte, dann Gruppen, die sich miteinander vernetzen, schließlich durch „morphische Resonanz" die ganze Gesellschaft. Die ergrauten Patriarchen segnen währenddessen das Zeitliche.

Die gegenwärtigen Prinzipien, an denen wir uns orientieren, sind Ausdruck des Ichbewusstseins mit einer verhängnisvoll mangelnden SELBSTreflexion. Sie sind zu diesem Zeitpunkt der Evolution nicht mehr angemessen und müssen zwangsläufig in die Krise führen, bedingt durch die ihnen innewohnende, vom Naturgesetz abgekoppelte Dynamik: Der erbitterte Kampf um Marktanteile in der Wirtschaft bis hin zur „feindlichen Übernahme" des Konkurrenten, das Hickhack in der Politik mit dem Gerangel um die Wählergunst, ein ungerechtes Finanzsystem, das Reiche reicher und Arme ärmer werden lässt, die weltpolitische Schieflage mit Terrorismus und Migration im Gefolge, kurzum ein eskalierender destruktiver Wandel in allen Lebensbereichen und wachsender Stress – niemand kann sich der Megakrise entziehen. Wir kennen längst den gemeinsamen Nenner: *ein nicht mehr zeitgemäßer Bewusstseinszustand.*

„Deshalb ist unsere heutige Krise nicht einfach eine Krise der Individuen, Regierungen oder gesellschaftlichen Institutionen; es handelt sich vielmehr um einen Übergang von weltweiten Dimensionen, eine Wendezeit für Individuen, für unsere Gesellschaft und Zivilisation und für das planetarische Ökosystem." So formulierte es Fritjof Capra bereits 1983 in seinem Bestseller „Wendezeit. Bausteine für ein neues Zeitalter". Und es ist schon höchst erstaunlich, wie sich das alte System immer noch durch geschicktes Krisenmanagement, Symptomchirurgie und Ablenkungsmanöver weiter am Leben erhält und die Augen verschließt vor der überfälligen Systemerneuerung.

Zum Verständnis des generellen Verhaltens von Systemen in Situationen der Krise haben die Grundlagenforschungen des belgischen Physikers Ilya Prigogine wesentlich beigetragen. In seiner „Theorie

dissipativer Strukturen", für die er 1977 den Nobelpreis erhielt, zeigt er u.a., wie in physikalisch-chemischen Systemen, fern vom Gleichgewichtszustand, Ordnung aufrechterhalten wird und wie sie sich beim Eintritt in eine Phase der Instabilität zu einer Ebene höherer Ordnung entwickeln. Solche kritischen Phasen, gekennzeichnet durch ein Austesten von Verzweigungen, sind charakteristisch für Übergänge auf allen Stufen der Evolution:

„Recht bemerkenswert ist, dass Systeme in der Nähe von Verzweigungen große Schwankungen aufweisen. Das System scheint zwischen verschiedenen möglichen Entwicklungsrichtungen zu „zögern", und das berühmte Gesetz der großen Zahlen versagt in seinem üblichen Sinne. Eine kleine Schwankung kann eine neue Entwicklung einleiten, die das Gesamtverhalten des makroskopischen Systems drastisch verändert. Die Analogie zu gesellschaftlichen Problemen, ja zur Geschichte drängt sich auf. …

Kleine, von der übrigen Gesellschaft isolierte und sogar verfolgte Gruppen können Neuerungen hervorbringen, welche die gesamte Gesellschaft verändern. Minderheiten, die gegenüber den vorherrschenden Zusammenhängen eine Randposition einnehmen, haben oftmals in der Geschichte eine bemerkenswerte Innovationskraft bewiesen."[121]

Die Zukunft wird zeigen, ob von kleinen, zunächst isolierten Gruppen, die sich gemeinsam der evolutionären Erweiterung des Bewusstseins verschrieben haben, die Innovationskraft ausgeht, welche die

Menschheit gegenwärtig dringend braucht. Obwohl die Zahl derjenigen, die durch irgendeine Methode ihr Bewusstsein erweitern, ständig wächst, scheint die Potenzierung des evolutionären Impulses durch die gemeinsam praktizierende Gruppe ein wesentlicher Beitrag zur Überwindung der Trägheit der Masse zu sein, aber auch zur Überwindung der Angst, sich neuen Horizonten zu öffnen.

Die etablierten Kräfte reagieren zunächst mit Abwehr. Von jeher wurde einer Paradigmenerweiterung anfangs Widerstand entgegengebracht, stets auch von Seiten der etablierten Wissenschaft. Man denke nur an die Anfeindungen gegenüber Sheldrake! Derlei Kurzsichtigkeit versperrt den Blick für das, wohin die Evolution den modernen Menschen als Ausweg aus der von ihm heraufbeschworenen Krise drängt. Die „Schwankungen" unseres soziokulturellen Systems haben eine kritische Größe erreicht. Sie erfordern die Bereitschaft, sich neuen Horizonten und innovativen Impulsen gegenüber zu öffnen. In den Worten von Victor Hugo:

„ Nichts auf der Welt ist so mächtig wie ein Impuls, dessen Zeit gekommen ist."

Wir wollen das Kapitel noch einmal kurz zusammenfassen: Es ging um den gemeinsamen Wandel, die Unterstützung durch die Dynamik der Gruppe. Von der Systemtheorie her wissen wir: Das Ganze ist mehr als die Summe der Einzelteile. Und das Ganze wirkt zurück auf die Einzelteile und umgekehrt. Indem also das Individuum seine Selbstreferenz, sprich sein Bewusstsein, stärkt, stärkt es zugleich das Kollektivbewusstsein und umgekehrt. Denn mit der Transzendenzerfahrung wird das VEREINHEITLICHTE FELD belebt, und in seiner Funktion als kosmische Psyche bewirkt es Ganzheit im Individuum, in der Gesellschaft und im Kosmos. Dadurch werden auch die sozialen Beziehungen harmonisiert: Das „Da-zwischen", wie wir es aus der Liebesbeziehung kennen, wird gestärkt. Es wird auch spürbar in der Gruppenmeditation. Von kleinen spirituellen Gruppen kann eine katalytische Wirkung ausgehen, wie es uns das „Atlanta Experiment" vor Augen geführt hat. Somit bietet uns die Natur ein wunderbares Hilfsmittel, um unsere zerstrittene Gesellschaft zu harmonisieren und gleichzeitig unsere eigene Evolution zu fördern.

IV. Ausweg aus der Krise

1. Ein erweitertes Wissenschaftsverständnis

Keine Herausforderung ist jenseits
der kreativen Fähigkeit des
Menschen.

JOHN F. KENNEDY

Wir sind der Evolution des Bewusstseins nachgegangen durch den langen Korridor der kosmischen und irdischen Geschichte, um unseren gegenwärtigen Standort zu erkennen. Uns interessiert vor allem, wie es nun weitergeht. Es interessiert uns individuell – wir möchten eine Orientierung in unserem Leben haben – und es interessiert uns kollektiv – wir möchten in einer friedlichen Gesellschaft und einer ökologisch zukunftsfähigen Umwelt leben. Und wir haben diese Orientierung gefunden. Der Weg, der vor uns liegt, verweist auf das transzendentale Bewusstsein, den Beginn des Erwachens zum integralen Bewusstsein. Das war das Thema im hinter uns liegenden Teil III unseres Buches.

Wir sagten auch, dass der gegenwärtige Stand unseres Bewusstseins – das im Dienste des Ich stehende selbstreflexive Bewusstsein – nicht mehr angemessen ist, um die Probleme der Gegenwart zu lösen. Wir befinden uns in einer handfesten gesellschaftlichen Krise: Die sozialen Probleme haben sich verschärft, die Umwelt gibt uns ein herbes Feedback, die Gewalttätigkeit nimmt zu, die Integration von Flüchtlingen und Migranten bringt uns an unsere Grenzen. Und wir alle haben auch – mehr oder weniger – handfeste persönliche Probleme, jeder, wie er sie braucht für seine Entwicklung.

Die gegenwärtige Phase der kulturellen Evolution ist durch die Ausbildung von Verstand und Intellekt geprägt, so wie es im Mittelalter Glaube und Überlieferung waren. Der moderne Geist will klare nachprüfbare Erkenntnisse, er will die Vergangenheit „entmythologisieren". Es geht ihm um „Objektivität": Durch Beobachtung gewonnene Daten werden vom Verstand analysiert, eingeordnet und in einer Theorie zusammengefasst. Die Erkenntnisse werden alsdann einer Überprüfung unterzogen und angewendet. Und die moderne Technik gibt dieser Methode recht. Sprechen nicht Anwendungen wie Computer, Internet und Smartphon eine eindeutige Sprache? Verdanken wir nicht unseren Wohlstand angewandten wissenschaftlichen Erkenntnissen? Sind wir nicht stolz auf unsere satellitengestützten Navigationshilfen, unsere minimalinvasive Chirurgie oder Kernspin-Tomographie? *Es sind diese Erfolge, die der naturwissenschaftlichen Methode einen normativen Stellenwert in unserer Gesellschaft verschafft haben.*

Niemand wird dieser Methode ihre Berechtigung absprechen, ihre Berechtigung in dem von ihr abgesteckten Bereich der sinnlich wahrnehmbaren Phänomene. Dies ist eine Hälfte der Realität. Und die Forschung wird weitergehen und noch vieles in diesem Bereich aufdecken und umsetzen zum materiellen Wohl der Menschheit. Der ganzen Menschheit?

Es gibt keine großen Entdeckungen und Fortschritte, solange es noch ein unglückliches Kind auf Erden gibt.

A. EINSTEIN

Diese Aussage des genialen Physikers verweist auf einen Bereich, der schmerzlich vernachlässigt wird: das in der Subjektivität des Menschen angelegte humanitäre Potenzial. Und so kommt es, dass die technischen Errungenschaften uns ebenso viel Probleme geschaffen haben, wie sie Nutzen gebracht haben.

Denken wir nur an die moderne Kriegstechnologie, die Umweltzerstörung und an die Medikamente mit unliebsamen Nebenwirkungen. Doch damit wollen wir uns nicht abfinden. *Wir wollen die Ganzheit des Lebens begreifen, uns an ihr orientieren und glücklich leben in einer heilen Umwelt. Wahrheit ist nicht lediglich experimentelle und formale Beweisbarkeit.*

Die klassische Naturwissenschaft geht davon aus, dass die physische Welt, wie wir sie wahrnehmen, die reale Welt ist und dass Raum, Zeit, Materie und Energie ihre grundlegenden Bestandteile sind. Sie gilt es bis aufs Letzte zu erforschen und ihre Zusammenhänge bis in alle Einzelheiten zu verstehen. Irgendwann, so hofft man, wird diese ehrgeizige Aufgabe erfüllt sein, und dann wäre man in der Lage, das

gesamte Universum mit all seinen Phänomenen zu erklären. So das blauäugige Metaparadigma hinter allem Forschen. Und ständig wird es scheinbar durch neue Entdeckungen bestätigt. Das Wissen verdoppelt sich etwa alle fünf Jahre; aber mit dem Horizont des Wissens vergrößert sich auch der Horizont des Nichtwissens. „Mir ist bis heute kein auch noch so kompliziertes Problem begegnet, das nicht, richtig betrachtet, noch komplizierter wurde", so das ernüchternde Statement des amerikanischen Schriftstellers Poul Anderson. Allein, der Wissensdrang des Menschen ist ungebrochen. Es ist die Evolutionsdynamik selbst, die sich darin ausdrückt. Doch das, was alles Forschen erst ermöglicht, das Bewusstsein des Forschenden, bleibt unbeachtet und unerforscht. Seltsam.

Äußerst seltsam!

Auf dem traditionellen Weg der Forschung begegnet man allerdings skurrilen Dingen. Die Physik, die exakteste unter den Naturwissenschaften, musste gänzlich unerwartet ihre Grenzen erkennen. Wir sagten es schon, die Quantenphysik steckt voller Mysterien. Photonen beispielsweise sind Verwandlungskünstler. Je nach Versuchsanordnung treten sie als Welle oder als Partikel auf. Und Elektronen präsentieren sich manchmal als systemisch miteinander verbundene Partner. Auch wenn sie Tausende Kilometer voneinander getrennt sind – verändert das eine Elektron seine Rotation, reagiert das andere. Telepathie? Außerdem narren die Elektronen ihren Beobachter. Will er ihren Ort bestimmen, kann er nicht gleichzeitig ihre Geschwindigkeit messen und umgekehrt. Mit den Worten von Niels Bohr: „Wer von der Quantentheorie nicht schockiert ist, der hat sie nicht verstanden." Und ein Kollege aus Genf, der Quantenphysiker Antoine Suarez, kommentiert: „Der Quantenspuk deutet darauf hin, dass hinter der sichtbaren Welt Kräfte Entscheidungen treffen, welche sich vollends der Kontrolle entziehen." *Hinter der sichtbaren Welt waltet das VEREINHEITLICHTE FELD. Es entzieht sich jedoch nicht unserem Zugang. Dem erleuchteten Menschen steht es als ein Bereich ganzheitlicher Erkenntnis und unbegrenzter Kreativität zur Verfügung. Eine ungeheure Behauptung! Hier gilt es zu forschen.*

Albert Einstein war sich sicher: „Gott würfelt nicht", und Nils Bohr war der Überzeugung, dass der wiederholte Umgang mit den scheinbaren Widersprüchen allmählich eine „Änderung in der Struktur des Denkens" herbeiführen würde:

„Nur dadurch, dass man über die merkwürdigen Beziehungen zwischen den formalen Gesetzen der Quantentheorie und den beobachteten Phänomenen immer wieder mit verschiedenen Begriffen spricht, sie von allen Seiten beleuchtet, ihre scheinbaren inneren Widersprüche bewusstmacht, kann die Änderung in der Struktur des Denkens bewirkt werden, die für ein Verständnis der Quantentheorie die Voraussetzung ist."[123]

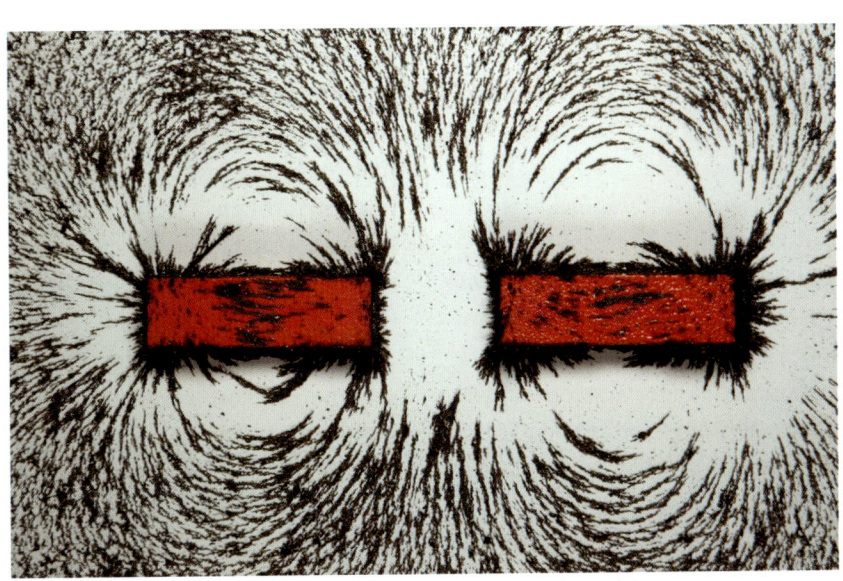

Das unsichtbare magnetische Feld bewirkt die Anordnung der Eisenfeilspäne um die Magneten. Ähnlich verhält es sich mit dem Einfluss des unsichtbaren VEREINHEITLICHTEN FELDES auf das Quantengeschehen und damit auf die sichtbare Welt.

(Foto: Thomas Mounsey[122])

Bohr hatte richtig erkannt, dass eine „Änderung in der Struktur des Denkens" erforderlich ist, um das Quantenpuzzle zu lösen. Doch ob ein solcher Strukturwechsel des Denkens eintritt, indem man sich derlei Paradoxien wiederholt vergegenwärtigt, ist anzuzweifeln. Was erforderlich ist, ist der Phasenübergang in einen evolutionshierarchisch höheren Erkenntnismodus.

So wird die Physik an die Schwelle des Metaphysischen geführt, das sie einst lautstark zu vertreiben versuchte. „Wundern Sie sich nicht, wenn im Vorlesungsverzeichnis in der Physik im 21. Jahrhundert auch Meditation angeboten wird", schreibt der Nobelpreisträger Gary Zukav. Und einer der Nachfolger von Werner Heisenberg am Max-Planck-Institut für Physik in München, Hans-Peter Dürr, hat einen Sammelband herausgegeben mit dem Titel „Physik und Transzendenz – Die großen Physiker unseres Jahrhunderts über ihre Begegnung mit dem Wunderbaren".

Da heißt es in der Einleitung:

„Hatte man ursprünglich vermutet, dass das „Transzendente" im Laufe der Entwicklung der Naturwissenschaften immer weiter zurückgedrängt werden würde, weil letztlich alles einer rationalen Erklärung zugänglich sein sollte, so stellte sich nun im Gegenteil heraus, dass die uns so handgreiflich zugängliche materielle Welt sich immer mehr als Schein entpuppt und sich in eine Wirklichkeit verflüchtigt, in der nicht mehr Dinge und Materie, sondern Form und Gestalt dominieren."

Die beiden Standbeine der empirischen und rationalen Wissensgewinnung, das sinnlich Gegebene und seine verstandesmäßige Aufarbeitung, stehen auf wackligen Füßen. Unsere gewöhnliche Sinneswahrnehmung dient mehr der Datenreduktion als der Datensammlung. Aus dem breiten Spektrum der Lichtwellen selektiert beispielsweise unser Auge nur einen geringen Bereich. Jenseits der Wellenlänge von $0{,}7\mu$ beginnt der infrarote, jenseits von $0{,}4\mu$ der ultraviolette Bereich. Darüber hinaus läuft dann nichts mehr. Hinzu kommt, dass das Auflösungsvermögen der Retina begrenzt ist. Unter einer kritischen Distanz wird beispielsweise der gleiche Rezeptor von zwei an und für sich getrennten Reizen stimuliert, und es wird nur ein Gesamtreiz wahrgenommen. Damit müssen wir uns abfinden, aber das merken wir ja nicht.

Ähnlich wie das Auge arbeiten auch unsere anderen Sinne selektiv. Ohne diese Datenreduktion würde unser Wahrnehmungsvermögen in der Flut der Umweltreize ertrinken. Darüber hinaus werden die Daten noch zusätzlich eingeschränkt, indem das Gehirn Signale abgibt, die den Reiz bereits im Rezeptor verändern können. Weitere Verzerrungen entstehen oft unbewusst durch individuelle Manipulation der Information (manchmal leider auch bewusst!). Ferner beeinflussen unsere Wünsche die Wahrnehmung, ohne dass wir das merken. Fazit: *Sinneswahrnehmungen liefern nicht ein Abbild der Umwelt; sie sind auf die Lebensbewältigung zugeschnitten.*

Und wie verhält es sich mit den Gegenständen der Sinneswahrnehmung? Hö-

Ein erweitertes Wissenschaftsverständnis

ren wir John Eccles in Anlehnung an die Quantenphysik:

„In Wirklichkeit gibt es keine Farben, keine Stoffe, keine Gerüche, weder Schönheit noch Hässlichkeit. Da draußen gibt es nur pure Energiesuppe. Es ist eine im Grunde genommen formlose, undefinierbare, fließende Quantensuppe, aus der wir im Akt der Wahrnehmung in unserem Bewusstsein die stoffliche Welt konstruieren. Diese stoffliche Welt da draußen ist ein Feld unendlicher Möglichkeiten, die wir im Prozess der Wahrnehmung zu unserer vertrauten stofflichen Realität machen, sozusagen kristallisieren."[124]

Aus dieser fließenden Quantensuppe konstruieren wir also im Akt der Wahrnehmung unsere vertraute Realität. Und da wir alle der gleichen Bewusstseinsstruktur aufsitzen, zweifeln wir nicht an der Objektivität unserer Wahrnehmung. Die Naturwissenschaftler erforschen mithin, streng genommen, lediglich ihre eigenen Konstrukte.

So weit die Sinneswahrnehmungen, so weit ihre Gegenstände. Und wie verhält es sich mit dem Verstand, dem anderen Standbein der wissenschaftlichen Methode? Er wird, wie Kant aufgezeigt hat, von regulativen Prinzipien geleitet, die der Vernunft vorgegeben sind. Woher kommen sie? (Vgl. S. 12) Der Verstand arbeitet linear, nach logischen Prinzipien, die Wirklichkeit aber ist ein System – alles steht mit allem in Verbindung. Nach logischen Prinzipien? Die Elementarteilchen scheren sich mitunter nicht im Geringsten um diese Prinzipien. Dennoch gründet das gesamte Geschäft der klassischen wissenschaftlichen Datenverarbeitung auf diesen Prinzipien, so, wie sie von Aristoteles formuliert wurden. Hören wir dazu Herbert Pietschmann, Professor für theoretische Physik an der Universität Wien, in seinem Buch „Das Ende des naturwissenschaftlichen Zeitalters":

„Die logischen Axiome wirken wie ein Filter, der, über die Wirklichkeit gestülpt, nur den widerspruchsfreien Teil durchlässt. Alles andere gehört dann nicht zum Weltbild der Naturwissenschaft, es bleibt jenseits der ontologischen Grenze und wird nicht erst ernst genommen."[125]

Der englische Astrophysiker Sir Arthur Eddington veranschaulicht diese Filtrierung mit dem Gleichnis eines Ichtyologen, eines Fischsachkundigen, der das Leben im Meer erforscht. Er wirft sein Netz aus, zieht den Fang in sein Boot, und an Land überprüft er die Fische nach wissenschaftlichen Kriterien. Nach zahlreichen Fischzügen und gewissenhaften Auswertungen formuliert er zwei Grundgesetze der Ichtyologie: 1. Alle Fische sind größer als fünf Zentimeter. 2. Alle Fische haben Kiemen. Ein Beobachter jedoch, der sein kritisches Bewusstsein ins Spiel bringt, wendet entschieden ein: „Mein Freund, dein zweites Grundgesetz, dass alle Fische Kiemen haben, lasse ich gelten. Aber dein erstes Grundgesetz über die Mindestgröße der Fische ist blanker Unsinn. Es gibt sehr wohl Fische, die kleiner als fünf Zentimeter sind. Aber die entgehen dir, da dein Netz nur eine Maschenweite von fünf Zentimetern hat." Der Meeresforscher nimmt diesen Einwand jedoch nicht ernst. Er ist fest überzeugt von seiner exakten naturwissenschaftlichen Vorgehensweise und sagt im Brustton der Überzeugung: „Was ich nicht fangen kann, ist kein Fisch."

Schlussfolgerndes Denken gründet immer im Bewusstsein. Denn ich muss mir ja der vorausgehenden Fakten, der Prämissen, bewusst sein, um aus ihrer Verbindung miteinander zu einer Schlussfolgerung zu kommen. Letztere ist eine dem Bewusstsein entspringende Intuition. Sie ereignet sich im suchenden Schwebezustand jenseits aller formalen Logik. Somit ist Bewusstsein die Voraussetzung der Möglichkeit von Schlussfolgerungen. *Das ganze Fundament stolzer Logik, Mathematik und Naturwissenschaft, beruht also auf subjektiven Gegebenheiten. Deshalb gebührt einer Subjektforschung, die ihrem Wesen nach Bewusstseinsforschung ist, der Status einer „ersten Wissenschaft".* Schon im vergangenen Jahrhundert prognostizierte der renommierte österreichische Quantenphysiker Anton Zeilinger: „Bewusstsein wird das zentrale Thema der Wissenschaften im nächsten Jahrhundert sein."

"What the bleep do we know?"
Was können wir wirklich wissen?

Den obigen Titel trägt ein amerikanischer Film, der 2005 in Deutschland anlief. In ihm kommen hochrangige Quantenphysiker, Hirnforscher und Psychologen zu Wort, und sie erklären unisono: Es ist unser Bewusstsein, das *unsere* Realität er-

schafft. (Der Salatkopf lässt grüßen!) Mit der Wirklichkeit an sich hat das wenig zu tun. Doch Bewusstsein lässt sich erweitern, glücklicherweise…

Bewusstsein ist das, was allem zugrunde liegt und Einheit stiftet. Die klassische Naturwissenschaft untersucht isolierte objektive Phänomene und vernachlässigt ihre Grundlage. Und das, obwohl die Quantenphysik längst die Allverbundenheit der Elementarteilchen, die aller Materie zugrunde liegt, nachgewiesen hat. Inzwischen ist man sich auch der Allverbundenheit der makroskopischen Phänomene bewusst geworden. Unser ganzer Planet ist ein gigantisches Ökosystem. Und die Ergebnisse der Chaosforschung legen nahe, dass selbst das Gähnen eines Flachland-Gorillas in Zentralafrika einen entfernten Einfluss auf das Wetter bei uns haben kann (hoffentlich einen positiven!). Unserem linear denkenden Verstand fehlen schlichtweg die Voraussetzungen, diese Allverbundenheit zu durchschauen. Und fängt er an zu analysieren, entgehen ihm die systemischen Zusammenhänge. In seinem Buch „Neuland des Denkens. Vom technokratischen zum kybernetischen Zeitalter" berichtet Frederic Vester von einer vom Bamberger Psychologen Dietrich Dörner durchgeführten Demonstration unserer Unfähigkeit zu systemischem Denken. Auf der Grundlage von in Afrika vorherrschenden Bedingungen erfand Dörner ein fiktives afrikanisches Gebiet, das „Tanaland". Alle erforderlichen Daten und Variablen wurden in einen Computer eingegeben. Ein Dialogprogramm ermöglichte es dem Computerbenutzer, die Zukunft des Landes zu

Allverbundenheit im Kosmos: wie im Kleinen, so im Großen die gleiche ordnende Kraft.

(Graphik: Cleo Vilett)

simulieren und bei Fehlentwicklungen korrigierend einzugreifen. Zwölf Experten unterschiedlicher Fachrichtungen wurden nun aufgetragen, die Verhältnisse im Land durch geeignete Maßnahmen zu verbessern:

„Das Ergebnis war mehr als niederschmetternd: Statt dass das Leben der Menschen sich besser gestaltete, was das Ziel war, traten nach vorübergehenden Besserungen Katastrophen und Hungersnöte auf. Die Viehherden waren auf einen Bruchteil zusammengeschmolzen, die Nahrungsquellen ebenso wie die Finanzen zugrunde gerichtet. Auffallend war, dass Fachleute genauso wie die übrigen Versuchspersonen ein Chaos schufen und das Land in die Katastrophe führten, obgleich sie alle das Gute wollten. Der Grund: ‚Die Entwicklungshelfer dachten in Wirkungsketten… und nicht in Wirkungsnetzen, wie erforderlich‘.“ [126]

Dieser Befund sollte uns zu denken geben. Als Konsequenz zählt Vester die im Umgang mit komplexen Systemen generell auftretenden Strategiefehler auf. Aber ob es genügt, durch ihre Berücksichtigung einem hochkomplexen, *biokybernetischen* Sachverhalt gerecht zu werden, bleibt anzuzweifeln. *Hierzu bedarf es, und darauf liegt der Schwerpunkt unserer Argumentation, eines komple-*

mentären Erkenntnismodus, eines intuitiv-ganzheitlichen, wie er durch das integrale Bewusstsein erschlossen wird. Wir entsinnen uns: Gleiches wird nur durch Gleiches erkannt. Die nachstehende Abbildung veranschaulicht das prinzipielle Dilemma unangemessener Wirklichkeitserfassung.

Realität und Systemabbildung

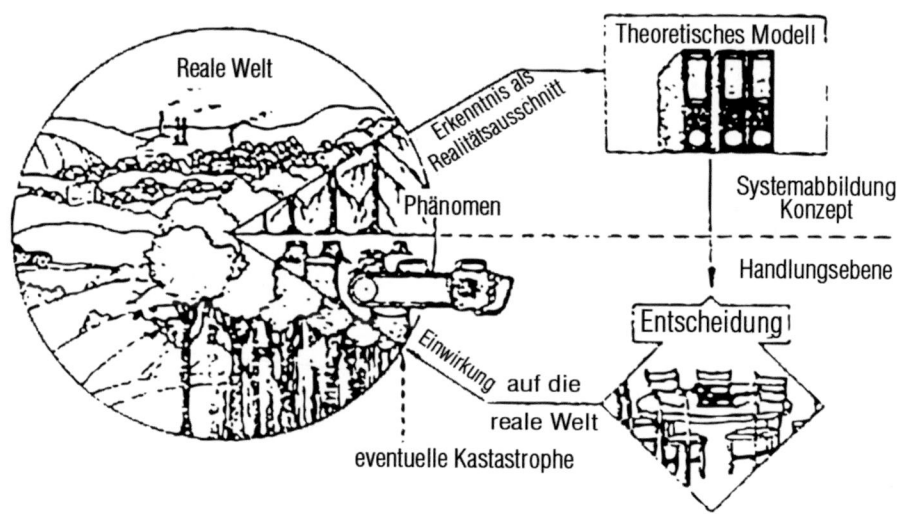

Aus der Ganzheit der Realität wird ein Teilaspekt herausgegriffen und ein Modell geschaffen mit einem zur ganzheitlichen Erkenntnis unfähigen Erkenntnisvermögen. Ein mangelhaftes Modell führt zu mangelhafter Handlung und oft zu katastrophalen Folgen.[127]

Obwohl man längst um die systemische Allverbundenheit der Natur weiß, werden nach wie vor Eingriffe vorgenommen nach dem oben abgebildeten Muster. Man sieht das Gesamtprojekt, sagen wir den Bau eines Staudammes, sammelt umfangreiche Datenmengen über die möglichen Konsequenzen für die Umwelt, versucht alle Variablen zu erfassen, kann aber unmöglich das Spiel der Variablen untereinander voraussagen. Die Probleme, die gegenwärtig mit dem Bau der Staudämme in China oder Indien ausgelöst werden, können dabei ganz anders aussehen als die, welche mit dem Assuanstaudamm des Nils zu Beginn des vergangenen Jahrhunderts eintraten.

Uns fehlt einfach der Überblick. Mit welchen Langzeitfolgen haben wir zum Beispiel zu rechnen durch den Einsatz genmanipulierter Pflanzen und Tiere? Was mag mit der Überfischung der Meere auf uns zukommen? Wer kann die Folgen der Dezimierung der Urwälder in Finnland, Russland, Kanada und in den Tropen für Klima und Menschen abse-

Ein erweitertes Wissenschaftsverständnis

hen? Was kommt mit dem Anstieg der Treibhausgase auf uns zu? Es sind nicht die einzigen Fragen, die wir uns stellen müssen.

Die gute Nachricht: Nach dem Scheitern des Klimagipfels in Kopenhagen 2009 gelang der Durchbruch in Paris 2015. Es waren zähen Verhandlungen gewesen, bis sich die Weltgemeinschaft einigte, die Erderwärmung unter zwei Grad zu halten. „Vive la planete!", jubilierte Frankreichs Präsident François Hollande. Und ein Jahr später auf der Klimakonferenz in Marrakesch ließ man sich trotz des Gegenwinds vonseiten Donald Trumps die Zuversicht nicht nehmen.

Doch wir dürfen nicht alles der Politik überlassen. Umweltschutz beginnt bei mir selbst! Schon seit langem ärgere ich mich über die lästigen kleinen Marken-Aufkleber an meinen Bananen. Was soll der Schwachsinn?! Ab morgen werden sie abgezogen, bevor die Schalen in den Bioabfall kommen.

Der Gründer von Visa International Dee Hock versucht in seinem Buch „Birth of the Chaordic Age", den Ordnungsprinzipien der Natur auf die Schliche zu kommen. Mit der Wortschöpfung „cha-ordisch" will er die perfekte Ausgewogenheit zwischen Chaos und Ordung zum Ausdruck bringen, jene Ausgewogenheit, wie sie uns im Fließgleichgewicht von Ökosystemen begegnet und wie sie sich im Tanz der Elementarteilchen, im Zusammenspiel der Zellen im Körper und im Reigen der Galaxien orchestriert. *Das ist das Leben!* Das gilt es zu erfassen, und dem müssen wir unsere Wahrnehmung und unser Verhalten anpassen. Allein, da ist noch das dominierende mechanistische Denken, das, nach Dee Hock, dem entgegensteht. Es ist eine Manifestation der Struktur unseres gegenwärtigen Bewusstseins, mit der wir *unsere* Realität konstruieren und sie der Wirklichkeit überstülpen.

Aus dem VEREINHEITLICHTEN FELD ist das Uni-versum hervorgegangen, und in seinem Modus als Evolutions- und Selbstorganisationsdynamik wird es von ihm durchdrungen, als „ordnende" Kraft, „chaordisch" sozusagen. Es ist der GEIST, der die Materie durchdringt – wir argumentieren dualistisch. Und als solcher bewirkt er unterschwellig Ganzheit, während die Materie an der Oberfläche kausalen Gesetzmäßigkeiten unterliegt, beide miteinander verwoben. Deswegen hat der kausal-mechanistisch arbeitende Verstand durchaus seinen Stellenwert.

Die Erforschung der Vorgänge hinter den Ereignissen ist das, was ansteht – faszinierendes Neuland und not–wendiger Vorstoß. Viele sind bereits unterwegs, und für sie ist die Richtung klar. Aber es gilt, dieses Neuland für die ganze Gesellschaft zugänglich zu machen. Andernfalls kommen wir nicht heraus aus unserem Schlamassel Marke Eigenbau. Kein Ausweg aus der Krise. Der menschliche Geist hat Großartiges hervorgebracht. Dazu gehört die Naturwissenschaft. Jetzt ist es an der Zeit, ihre selbst auferlegten Grenzen zu erweitern.

Der bereits erwähnte englische Biologe und Bestsellerautor Rupert Sheldrake sagt in der Einleitung zu seinem Buch „Der Wissenschaftswahn. Warum der Materialismus ausgedient hat":

„In diesem Buch vertrete ich die Ansicht, dass die Naturwissenschaft von ihren eigenen jahrhundertealten und inzwischen zu Dogmen verhärteten Annahmen ausgebremst wird. Wissenschaft wäre ohne diese Annahmen besser dran, nämlich freier und interessanter, sie würde mehr Spaß machen.

Der größte Wahn der Wissenschaften besteht in der Annahme, sie wüssten bereits die Antworten. Zwar müssten die Details noch ausgearbeitet werden, aber im Prinzip seien die Grundprobleme gelöst.“[128]

Inzwischen haben einige dieser Dogmen bereits ausgedient. So hat sich beispielsweise in der Biologie ein erweitertes Wissenschaftsverständnis durchgesetzt. Zunächst war man im Zuge der in der Physik und der Chemie so bewährten naturwissenschaftlichen Methode davon überzeugt, mit diesem Ansatz auch dem Phänomen des Lebens auf die Spur zu kommen. So wurden mit voranschreitender Analyse von der Organebene über die Zellebene bis hin zu den Genen zwar wichtige Funktionsmechanismen aufgedeckt, jedoch das Lebensspezifische wurde zusehends weganalysiert. Inzwischen hat sich aber der systemtheoretische Ansatz mit der Betrachtungsweise des Lebens als eines Systemphänomens weitgehend durchgesetzt. Schicht um Schicht, mit jeder hierarchisch komplexer werdenden Ebene der Selbstorganisation, tauchen lebensintensivierende Eigenschaften auf: das, was wir als Emergenz kennen gelernt haben. Dabei wird die vorausgehende Stufe transzendiert, es taucht eine

neue Ebene der Selbstreferenz, also des Bewusstseins auf, die alte Ebene wird integriert. Diesen Vorgang können wir uns als in die Zukunft projiziert vorstellen. Das ist unser Thema.

Wissenschaftliche Untersuchungen bringen Klarheit in einen Sachverhalt. Aber was die Welt dringender braucht denn je, ist Orientierung. Und die kann die Wissenschaft nicht liefern. Ihr Ansatz ist ein „objektiver“. Doch das Objekt, so hat es sich gezeigt, ist in seiner letzten Konsequenz nichts als Schall und Rauch. Es ist aus Atomen aufgebaut, dessen einzige Masse, der Kern, etwa 10.000-mal kleiner ist als das gesamte Atom. Und diese Masse zerfällt wieder in Elementarteilchen, die in einem Vakuum verschwinden können und aus dem andere wieder auftauchen können. So sagt der französische Physiker und Nobelpreisträger Louis de Broglie, „dass die Mechanik eine Mystik erfordert“. Sein englischer Kollege Sir James Jeans meint: „Die Welt beginnt immer mehr wie ein großer Gedanke, nicht wie eine große Maschine auszusehen.“ Und Werner Heisenberg fordert: *Der wahre Wissenschaftler muss zum Mystiker werden.“*

Da alle objektiven und alle subjektiven Phänomene sich aus dem VEREINHEITLICHTEN FELD heraus entfaltet haben, ist alle Suche nach Wahrheit notwendigerweise konvergent. Das, was die Forscher im Subjektiven, Philosophen wie Platon und Aristoteles oder Mystiker wie Meister Eckehart und Jakob Böhme schon immer verkündet haben, wird mittlerweile von der naturwissenschaftlichen Forschung bestätigt. Mit den Worten des

Ein erweitertes Wissenschaftsverständnis

chilenischen Neurobiologen Francisco Varela: „Die bisher vor allem von Mystikern und Philosophen behauptete untrennbare Ganzheit des Seins wird nun auch von den naturwissenschaftlichen Forschungsergebnissen belegt."

Die „untrennbare Ganzheit des Seins", begründet durch den URGRUND, ist das, was Subjekt und Objekt miteinander verbindet. In der Tiefe des Bewusstseins wird die Einheit spürbar. Dieser Sachverhalt wurde in der Philosophie von jeher als Partizipation bezeichnet. Thomas von Aquin beispielsweise begründet alle Erkenntnis des Menschen durch Teilhabe am „göttlichen Urgrund" – wir würden sagen, am VEREINHEITLICHTEN FELD. Diese Teilhabe wird durch Meditation bewusst gemacht. Dadurch wächst das Vermögen, Einzelfakten in den Gesamtzusammenhang des Wissens einzuordnen. Das gegenwärtige Bewusstsein ist nicht mehr fähig, die Fülle an Information auf die Reihe zu bringen. Nur die Belebung der transzendentalen Matrix in der Tiefe des Bewusstseins hilft hier weiter. Wir kennen das, wenn uns der Schädel brummt: Wir machen ein (Power-)Nickerchen – den Seinen gibt's der Herr im Schlaf! Ruht Bewusstsein in sich selbst, kommt dabei oder danach der Überblick.

Nicht nur der Überblick, sondern es kommen auch Antworten auf Fragen, es kommt die Intuition. Allein diese Anreize, abgesehen von dem breitgefächerten Nutzen, sollten zur Erweiterung des vorherrschenden Wissenschaftsverständnisses beitragen. Kein Paradigmenwechsel – eine Paradigmenerweiterung! Um v. Weizsäcker zu wiederholen: Es gilt, „die

Wissenschaft auf das Niveau zu bringen, das ihr eigentliches Niveau wäre". *Denn die Wissenschaft, welche versucht, die andere Hälfte der Wirklichkeit in ihr begrenztes Paradigma hineinzureduzieren, ist mitverantwortlich für die Schieflage unserer Zivilisation. Wir brauchen Mut zur Ganzheit!*

Einsteins Traum einer vereinheitlichten Feldtheorie wird sich nur erfüllen, wenn Relativitäts- und Quantentheorie mit einer Subjekttheorie verbunden werden – die ultimative Herausforderung. Die Ganzheit der Wirklichkeit vereinigt Materie und Bewusstsein als Varianten einer zugrundeliegenden Einheit: das VEREINHEITLICHTE FELD. Für die Naturwissenschaft wäre das die große Hypothese, für die Bewusstseinswissenschaft des Fernen Ostens ist es längst ein Faktum. Es gilt, beide Ansätze miteinander zu verbinden: Die Hochzeit zwischen Ost und West für eine bessere Zukunft der Menschheit.

Bereits in der Ausgabe vom Januar 1999 berichtet die Zeitschrift „GEO" von einer Begegnung zwischen Quantenphysik und Buddhismus. Im Physiklabor der Unversität Innsbruck war es zu einem tiefgründigen Gespräch zwischen Professor Anton Zeilinger und dem Dalai-Lama gekommen. Dazu heißt es im Editorial:

„ ‚Auch die Forscher haben den Himmel nicht ganz leergeräumt', war kürzlich in der ‚Zeit' zu lesen, und: von einer ‚Sehnsucht nach Transzendenz'. Die ‚New York Times' fragte nach Gemeinsamkeiten von Glaube und Wissenschaft, ‚Newsweek' titelte: ‚Die Wissenschaft findet zu Gott'.

Und das nicht nur zur Weihnachtszeit: Mystik und kritische Vernunft, nach innen und nach außen gerichtete, im geistigen und im materiellen Kosmos gegründete Welterklärungen scheinen plötzlich nicht mehr unbedingt ein Gegensatz zu sein. So sinnieren Naturwissenschaftler unterschiedlicher Disziplinen, trotz der dramatischen Fortschritte ihrer Metiers, vernehmlich über einen ‚unerklärbaren Rest‘. Über einen Punkt, an dem der aufgeklärte Mensch Messinstrumente und Hinterfragungstechniken beiseitelegen und sagen müsse: ‚Es ist eben so‘.“

Und in der abschließenden Betrachtung seines Beitrages zu dem Buch „Psychologie der Meditation“ sagt der amerikanische Psychologe Robert E. Ornstein:

„Der Mensch hat sich auf seiner Suche nach Selbsterkenntnis zwei Wege ausgewählt, den empirisch-erfahrenden des Ostens und den empirisch-forschenden des Westens. Zum ersten Mal könnte eine Verschmelzung der beiden großen Traditionen menschlicher Suche möglich werden.“[130]

Erfreulicherweise ist schon manches im Gange: Die „Gesellschaft für Bewusstseinswissenschaften und Bewusstseinskultur“ hat sich der „Förderung der interdisziplinären Zusammenarbeit und des Austausches zwischen Wissenschaftlern, Forschern und Anwendern auf dem Gebiet der Bewusstseinswissenschaften und der Bewusstseinskultur“ verschrieben. Der „Stiftung Bewusstseinswissenschaft“

Begegnung von Natur- und Bewusstseinswissenschaft: Physikprofessor Anton Zeilinger im Gespräch mit dem Dalai Lama.

(Foto: Monika K. Zanolin[129])

Ein erweitertes Wissenschaftsverständnis

geht es um „eine anwendungsbezogene Bewusstseinsforschung, die sowohl das individuelle als auch das kollektive Bewusstsein und die biologischen und kulturellen Grundlagen einbezieht". Die „Society for Meditation and Meditation Research" (SMMR) bemüht sich um die wissenschaftliche Durchdringung der Meditation. Und auch an der Medizinischen Hochschule Hannover werden bereits Forschungen zu Bewusstseinszuständen gemacht. Es sind nicht die einzigen Initiativen…

Derlei Forschungen werden auch neue Dimensionen eröffnen und Phänomene untersuchen, die wir als „übernatürlich" bezeichnen. Wir nennen sie übernatürlich aus der Sichtweise unserer gegenwärtig erschlossenen Evolutionsstufe. Dem anatomisch modernen Menschen sind gewiss auch einige „geniale" Leistungen seiner Zeitgenossen, die bereits über die Fähigkeit zur Selbstreflexion verfügten, übernatürlich vorgekommen. Heute können wir alle über unser Denken reflektieren und es transzendieren, etwas ganz Normales – obwohl viel zu wenige davon Gebrauch machen. Es ist der Schlüssel für die Entfaltung unseres Potenzials. Gemäß einer Umfrage

der Dortmunder „Gesellschaft für Sozialforschung" sind inzwischen 93 Prozent der Bundesbürger davon überzeugt, dass es Phänomene gibt, die sich mit den herkömmlichen Wissenschaften nicht erfassen lassen. 45 Prozent der Bevölkerung bestätigen, dass sie schon Erfahrungen gehabt haben, „die sich nicht mit dem Verstande erklären lassen".

108-stelliges Ergebnis in Sekundenschnelle

Wissenschaftler untersuchten Gehirn von Zahlengenie

Von Wolf Günther

Alfdorf, 15. 6.
Wie viel ist 99 hoch 20? Rüdiger Gamm schließt die Augen, fasst mit den Händen an seine Schläfen und spuckt Sekunden später das Ergebnis aus: „8 Sextilliarden, 179 Sextillionen, 69 Quintilliarden, 375 Quintillionen, 972 Quadrilliarden, 308 Quadrillionen, 708 Trilliarden, 891 Trillionen, 986 Billiarden, 605 Billionen, 443 Milliarden, 361 Millionen, 898-tausend und 1."
Zurück rechnet der Rechenkünstler aus Alfdorf östlich von Stuttgart auch, ohne Taschenrechner oder Computer. „Ich kann Wurzelziehen bis zur 20. Wurzel. Das ist die logische Folge aus der Potenz", sagt er. Die Zahlen kann er auch in elf Sprachen aufsagen, selbst in Persisch und Japanisch. Doch der 32 Jahre alte Rechen- und Gedächtniskünstler verblüfft auch auf anderen Gebieten. Wie viele Mittwoch, den 13., gab es 1286? Wieder denkt Gamm kurz nach, kramt gedanklich in seinem „Speicher", lächelt und antwortet: „Das waren sogar drei: im Februar, März und im November." Wochentage dem Datum zuzuordnen vermag der Mann zurück bis ins Jahr 1 nach Christus.

Weil Gamm selbst schwierigste mathematische Aufgaben im Kopf löst und 108-stellige Ergebnisse in Sekundenschnelle liefert, haben Wissenschaftler das Gammsche Gehirn untersucht. „Die meisten Menschen rechnen mit dem Kurzzeitgedächtnis. Bei mir arbeitet der Langzeitspeicher mit", erklärt er. Im Gegensatz zum Normalbürger nutzt Gamm beim Rechnen auch spezielle Areale in der rechten Gehirnhälfte, die für das Erinnerungsvermögen zuständig sind. Das haben Forscher um den Belgier Mauro Pesenti beim Beobachten seines Gehirns mit der Positronen-Emissions-Tomografie (PET) herausgefunden.

Dennoch schaffte der Mann mit einem IQ von mehr als 200 nicht einmal das Abitur. „Im Rechnen war ich der Schlechteste. Ich hatte meistens Fünfer und bin sitzen geblieben. Das lag aber an den Lehrern", erzählt er. Gamms erster öffentlicher Auftritt machte ihn gleich berühmt: Am 15. Januar 1994 löste er in „Wetten, dass..?" die Aufgaben damals noch hoch 12.

TASCHENRECHNER braucht Rüdiger Gamm nicht. Foto: dpa

Ergebnisse, die sich nicht mit dem Verstand erklären lassen: die Lösung sehen, kein mühseliges Errechnen.[131]

In seinem umfangreichen Werk „Der QuantenMensch" vermittelt der amerikanische Psychologe Michael Murphy, einer der führenden Köpfe des „Human Potential Movement", einen „Blick in die Entfaltung des menschlichen Potenzials im 21. Jahrhundert". Er ist der Überzeugung, dass dieses Potenzial durch „evolutionäre Transzendenz" erschlossen wird, und er führt eine Fülle bereits vorhandener außergewöhnlicher Fähigkeiten bei einigen „begabten" Menschen an, als da sind beispielsweise: verfeinerte Wahrnehmungen wie Hellsehen; verfeinerte Fähigkeiten der Kommunikation wie Gedankenübertragung; verstärkte vitale Kräfte, die zu ungewöhnlichen sportlichen Leistungen führen; geistige Fähigkeiten, die zu Heilungen eingesetzt werden; geniale Intuitionen, die neue Erkenntnisse erschließen, oder selbstlose Liebe, die das fundamentale Einssein mit anderen offenbart. Die traditionelle Wissenschaft verschließt sich noch weitgehend derlei außergewöhnlichen Fähigkeiten, weil sie mit ihren Forschungsmethoden nicht greifbar sind:

„Derselbe Widerstand gegen Laborversuche oder die Verifizierung durch die physischen Sinne und dieselbe scheinbare Verletzung der Naturgesetze, die die Wissenschaftler gegen verschiedene außergewöhnliche Fähigkeiten anführen, können als Anzeichen dafür gedeutet werden, dass sie Teil einer neuen Sphäre sind, die über gewöhnliche menschliche Aktivitäten und die Methoden, diese zu erforschen, hinausgeht. Dieselben begrifflichen und methodologischen Schwierigkeiten, die viele Wissenschaftler dazu veranlassen, metanormale Fähigkeiten abzustreiten, können als Anzeichen eines fundamentalen Übergangs zu einer neuen Stufe der menschlichen Existenz gesehen werden."[132]

Uns erwarten neue Horizonte. Es ist Zeit, dass wir uns unseres Potenzials bewusst werden und dass immer mehr Menschen die Erweiterung ihres Bewusstseins in die Hand nehmen. Irgendwann wird die kritische Masse erreicht sein und die Naturwissenschaft gezwungen werden, sich der ganzen Wirklichkeit zu stellen.

Wir haben argumentiert, dass wir ohne Entfaltung unseres Bewusstseins die Probleme, individuell, kollektiv und ökologisch, von ihrer tieferen Ursache her nicht lösen können. Und da die Wissenschaft in unserer Gesellschaft nun einmal die höchste Autorität verkörpert, haben wir im Kapitel, das hinter uns liegt, für ein erweitertes Wissenschaftsverständnis plädiert. Die naturwissenschaftliche Methode, die kausal-mechanistische Gesetzmäßigkeiten erforscht, hat bereits mit

der System- und der Chaostheorie ihre Grenzen erweitert. Die Ganzheit ist mehr als die Summe der Einzelteile. Nun geht es um die Erforschung der die Ganzheit bewirkenden Gesetzmäßigkeiten. Dazu müssen die Grenzen der Naturwissenschaft abermals erweitert werden. Der Forscher muss die Ganzheit stiftende Kraft in seinem eigenen Bewusstsein erforschen, um sie in der Außenwelt wiederzufinden. Gleiches wird nur durch Gleiches erkannt. Er muss meditieren, er muss wissenschaftliche Subjektforschung betreiben, die zur Entdeckung des VEREINHEITLICHTEN FELDES führt, das als Essenz seines eigenen Bewusstseins in ihm anwesend ist. Aus dem URGRUND ist die Schöpfung hervorgegangen, und von ihm wird sie als Ganzheit stiftende Kraft durchdrungen.

2. Ganzheitliche Erziehung und Bildung

Jegliche Erziehung und Bildung sollte sich an einem gültigen Menschenbild orientieren. Denn der Pädagoge muss wissen, auf welches Ziel hin er seine erzieherischen Maßnahmen einsetzt. Von jeher hat sich daher die Pädagogik an der philosophischen Anthropologie orientiert, also an der Disziplin, die sich u.a. mit der Bestimmung des Menschen befasst. Der Begriff „Anthropo-logie" ortet ja bereits den Menschen im LOGOS, also im VEREINHEITLICHTEN FELD; wiewohl die Endsilben „logie" meist als „ein Nachdenken über" ausgelegt werden. Eine moderne Anthropologie sollte also vom Ursprung des Kosmos und damit des Menschen im LOGOS ausgehen. Das ist zentrales Anliegen unseres Buches. Dem bisherigen Verlauf der Evolution konnten wir Hinweise entnehmen für den zukünftigen Verlauf. Damit bekommt die philosophische Anthropologie eine wissenschaftliche Orientierung. Die in unserem Buch erbrachten Indizien über die Bestimmung des Menschen legen ein eindeutiges Zeugnis ab: *Es ist die vornehmste Aufgabe im Leben des Menschen, sein evolutionäres Potenzial zu entfalten.*

Wir liegen somit auf einer Linie mit dem humanistischen Bildungsideal der Entfaltung der Persönlichkeit. Nur geben wir dieser Entfaltung eine erweiterte Perspektive: Das Ideal körperlicher und geistiger Gesundheit als Basis zur Entfaltung naturgegebener Anlagen zum eigenen und gesellschaftlichen Wohl kann letztlich nur durch den bewussten Rückbezug zum Ursprung verwirklicht werden. So wie ein Baum über seine Wurzeln sich ganzheitlich ernährt und gedeiht, so kann der Mensch nur über seine zu Bewusstsein erwachte Verwurzelung in der Transzendenz sich ganzheitlich entfalten.

Mehr denn je bedarf es heutzutage einer gefestigten Persönlichkeit, um den Anforderungen einer sich ständig wandelnden und komplexer werdenden Umwelt gewachsen zu sein. Im Berufsleben ist innere Stärke zu einer Überlebensnotwendigkeit geworden. Rasante technische Entwicklungen und die Umstellung auf neue Verfahren erfordern ein hohes Maß an Flexibilität. Ganze Berufszweige sterben aus, neue entstehen. Digitalisierung, vernetzte Produktion, Automatisierung und künstliche Intelligenz stellen Anforderungen. Die Tätigkeiten werden abstrakter, gefordert ist analytische Kompetenz. Industrie 4.0 ist das Schlagwort. Gemeint ist die Durchdringung und Vernetzung der Produktion mit Informationstechnologie. Kollege Roboter wird von einem Tablet aus überwacht. Mehr denn je ist die Fähigkeit zur Überwachung gefordert, motorische Anforderungen treten zurück. Und Wachheit, das will die Evolution. Wenn aber Wachheit allein durch Konzentration forciert wird, kommt es schnell zu Stress, zu Ermüdung und letztlich zum Burnout. Dann sind Entspannungstechniken angesagt, und so bringt Mutter Evolution ihre Kinder wieder auf Kurs.

Die Dynamik des Marktes zwingt zu schonungslosem Wettbewerb und zu schmerzhaften Einschnitten. Dem Unternehmer droht die Insolvenz, dem Arbeitnehmer die Arbeitslosigkeit. Wer nicht stark genug ist, bleibt auf der Strecke. Überleben der Fittesten, Sozialdarwinis-

mus? Zwar wird vieles abgefedert durch eine „soziale" Marktwirtschaft und ein soziales Netz, aber die Härte bleibt. Die Anzahl der Arbeitslosengeld-II- und Grundsicherungsempfänger stagniert auf hohem Niveau. Passe dich an, lerne ein Leben lang, oder du wirst abgehängt.

Erfreulicherweise mangelt es nicht an humanitären Initiativen. Auf Regierungsebene werden korrektive Gesetze erlassen; die zahlreichen NGOs, die Nichtregierungsorganisationen, füllen Lücken; Internetinitiativen wie Campact, Avaaz oder Foodwatch decken Missstände auf; Umweltorganisationen wie Greenpeace, Robin Wood, Global Nature Fund oder der Bund für Umwelt und Naturschutz Deutschland wehren sich aktiv gegen die Ausbeutung des Planeten, und Hilfsorganisationen wie terre des hommes, Plan In-

Betriebsversammlung   (Karikatur: Manfred Wenzel[133])

ternational oder Deutschland hilft lindern das Schlimmste. Jährlich spenden mehr als 23 Millionen Menschen in Deutschland etwa 5,5 Milliarden Euro!

Immer ist es der Mensch, der sich seine Welt schafft, und darum sind Erziehung und Bildung grundlegend. Allein das ständige Reformieren der Reformen ist nur ständig neuer Wein im alten Schlauch, im alten Paradigma, das der sich anbahnenden Stufe der Evolution nicht mehr angemessen ist. Der Versuch, die Schulmisere allein im Rahmen der Prinzipien zu lösen, die sie hervorgerufen hat, muss scheitern. Das Münchhausendilemma: eine endlose Reformdebatte, mit der man versucht, den Sumpf zu managen. Aber damit kommt man nicht aus ihm heraus. *Die Probleme sind intrinsisch*, d.h. dem Prinzip innewohnend.

Bereits im November 2000 kam es in Göttingen auf einem Kongress von rund 900 Pädagogen, Psychiatern und Medizinern – also einem ausgewogenen Ensemble von Fachleuten – zu einer alarmierenden Bestandsaufnahme. Nach Einschätzung der Experten müssen die Institutionen Familie und Schule gewaltige Anstrengungen machen, um die sich anbahnende Erziehungskatastrophe zu verhindern. Ohne eine angemessene „Brutpflege", die emotionale Geborgenheit vermittelt, wisse das „lernfähige Hirn nicht, was es lernen soll", so der Neurobiologe und Kongresspräsident Prof. Dr. Gerald Hüther. Dass jedem Kind eine Bewusstseinsseele mit in die Wiege gelegt worden ist, die Geborgenheit vermittelt und die freigelegt werden will, das war kein Thema. *Haben Eltern und*

Pädagogen ihr Metier verlernt oder will da eine neue Evolutionsstufe zum Durchbruch kommen, auf die nicht angemessen reagiert wird?

Man sollte meinen, dass Pädagogen außer Fachwissen auch über Lebenswissen verfügen und an ihre Schüler weitergeben. *Woher komme ich? Wohin gehe ich? Was ist der Sinn des Lebens?* Diese Fragen können nur aus einer übergeordneten Perspektive beantwortet werden, die einen festen Standort gewährt. „Gib mir einen Punkt außerhalb der Erde, wo ich stehen kann, und ich werde die Erde bewegen", sagte Archimedes. Und dieser Punkt liegt außerhalb unseres Denkens, er liegt in unserem transzendentalen Bewusstsein. Es ist der Punkt der radikalen Freude und des evolutionären Charismas. Seine Entdeckung sollte zum festen Bestandteil der Lehrerausbildung werden. Andernfalls werden die ständigen Reformen der Reformen das Erziehungschaos bestenfalls managen, nicht aber beheben. Hier ist auch die Antwort auf die obigen Fragen angesiedelt. Aus der Erfahrung des transzendentalen Bewusstseins erwächst Orientierung und innere Stärke. Es gibt keine wirksamere Prävention gegen Burnout für Lehrer und gegen Mangel an Motivation von Schülern.

Bereits im Kindergarten beginnt die Vorbereitung auf die Schule. Und bald nach Schulbeginn geht die jedem Kind mit in die Wiege gelegte Freude am Lernen und am Entdecken der Welt verloren. Der aufwühlende Dokumentarfilm „Alphabet" (2013) berichtet von einer Studie, die aufzeigt, dass 98 Prozent der Drei- bis Fünfjährigen kleine Genies sind, wenn es um unkonventionelles Denken geht. Zwei Jahrzehnte später sind es nur noch zwei Prozent!

Das sollte zu denken geben!

Thomas Städtler ist Psychologe. Viele seiner Patienten sind ausgebrannte Lehrer. Er fragte sich, inwieweit ihr Opfer sich gelohnt hat. Anhand von Tests untersuchte er, wie viel vom Gelernten noch Jahre nach dem Schulabschluss hängen geblieben war. Das Ergebnis war niederschmetternd: ein Prozent! Sein Buch „Die Bildungshochstapler" sollte zu denken geben!

Nur etwa 10 Prozent (!) aller Lehrer in Deutschland gehen im regulären Alter von 65 Jahren in den Ruhestand. Die Mehrzahl lässt sich, meist aus gesundheitlichen Gründen, in den Vorruhestand versetzen. Allerdings steht diese Tendenz bereits auf dem Prüfstand. *Fragt sich nur, was überprüft werden muss ...*

Nachdem die Schulleistungsuntersuchung „PISA" (Programme for International Student Assessment) im Jahre 2001 deutsche Schüler im internationalen Vergleich auf einen blamablen Platz im unteren Drittel verwiesen hat und ihnen 2004 erneut nur Mittelmaß bescheinigt hatte, haben Deutschlands 15-Jährige inzwischen deutlich aufgeholt. „Es werde Zeit, den Begriff ‚PISA-Schock' durch ‚PISA-Fortschritt' zu ersetzen", lobte 2013 die OECD Bildungsdirektorin Barbara Ischinger. Bei aller Freude warnte jedoch der Deutsche Philologenverband, dem stupiden Drill der im Leistungsver-

gleich überlegenen ostasiatischen Länder nachzueifern. „Wir sollten endlich die PISA-Scheuklappen abnehmen und einen umfassenderen Bildungsbegriff anstreben", forderte Verbandschef Heinz-Peter Meidinger. Er verwies dabei u.a. auf ethische und musische Bildung sowie Werterziehung und Persönlichkeitsbildung.

Zweifelsohne: Humanistische Werte sollten gefördert werden, um der einseitigen Verkopfung im Dienste der Ausbildung entgegenzuwirken. Wilhelm von Humboldt ging es bereits Anfang des 19. Jahrhunderts um die Entfaltung der ganzen Persönlichkeit. Allein, seine Pädagogik hat keine Weltkriege verhindern können. *Die ganzheitsstiftende Kraft ist im Transzendenten angesiedelt. Hier muss man ansetzen, um die ganze Persönlichkeit zu verwirklichen.*

„Wir brauchen eine Bildungs-Revolution!", hieß es bereits im *Focus* 16/2013. „In Deutschland droht ein Schul-Infarkt. Unsere Kinder lernen unnötigen Stoff, Talente verkümmern, Pädagogen sind überlastet. Nun fordern Experten radikale Maßnahmen. Sie wollen den Unterricht in seiner jetzigen Form abschaffen. ... Wenn die Schule mit der Gegenwart noch mithalten will, muss sie neu erfunden werden. So, wie sie heute ist, ist sie Zeitverschwendung.

Als Zukunftsmodell wird die Evangelische Schule Berlin-Zentrum angeführt. Hier entscheiden die Schüler täglich selbst über das Fach, mit dem sie sich beschäftigen wollen. Sie erarbeiten den Stoff allein, zu zweit oder in kleinen Gruppen. Jeder folgt seinem individuellen Tempo. Braucht jemand Unterstützung, wendet er sich zunächst an ältere Schüler, dann erst an den Lehrer. Sitzt der Stoff, meldet er sich zur Klassenarbeit an. Und das Modell hat sich bewährt. Es braucht den Leistungsvergleich mit anderen Schulen nicht zu scheuen. Das Lernen des Lernens und die Freude am Lernen ist Voraussetzung für ein lebenslanges Lernen nach der Schule, um im Zeitalter der Information und Innovation zu bestehen. Auch die Lehrer sind entlastet: keine aufreibende Konfrontation mehr mit 25 oder 30 meist lernunwilligen Blagen im Klassenverband! Eine Schule, die Schule machen sollte. Fehlt nur noch ein Angebot von Yoga, von Achtsamkeitstraining oder von Meditation in der Oberstufe: Einübung des rekursiven Denkens, wo die Aufmerksamkeit nach innen geht, ergänzend zum diskursiven, dem logischen Denken. *Denn die Seele gehört genauso zum Menschen wie Körper und Geist. Sie ist eine wissende Substanz. Die Zukunft gehört dem ganzen Menschen.*

Aber es gibt noch andere Schulen, die Schule machen sollten. Eine davon ist das Essener Gymnasium Nord-Ost. 2014 begann man dort, anstelle von Förderunterricht Fünftklässlern das Achtsamkeitstraining anzubieten: Zunächst wurde auf den Atem geachtet, dann eine „Reise durch den Körper" gemacht (Body-Scan), schließlich wurden Yoga-Übungen praktiziert. Die Uni Duisburg-Essen begleitete die Pilotstudie. Der Vergleich mit Schülern, die nicht an dem Programm teilgenommen hatten, hinsichtlich innerer Ruhe und der Fähigkeit zur Konzentration fiel zugunsten der Teilnehmer aus. Klassenleiterin Christine Steinert stellte

eine Veränderung im Klassenklima fest: „Störungen sind weniger geworden, die Kinder lassen sich viel weniger ablenken." Auch Schulleiter Udo Brennholt war von der Wirksamkeit des Trainings überzeugt: „Mittlerweile haben sich sieben Lehrer ausbilden lassen, um die Übungen anleiten zu können. Wir werden weitere Lehrerstunden einsetzen und mehr Pädagogen ausbilden, die Nachfrage ist groß." Silja Bellingrath, Juniorprofessorin an der Uni Duisburg-Essen, stellt fest: „Die Schüler fordern die Übungen selbst ein, weil sie merken, dass sie ihnen guttun." Und ihre Kollegin Lisa von Stockhausen, Professorin für Psychologie, bemerkt: „Überall wird von jungen Menschen erwartet, sich selbst regulieren zu können, aber niemand bringt es ihnen bei." Jetzt macht der ganze Jahrgang das Achtsamkeitstraining, und die Allgemeine Ortskrankenkasse belohnte die Schule mit einem Preis.[134]

Hier ist ein Ansatz, wie er unserer Argumentation weitgehend entspricht. Fehlt nur noch die inspirierende evolutionäre Perspektive, wie sie vielleicht schon von einigen Lehrern gesehen wird. Es ist anzunehmen, dass das Achtsamkeitstraining in der Mittel- und Oberstufe fortgeführt wird. Und nach Schulabschluss sollten Tests die langfristigen Auswirkungen überprüfen. Die jungen Menschen werden den Impuls haben, etwas in der Welt zu bewirken. (https://vimeo.com/231378549)

Menschen zu bilden bedeutet nicht, ein Gefäß zu füllen, sondern ein Feuer zu entfachen.[136]

Achtsamkeitstraining am Essener Gymnasium Nord-Ost   (Foto: Kerstin Kokoska[135])

In einem durch Achtsamkeit gefördertes Klassenklima kann auch Inklusion gelingen. Kinder mit einem Handicap sind halt Kinder, um die man sich kümmert. Soziale Kompetenz ist wichtiger als gute Noten. Das gilt auch für die Integration von Flüchtlingskindern. Viele von diesen Kindern bringen noch Lust aufs Lernen mit, so dass die Frage auftaucht, was unseren Kindern den Spaß an der Schule verdirbt. Die Begegnung mit Kindern aus einer anderen Kultur verlangt Toleranz und Einfühlungsvermögen – eine Chance zum sozialen Lernen. Leider wird diese Chance oft erschwert. Denn es gibt Eltern und sogar Politiker, die unnötige Ängste schüren. Dabei ist es gerade das Mit- und Füreinander, das unsere Schulen, die Gesellschaft und unsere globalisierte Welt dringend brauchen. *Gemeinschaftssinn ist naturgegeben als Sachverhalt anwesend in der Tiefe der Seele.*

Erfrischenderweise gibt es in der Penne auch pikante Situationen:

MATHEKLAUSUR MIT FORMELN UNTERM ROCK

Wie bei allen Klassenarbeiten und nur bei den Klassenarbeiten trug Beate während der Mathematikklausur einen Rock. Nicht den Mini, in dem sie in die Disko geht, auch nicht den Maxi, den sie im Theater trägt, nein, ein Röckchen mittlerer Länge.

Auf einmal stand ihr Mathematiklehrer, Oberstudienrat Westram, den sie den „grauen Bernhardiner" nennen, neben ihr. „Kann ich bitte mal Ihre Knie sehen, Beate?", sagte er streng. — „Wieso das denn?", feixte Mirko, Beates Banknachbar, leise. „Hat er seine Formeln vergessen?" — „Blöder Quatschsack!", fauchte Beate ihn an, und zu ihrem Lehrer sagte sie empört: „Was fällt Ihnen denn ein in Ihrem Alter! Ich beschwere mich bei der Schulleiterin."

Die Schulleiterin war über den Vorfall entsetzt. Nervös blätterte sie in

Ganzheitliche Erziehung und Bildung

den Vorschriften, um herauszufinden, ob es sich um einen schwerwiegenden Fall sexueller Belästigung handele, über die sie den Kultusminister persönlich informieren musste! Erst langsam beruhigte sie sich wieder und erkannte, dass die Sache nicht so eindeutig war. Offensichtlich handelte es sich um einen heiklen Zielkonflikt. Was war wichtiger — das Mogeln zu unterbinden oder die Intimsphäre (zu der ein Knie zweifellos gehört) zu schützen? Um diese Frage zu diskutieren, berief sie eine Konferenz ein. [137]

Der Autor muss schmunzeln, hat er doch als Schüler bei Mathe-Arbeiten auch so manches Mal gemogelt. Allerdings nicht unterm Rock, sondern auf dem Tisch, wo der Holzlack die Formeln nur gespiegelt erkennen ließ und man sie obendrein unauffällig abdecken konnte. Später, als Lehrer, hat ihn das nicht davon abhalten können, das Gleiche bei seinen Schülern streng zu ahnden – freilich mit einem unterschwelligen Schmunzeln, doch konform mit seiner Rolle. Denn Rollen verlangen nun einmal ein gewisses Maß an vorgegebenem Handeln. Doch wenn sie unterschwellig von einem kleinen Schmunzeln getragen werden, wird die Oberfläche entschärft. *In der Achtsamkeit liegt immer auch ein kleines Schmunzeln – sonst gibt's Runzeln!*

An Reformvorschlägen für unsere traditionellen Lernanstalten mangelt es nicht. Frischer Wind kommt aus der Neurobiologie. Gerald Hüther, den wir bereits zitiert haben, Leiter der Zentralstelle für Neurobiologische Präventionsforschung an der Universität Göttingen, ist zwar nicht ganz so kritisch hinsichtlich des „Bulimie-Lernens" wie der oben erwähnte Psychologe Thomas Städtler. Aber auch er weiß, wie schnell angelerntes Schulwissen vom Winde verweht wird. Warum? Hüther: „Damit im Hirn langfristig etwas verankert werden kann, muss das, was man lernen will, unter die Haut gehen. Neurobiologisch heißt das, es muss zur Aktivierung der emotionalen Zentren und damit zur Freisetzung neuroplastischer Botenstoffe im Hirn kommen, sodass das Neugelernte in Form von neuaufgebauten Netzwerken verankert wird."[138]

Das ist zwar nichts Neues, klingt aber, wenn wissenschaftlich formuliert, etwas fundierter. Und das ist wichtig, wenn die alten Strukturen hinterfragt werden. Allem Neuen begegnet man zunächst mit Skepsis. Deshalb hat Hüther zusammen mit anderen die Initiative „Schule im Aufbruch" gegründet. Sie will Schulen dabei unterstützen, sie zu „einem Lernort der Potenzialentfaltung" zu machen. Mehr als 35 Schulen (2015) haben bereits von diesem Angebot Gebrauch gemacht; in Österreich sind es weit mehr. Die oben erwähnte Evangelische Schule Berlin-Zentrum nimmt dabei eine Modellfunktion ein. Alles entlang der UN-Lernziele: lernen zu wissen, zu handeln, zusammenzuarbeiten und zu sein.

Lernen zu sein? Was soll das sein?

Mich gibt es doch. Ich bin doch, wie ich bin, und brauche mich doch nicht meines Seins zu vergewissern, indem ich mich in die obere oder untere Backe kneife! Oder soll ich jemanden fragen, ob es mich gibt. Der würde mich vielleicht etwas mitleidig anschauen und mich dann schallend auslachen. Vielleicht ist auch mit dem Lernziel „sein" rechtes Verhalten gemeint. Wer weiß? Aus evolutionärer Perspektive allerdings haben wir tatsächlich zu lernen zu sein. SEIN wird hier als reines transzendentales Bewusstsein verstanden, im Gegensatz zum gewöhnlichen Bewusstsein, das immer mit einem Inhalt verbunden ist. Das „Lernen" besteht nun darin, sich von den Inhalten zu lösen, um das reine Dasein zu erfahren, den immer anwesenden stillen Hintergrund, der im gewöhnlichen Dasein überlagert ist. Wir wissen: transzendentales Bewusstsein, der Übergang zum integralen Bewusstsein. Und da wollen wir hin. Unsere Gesellschaft und besonders unsere Schulen brauchen diese befreiende Perspektive. Lassen wir uns inspirieren: www.Lern-KulturZeit.de. Vielleicht wird es in absehbarer Zeit einen „Studiengang Nichtwissen" an unseren Hochschulen geben! Hatte doch Sokrates gesagt: „Das höchste Wissen ist das Nichtwissen."

Ein Schritt in diese Richtung ist die Selbstreflexion. Dafür sollte es im Unterricht Freiraum geben. In Japan beispielsweise bringen die Schüler für kurze Phasen des Innehaltens ein Handtuch mit und legen es auf den Schultisch, bevor sie Arme und Kopf darauf ablegen. Sie folgen alsdann der suggestiven Anleitung der Lehrerin und gleiten in einen Zustand der Entspannung: Inemuri, Wachschlaf (vgl. S. 178) Dabei ist Gelegenheit für Selbstreflexion. Und vielleicht stellt sich

auch die reine Reflexion ein, eine beglückende STILLE, die ruhevolle Wachheit, in der innere Information angelegt ist, Intuition und Kreativität.

Selbstreflexion kann man auch als rekursives Denken bezeichnen, denn jetzt geht die Aufmerksamkeit nach innen. Es sollte komplementär zum diskursiven Denken, dem begrifflich voranschreitenden Denken, angeboten werden. Während diskursives Denken meist mit Konzentration und Anstrengung verbunden ist, ist rekursives Denken eher mühelos: ein Loslassen der ständig wiederkehrenden Gedanken und ein Zulassen dessen, was kommt, um dann auch das loszulassen. Letztlich kann es in ein entspanntes Gewahrsein einmünden, das wir auch als reines Bewusstsein oder als reines Denken bezeichnet haben. Wir sprachen wiederholt davon. Es liegt dem diskursiven Denken zugrunde und gibt ihm eine ganzheitliche Orientierung. *Dabei profitiert das diskursive Denken durch seine rekursive Ergänzung. Zum einen wird der Träger des Verstandes, das Bewusstsein, erweitert, und die logischen Vollzüge gewinnen an Klarheit und Schärfe. Zum anderen wird das Bewusstsein durchlässig für kreative Impulse, die zu innovativen Lösungen führen.*

Doch da sind die gestandenen Pädagogen: Entspanntes Gewahrsein, reines Denken – was soll das? Berechtigte Frage, denn da kann es ja eigentlich gar nichts geben. Dass die Leere an Inhalten zugleich die Fülle an SEIN und innere Ein-sicht beinhaltet, ist nicht nachvollziehbar, denn die Erfahrung fehlt. Gleiches kann nur durch Gleiches erkannt werden: das Dilemma der chinesischen Schachteln. Deswegen müssten sich die Pädagogen und die Erziehungswissenschaftler erst einmal auf das Experiment im Subjektiven einlassen, sie müssten einer standardisierten Meditationspraxis über einen längeren Zeitraum nachgehen. *Sonst werden diejenigen, denen wir unsere Kinder anvertrauen, und damit die Zukunft der Gesellschaft, ihrer Verantwortung nicht gerecht!*

Unsere Pädagogen sind sich ihres unzeitgemäßen Versäumnisses nicht bewusst. Die Konsequenzen müssen sie dennoch mittragen. Aber wir warten nicht auf sie. *Wir wollen keine Weltverbesserer sein, nein, wir fangen bei uns selbst an, heute, hier und jetzt, und tragen damit zu jenem morphogenetischen Feld bei, das es unseren Mitmenschen erleichtert, nach innen zu gehen.* Denn nichts ist dem Menschen lieber als sein vertrautes Weltbild, und alles Neue wird zunächst mit Argwohn betrachtet.

Doch es gibt viele hoffnungsvolle Ansätze. So sagt der Erziehungswissenschaftler Prof. Dr. Heinrich Dauber von der Universität Kassel: „*Sich bilden heißt heute, Bewusstheit über das eigene Bewusstsein, seine Genese, seinen Kontext und seine (selbstgesetzten) Grenzen zu erlangen, um individuell wie gesellschaftlich in dem uns historisch möglichen Umfang verantwortlich zu handeln.*" „Bewusstheit über das eigene Bewusstsein" kann man nur durch rekursives Denken erlangen. Tatsächlich gibt es bereits zahlreiche Hochschulen, die im Rahmen des Lehramtsstudiums das Erlernen von rekursiven Entspannungstechniken anbieten, beispielsweise im Fach Psychologie. Und in seinem Buch „Die Schule neu denken" ist die Ikone der deutschen Erziehungswissenschaft, Hartmut von Hentig, der Überzeugung, dass sich die Mehrheit der Stimmen uneins ist, „ob die technische Zivilisation durch die technische Zivilisation gerettet werden muss oder durch *metanoia*, durch Umkehr, einen spirituellen Wandel, davonkommen kann". Metanoia ist der griechische Begriff für rekursives Denken. Wir sind jedoch überzeugt, dass beides wichtig ist, Technik und Metanoia, und dass die Technik erst durch Metanoia zu einer ganzheitlich orientierten, zu einer menschen- und umweltfreundlichen Technik wird.

Als Fazit seiner Friedensforschung plädiert C. F. von Weizsäcker ebenfalls für Metanoia, für die Umkehr zu der uns allen innewohnenden Vernunft. Am Ende seines Buches „Wege in der Gefahr. Eine Studie über Wirtschaft, Gesellschaft und Kriegsverhütung", resümiert er: „Wenn alle Agenten sich von Vernunft leiten ließen, wären alle in diesem Buch besprochenen Probleme lösbar." Ein gewaltiges Statement. *Die Probleme der Menschheit – alle sind sie ein Problem mangelnder Vernunft, mangelnder Umkehr des diskursiven Denkens in eine rekursive Richtung.* Denn das reine Bewusstsein ist auch die reine Vernunft. Und von hier aus finden sich die ganzheitlichen Prinzipien zur Lösung unserer Probleme. Durch begriffliches Denken, so von Weizsäcker, können wir „die durch begriffliches Denken erzeugten Probleme nicht meistern". Das Münchhausendilemma!

Der reinen Vernunft sind also die Prinzipien zur Lösung unserer Probleme eingeschrieben. Das wird uns plausibel, wenn wir uns z.B. an Dinge erinnern, die uns nach einer wohligen Nachtruhe aufgegangen sind. Des Abends wälzten wir Probleme, hatten wir einen Brummschädel. Des Morgens waren wir frisch, Antworten hatten sich eingestellt. Woher kamen sie? In der Ruhe kommt die Lösung. Durch rekursives Denken, in der Versenkung, erfahren wir *bewusste* Ruhe, und das erhöht die Wahrscheinlichkeit kreativer Lösungen. *Denn in der Transzendenzerfahrung berühren wir den Bereich unbegrenzter Kreativität – die ganze Schöpfung in ihrer unfassbaren Fülle ist aus dem VEREINHEITLICHTEN FELD hervorgegangen.* Und die Lösungen sind im Einklang mit dem Ganzen, sie sind sozial und ökologisch verträglich.

Verhalten im Einklang mit dem Ganzen ist das, was wir als Ethik bezeichnen. Bereits im Kapitel III, 2 erwähnten wir Kriterien, an denen man den Wert und die Gültigkeit der Transzendenzerfahrung ermessen kann. Wir sprachen von einem Zuwachs an Achtsamkeit, Mitgefühl, Gelassenheit, Unterscheidungskraft, innerer Freude und Stärke und von Gewaltlosigkeit. Es stellt sich ein Sinn für Wahrheit ein und rechtes Handeln. Das sind Werte, die von innen erwachsen, weil sie unserer eigentlichen Natur entsprechen. Das, was davon auf unserer gegenwärtigen Stufe der Evolution zum Ausdruck kommt, wird häufig durch Druck, Stress und Egoismus überlagert. Auch hier können wir die

Im Bremer Schulzentrum an der Flämischen Straße gibt es das Schulfach: „Umgang, Benehmen, Verhalten".[139]

Ganzheitliche Erziehung und Bildung

wohlige Nachtruhe als Verständnishilfe heranziehen. Denn nach einem guten Schlaf sind wir allgemein besser drauf und die erwähnten Werte kommen eher zum Tragen und beeinflussen unser Verhalten. Zwar lassen sie sich auch von außen durch Erziehung und verstandesmäßige Einsicht vermitteln, aber ob sie dann wirklich im Leben zum Tragen kommen, bleibt anzuzweifeln. Wie oft haben wir uns z.B. vorgenommen, in einer provokativen Situation cool zu bleiben, und sind doch ausgeflippt!

In den vergangenen Jahren hat der Wertezerfall an unseren Schulen und in der ganzen Gesellschaft rasant zugenommen, ein Symptom der einseitigen Orientierung nach außen. Wir leben nur noch in der einen Hälfte der Wirklichkeit, der sinnlich wahrnehmbaren. Und unsere geistige Tätigkeit bezieht sich auf diese Hälfte und bestätigt die bereits erwähnte Aussage des englischen Philosophen und Sozialwissenschaftlers John Locke: „Nichts ist im Geist, was nicht vorher in den Sinnen war." Ethische Werte, denen die Dynamik der Umsetzung innewohnt, können wir hier nicht finden, denn sie sind in der anderen Hälfte der Wirklichkeit, der seelisch-spirituellen, beheimatet.

Nun ist aber in einer pluralistischen Gesellschaft, die sich an demokratischen Prinzipien orientiert, ein integratives Zusammenleben ohne Anerkennung gemeinsamer Werte nicht möglich. Bundestagspräsident Norbert Lammert plädiert für eine „deutsche Leitkultur". Und in der zerstrittenen Europäischen Union ist es Bassam Tibi, deutscher Politwissenschaftler syrischer Herkunft, der sich für eine „europäische Leitkultur" stark macht. *Auf*

der globalen Ebene wird in absehbarer Zeit das Leitbild der Bewusstseinsevolution in die Herzen und Köpfe der Menschen Eingang finden. Es wird alle Nationen, Weltanschauungen und Religionen durchdringen und das Sinnvakuum füllen. Eine innere Globalisierung wird der äußeren Globalisierung ihre Seele geben. Kooperation und Solidarität werden zum Standard.

Generell tun die Politiker ihr Bestes, um die anstehenden Probleme aus ihrer Sichtweise zu managen. Aber wenn sie nicht die evolutionäre Perspektive in ihren Entscheidungen mit einbeziehen, wird es langfristig zu immer wieder neuen Problemen kommen. Was fehlt, ist der Überblick, eine Helikopterperspektive, wie sie durch rekursives Denken gefördert wird.

In der Blende wurde ein Fisch verkehrt herum eingesetzt. Nur im Gesamtzusammenhang, aus der Helikopterperspektive, wird das erkenntlich.

(Bearbeitung eines Denkbildes von M.C. Escher[140])

Rekursives Denken versucht, von allen Inhalten zu abstrahieren, um Neues hervorzubringen. Hervorbringen von woher? Aus sich selbst natürlich, woher sonst! Also muss im Menschen eine Quelle der Kreativität vorhanden sein. Sie sprudelt noch im Kinde, wird aber im Zuge der Sozialisierung und der Verkopfung mehr und mehr verschüttet.

Immer wenn die Freude am Lernen im Unterricht zu versiegen droht und Müdigkeit, Langeweile, mangelnde Konzentration, Unruhe oder Aggressionen aufkommen, sollte eine kurze Entspannungsreise, eine Yogahaltung oder erfrischender Humor für eine Belebung der Kreativität sorgen:

Tradierter Rätsel-Humor   (Die rechte Seite bleibt verdeckt)

In welchem Falle ist 2 mal 2 gleich 5?   In keinem Falle

Womit fängt der Tag an und hört die Nacht auf?   Mit T

Warum fressen die weißen Schafe mehr als die schwarzen?   Es gibt mehr weiße als schwarze.

Warum müssten Rätsel verboten werden?   Man zerbricht sich den Kopf.

Was läuft ohne Füße fort und kommt nicht mehr zurück?   Die Zeit

Zwei Jugendliche spielen Schach. Insgesamt fünf Partien. Beide gewinnen gleich oft. Keine Partie endet mit Remis.   Sie spielen mit anderen Partnern.

Wer hat es besser, der Kaffee oder der Tee?   Der Kaffee; er kann sich setzen, der Tee muss ziehen.

In der Kreativitätsforschung unterscheidet man fünf Phasen des kreativen Prozesses:

1. *Präparation* – Phase der Vorbereitung, der Problemsichtung und der intensiven Auseinandersetzung mit der Aufgabe.
2. *Inkubation* – Phase des „Ausbrütens", der schöpferischen Pause, in der unbewussten Prozessen freier Lauf gelassen wird.
3. *Intuition* – der spontane Einfall, die Lösung, das „Aha-Erlebnis".
4. *Elaboration* – Ausarbeitung der Lösung.
5. *Verifikation* – Überprüfung des Ergebnisses, die Bewährungsprobe.

Entscheidend in diesem 5-Stufen Modell ist vor allem die 2. Phase, die Inkubation, in der die Dinge „ausgebrütet" werden. Wir kennen das, wenn uns etwas wurmt: Da habe ich doch meine Kreditkarte verlegt – man soll sie ja sicherheitshalber getrennt aufbewahren! Ich kann sie partout nicht finden und könnte im Zickzack springen! Das Konto sperren lassen? Ich kann sie doch nicht verloren haben! Abwarten und Tee trinken. Und da ich nun wirklich gerne Tee trinke (am liebsten grünen, ungesüßt) und dabei auch meinen Frust besser runterschlucken kann, gelingt es mir, loszulassen. Ich gehe nicht wie geplant zum Fotokopieren, sondern setze mich gemütlich ins Wohnzimmer und lese erst mal die Zeitung. Dazu brauche ich meine Brille. Und siehe da, „sicherheitshalber" abgelegt in der Brillenhülle – die Kreditkarte!

In unserem Unterbewusstsein sind viele Dinge abgelegt. Manchmal, besonders im Stress, sind sie nicht abrufbar. Der Vorname von der Frau meines Kollegen? Wie war der noch mal? Peinlich bei der Begegnung! Danach, in der Entspannung, fällt er mir wieder ein. Ja, in der Entspannung ist unser Gedächtnis abrufbereit und zu erstaunlichen Kombinationen fähig. Aber die Quelle der Kreativität ist noch tiefer angesiedelt. Da muss die Entspannung noch tiefer gehen, müssen wir noch durchlässiger werden. Den unbewussten Prozessen wird nicht nur freier Lauf gewährt; sie müssen sich auch leer laufen, bis wir gedanklich „leer" sind. Jetzt, in der STILLE, in der Tiefe, sind wir offen für kreative Intuitionen. „Wir können postulieren, dass die Qualität der Intuition proportional ist zum Grad des Zuganges unserer Bewusstheit zu den tieferen Geistesschichten", so der amerikanische Psychologe Philip Goldberg.

Innovatives Denken gründet in tieferen Geistesschichten und wird durch Entspannung bis hin zur Quelle der Kreativität, der STILLE, gefördert. Es ist die fehlende Dimension an unseren Schulen, der Schlüssel zur ganzheitlichen, zur integralen Erziehung und Bildung. Es ist das, was evolutionär ansteht, die Integration der anderen Hälfte der Realität, die Dimension des Bewusstseins. Solange wir das nicht wahrhaben wollen, wird die unverantwortlich einseitige Wissensvermittlung an unseren Schulen weitergehen.

Zu ähnlichen Ergebnissen kommt auch der Leipziger Psychologe Prof. Dr. Marcus Stück: „Mehrere Untersuchungen an Schülern zeigen, dass Kinder, die regelmäßig Yoga-Stunden besuchen, komplizierte, logische Denkaufgaben konzentrierter und leichter lösen als andere." Natürlich sieht er die Körperhaltungen nicht als Ersatz fürs Spielen und Toben, sondern eher als eine Ergänzung. Als besonders heilsam erweisen sich die Übungen für hyperaktive, unkonzentrierte und zappelige Kinder, die eine Herausforderung für jede Lehrerin sind, oftmals sogar

Yoga re-importiert nach Indien: der Autor unter Schulkindern in West-Bengalen – mit Rücksicht auf das Dach!

(Foto: Marian Brehmer)

eine Überforderung. *Es gibt noch weitere Wirkungsnachweise für Yoga an Schulen.[141] Jetzt ist Öffentlichkeitsarbeit angesagt, bis hin zum Kultusministerium!*

Außer Yoga gibt es natürlich noch andere Techniken der Entspannung und Selbsterfahrung, die sich an den Unterricht in Schulen anpassen lassen: Fantasiereisen, progressive Muskelentspannung, Chi-gong, Tai Chi, autogenes Training, Achtsamkeitstraining oder Meditation. Das Schöne allerdings beim Yoga ist das Ganzheitliche; es werden alle Aspekte des Menschen angesprochen: der Körper als Träger, der Geist als Verstand und die Seele als Vernunft. Yoga ist für alle Schulstufen geeignet. In der Mittel- und Oberstufe werden nach genügend Vorbereitung die statischen Phasen der Haltungen gern etwas länger gehalten. Durch Hineinspüren in den Körper und das Zulassen von nichts anderem als dieser simplen Körpererfahrung bekommt die Haltung eine meditative Dimension. Es beginnt etwas hindurchzuschimmern von dem, was wir die Quelle der Kreativität nennen, die gleichzeitig auch die Quelle der Vernunft ist. Denn das wahrhaft Kreative ist, wie die Natur selbst, auch vernünftig.

Was ist denn eigentlich der Unterschied zwischen Verstand und Vernunft?

Raum zum Nachdenken.

Im allgemeinen Sprachgebrauch werden Verstand und Vernunft vielfach gleichbedeutend eingesetzt. Für einen Lehrer ist ein verständiger Schüler auch ein vernünftiger Schüler. Gemeint ist das einsichtige und intelligente Verhalten des Kindes. Doch die deutsche Sprache hat nun einmal zwei Begriffe geprägt, und sie decken unterschiedliche Bedeutungen ab. „Verstand" hat offenbar etwas mit „verstehen" zu tun und „Vernunft" mit „vernehmen". Was vernehmen? Eine „innere Stimme"? Eine Eingebung? Unser Gewissen? Oder stellt sich die spontane Einordnung des Sachverhaltes in einen größeren Zusammenhang ein?

Eingebungen bewahren uns oftmals vor groben Fehlern. Und aus einer solchen Erfahrung wissen wir, dass in uns irgendeine Intelligenz anwesend ist, die uns führt. C.G. Jung nannte sie die „innere Führungsinstanz", das Selbst oder das Ganzheits-Zentrum – Begriffe, die bei uns vertraute Assoziationen wecken.

Mit dieser inneren Führungsinstanz *bewusst* in Kontakt zu sein ist die Grundlage für vernünftiges Verhalten. Es ist die „vernehmende Vernunft", die durch rekursives Denken zugänglich wird, im Gegensatz zur zweckrationalen Vernunft im Dienste des Egos. Die vernehmende Vernunft ist jedem Menschen zugänglich, doch sie ist weitgehend verschüttet. Kein Wunder, dass es so viel „unvernünftiges" Verhalten gibt, besonders an Schulen, wo „verhaltensauffällige" Schüler dem Lehrer den letzten Nerv rauben. An unseren Schulen wird einseitig der Verstand ausgebildet und die Vernunft bleibt auf der Strecke. Sie wird nicht als eine eigenstän-

Ganzheitliche Erziehung und Bildung

dige Instanz gesehen, sondern gleichgesetzt mit dem Verstand. Wundern wir uns, dass es so viele Jugendliche gibt, die ihre Affekte nicht im Griff haben und schnell ausrasten, wenn es Frust gibt. Und dass es so viele brillante Absolventen von Hochschulen gibt, denen aber emotional nicht einmal die mittlere Reife bescheinigt werden kann. Vernunft kann man nicht aus Büchern oder Vorlesungen lernen, man kann sie nur freilegen, denn sie ist bereits im Bewusstsein angelegt.

Kurz eine Standortbestimmung zum Abschluss des Kapitels: Wir wissen, wo der Ausweg aus der Krise zu finden ist: nirgendwo anders als in uns selbst, in unserem Bewusstsein. Diese Erkenntnis muss, wissenschaftlich untermauert, in unser Bildungssystem eingebracht werden. Denn unsere Welt ist kompliziert und hektisch geworden; wir brauchen Menschen, die ihre Orientierung von innen beziehen, brauchen gefestigte Persönlichkeiten. Das Bildungssystem ist gefordert. Die fehlende Dimension des Bewusstseins muss eingebracht werden, rekursives Denken muss komplementär zum diskursiven Denken treten. Im Bewusstsein finden sich die naturgegebenen Werte, die wir dringend brauchen in einer Welt von Kapital und Digital. Achtsamkeitstraining ist ein probater Zugang. Die Probleme der Gegenwart können langfristig nur gelöst werden durch Zugang zur Quelle der Kreativität, die gleichzeitig auch die Quelle der Vernunft ist. Dazu bietet sich beispielsweise Yoga an als Ausgleich zum kopflastigen Unterricht. Was wir brauchen, ist eine ganzheitliche Erziehung und Bildung, halbe Sachen können wir uns nicht mehr leisten!

---

3. Erwachen zur Wirklichkeit

Der Weg zum integralen Bewusstsein ist auch ein Weg des Erwachens zur Wirklichkeit, also dazu, den Salatkopf zu sehen und als solchen wertzuschätzen, so wie er ist. Unser gegenwärtiges Verhalten entspricht immer unserem gegenwärtigen Bewusstsein, und wir können nicht umhin, Fehler zu machen und den Konsequenzen ausgesetzt zu sein. Hinzu kommt, dass Medien, Werbung und Freizeitindustrie uns eine schillernde Scheinwelt vorgaukeln. Alle 17 Minuten unterbricht statistisch gesehen ein Mensch seine produktive Arbeit, um ein Blick auf sein Smartphone oder Tablet zu werfen. Cyberwelt und Realwelt drohen zu verschmelzen – mit der App Pokémon Go sogar gewollt. Brillen, die eine virtuelle Realität erzeugen, sind auf dem Vormarsch. So wird der daseinsgegebene *Passungsmangel* zwischen menschlicher Erkenntnis und der Wirklichkeit an sich sogar noch gefördert. Diese Verzerrung zu reduzieren und letztlich aufzulösen im integralen Bewusstsein ist das zentrale Thema unseres Buches. (Gänzlich gelingen wird uns das wohl erst, wenn die Gesellschaft als Ganzes erwacht ist.) Mit der regelmäßigen Ausübung einer bewusstseins-erweiternden Praxis wird uns so manches *Fehlverhalten* bewusst, und wir können etwas dagegen tun.

Auf der Stufe des organismischen Bewusstseins gibt es kein Fehlverhalten; die Lebewesen leben in Einklang mit ihrer Umwelt. Es gibt noch wenige naturbelassene Ökosysteme auf unserem Planeten. Einige davon befinden sich in der Tiefsee, geschützt vor dem Menschen, Tausende Meter unter dem Meeresspiegel, da, wo das Licht nicht hinkommt, in ewiger Dunkelheit, bei konstant vier Grad kaltem Wasser – eine fantastische Welt, weitgehend unerforscht. Bizarre Lebewesen, oft von rundlich stabiler Körperform, gut angepasst an den Wasserdruck in der Meerestiefe; ein naturgegebenes Dasein ohne Fehlverhalten. Vieles hat man erst kennengelernt als traurigen Beifang der Tiefsee-Fischerei. Mit modernster Technik und immer leistungsstärkeren Schiffsmotoren werden heute unglaubliche Tiefen der Meere befischt und von brutalen Nylon-Netzen durchpflügt. Was zählt, ist das Tiefsee-Geschäft. Aber das könnte nicht „florieren" ohne die Kunden der Tiefkühltruhen. *Und das sind wir.*

Bin ich mir bewusst, dass ich beim Kauf von Billigware, seien es Fischfilet, Bananen, Blumen oder Berberteppiche, dazu beitrage, dass die Umwelt zerstört wird und meine Mitmenschen ausgebeutet werden?

Etwa 50 Prozent der weltweiten Getreideernte landen in den Massentierställen der Industrieländer. Die hochverschuldeten Entwicklungsländer sind zum Teil gezwungen, hochwertige, für die menschliche Ernährung notwendige Pflanzennahrung als Viehfutter zu verkaufen. Damit sind wir mitverantwortlich für die Hungersnot von etwa 900 Millionen Menschen auf einem Planeten, der bequem die doppelte Anzahl an Menschen ernähren könnte. Jährlich sterben an den Folgen von Unterernährung fast 20 Millionen Menschen. Würden das *Gesundheitsbewusstsein* (wir sprechen nicht vom moralischen Bewusstsein!) der Wohlstandsbürger zu einer spürbaren Reduzierung des Fleischkonsums führen und eine gerechte Verteilung von Lebensmitteln gewährleistet werden, könnten alle Ernährungsprobleme auf der Welt schlagartig gelöst werden. Zur gleichen Lösung käme es, wenn nur 10 Prozent der weltweiten Rüstungsausgaben von jährlich etwa 1570 Milliarden Euro (2015) dafür eingesetzt würden.

Aufgabe: Wie viel Euro pro Minute werden für Rüstung ausgegeben?

Auch die dramatisch knapper werdenden Wasserressourcen blieben bei weniger Fleischverzehr geschont: 500 Liter Wasser verbraucht der Anbau von einem Kilo Kartoffeln, rund 10 000 Liter verschlingt die Produktion von einem Kilo Rindfleisch. Ganz zu schweigen von der Methan-Belastung der Atmosphäre. Doch darüber machen wir uns wenig Gedanken. Dies ist nur ein Bruchteil des widersinnigen Verhaltens der Gattung Homo sapiens (sapiens), die ihre Fähigkeit zur Selbstreflexion an den Konsum verrät. Evolutionäre Bewusstseinserweiterung wird zum Imperativ.

Als Gegenentwurf zum Weltwirtschaftsforum, das weitgehend dem Interesse des Kapitals dient, wurde 2001 das alljährliche Weltsozialforum aus der Taufe gehoben. 2016 diskutierten etwa 50000 Aktivisten in Montreal über Themen wie Chancengleichheit, Klimawandel oder Steuergerechtigkeit. Das Gewissen der Welt regt sich. Es geht um das explosive Wachstum der Erdbevölkerung, die Vernichtung der Tropenwälder, das Gefälle zwischen den Industrie- und den Entwicklungsländern, die wachsende Kluft zwischen Arm und Reich, der widerwärtige Terrorismus, die schleichende Gefahr von Aids, die überquellenden Müllhalden, der Exodus der Artenvielfalt, die Herausforderung durch die Globalisierung, und, und, und. *Aber wir irren uns, wenn wir von einer globalen Krise sprechen – die Megakrise, das ist der Mensch selbst. Die Gefahr hinter den Gefahren, das sind wir. Die Missstände spiegeln lediglich unser Fehlverhalten. Und Letzteres ist ein Ausdruck unseres Bewusstseins auf der gegenwärtigen Stufe der Evolution. Durch die wachsende Bevölkerung und Technisierung spitzt sich der Evolutionsdruck zu: Ein Übergang auf eine neue Ebene des Bewusstseins ist unumgänglich. Nur im integralen Bewusstsein finden sich die naturgegebenen Prinzipien zur Neuorientierung und das Vermögen, nach ihnen zu handeln. Unsere Politik braucht ein neues Betriebssystem, Updates reichen nicht aus.*

Alljährliche Begegnung in Davos.[142]

Erfreulicherweise ist das Krisenbewusstsein in der Bevölkerung unter dem Druck der Missstände gestiegen. Es kommt so manches in Bewegung: Die Lebensmittelverschwendung beispielsweise, unverantwortlich in Anbetracht der hungernden Millionen, wird angeprangert. Bei Einkäufen achten viele darauf, nur die benötigte Menge an Nahrung einzukaufen, und auf die Mindesthaltbarkeit. Etwa 18 Millionen Tonnen Lebensmittel werden jährlich in Deutschland weggeworfen – obwohl sie noch genießbar sind. Außerdem sind sie für 4 Prozent der Treibhausgase verantwortlich. Die Zahl der Vegetarier und Veganer wächst ständig, besonders unter den Jugendlichen. Etwa 15 Prozent der Mädchen und 5 Prozent der Jungen sind bereits Vegetarier (2013). In Berlin wurde 2015 das erste Reste-Restaurant in Deutschland gegründet. Hier werden guterhaltene Nahrungsmittel verwertet: „Restlos glücklich" nennt sich das

Non-Profit-Restaurant, eine Initiative von Ehrenamtlichen.

Das erinnert an die mehr als 900 Tafeln, die es in Deutschland gibt. Nahrungsmittel, die im Wirtschaftskreislauf nicht mehr verwendet werden können, werden von Ehrenamtlichen gesammelt und an Bedürftige verteilt. Man sollte nicht meinen, dass so etwas erforderlich ist in einem Land mit einem Durchschnittseinkommen von etwa 2.500 Euro brutto monatlich. Gleichzeitig leben jedoch fast 15 Prozent der Bevölkerung in Armut. Seltsam. Offensichtlich hat die Politik die eigentlichen Ursachen noch nicht erkannt oder will sie nicht sehen. Die Reichen haben ihre Lobby. Allein, die traurige Ist-Situation muss bewältigt werden. Den Ehrenamtlichen sei es gedankt.

Untragbar ist auch die Verschwendung des Grundnahrungsmittels Wasser. Etwa 3.900 Liter (!) verbraucht jeder von uns täglich. 122 Liter fließen davon durch Wasserhähne, Toiletten oder Waschmaschinen. Der Löwenanteil steckt in der Herstellung von Lebensmitteln, Textilien oder anderen Produkten. Das Baumwoll-T-Shirt, das ich für 12 Euro erwerbe, benötigt etwa 2.700 Liter Wasser zur Herstellung! In unseren weitgehend mit Regen gesegneten Breiten fällt das (noch) nicht weiter auf. Wir machen uns höchstens Sorgen um die Nitratwerte oder die Rückstände von Medikamenten im Wasserkreislauf. Viagra im Cappuccino? Aber wie steht es in vielen Ländern Afrikas? Hier geht es ums blanke Überleben. Das globale Klimaphänomen El Nino hat in den letzten Jahren verheerende Dürrekatastrophen ausgelöst. Der Weltklimarat

schlägt Alarm. *Aber die Fakten sind das eine. Das andere ist die „postfaktische" individuelle und politische Handlungsbereitschaft. Noch benötigen wir den Druck von außen, um über unseren Schatten zu springen. Doch die Anzahl derer, die von innen her motiviert sind, wächst.*

Individuelle und politische Handlungsbereitschaft müssen konkret umgesetzt werden. Zum Schluss des Kapitels III, 3 haben wir bereits das Vorteilsdenken der Wohlstandsländer kritisiert. Wir sind mitverantwortlich für die Hungersnot von noch immer etwa 800 Millionen Menschen. Seit dem Jahr 2000 aber hat sich viel getan. Die Zahl derjenigen, die nicht genügend zu essen haben, ist um etwa ein Viertel gesunken. Hunger ist jedoch nicht nur ein Problem eines Mangels an Nahrungsmitteln durch Ernteausfälle und deren gerechter Verteilung. Auch Agrarspekulationen, Zölle und Lebensmittelpreise sind nicht die entscheidenden Faktoren. Es sind die bewaffneten Konflikte, die Unfähigkeit, sich in das Bewusstsein seines vermeintlichen Gegners zu versetzen, die zu den größten Hungertreibern zählen. Hilfsorganisationen wird oft der Zugang zur darbenden Bevölkerung verweigert. *Überall das hässliche Gesicht des noch vorherrschenden, unzeitgemäßen Bewusstseinsmodus. Die kulturelle Evolution ist längst nicht abgeschlossen. Die Fähigkeit zur Selbstreflexion wird tragisch vernachlässigt (wir wiederholen uns); ihre Auslotung bis zur Quelle des Mitgefühls ist weitgehend unbekannt.*

Es gibt viele Anzeichen wachsenden Mitgefühls, nicht nur unseren Mitmenschen gegenüber wie bei Hunger und

Mitgefühl: Flüchtlinge auf dem Weg nach Europa (Foto: CARE/Laura Gilmour)

Flucht, sondern auch der Natur und den Tieren gegenüber. Seit 2002 ist der Tierschutz im Grundgesetz verankert. Tierschützer haben lange dafür gekämpft. Es ist beeindruckend zu sehen, wie zivile Aktionen auf die Politik Einfluss nehmen können. *Tun wir uns zusammen mit Gleichgesinnten, und gehen wir auf die Straße für unsere Überzeugung!* In deutschen Forschungslaboren müssen jedes Jahr fast 2 Millionen Versuchstiere bei Tests für Arzneimittel, Kosmetika und Lackfarben ihr Leben lassen. Und die Zahl der nach einem kurzen und qualvollen Leben geschlachteten „Nutztiere" geht in die Hunderte von Millionen. Schweine und Rinder sind intelligente Lebewesen und ähnlich leidensfähig wie der Mensch. Aber auf Fleisch, Milch und Eier wollen nur wenige verzichten. Wenn es um den Gaumen geht, bleibt der Tierschutz außen vor. Dabei sind tierische Produkte alles andere als gesund. Das Buch „Peacefood" von Ruediger Dahlke ist ein Augenöffner.

Zeichnung: Linda Werner[143]

Ja, wir leben in einer aufregenden Zeit. Und wenn wir nicht rechtzeitig aufwachen und angemessen reagieren, wird es uns kalt erwischen. Oder sagen wir besser, heiß erwischen, denn die Atmosphäre unseres Planeten wird durch Treibhausgase zusehends versiegelt und reflektiert durch die von der Erde abgegebene Wärme. Vor allem das durch Verbrennung entstehende Kohlendioxyd wird angeprangert. Ein weitaus gefährlicheres Treibhausgas ist jedoch Methan, das hauptsächlich durch die Massentierhaltung freigesetzt wird. Man schätzt, dass es für 51 Prozent der Treibhausgase verantwortlich ist, aber man spricht ungern davon, weil nur wenige auf den Genuss von tierischen Produkten verzichten wollen.

Der frühere US-Vizepräsident Al Gore mahnte:

„Unsere Kinder können uns zwei Fragen stellen, je nach dem Weg, den die Menschheit jetzt geht: Wenn wir nichts tun, werden sie uns fragen: Was habt ihr euch dabei gedacht? Wir können aber auch dafür sorgen, dass sie fragen: Wie habt ihr damals den Mut gefunden, den Kurs zu ändern?"[144]

Ein mutiger Schritt in diese Richtung war die UN-Klimakonferenz im Dezember 2015. Ein halbes Jahr zuvor hatte Papst Franziskus in seiner Umwelt-Enzyklika „Laudato si" (Gelobt seist du) noch kritisiert: „Die Unterwerfung der Politik unter die Technologie und das Finanzwesen zeigt sich in der Erfolglosigkeit der Weltgipfel über Umweltfragen." Im sechsten Kapitel des Lehrschreibens werden u.a.

eine „ökologische Umkehr" und die Spiritualität angesprochen. Franziskus erkennt ganz klar, dass es nicht allein um Einsicht und gute Vorsätze geht, sondern um die Kraft und den Mut zur Umsetzung, die sich aus der Spiritualität ergibt:

„Es geht darum, nicht so sehr über Ideen, sondern vor allem über die Beweggründe zu sprechen, die sich aus der Spiritualität ergeben, um eine Leidenschaft für den Umweltschutz zu fördern. Denn es wird nicht möglich sein, sich für große Dinge zu engagieren allein mit Lehren, ohne eine „Mystik", die uns beseelt, ohne innere Beweggründe, die das persönliche und gemeinschaftliche Handeln anspornen, motivieren und ihm Sinn verleihen." (Kap.4, Abschnitt 216)

Die Leidenschaft und damit der Tatendrang für den Umweltschutz erwächst aus der Mystik, die uns beseelt. Treffend ausgedrückt, denn sonst baden wir fromm in Einsichten und guten Vorsätzen. Mystik, ausgelotet bis zur gedanklichen Stille, trifft auf den anthropologischen Sachverhalt der differenzierten Identität von SELBST – SEIN – Umwelt: eine Erfahrung, aus der heraus der Mitmensch und die Umwelt als Teil meiner selbst erlebt werden. Weder wird dieser naturgegebene Sachverhalt in der eindringlichen Enzyklika nicht thematisiert, noch ist in ihr eine diesbezügliche Empfehlung zu Kontemplation und Meditation zu finden. „Umwelterziehung müsste uns darauf vorbereiten, diesen Sprung in Richtung auf das Mysterium zu vollziehen, von dem aus eine ökologische Ethik ihren tiefsten Sinn erlangt." *Ja gewiss, Franziskus, aber wie?*

Die ganze Evolution ist eine Bewusstwerdung ständig wachsender Realität. Wir sind dieser all unser Staunen überbietenden Entwicklung des Lebens von der Urzelle bis zum Menschen der Gegenwart im Teil II unseres Buches nachgegangen. Die Urzelle grenzt sich von der Umwelt ab, indem sie sich eine Membran zulegt und ihre eigene Realität konstituiert. Diese sieht für einen Vielzeller, sagen wir eine Qualle, die sich passiv im Meer treiben lässt, ganz anders aus. Erst recht für ein Reptil an Land, das sich schon auf Beinen fortbewegt und mit seiner Schnauze auf die Umwelt einwirkt. Das Krokodil beispielsweise verfügt bereits über ein – aus unserer Sicht bescheidenes – Gehirn, das ihm ein angemessenes Abbild seines Lebensraumes vermittelt. Dieses Abbild wird differenzierter beim Säugetier, sagen wir beim Kaninchen, bei der Katze oder beim Schimpansen. Dabei wächst auch das Innenleben. Und beides, die Umwelt und die Innenwelt, bilden die subjektive Realität entsprechend dem gegebenen Bewusstsein. (Vgl. II,5.)

Nicht anders verhält es sich beim Menschen. Unsere Wirklichkeit ist ein Zusammenspiel von Sinneswahrnehmungen, Gefühlen und Verstandestätigkeit auf der Basis unseres Bewusstseins. Im Zusammenhang mit der Notwendigkeit eines erweiterten Wissenschaftsverständnisses hatten wir festgestellt, dass die Funktionen unseres Wahrnehmungs- und Verstandesapparats sich im Verlauf der Evolution primär auf die Lebensbewältigung hin herausgebildet haben. Die Frage nach

Der Frosch, der im Brunnen lebt, beurteilt das Ausmaß des Himmels nach dem Brunnenrand. – MONGOLISCHE WEISHEIT

(Zeichnung: Frank Mühlhäuser)

der Wirklichkeit an sich taucht vermutlich erst mit dem selbstreflexiven Bewusstsein auf. Noch sind wir unfähig, sie zu beantworten, denn die Wirklichkeit an sich wäre die allumfassende Ganzheit. Und die entzieht sich unserem Erkenntnisvermögen. Wir denken linear, die Wirklichkeit aber ist ein System; alles steht mit allem in Verbindung, zu groß für unser gegenwärtiges Bewusstsein, das seine Fähigkeit zur Selbstreflexion und damit zur Annäherung an die Ganzheit nicht ausschöpft. *Aus dem Mangel an Überein-*

stimmung „unserer" Wirklichkeit mit der Wirklichkeit an sich entstehen alle Probleme, entsteht alles Leid, individuell und kollektiv.

Die Tragik, die der Komik nicht entbehrt, ist, dass wir häufig meinen, im Besitz der Wahrheit zu sein. Solange der Trugschluss nur unseren privaten Bereich berührt, ist das ja noch erträglich; aber wenn eine ganze Gesellschaft diesem Spuk erliegt, kann es tragisch werden. Ideologien, Fundamentalismus und Fanatismus haben eine blutige Geschichte geschrieben. Wann werden wir zur Wirklichkeit erwachen? „Solange wir unseren Geist nicht kontrollieren können, sind wir nicht fähig, die wahre Natur der Dinge zu erkennen", so zitierten wir bereits den Dalai-Lama.

Wir werden von Umweltreizen überflutet, und die ordnende Kraft des Bewusstseins reicht bei vielen Menschen nicht aus, um all die Daten zu verarbeiten. Die Folge sind innere Unruhe, unkontrollierte Gedanken, Vorstellungen und Gefühle, die uns an einem Leben im Hier und Jetzt hindern. *Wir umgarnen die lebendige Wirklichkeit mit unseren Hirngespinsten,* haben keinen Blick für die Blumen am Wegesrand und verpassen oft die Sonderangebote, die uns der Alltag bietet. *Wir leben am Leben vorbei!*

Ein besonders dickes Gespinst sind die *Illusionen.* Wir alle sind ihre Opfer, mehr oder weniger. Illusionen sind aus dem Wunschdenken entstandene Täuschungen über sich selbst oder einen Sachverhalt. Solche Täuschungen können auftreten, wenn das SELBST von den Eindrücken

der Umwelt oder den Vorgängen der Innenwelt, wie Gedanken oder Emotionen, überschattet wird. Und das ist bei uns allen der Fall. Solange wir noch nicht aus unserem SELBST heraus leben, solange wir noch nicht im integralen Bewusstsein verankert sind, erblicken wir alles durch den Zerrspiegel unserer Subjektivität. Das SELBST aber ist reines Bewusstsein, ist unmittelbares Wissen; es ist frei von Illusionen.

Das wird besonders deutlich in der Kindheit. Vor der Pubertät ist der Selbstbezug noch nicht stark genug, um eine Distanz zur Umwelt zu schaffen. Erwartungen, Wertvorstellungen und Normen werden kritiklos von Bezugspersonen übernommen. Sie prägen ein Selbstbild, das oft ein ganzes Leben bestimmt. So wächst beispielsweise ein strenger Moslem in einem anderen sozialen Umfeld auf als ein fundamentaler Christ. Beide sind der Überzeugung, der „einzig wahren Religion" anzugehören. Das sind Fixierungen, die bei Begegnungen oft zu Konflikten führen. Werden sie jedoch hinterfragt und selbstreflexiv ausgelotet, können sie der Entdeckung des gemeinsamen Nenners und der Wahrheitsfindung dienen. Sind Illusionen noch mit Emotionen belastet, dann sprechen wir von *Verblendungen.* Und die sind besonders realitätsfremd; mitunter ist es dann nur noch ein kleiner Schritt bis zum Fanatismus. Der IS lässt grüßen!

Auch Verliebte sind manchmal verblendet, heißt es doch: Liebe macht blind. Nicht zu Unrecht, denn häufig schweben Frischverliebte auf Wolken und sehen die Schwächen des Partners erst, wenn sie im

Beziehungsalltag auf den Boden der Tatsachen zurückgekommen sind. Dann ist freilich die Krise vorprogrammiert. Aber wie bei jeder anderen Krise bietet sich hier durch Aussprache und Selbstreflexion eine Chance zu wachsen, zu reifen und sich zu umarmen.

Viele sitzen dem Wunschbild auf, etwas Besonderes zu sein. Und das muss natürlich der Umwelt vor Augen geführt werden. Da will jemand sich beispielsweise als Musiker profilieren. Er übt fleißig mit seinem Cello, mitunter Stunden am Tag, und erreicht es auch, sich einen Vertrag im Sinfonieorchester einzuspielen. Im Konzert ist er sich dann der Aufmerksamkeit der Zuhörer sicher. Aber das genügt nicht. Er will Solist werden. Jetzt übt er nicht nur Stunden, sondern mitunter den ganzen Tag. Er will nicht wahrhaben, was der Meister ihn hat durchblicken lassen: Zum Solisten fehlt ihm das Charisma. Doch unser Musiker ist verblendet von Ehrgeiz, verkrampft sich und lebt am Leben vorbei.

Immer wenn etwas nicht fließen will und die Freude verloren geht, sollten wir innehalten und uns fragen, ob wir uns nicht etwas vormachen oder uns auf irgendeinem Trip befinden. In der STILLE kommt oft eine heilsame Desillusionierung. *In der STILLE finden wir zu dem, was die vedische Philosophie als „Dharma" bezeichnet, finden wir zu unserem wahren Wesen und zu unserer Aufgabe im Leben im Einklang mit der inneren Wahrheit, frei von Illusionen.*

Aufwachen aus der Illusion: die Reflexion – ein erster Schritt.   (Foto: Galina Barskaya[145])

DER CELLIST, DER IMMER NUR EINEN TON SPIELTE.

Eine junge Frau heiratete einen Cellisten, der, wenn er übte, immer nur ein und denselben Ton spielte. Geduldig ertrug die Frau dies jahrelang.

Eines Abends, nach einem Hauskonzert, auf dem viele begabte Musiker gespielt hatten, fragte sie ihren Mann: „Warum spielen die anderen so viele verschiedene Töne und du immer nur den einen Ton?"

„Ich nehme an", entgegnete er, „sie haben ihren Ton noch nicht gefunden."

Mitunter ist eine ganze Gruppe, eine Partei oder ein ganzes Volk im Griff einer Illusion. Mangels innerer Orientierung sind die Menschen empfänglich für Ideen, die von außen an sie herangetragen werden. Der Mangel kann beispielsweise mit einer Heilsbotschaft gefüllt werden, und dann hat man endlich die Antwort auf das Rätsel der Existenz und die vielen Missstände. Begeisterung kommt auf, Missionsdrang und mitunter Fanatismus. Der ganze Frust, der im Sozialisationsprozess und dem gesellschaftlichen Zusammenleben nicht ausbleibt, wird auf andere übertragen. Die Geschichte ist ein Sammelsurium von kollektiven Verzerrungen der Wirklichkeit.

Das zeigt sich auch, wenn eine ganze Nation davon überzeugt ist, etwas Besonderes zu sein. Unter Napoleon glaubte Frankreich, den Ruhm der Revolution über ganz Europa ausbreiten zu müssen. Unter Queen Victoria wollte England sein Imperium über die ganze Welt ausdehnen. Hitler war es, der Deutschland zur Nazi-Weltherrschaft führen wollte. Die Sowjetunion träumte davon, die Welt mit dem Sozialismus zu beglücken. Jetzt sind es die USA, die trunken vor Macht die ganze Welt kontrollieren wollen. Sie sitzen einer verhängnisvollen Illusion auf. Mit fast 100 Militärstützpunkten über den ganzen Erdball verteilt versuchten die USA, sich als Weltpolizei zu etablieren. Doch die Welt ist unsicherer geworden als je zuvor.

Der Griff der Illusionen ist zäh. Sage einem gestandenen Naturwissenschaftler, dass er der Illusion aufsitzt, die Materie sei die einzige Wirklichkeit. Sage ihm, dass das, was der ständigen Veränderung unterliegt, nicht die letzte Wirklichkeit sein kann. Sage ihm, dass es etwas Unveränderliches gibt, das erfahrbar ist in der Tiefe des Bewusstseins. Und sage ihm, dass er nur durch Integration des

Export-Unternehmen mit Anspruch auf Rendite.[146]

Unveränderlichen an die Dinge objektiv und wertfrei herangehen kann. Er wird dich für einen Spinner halten.

Im „Dritten Reich" war die Mehrheit des Volkes der „Dichter und Denker" der Nazipropaganda erlegen, war sie im Griff einer kollektiven Illusion. Sogar einer der großen Philosophen Deutschlands, Martin Heidegger, hat, bevor er den ganzen Schwindel durchschaute, in SA-Uniform an der Universität Freiburg Vorlesungen gehalten. Alle riefen sie damals lautstark „Heil Hitler"; heute meinen wir in einem gut angelegten Vermögen unser Heil zu finden. Eine kollektive Illusion. Macht sie uns glücklich? Schützt sie uns vor Krankheit?

Es gibt keine andere Möglichkeit, aus diesem Kopfkino der Illusionen auszusteigen, als innezuhalten, Abstand zu nehmen und der Vernunft eine Chance zu geben. Und wenn der Film innerlich weiterläuft und uns umgarnt, machen wir ein Power-Nickerchen. Wir lösen uns von allen Gedanken. In der Entspannung, aus der STILLE kommt der Einblick in den wahren Sachverhalt.

Jetzt ist auch der Weg frei für Intuition. Letztere ist eine unmittelbare, nichtlineare, also nicht Schritt für Schritt voranschreitende, sondern „wie aus heiterem Himmel" kommende Erkenntnis. Zum Beispiel die Heureka-Erkenntnis des Archimedes in der Badewanne. Oder wenn wir nach einer langen Grübelei locker lassen und uns dann plötzlich etwa aufgeht: Ja, so ist es! Jetzt habe ich es „intus" – eine Intuition! Alles schlussfolgernde Denken, so sagten wir im letzten Kapitel, wird vom Bewusstsein getragen und im suchenden Schwebezustand stellt sich die Lösung ein – eine Intuition. So gründet bei näherer Betrachtung alle Erkenntnis im Intuitiven, obwohl man das keinem überzeugten Rationalisten unter die Nase reiben darf. Denn für ihn ist die Intuition suspekt.

Anders als den spontanen Entscheidungen „aus dem Bauch heraus" gehen kreativen Intuitionen meist eine Phase des Suchens nach einer Lösung voraus. Wir sprachen schon im letzten Kapitel davon. Allen großen Entdeckungen und Erfindungen ist ein suchender Schwebezustand vorausgegangen. So ging beispielsweise bei den Entdeckern der Struktur des DNA-Moleküls ein langes Tüfteln voraus. James Watson hatte immer wieder versucht, die einzelnen Bausteine des Riesenmoleküls passend aneinanderzufügen, und war davon ausgegangen, dass jedes Segment mit seinem Gegenstück gepaart werden müsse. „Plötzlich wurde mir jedoch klar, dass beide Paare untereinander ausgewechselt werden konnten. Zugleich ließ sich ziemlich sicher darauf schließen, dass die Skelette der beiden Ketten in entgegengesetzter Richtung verliefen." So kam es zur Entdeckung der berühmten Doppelhelix.

Kreative Genies wie Mozart, Brahms, Goethe und Picasso sagen sogar von sich, dass sie nicht selbst die Schaffenden seien, sondern eine „höhere Macht" sich ihrer als Werkzeug bediene. *Sich öffnen für eine höhere Intelligenz, wollen wir nicht endlich 'raus aus unserer verdammten Mittelmäßigkeit? Das Genie ist in uns allen codiert!* Einstein etwa reiste nach langem Nachdenken unerwartet in Gedanken auf einem Lichtstrahl, bevor er die Relativitätstheorie formulierte. „Der intuitive Geist ist ein heiliges Geschenk und der rationale Geist ein treuer Diener. Wir haben eine Gesellschaft erschaffen, die den Diener ehrt und das Geschenk vergessen hat", sagte der geniale Wissenschaftler. Ja, vor lauter Grübelei laufen wir mitunter mit einem Brett vor dem Kopf herum.

Außer dem Bauchgefühl und der kreativen Intuition gibt es natürlich noch die *Erleuchtung,* wie wir sie in Teil II, 10 im Zusammenhang mit der supramentalen Evolution thematisiert haben. Der eigentlichen Erleuchtung, dem integralen Bewusstsein, gehen häufig *Erleuchtungserlebnisse voraus, die uns Einsichten vermitteln oder uns den wahren Sachverhalt der Dinge, die Wirklichkeit, offenbaren.* Wir zitierten bereits Richard Bucke aus seinem Buch „Die Erfahrung des kosmischen Bewusstseins", wo er von dem Erkenntnisgewinn aus derlei Erleuchtungserlebnissen spricht (vergl. S. 126). Oder C. F. v. Weizsäcker am Grab von Ramana Maharshi: „Eigentlich waren schon alle Fragen beantwortet... Das Wissen war da, und in einer halben Stunde war alles geschehen."

Das mag sehr abgehoben klingen, ist es aber nicht. Die Einsicht in den wahren Sachverhalt der Dinge, die Befreiung von Illusionen und die Annäherung an die Wirklichkeit ist jedem, ist auch dem Bildzeitungsleser zugänglich. In dem Maße, in dem ich mich von meinen Gedanken und Emotionen löse, sie transzendiere und still werde, befreie ich mich zur Wirklichkeit. Denn es sind die ständigen Fluktuationen in meinem Bewusstsein, die meine Sicht trüben, ähnlich den Wassertropfen, die auf die Windschutzscheibe meines Autos prasseln und mir die Sicht vermasseln. Der Scheibenwischer, das ist die Achtsamkeitspraxis.

Die Annäherung an die Wirklichkeit wird so manchen Papiertiger entlarven, so manche Fata Morgana auflösen und so manche Chimäre liquidieren. Desillusionierung ist mitunter schmerzhaft, bewahrt aber vor größerem Übel. In der letzten Konsequenz gibt es keine andere Loslösung von Illusionen als das Erwachen zur Wirklichkeit. Und die volle Wirklichkeit wird uns wohl erst zuteil werden, wenn der Erkennende eins ist mit dem zu Erkennenden. Verliebte, so sagt man, sind „ein Herz und eine Seele"; sie verstehen sich auch ohne Worte.

LIEBE

Ein junger Mann klopft nachts an die Tür seiner Geliebten. Auf die Frage, wer klopfe, sagt er: „Ich bin's." Aber die Tür bleibt verschlossen. Er geht in sich. Kurz darauf klopft er noch einmal. Auf die gleiche Frage antwortet er jetzt: „Du bist's." Daraufhin lässt sie ihn herein.

Rückblick: In diesem Kapitel ging es um das Erwachen zur Wirklichkeit. Denn offensichtlich können wir nicht den wahren Sachverhalt der Dinge erfassen. Wir machen Fehler, und die persönlichen und gesellschaftlichen Probleme sind dann vorprogrammiert. Die Gattung Mensch hat es noch nicht geschafft, friedlich miteinander auszukommen und die Ressourcen ihres Planeten gerecht zu teilen. Aber solange wir die Wirklichkeit nicht voll erfassen und die Dinge nicht so sehen, wie sie sind, bleibt alles Stückwerk, keine nachhaltigen Lösungen. Jeder kann sich nur, ohne dass er es weiß, innerhalb des Käfigs seiner individuellen Bewusstseinsstrukturen bewegen. Wir alle sitzen Wunschdenken, Verblendungen und Illusionen auf. Manchmal ist ein ganzes Volk verblendet, wie die Deutschen unter Hitler, oder ein ganzes Wirtschaftssystem hypnotisiert von Profitmaximierung. Zwar kann viel getan werden, um Symptome zu lindern, befreiend jedoch ist letztlich nur der Phasenübergang zum integralen Bewusstsein. Aber bereits auf dem Wege dahin kommen wir der Wahrheit ein wenig näher, ergänzend zum Verstand: das Bauchgefühl, die Intuition oder das Erleuchtungserlebnis.

4. Eine gerechte Wirtschaftsordnung

Nach der Überzeugung des Worldwatch-Instituts ist *Armut die Wurzel allen Übels* in der Welt und die eigentliche Ursache für die Instabilität unter den Nationen. Die Industrieländer hätten bislang versagt, die Armut wirksam zu bekämpfen. Not, Ungerechtigkeit und Fanatismus sind der Boden, auf dem Terrorismus, Kriege und Krankheit gedeihen.

Etwa eine Milliarde Menschen lebt mit weniger als 1 Euro pro Tag.
Etwa 2,5 Milliarden Menschen müssen sich mit maximal 2 Euro pro Tag begnügen.

Das sind Beträge die nicht mal für Hundefutter in unseren Breitengraden reichen.

Solange wir nicht fähig sind, die Grundbedürfnisse aller Menschen zu befriedigen, und solange die Menschenrechte vielerorts noch mit Füßen getreten werden, stagniert die Evolution. Zu den Grundbedürfnissen gehört an erster Stelle ausreichend gesunde Nahrung, als Nächstes eine angemessene Unterkunft und Kleidung, Gesundheitsversorgung, Erziehung und Bildung. Wenn das für fast zwei Drittel der Menschheit keine Selbstverständlichkeit ist auf einem Planeten, der alle Möglichkeiten dazu bietet, so ist das eine Schande für den „Homo sapiens sapiens". „An dem Tag, an dem Hunger von der Erde ausgemerzt ist, wird es die größte spirituelle Explosion geben, welche die Welt jemals erlebt hat. Die Menschheit

Das Shelter-Projekt in Mumbai, Indien. Der Autor mit ehemaligen Straßenjungen.

(Foto: Marian Brehmer)

kann sich die Freude nicht vorstellen, die an dem Tag dieser großen Revolution in die Welt hereinbrechen wird" (F. Garcia Lorca).

Wir haben schon längst die tiefere Ursache dieses beschämenden Missstandes diagnostiziert: *Anachronismus der Bewusstseinsstruktur, geprägt von Egoismus, Gier und Sucht nach äußerem Reichtum mangels Rückbezug auf den inneren Reichtum. Es wird Zeit, dass dieser Rückbezug aus sich heraus ein neues Paradigma gebiert. Denn die Befriedigung der Grundbedürfnisse ist die Voraussetzung für jedwede Höherentwicklung. Und wenn wir die Hälfte unserer Mitmenschen davon ausschließen, kommt die wohlhabende Hälfte auch nicht weiter. Die Menschheit ist eine Einheit. Alle sind wir systemisch miteinander verbunden. Alle.*

Schon im letzten Kapitel haben wir das widersinnige Verhalten des Gegenwartsmenschen angeprangert. Etwa 2,5 Millionen Euro *pro Minute* geben die „zivilisierten" Nationen weltweit für Rüstungszwecke aus! Das Vermögen der drei reichsten Männer auf der Erde ist größer als das Bruttoinlandsprodukt der 48 ärmsten Länder mit einer Bevölkerung von 600 Millionen Menschen! Die gesamte „Entwicklungshilfe" der Industrienationen reicht gerade mal dafür aus,

Eine gerechte Wirtschaftsordnung

dass die ärmsten Länder davon 12 Tage ihres fälligen Zinsrückflusses im Jahr an die reichen Länder abdecken können! Für den Rest der Zinsen müssen sie den Löwenanteil ihrer landwirtschaftlichen Produktion einsetzen, während die Bevölkerung hungert. In den Wohlstandsländern hingegen sind Adipositas und Übergewicht ein ernsthaftes Problem, und nicht selten lässt man sich das Fett absaugen. Das sind nur einige Beispiele.

Der Widersinn ist unfassbar, aber wir leben damit.

Ist der Unterschied im Lebensstandard zwischen den Industrienationen und den Ländern der sogenannten Dritten Welt unerträglich, so ist die Kluft zwischen Arm und Reich innerhalb der Industrienationen ebenfalls beschämend. Zwar ist ein „Armer" in Deutschland im Vergleich zu seinesgleichen in der „Dritten Welt" noch superreich, und keiner braucht zu hungern, aber die Ungerechtigkeit bei Einkommen und Vermögen ist gleichermaßen beschämend. Als arm gilt bei uns ein Haushalt, dem weniger als 60 Prozent des durchschnittlichen Netto-Einkommens aller Haushalte zur Verfügung steht. Das trifft bereits für mehr als 15 Prozent der Bundesbürger zu, also etwa 13 Millionen (2017) mit einem Einkommen von maximal 979 Euro monatlich. Tendenz steigend. Auch die Gruppe der „Working Poor", Geringverdiener, die mit ihrem Geld nicht auskommen, wird größer.

Dagegen wächst ständig das Durchschnittseinkommen der oberen zehn Prozent der Bevölkerung. Sie verfügen über 50 Prozent des Gesamtvermögens der Deutschen, das rund 7,5 Billionen Euro (!) beträgt; die unteren 50 Prozent müssen sich mit 1 Prozent begnügen. Die „Neue Armut" macht auch nicht vor Akademikern halt: unter den Spreebrücken Berlins: Dr. phil. Obdachlos.

Eine schreiende Ungerechtigkeit in einem Land, in dem es etwa 120 Milliardäre, fast eine halbe Million Millionäre und etwa 12. 000 Einkommensmillionäre gibt. Allen voran die Dax-Vorstände. 2015 mussten sie allerdings einen Rückgang von 1,8 Prozent hinnehmen. Daimler-Chef Dieter Zetsche verzeichnete dennoch ein Jahresgehalt von gut 8,5 Millionen Euro. Um das gigantische Milliardenvermögen der Aldi-Brüder in einem 40-jährigen Arbeitsleben zu erwirtschaften, müsste man einen Stundenlohn von 762.000 Euro erhalten! Wie hoch aber ist der Stundenlohn einer Kassiererin im Aldi-Discounter? In den USA geht es noch eklatanter zu. Doch man staune: Bei einigen Profiteuren regt sich bereits das Gewissen: Multimilliardäre wie Microsoft-Gründer Bill Gates und Investor Warren Buffett spendeten etwa 100 Millionen Dollar im Laufe ihres Lebens für einen guten Zweck, also etwa 3 Prozent (!) ihres Vermögens. Und sie rufen andere Superreiche dazu auf, es ihnen gleichzutun.

Geschickt sorgt die Hochfinanz dafür, ihre Interessen bei der Regierung durchzusetzen. Schon vor Jahren geißelte der damalige Vizekanzler Franz Müntefering die wachsende Macht des Kapitals: „Die international forcierten Profitmaximierungs-Strategien gefährden auf Dauer unsere Demokratie… Die Handlungsfähigkeit der Staaten wird rücksichtslos reduziert… Auf diese Entwicklung müssen wir politisch reagieren." Schon sahen die Wirtschaftsbosse gesetzliche Einschränkungen auf sich zukommen. „Vom Diktat der Wirtschaft kann überhaupt keine Rede sein", konterte Arbeitgeberpräsident Dieter Hundt. „Für uns steht der Mensch im Mittelpunkt." Meinte er damit alle Menschen oder nur die, dessen Sprachrohr er ist? Bislang hat sich wenig verändert, weder in der Wirtschaft noch in der Politik.

Nach wie vor werden die Finanzmärkte weitgehend von den Großkonzernen bestimmt. Letztere richten sich innerbetrieblich nach dem Prinzip des „Shareholder-Value": Der Aktionär muss befriedigt werden, die Dividende muss stimmen; Betriebsleitung und Arbeitnehmer sind Vollzugsgehilfen. Außerbetrieblich wird durch Lobbyarbeit die Regierung unter Druck gesetzt, so dass die Lohnnebenkosten verringert und die Betriebe steuerlich entlastet werden. Der Standort Deutschland soll attraktiv bleiben, so das Argument.

Bislang war der Geldzuwachs auch zu einem beträchtlichen Teil auf den Zinseszins zurückzuführen. Seit 2008 befinden wir uns jedoch in einer Niedrigzinsphase. Der Wirtschaftsboom spielt den Aktionären, den Investmentstrategen und den Immobilien- und Ressourcenspekulanten in die Hände. Und mit lukrativen Gewinnen lässt sich herrlich spekulieren gemäß der „Heuschrecken-Mentalität". Das Geld wandert dorthin, wo es sich am schnellsten vermehrt. Waren bislang die

Amerikaner Weltmeister in der Übernahme erfolgverprechender Firmen, so sind es jetzt die Chinesen. Im Sekundentakt gieren Milliarden von Dollar elektronisch um die Welt auf der Suche nach lukrativen Anlagen und Gewinnen. Manche Hedgefonds-Manager verdienen Milliarden Dollar im Jahr und können ganze Wirtschaftssysteme und Banken ins Wanken bringen. Die Finanzindustrie hat sich von der Güterindustrie längst abgekoppelt und bläht sich so lange auf, bis die Blase platzt. 2008 brach die Lehman-Bank in den USA zusammen und löste eine weltweite Finanzkrise aus. Unsummen wurden vernichtet, und „systemrelevante" Großbanken mussten durch die „Sozialhilfe" des Steuerzahlers gerettet werden, während ihre Manager sich ungeniert ihrer satten Gehälter und Boni erfreuten. *Wie lange lassen wir uns das noch gefallen?*

AM RUNDEN TISCH

Ein Banker, ein Leiharbeiter und ein Asylbewerber sitzen gemeinsam an einem runden Tisch. Auf dem Tisch liegen 20 Kekse. Der Banker nimmt sich 19 Kekse und sagt dann unter vorgehaltener Hand zum Leiharbeiter: „Pass auf, der Asylant will deinen Keks."

Da das Kapital einen immer größeren Anteil der Wertschöpfung durch die Produktion beansprucht, sind Arbeitgeber und Arbeitnehmer dazu gezwungen, Kapazitäten, Effizienz und Leistung zu steigern. Das geht auf Kosten des „Humankapitals": Immer mehr Berufstätige werden psychisch krank bis hin zum Burnout. Stetes Wirtschaftswachstum ist

Eine gerechte Wirtschaftsordnung

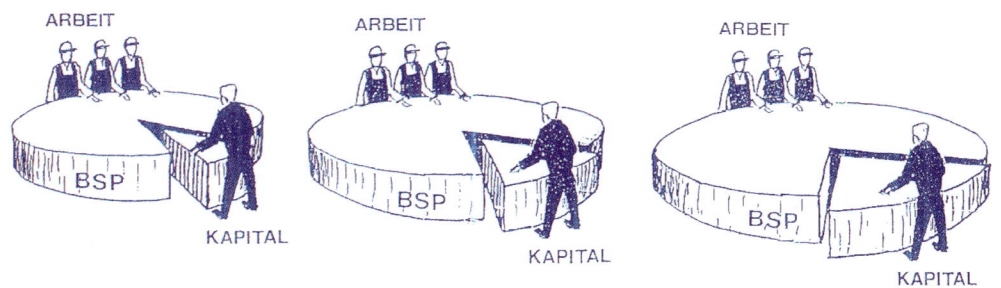

Das Kapital beansprucht von Jahr zu Jahr ein größeres Stück vom Kuchen des Sozialprodukts. Also müssen die Werktätigen, wenn sie nicht ärmer werden wollen, jedes Jahr einen größeren Kuchen backen![147]

sogar im Grundgesetz festgeschrieben. Das kann nicht gutgehen auf einer Erde mit endlichen Ressourcen.

Parallel zu den Gewinnen steigen die Schulden. In den letzten 50 Jahren ist die Realwirtschaft der Bundesrepublik um das 7-Fache und das Geldvermögen um das 31-Fache gestiegen (seltsame Diskrepanz!). Der Staat ist hochverschuldet. Der Bundesschuldenberg betrug 2015 zwei Billionen Euro, eine Summe, die nicht mehr zurückgezahlt werden kann, selbst bei Phasen mit Minuszinsen. Rechnet man dann noch die Zahlungsverpflichtungen des Staates an die Bürger aus der gesetzlichen Rentenversicherung und die Pensionsansprüche der Beamten hinzu, dann erhöht sich der Schuldenberg auf die unglaubliche Summe von mehr als 7 Billionen Euro!

Und der Widersinn geht lustig-frustig weiter, als ob es sich bei dem neoliberalen Wirtschaftssystem um ein unumstößliches Naturgesetz handelt. Seine Weltanschauung ist längst zu einer geistigen Macht, einer Weltreligion geworden. In

seinem Buch „Die Krise des globalen Kapitalismus" führt der ehemals erfolgreiche Devisenspekulant George Soros den Begriff der *Reflexivität* ein, das ist die rechtzeitige Wahrnehmung von außer Kontrolle geratenden Vorgängen. Und das nicht nur auf dem Kapitalmarkt, sondern in allen sozialen Prozessen. Hier plädiert also ein umsichtig gewordener Global

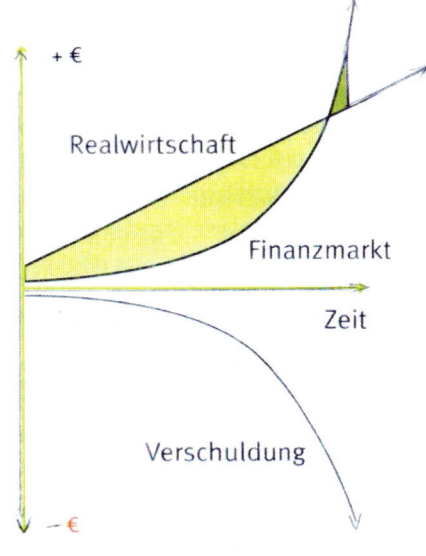

Parallelentwicklung[148]

Player für Bewusstwerdung mit der ihr innewohnenden, ordnenden Vernunft.

Noch ist Bewusstwerdung der zentrale blinde Fleck sowohl im Wirtschaftssystem als auch generell in unserer Gesellschaft. So das Argument von Otto Scharmer, Begründer der Theorie-U und Berater von Regierungen und Konzernen. Statt Reflexivität spricht er von Achtsamkeit, der „Umwendung des Blicks zurück auf den eigenen Prozess, zurück auf die eigene Quelle". Von Achtsamkeit haben wir wiederholt gesprochen, ein Begriff, der unaufhaltsam zum Mainstream wird.

Reflexivität mündet in Achtsamkeit und ist das Korrektiv zu den ausbeuterischen Strukturen des Ichbewusstseins. Wird die Reflexivität über den Sachverhalt hinaus auf sich selbst bezogen – und das ist der Vorgang der Meditation – , so realisiert der Geschäftsmann intuitiv die der reinen Reflexion innewohnenden fairen Verhaltensmuster. Und nicht nur das, sondern auch den ihm innewohnenden inneren Reichtum, mangels dessen er den äußeren Reichtum überbewertet hat. Ihm wird klar, dass nur mit fair verdientem Geld und durch fairen Kauf und Verkauf von Waren langfristig eine soziale Marktwirtschaft gelingen kann. Und das ist im Interesse aller. Denn das gegenwärtige System führt irgendwann zum Zusammenbruch des Marktes, und das bekommt letztlich auch die Hochfinanz zu spüren. Hören wir, was Heiner Geißler, ehemaliger Bundesminister für Familie und Gesundheit, dazu sagte:

„Der Kommunismus hat dieselben negativen Folgen gehabt wie der Kapitalismus.

Beide richten sich gegen die Natur und gegen den Menschen. Der Kommunismus ist widerlegt, der Turbo-Kapitalismus widerlegt sich im Moment selber. Bevor es zur Katastrophe kommt – Experten sagen, es geht noch 15 Jahre, dann bricht der Laden auseinander und ist nicht mehr zu reparieren – , muss man eben rechtzeitig handeln."[149]

An welchen Prinzipien aber muss sich eine Handlung orientieren?

Der schottische Volkswirtschaftler Adam Smith (1723–1790) sah im wohlverstandenen Selbstinteresse der Menschen das Ordnungsprinzip der wirtschaftlichen Vorgänge. Auf der Grundlage dieses Prinzips stelle sich dann, im freien Wettbewerb, ein Gleichgewicht zwischen Produktion, Verbrauch, Lohn und Preis ein und damit ein Zustand der natürlichen Harmonie im wirtschaftlichen und sozialen Zusammenleben. Indem der Unternehmer sein eigenes Interesse verfolgt, fördere er *„wie von einer unsichtbaren Hand geleitet"* das kollektive Interesse. Diese Wirtschaftslehre wurde zur Grundlage der gegenwärtig vorherrschenden freien Marktwirtschaft.

Worin besteht das Wesen der mysteriösen „unsichtbaren Hand"?

Wir verhalten uns entsprechend unserem gegenwärtig erschlossenen Bewusstseinsmodus. Seine Art des Denkens regelt unhinterfragt die Prinzipien des wirtschaftlichen Austauschs: die „unsichtbare Hand". Der Austausch ist auf diesem Niveau primär auf Zweckmäßigkeit und Vorteil bedacht – der „homo oeconomicus". Wir verhalten uns fair gegenüber unserem Geschäftspartner, weil wir erwarten, dass er sich ebenso verhält. Dieses Prinzip der Gegenseitigkeit wird jedoch korrumpiert durch Vorteilsdenken bis hin zur Gier – eine latente Disposition des Ichbewusstseins. *Erst im integralen Bewusstsein wird die „unsichtbare Hand" auf ihr eigentliches Niveau gebracht, und ein „höherer Ordner" kommt ins Spiel.* Im Teil III, 5 sprachen wir bereits über selbstreferenzielle Gesetzmäßigkeiten, die in der Gruppe zum Tragen kommen, und über deren Optimierung durch Bewusstseinsarbeit.

Das auf Vorteil bedachte Bewusstsein scheut sich nicht, mitunter Mitmenschen auszubeuten. Prekäre Arbeitsverhältnisse sind auf dem Vormarsch: befristete Jobs, Zeit-, Honorar- und Minijobs, manchmal ohne soziale Absicherung. Ungleichheit der Einkommen und drohende Arbeitslosigkeit sollen als Anreiz dienen, mehr zu leisten, denn ein allzu gnädiger Sozialstaat verleitet dazu, sich hängenzulassen. Lohndumping wurde erfreulicherweise in seine Schranken verwiesen. Seit dem 1. Januar 2015 gilt in Deutschland ein flächendeckender Mindestlohn!

Es tut sich was. Allenthalben gibt es verheißungsvolle Ansätze. Eine Alternative zum Turbokapitalismus ist die *„natürliche Wirtschaftsordnung"*, wie sie schon Anfang des letzten Jahrhunderts von Silvio Gesell (1862–1930) entworfen wurde. Denn die wundersame Selbstvermehrung des Geldes ist etwas Unnatürliches. Alle anderen vom Menschen geschaffenen Produkte sind, wie die Produkte der Natur, dem natürlichen Verfall unterworfen. Geld jedoch lässt sich wunderbar horten und als Spekulationsobjekt dem Wirtschafskreislauf so lange entziehen, bis die Rendite stimmt. Der Sand im Getriebe könnte jedoch nach Silvio Gesell durch eine „Umlaufsicherung" des Geldes be-

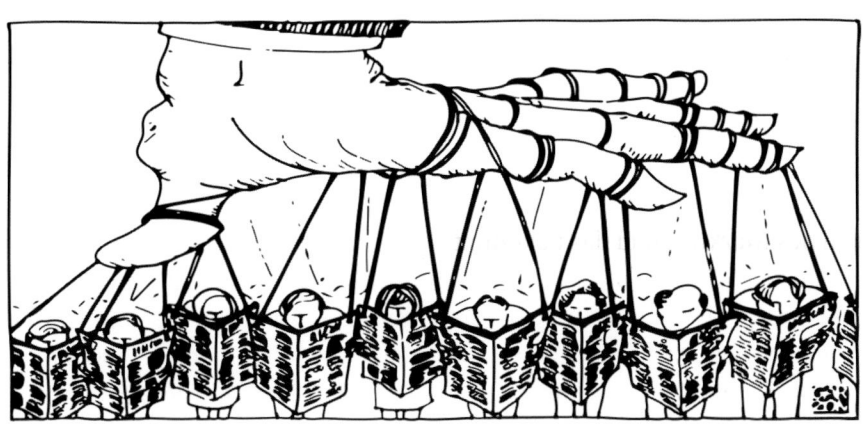

Immer ist es das gleiche reflexive Bewusstsein, das die Information verarbeitet und sich gemäß der Information individuell verhält.

(Karikatur: Garzon[150])

seitig werden. Dafür gibt es bereits realistische Ansätze. Taler, Taler, du musst wandern.

Ein solcher Ansatz sind *Regionalwährungen* wie zum Beispiel der „Chiemgauer" in Oberbayern. Das Regionalgeld wird mit Gutscheinen in Umlauf gebracht und gilt innerhalb des Trägervereins, zu dem Verbraucher, Unternehmen, Kommunen, Banken, Vereine und andere mehr gehören. Der Chiemgauer ist für 6 Monate gültig. Danach ist eine Verlängerung erforderlich durch Kauf und Aufkleben einer Klebemarke im Wert von 3 Prozent des Gutscheines. Jeder Besitzer wird also darauf bedacht sein, ihn noch vor der Fälligkeit auszugeben – die Umlaufsicherung! Horten und Spekulieren sinnlos. Die Kaufkraft verbleibt in der Region, statt ins Ausland oder in die Finanzmärkte abzuwandern.

Komplementärwährung mit mehr als 8 Millionen Euro Umsatz (2015)[151]

Regionalwährungen geben in ihrem Bereich Renditespekulationen keine Chance. Teilnehmer und Region profitieren, und es bedarf keiner großen Umstellung. An-

ders verhält es sich beim Übergang von der kapitalistischen Wirtschaft zu einer Gemeinwohl-Ökonomie. Hier bedarf es der Bereitschaft zum Umdenken, wie es zum Beispiel durch Spiritualität gefördert wird. Laut einer Umfrage des Meinungsforschungsinstituts *Emnid* wünschen sich 88 Prozent der Bundesbürger eine „neue Wirtschaftsordnung", denn die gegenwärtigen Regeln des freien Marktes verschaffen wenigen Vorteile und vielen Nachteile. Will man der Ungerechtigkeit ein Ende setzen, so muss man sich auf neue Regeln einigen.

Ein innovativer Ansatz ist die *Gemeinwohl-Ökonomie*, eine Wirtschaftsweise, die sozial gerecht ist, die Umwelt respektiert, die Vertrauen, Teilen und Nachhaltigkeit fördert und nicht vom Profitdenken bestimmt ist. Sie wurde von dem Österreicher Christian Felber entwickelt, Lektor an der Wirtschaftsuniversität Wien und Mitbegründer von ATTAC Österreich:

„Da wir in einer Belohnungswirtschaft mit falschen Anreizstrukturen leben, wird der Übergang zur Gemeinwohl-Ökonomie nur gelingen, wenn wir die Anreizstrukturen für die Wirtschaftsakteure ‚umpolen'. Ein möglichst hoher Finanzgewinn darf nicht mehr das zentrale Ziel von Unternehmen, Konkurrenz nicht mehr der vorherrschende Beziehungsmodus sein. Stattdessen sollten alle (privaten) Unternehmen Gemeinwohl als neues Ziel anstreben und für kooperatives Verhalten belohnt werden."[152]

Zunächst muss das Gemeinwohl in einem umfassenden demokratischen Prozess

Eine gerechte Wirtschaftsordnung

definiert werden. Auf dieser Grundlage wird eine Gemeinwohlbilanz für jedes teilnehmende Unternehmen erstellt. Dabei handelt sich um ein Berechnungssystem, das genau ermittelt, inwieweit ein Unternehmen Grundwerte wie Verantwortung, Mitbestimmung, Kooperation, Solidarität, Gerechtigkeit, Transparenz oder Nachhaltigkeit verwirklicht. Auf dieser Bemessungsgrundlage werden Gemeinwohlpunkte vergeben, die rechtliche Vorteile einbringen, wie geringere Steuersätze oder vergünstigte Kredite. Produkte, die sozial- und umweltverantwortlich hergestellt wurden, könnten mit einer Gemeinwohl-Farbskala versehen werden, wie das bereits gängig ist zur Einstufung der Energieeffizienz. So hat der Verbraucher eine klare Orientierung für seine Kaufentscheidung.

In der Gemeinwohl-Ökonomie ist also nicht die Gewinnmaximierung das Ziel unternehmerischer Tätigkeit. Es gibt keine leistungslosen Einkommen mehr für Aktionäre und Spekulanten und somit keine Anhäufung von Kapital. Heuschrecken-Investitionen fehlt es an Masse. Wer Geld verdienen will, muss dafür arbeiten. Überschüsse ergehen anteilhaft an Unternehmer und Mitarbeiter oder dienen der Rückzahlung von Krediten. Größere Betriebe werden schrittweise in das Eigentum der Belegschaft überführt. Und da sich andere Betriebe ebenfalls am Prinzip des Gemeinwohls orientieren, entfallen der Konkurrenzdruck und der Wachstumszwang. Leistung ist ein natürliches Bedürfnis. Alle Beteiligten können jetzt durchatmen.

Das mag alles utopisch klingen. Aber immerhin gibt es schon seit 2015 etwa 80 Unternehmen, die sich für eine Gemeinwohl-Ökonomie einsetzen, darunter die Sparda-Bank in München mit 650 Beschäftigten. Die Profiteure des gegenwärtigen Systems werden natürlich alles daransetzen, einen Paradigmenwechsel zu verhindern. Spätestens jedoch, wenn das gegenwärtige System zusammenbricht – denken wir an das Zitat von Heiner Geißler –, wird die Politik bereit sein, die Rahmenbedingungen zu schaffen für eine Gemeinwohl-Ökonomie. Beim Übergang mag es herbe Anpassungsvorgänge geben; aber das kennen wir aus der Evolutionsgeschichte. Sie dienen letztlich der Bewusstwerdung und damit der Steigerung der Lebensintensität und Daseinsfreude. Es gibt bereits zahlreiche Menschen, die spirituell orientiert sind und sich für eine zeitgemäße Wirtschaftsordnung einsetzen, so wie der Vorreiter Christian Felber. In seinem autobiographischen Buch „Die innere Stimme. Wie Spiritualität, Freiheit und Gemeinwohl zusammenhängen" schreibt er: *„Spirituelle Anbindung, das ist die Quintessenz der Erfahrung des Autors, führt zu einer liberalen Gemeinwohl-Ethik: zur Hochzeit von Freiheit, Menschenwürde und Gemeinwohl."*[153]

Die Verbundenheit der Menschen untereinander, begründet durch die gemeinsame Teilhabe am URGRUND, dem VEREINHEITLICHTEN FELD, war wiederholt unser Thema in Teil III. Gemeinwohl- Verhalten entspricht diesem Sachverhalt und wird durch spirituelle Anbindung realisiert. *Es bedarf jedoch einer regelmäßigen spirituellen Praxis, damit sie zur lebendigen Erfahrung wird und im Alltag zum Tragen kommt. Sonst*

Plakat zur Einladung zu einem Vortrag von Christian Felber 2013 [154]

wissen wir nicht, wovon wir reden. Man kann der Raupe viel vom Schmetterling erzählen, aber erst wenn sie zum Schmetterling mutiert, weiß sie, wie schön das Fliegen ist.

Ein weiterer innovativer Ansatz in Richtung postindustrieller Gesellschaft ist die *Sharing-Economy*. Hier geht es um Teilen, Leihen und Tauschen von Räumen, von Gegenständen oder Know-how, wie es durch Internet und Smartphone-Apps erleichtert wird. Der Zugang zu den Dingen ist wichtiger als ihr Besitz. Damit werden Probleme des Kapitalismus wie Ressourcenverschwendung, Überproduktion und Umweltbelastung vermieden. Allerdings besteht die Gefahr, dass dieser durchaus spirituelle Ansatz von dem noch vorherrschenden materiellen Denken vereinnahmt wird. Das zeigt zum Beispiel das erfolgreiche „Ride-Sharing"-Unter-

nehmen Uber, das private Mitfahrgelegenheiten per App lukrativ organisiert.

Eine uneigennützige Form des Teilens wird von der Zeitschrift „Share International" vertreten. Hier geht es um eine gerechte Verteilung der Ressourcen unseres Planeten auf geopolitischer Ebene. Die Idee ist, dass die überschüssigen Ressourcen eines jeden Landes in einem internationalen Register aufgenommen werden. Jedes Land kann dann gemäß seinen Erfordernissen daraus entnehmen. Diese Vision veranlasste den ehemaligen Bundeskanzler Willy Brandt, eine internationale Kommission zu bilden, die nach Jahren der Ausarbeitung des Ansatzes auf der Welthandelskonferenz 2003 in Cancun vorgestellt wurde. Doch die USA und England lehnten den simplen Lösungsvorschlag ab. Noch sieht sich die Menschheit nicht als eine Familie.

Eine gerechte Wirtschaftsordnung ist die Basis für kollektive Bewusstseinsentwicklung. So haben wir einleitend zu diesem Kapitel argumentiert. Auf der gegenwärtigen Stufe der Evolution geht es um das Kollektiv, geht es um die Menschheit als Ganzes. Deswegen machen wir uns stark für eine Gemeinwohl-Ökonomie als Ausgangsbasis. Unsere Strategie ist eine doppelte: Arbeit an uns selbst und Arbeit für das Gemeinwohl. Wir können schon jetzt und heute bei uns selbst anfangen. Um Mahatma Gandhi zu wiederholen: *„Du selbst bist die Veränderung, die du dir erwünschst für diese Welt"*. Nur dann überzeugen wir, und nur dann geht eine gesellschaftsverändernde Kraft von uns aus.

Auf dieser Grundlage setzen wir uns nachhaltig für eine gerechte Welt ein. Dabei bleiben auch Missverständnisse, Anfeindungen und kurzfristige Niederlagen nicht aus. Aber die machen uns nur stärker. Außerdem haben wir eine unbesiegbare Verbündete: die Evolutionsdynamik. Und sie begleitet uns mit ihrer stillen Kraft und Freude im Hintergrund. Denn was törnt mehr, als sich gewaltfrei und innerhalb der demokratischen Spielregeln für eine naturgegebene Ordnung einzusetzen? Diese Ordnung entspricht unserem ureigenen Wesen. *Und wer sich gegen diese Ordnung wehrt, tut es allein aus Unwissenheit und seelischer Unreife auf seiner gegenwärtigen Bewusstseinsstufe.* Was fehlt, ist der Durchblick; niemand ist gegen sein eigenes Glück und Wohlergehen, denn diese können nur mit der Natur und mit der Gemeinschaft, niemals gegen die Natur und gegen die Gemeinschaft gelingen.

So sind wir bereit, auch den Wolf zu umarmen. Und wenn es aus echter Erkenntnis und Liebe geschieht, wird er zu unserem Spielgefährten. Sonst müssen wir noch an uns arbeiten. Wir werden uns mit Gleichgesinnten zusammentun und ziehen Stärke aus der Gemeinsamkeit der Herzen und aus jenem gruppendynamischen Ordner, der ein morphogenetisches Feld entstehen lässt, das unser Handeln unterstützt. Die Wahrheit wird sich durchsetzen, so oder so. Es ist nur eine Frage der Zeit. Sie soll sich aber durchsetzen ohne viel Leiden. Das ist unser Anliegen.

Unser Ansatz für eine gerechte Wirtschaftsordnung, eine „Fairconomy", als Grundlage für eine neue Gesellschaft ist ein vierfacher:

1. Wir arbeiten unermüdlich an uns selbst durch Meditation oder einen uns gemäßen Weg der Bewusstseinserweiterung. Gleichzeitig sind wir ständig bereit, aus dem Feedback der Umwelt zu lernen.

2. Spüren wir uns stark genug und haben wir Freude an der Verantwortung, setzen wir uns aktiv für eine gerechte Welt ein, jeder gemäß seiner Erkenntnis und seinem Vermögen.

3. Wir folgen einer dreifachen Strategie: Aufklärungsarbeit, Hinweis auf den Weg nach innen, Handanlegen und Vorbild sein, um die Herzen zu erreichen.

4. Wir schließen uns mit Gleichgesinnten zusammen, wachsen gemeinsam und werden durch synergetische Gesetzmäßigkeiten unterstützt.

Fassen wir zusammen: Im Kapitel, das hinter uns liegt, ging es um eine gerechte Wirtschaftsordnung. Denn materielle Gerechtigkeit in den Industrienationen und die Erfüllung der Grundbedürfnisse in den Entwicklungsländern sind Voraussetzungen für die weitere menschliche Evolution. Das, was die Schere zwischen Arm und Reich immer weiter öffnet, sind nicht Intelligenz, Fleiß oder Sparsamkeit, sondern ein Finanzsystem, das der menschlichen Gier Vorschub leistet. Zinseszins, Aktien und Finanzspekulationen ermöglichen ein leistungsloses Einkommen, das, wieder angelegt, ständig wächst und, verliehen, den Schuldner in den Ruin treiben kann. Aber mehr und mehr Menschen wachen auf, durchschauen das Spiel, arbeiten an ihrem Bewusstsein und engagieren sich. Die „unsichtbare Hand" über allem Wirtschaftsgeschehen mutiert vom Eigennutz zum Gemeinnutz. Längst gibt es alternative Entwürfe: u.a. umlaufgesichertes Geld, Regionalwährungen, Gemeinwohl-Ökonomie, Sharing. Und dafür machen wir uns stark.

5. Individueller Frieden – sozialer Frieden – Weltfrieden: Ein neues Weltbild

Es geht in diesem Buch um den Sinn des Lebens, um eine Orientierung aus der Evolutionsgeschichte der Menschheit, wissenschaftlich fundiert: woher? wohin? „Das Leben kann nur aus der Schau zurück verstanden und aus der Schau nach vorn gelebt werden", sagte Sören Kierkegaard. Die Schau nach vorn sieht das integrale Bewusstsein. Und wir verbinden damit ein Mehr an Lebensqualität, an Realitätsbewusstsein und Daseinsfreude, ein Leben, das nach einer langen Odyssee zu sich selbst findet, zur Erfüllung. Und es findet zu dieser Ganzheit durch die Integration der spirituellen Dimension, die wir uns durch transzendentale Selbsterfahrung erschließen. Es ist die Dimension, die alle Strukturen des Universums als Dynamik der Selbstorganisation durchdringt, welche die Myriaden an Galaxien orchestriert und die Billionen Zellen in unserem Körper zu einem Organismus fügt. Sie ist es, die uns zu unserer Mitte führt, von der aus das Leben zurechtgezurrt wird, wie die Ösen beim Anziehen eines Schnürstiefels. Wir streifen all unsere Macken und Blockaden ab, werden freier, werden der, der wir wirklich sind. Und unser Ich kennt keinen Frieden, bevor es nicht in dieser seiner Heimat ruht, im SELBST. Diesem individuellen Frieden, der sich kollektiv und global auswirkt, sei unser letztes Kapitel gewidmet.

„Die Männer des Altertums, die dem ganzen Reich ein Beispiel der Tugend sein wollten, brachten zuerst ihr eigenes Fürstentum in Ordnung. Wollten

sie ihr Fürstentum in Ordnung bringen, so ordneten sie erst ihre Familie.
Wollten sie zuerst ihre Familie in
Ordnung bringen, so kultivierten sie
zuerst ihren Charakter. Wollten sie
ihren Charakter kultivieren, so läuter-
ten sie zuerst ihr Herz."

KONFUZIUS

Diese weisen Worte wurden vor etwa
2500 Jahren ausgesprochen, und auf *der
Nichtbeachtung ihrer Folgerichtigkeit beruht alles Leid in unserer Welt.* Denn nir-
gends woanders als in unserem SELBST,
tief in unserem Herzen, finden wir die
Prinzipien, nach denen wir unser eigenes
Leben ordnen können, unsere Familie,
unsere Kommune, unser Land und unseren Staat. Der Kopf allein kann das nicht
leisten, denn die Kopfordnung ist nicht
die Ordnung der Natur. Schauen wir uns
um, was wir aus unserer Umwelt gemacht
haben, schauen wir uns um, wie wir unser
Wirtschaftssystem, von dem wir gerade
gesprochen haben, „geordnet" haben oder
wie wir mit der sogenannten Dritten Welt
umgehen. Und wie steht es mit unserem
eigenen Leben?

Wie viele Umwege beispielsweise und
wie viele schmerzhafte Erfahrungen hätte
sich der Autor in seinem Leben ersparen
können! Die lange Berufsausbildung zum
Textilingenieur vor meiner Auswanderung
nach Australien, war sie wirklich nötig?
Oder das trockene Psychologie-Studium
an der University of Sydney? Zum dama-
ligen Zeitpunkt saß halt mein damaliges
Bewusstsein am Steuer. Die spirituellen
Erfahrungen in Thailand und Indien, das
waren die Meilensteine. Die Meditations-

praxis war es, die mich fortan in Kontakt
brachte mit meiner „inneren Führungsinstanz", wie sie C.G. Jung nannte. Ab
jetzt verlief mein Weg zwar nach wie vor
mäandernd, aber zielstrebig und ohne
Sackgassen. Gewiss gibt es unterwegs
immer noch Fehler, Schmerzen und Enttäuschungen, aber ich akzeptiere sie als
not–wendige Lernprozesse und ziehe ihnen damit den Giftzahn. *Das Leben ist ein
Abenteuer, und es ist schön.*

Ohne innere Ordnung kein Frieden.
Kennen wir das nicht? Des Abends, nach
einem arbeitsreichen Tag; wir können die
innere Unruhe nicht ohne Weiteres ab-
streifen; uns schwirrt die Birne, es dauert
ein Weilchen, bis wir einschlafen; aber
dann acht Stunden wohliger Schlaf; wir
wachen auf, es ist Wochenende, es ist
friedvoll. Mit dem Schlaf hat sich unser
Gemüt geordnet. Nur ist diese Ordnung
begrenzt; wir verdanken sie der unbewussten Selbstregulation von Körper und
Geist. Die bewusste Selbstregulation, das
ist die Entspannungstechnik. Nicht nur
werden die Dinge dann innerlich zurechtgerückt, sondern wir berühren, indem wir
gedanklich still werden, auch das Feld der
absoluten Ordnung und des unbegrenzten
Friedens, unser transzendentales Selbst.
„Unruhig ist unser Herz, bis es ruhet in
GOTT", so zitierten wir bereits Augustinus.

In dieser Ruhe findet unser Herz Erfüllung. Und allein in ihr. Es ist der Boden
im Fass, ohne den wir in es hineinpacken
können, was wir wollen, es wird nicht
voll. Nichts bringt bleibende Erfüllung,
seien es der Wunschpartner, die Traumvilla, das Vermögen oder die Anerken-

nung der Mitmenschen; nichts macht uns dauerhaft glücklich ohne diesen Boden, ohne diese Substanz. Unser gegenwärtiges Bewusstsein kann all die Schönheit und die Kostbarkeit des Lebens nicht voll wertschätzen. Wir erinnern uns: „Gib einem Esel einen Salatkopf, und er wird fragen: Nanu, was ist das für eine Distel?" Nur auf der Grundlage innerer Erfüllung erhalten auch die äußeren Dinge ihren Stellenwert. Sonst muss es die Menge machen oder der Luxus. Habe ich mir heute einen Ford Fiesta zugelegt, muss es morgen ein Focus sein. Doch mein Arbeitskollege fährt einen Hybrid-BMW, *der* ist schick... Solange ich unerfüllte Wünsche habe, fehlt mir etwas, und ich habe keinen inneren Frieden.

Ein Mensch im integralen Bewusstsein wird zwar auch Wünsche haben, aber er kennt das nagende Begehren nicht, denn sein innerer Frieden und die Erfüllung sind schon immer gegeben. Und auf dieser Grundlage wird die Handlung von Weitsicht getragen und von jenem Helikopter-Bewusstsein, das die Ganzheit im Blick hat. Von einer solchen Handlung sagt man, sie sei segensreich. Wer den Erfolg erzwingen will, verkrampft sich, hat nur das Ziel im Auge und ihm entgeht die Schönheit des Weges. Oder er macht unterwegs Fehler und muss wieder von vorn beginnen!

Solange wir noch nicht erwacht sind und einen inneren Mangel verspüren, sind wir meist auf unseren Vorteil bedacht, wenn wir anderen Menschen begegnen. Selbst wenn wir geben, hoffen wir im Stillen, dass wir etwas empfangen. Selbst wenn wir meinen, uneigennützig zu handeln, berechnen wir unterschwellig. Und wenn wir „liebevoll" zum Nachbarn sind, erwarten wir desgleichen seinerseits. Treten dann solche Mangelwesen miteinander in Beziehung, stimmt meist die Rechnung nicht. Es gibt Enttäuschungen, es gibt Sand im Getriebe. Jener höhere Ordner, jenes Systemphänomen, das aus der Kohärenz, aus der Harmonie einer Gruppe entsteht, kann nicht wirksam werden. Eine Versammlung ist noch keine Gemeinschaft. *Ohne individuellen Frieden kein sozialer Frieden.*

Es ist Feierabend. Ein Vater liest die Zeitung, wird aber ständig durch seinen kleinen Sohn abgelenkt. Um seine Ruhe zu haben und um den Sohnemann zu beschäftigen, zerreißt der Vater eine Zeitungsseite — sie ist bedruckt mit einer Weltkarte — in viele Stücke. „Komm, Kevin, nun versuch doch mal die Weltkarte wieder in Ordnung zu bringen." — Zu seiner großen Verwunderung ist der Junge schon nach wenigen Minuten damit fertig. „So schnell hast du das geschafft, Kevin? Wie hast du denn das gemacht?", fragt der Vater erstaunt. „Ganz einfach", sagt Kevin, „auf der Rückseite ist doch das Bild eines Menschen. Den habe ich in ‚Ordnung gebracht' und damit war auch die Welt in Ordnung."[155]

Diese überlieferte Geschichte bringt uns zurück zum Zitat am Anfang dieses Kapitels. Wir müssen *uns* zunächst „ordnen", mit uns selbst klarkommen, wenn es in unserer Familie, unserer Gemeinde, im

Land, im Staat und in der Welt geordnet zugehen soll. Beharrliche Arbeit an uns selbst, ein Leben lang, aber mit der stillen Freude am inneren Wachstum, unabhängig von den Launen der Umwelt, doch offen für berechtigte Kritik. Wenn wir diesem Rezept folgen, wird sich die innere Ordnung auch im Äußeren reflektieren. Denn die Umwelt ist unser Spiegel. *Wir haben keine Krise, nein, die Megakrise, das sind wir!*

Krisenbewältigung durch Bewusstseinserweiterung – sich einlassen auf dieses Abenteuer. Es macht unheimlich Spaß! Jeden Tag aufs Neue die kleinen Konflikte in der Familie, mit den Kollegen, mit der Bürokratie; jeden Tag die Chance, über sich hinauszuwachsen. Hinschauen, Bewusstwerden, Schmunzeln, Handeln. Als man den gebeutelten Michael Jackson fragte, wo man ansetzen sollte, um die Welt zu einer besseren zu machen, sagte er: *„Ich beginne mit dem Mann im Spiegel."*

Individueller Frieden → sozialer Frieden → Weltfrieden: Der individuelle Frieden als Modus eines erweiterten Bewusstseins ist als solcher ein Baustein des *sozialen Friedens*. Ihm innewohnend ist aber auch der Wunsch, einen konkreten Beitrag zu leisten zum sozialen Frieden. Dieser Beitrag kann für jeden Menschen anders aussehen. Er beginnt im Familienleben, weitet sich aus in der Nachbarschaft, in der Kommune und im Land: Ich nehme mir Zeit für meine Partnerin, höre ihr zu; Zeit für meine Kinder, spiele mit ihnen; Zeit für meinen Nachbar, unterstütze ihn bei einer Reparatur; Zeit für den Aufruf der Stadt, übernehme Flücht-

lingsarbeit; Zeit für die Probleme in der Gesellschaft, mische mich ein in der Politik. Und *das Engagement trägt seinen Lohn in sich*, es braucht keine Anerkennung, es macht Freude.

Ohne Gerechtigkeit kein sozialer Frieden. Das letzte Kapitel war einer gerechten Wirtschaftsordnung gewidmet. Doch wie will man der großen Krake des Neoliberalismus begegnen? Mit ihr kann es keinen dauerhaften sozialen Frieden geben. Zunächst muss ich die Krake als solche erkennen. Sie entspricht der vorherrschenden egozentrierten Bewusstseinsstruktur. Ich kann resignieren und abwarten oder aus dieser Erkenntnis heraus handeln. Die Handlung besteht zunächst aus der Arbeit an mir selbst, um mein Bewusstsein zu erweitern. Und im erweiterten Bewusstsein finde ich die Impulse für mein individuelles Engagement.

Es ist die große Krake, die einem Sozialdarwinismus huldigt und sich die Arbeitswelt gefügig macht. Sie braucht die Arbeitslosigkeit als Drohkulisse für den Arbeitnehmer. Doch jeder Mensch hat ein Recht auf Arbeit und wird gebraucht in einem Gemeinwesen, das für alle aufkommt. Und wenn nicht jeder seinen ihm angemessenen Arbeitsplatz findet, so ist Sand im Getriebe. Dieser Sand kommt einerseits durch die Härte der profitorientierten Arbeitswelt, andererseits durch die Überforderung der Arbeitswilligen, die dieser Härte mitunter nicht gewachsen sind. Also müssen sich die Dropouts mit Hartz IV abfinden. Es ist ein Segen, dass der Sozialstaat abfedert. Zu einer bequemen Hängematte reicht das allerdings nicht. Es muss durch Kooperation zwischen Arbeitgeber und Arbeitnehmer zu fairen Arbeitsbedingungen und einer humanen Produktionsweise gefunden werden. Die Kluft zwischen den Fronten wird eingeebnet; unter reifen Partnern gibt es Zusammenarbeit zum Wohl des Gemeinwesens. Eine flächendeckende Gemeinwohlökonomie, wie wir sie beschrieben haben, ist möglich.

Das Rezept Arbeit an mir selbst → erweitertes Bewusstsein → vertiefte Erkenntnis → individuelles Engagement gilt auch für die *weltpolitischen Probleme*. Wie kann man beispielsweise den gegenwärtigen islamistischen Terrorismus verstehen und ihm begegnen?

Hier kommt u.a. eine unbezahlte Rechnung auf die westliche Welt zurück. Nach dem Zerfall des Osmanischen Reiches Anfang des 20. Jahrhundert sicherten sich Großbritannien und Frankreich im Sykes-Picot-Geheimabkommen weiträumige Einflussgebiete im Nahen Osten. Den arabischen Staaten wurde zwar Unabhängigkeit zuerkannt, sie mussten sich aber die Beaufsichtigung von Engländern oder Franzosen gefallen lassen (Mandatsgebiete). Die Bevölkerung fühlte sich gedemütigt. Das setzte sich fort bis hin zum Einmarsch der Amerikaner im Irak als Rachefeldzug für den Terroranschlag auf das World Trade Center im Jahre 2001. Islamische Geistliche deuteten die Unterlegenheit der arabischen Welt als eine Schwäche des Islams: „Wir sind rückständig, weil wir den wahren Islam verloren haben, wir müssen zurück zur reinen

„Aus Angst um den Arbeitsplatz macht der Kollege Krause seinen Urlaub hier."

(Karikatur: Karl-Heinz Schönfeld[156])

Lehre, zurück zur nackten Schrift".[157] Das ist die Wurzel des islamistischen Fundamentalismus. Die reine Lehre vermittelt klare Werte. Muslimische Jugendliche sind häufig überfordert in unserer pluralistischen Gesellschaft; sie finden in ihrer Religion ein einfaches Weltbild und dadurch Orientierung und Halt.

Islamisten sind der Überzeugung, dass das Weltbild des Islam das einzig richtige ist. Es muss gegenüber der militärischen Überlegenheit der ungläubigen westlichen Welt verteidigt werden. Und da „Gotteskrieger" nicht mit der gleichen Waffengewalt operieren können, verüben sie Terroranschläge: die sogenannte asymmetrische Kriegsführung. Ohnmacht, Identitätssuche und Verblendung verbinden sich hier zu einer fehlgeleiteten Legitimation. „Wenn wir unsere Erniedrigung hinnehmen, werden sich die Fußabdrücke des Feindes von Jerusalem bis Mekka hinziehen", so Hamza al-Ghamdi, Mitverschwörer des 11. September 2001. Und die westliche Welt reagiert weitgehend hilflos. Sicherheitsvorkehrungen allein sind keine Lösung, und erst recht nicht Vergeltungsmaßnahmen. Es muss zum Dialog kommen, wie das bereits versucht wird in Afghanistan mit den Taliban und wie es vorbildlich durch die „World Peace Prayer Society" mit synchronisierten globalen Meditationen vorbereitet wird.

Ein Sammelsurium von Dschihadisten, die sogenannten Gotteskrieger, versucht in Syrien und im Irak einen islamischen Staat gewaltsam aufzubauen. Ziel ist ein umfassendes Kalifat auf der Grundlage strenger Auslegung des Korans und der Scharia, des Gesetzbuches des Islam. Es handelt

sich um eine reaktionär-regressive Bewegung, denn die westliche Welt ist alles andere als ein Vorbild. Zwar kann man die IS-Terror-Miliz militärisch ausschalten, aber was kommt danach? Demütigung und Hass werden sich neue Wege suchen. Hinzu kommt der für den vorherrschenden Bewusstseinsmodus charakteristische innere Mangel, der in Gewalt seine Befriedigung und seinen Rausch erfährt.

Der Koran und die daraus abgeleitete Scharia hatten ihre Berechtigung zur Zeit ihrer Entstehung. Im Verlauf der Geschichte haben sie in vielen Ländern des Islam eine Anpassung und Aktualisierung erfahren, was den Fundamentalisten wie den IS-Kriegern ein Dorn im Auge ist. Ihrem regressiven Fundamentalismus steht eine progressive islamische Mystik gegenüber, wie sie vom Sufismus vertreten wird. Hier hat die Scharia einen ersten orientierenden Wert für den Gottsucher. Indem er auf der *Tariqa*, dem mystischen Weg, voranschreitet, löst er sich von der Scharia und findet zur *Marifa*, zur inneren Erkenntnis, mit der ihr innewohnenden Ethik. In einem letzten Schritt offenbart sich die *Haqiqa*, die Wahrheit, das Bewusstsein der Einheit – Schritte, die uns nicht unbekannt sind.

Im März 2014 trafen sich anlässlich einer Friedenskonferenz in Abu Dhabi, Vereinigte Arabische Emirate, 250 Gelehrte des Islam, und sie bekräftigten einstimmig allen Verwirrungen zum Trotz die *Grundwerte des Islam: Weisheit, Gerechtigkeit, Gemeinwohl und Gnade*. Sie entsprechen auch unserer Argumentation: Weisheit durch ein erweitertes Bewusstsein; daraus erwächst ein Sinn für Gerechtigkeit und Gemeinwohl. Die Gnade haben wir evolutionstheoretisch als Herabkunft thematisiert (vgl. S. 133).

Die Interpretation des „Dschihads" als nach außen gerichteter heiliger Krieg galt zu Zeiten der gewaltsamen Ausbreitung des Islam, gilt aber auch zu Zeiten der Bedrohung der moralischen Ordnung. Die tiefere Bedeutung des Dschihads als nach innen gerichteter Krieg wird nicht gesehen. Es ist der „Krieg" gegen die Missgunst und den Egoismus im eigenen Herzen und die Bewältigung der inneren Aggression, die den Terrorismus speist. In diesem „Krieg" zu fallen ist für das Ego höchst ehrenvoll. Deshalb wird der wahre Gotteskrieger mit dem göttlichen Selbst belohnt, dessen Wesen innere Freude ist oder gemäß dem Koran der höchste Himmel. Das arabische Wort Dschihad

bedeutet wörtlich übersetzt „Bemühung", sich bemühen um die innere Ordnung, um ein tugendhaftes und gerechtes Leben, sowohl individuell als auch kollektiv. Und das würde allen Menschen guttun, *in der einen Welt. Denn diese innere Ordnung ist in allen Menschen anwesend.*

Eine ähnliche Aktualisierung wie für den Koran und die Scharia steht an für die Bibel und andere heilige Schriften der Menschheit. Sie bekommen ihren Referenzrahmen durch die moderne heilige Schrift der Evolution, verfasst von der kreativen Intelligenz selbst, personifiziert in GOTT und entziffert durch die Naturwissenschaft. *Eine zeitgemäße Ethik leitet sich aus der Evolution ab: Alles, was die Evolution fördert, ist richtig, alles, was sie aufhält, ist falsch.*

Sich bemühen um die innere Ordnung

(Foto: Menahem Kahana[158])

Eine weitere Belastung für den Weltfrieden ist die wachsende Zahl an Flüchtlingen. Sie verlassen ihre Heimat aufgrund von Kriegen, Hungersnöten oder Terror, sei es innerhalb ihres eigenen Landes oder über die Grenzen hinweg. Vier Fünftel der Flüchtlinge werden von benachbarten Ländern aufgenommen. Die Angst ist oft größer als der ungewisse Ausgang der Flucht. Niemand verlässt seine Heimat ohne zwingenden Grund und hat daher, nach Überprüfung der Lage, Anrecht auf Asyl. In Deutschland hat Asyl Verfassungsrang, wohl auch als eine Konsequenz der eigenen historischen Erfahrung millionenfacher Vertreibung. Unser Land hat weit mehr als eine Million Flüchtlinge aufgenommen. Darauf können wir stolz sein. Vielleicht schlummert auch noch tief im kollektiven Unbewussten ein Schuldgefühl vom Zweiten Weltkrieg her und dem Holocaust. Wenn wir überfordert sind, so liegt das am Mangel an Solidarität und gerechter Verteilung innerhalb der Europäischen Union. Aber „wir schaffen das".

Flucht und existenzbedrohte Migration sind wie alle sozialen Verwerfungen ein Symptom eines nicht mehr zeitgemäßen Bewusstseinsmodus. Ideal wäre es, wenn jede Ethnie ihrer ungestörten Entwicklung im eigenen Lande nachgehen könnte; ohne Einmischung von außen, aber im lebendigen kulturellen und materiellen Austausch mit anderen Völkern: kein Schmelztiegel, sondern die *Einheit in der Vielfalt*. Aber solange dies nicht der Fall ist, gilt für die Bewältigung der Flüchtlingskrise das Gesetz der Solidarität und des Mitgefühls. Nur so kann Integration

gelingen, nur so schaffen wir das, am besten in Einzelbegleitung: eine Chance für Geflüchtete und für die Gesellschaft gleichermaßen. Ein Integrationsgesetz muss immer mit Leben erfüllt werden, dieses *Leben entspringt einem erweiterten Bewusstsein*. Franz Alt hat ein Buch verfasst: „Flüchtling Jesus, der Dalai-Lama und andere Vertriebene. Wie Heimatlose unser Land bereichern".

Im April 1997 übte Altbundespräsident Roman Herzog in seiner berühmten „Ruck-Rede" herbe Kritik an der Erstarrung in Politik und Gesellschaft. „Durch Deutschland muss ein Ruck gehen", so sein beschwörender Aufruf. Wie, was und wo es rucken sollte, darüber schwieg er sich aus. Zwar brachte er eine grundsätzliche Debatte über die Zukunft des Landes in Gang, aber der gesellschaftliche Ruck lässt noch auf sich warten. Durch bloße Appelle kann man nicht viel bewegen. Gemeint hat er sicherlich einen Ruck im Bewusstsein, jedoch fehlte ihm jeglicher bewusstseinstheoretische Hintergrund.

Hier zeigt sich die tragische Vernachlässigung der Erforschung der Dimension des Bewusstseins – die Vernachlässigung, unter der ein ganzes Volk mit seinem Bundespräsidenten an der Spitze zu leiden hat. *Denn der humanitäre Ruck, der befreit und verändert und der die Gesellschaft auf eine höhere Ebene der Zivilisation bringt, kann einzig und allein durch die Transzendenzerfahrung ausgelöst werden. Hier sollte es rucken, dieses Hin und Her, das wir wiederholt thematisiert haben und das dem Phasenübergang vorausgeht. Hier sollte geforscht und sollten Schulversuche eingeleitet werden. Hier* sollten *Bildungspolitiker, Hochschulen und Kirchen in die Pflicht genommen werden.*

Zweifellos war es auch die vielzitierte Politikverdrossenheit der Staatsbürger, die Anlass gab zur „Ruck-Rede". Jeder Einzelne ist aufgefordert, sich mit unserem System auseinanderzusetzen, das dringend ein Update braucht. Sich nicht gefallen lassen, wenn „die da oben machen, was sie wollen", sondern sich aktiv einsetzen für eine gerechte Welt. Man denke nur an die zahlreichen Nichtregierungs-Organisationen wie Greenpeace, Amnesty International, Avaaz oder Campact, die vieles bewegen. Jeder kann sich nach seiner Überzeugung engagieren. Wenn es den Wirtschaftsbossen gelingt, sich die Regierung gefügig zu machen, und wenn die Gewerkschaften an Einfluss verlieren, dann müssen wir neue „Pressuregroups" organisieren. Denken wir an die Grünen, die einst eine Pressuregroup waren, längst aber im Bundestag kräftig mitmischen. Oder wir gehen auf die Straße und demonstrieren gewaltlos, aber lautstark für unsere Rechte. *Die Zivilgesellschaft mausert sich zu einer neuen Weltmacht. Sie kann Diktatoren stürzen, Konzerne bändigen und Atomkraft stoppen. Als ob ein Hyperorganismus, der aus dem Gleichgewicht geraten ist, seine Selbstheilungskräfte mobilisiert.*

In den demokratischen Ländern spiegelt die Regierung das kollektive Bewusstsein der Mehrheit der Bevölkerung. In diesem Sinne kann man sagen, ein Land hat die Regierung, die es verdient. Mit der *evolutionären Bewusstseinserweiterung als Leitprinzip* würde sich sowohl in der Be-

völkerung als auch in der Regierung eine sanfte optimierende Systemgesetzmäßigkeit abzeichnen. Die Missstände würden ihre Spitzen verlieren, und es würde eine wahre Demokratie erwachsen, eine Regierung durch das Volk, mit dem Volk und für das Volk. Das Vorteilsdenken einzelner Menschen und Gruppierungen im Lande, das sogenannte Partikularinteresse, würde abgebaut und das Gesamtinteresse gestärkt werden. Das Gemeinwohl bezieht sich in der letzten Konsequenz auf alle Menschen der Erde, denn von unserem Ursprung her, dem VEREINHEIT-LICHTEN FELD, sind wir alle eins. *Es ist dieser anthropologische Sachverhalt, der uns alle miteinander verbindet. Wir sind Bewohner der einen Erde und tragen tief in uns die Sehnsucht nach Einheit und innerem und äußerem Frieden.*

Mit dem kapitalistischen Wirtschaftssystem, das den ganzen Globus überzogen hat, ist kein dauerhafter Weltfriede möglich. *„Der Neoliberalismus muss aus sich heraus ein System gebären, das lebensfähig ist, das heißt, das ökologisch und sozial nachhaltig ist und für die Menschen lebenswert. Und das ist es nur, wenn es die seelische Dimension des Menschen einbezieht."* So Wolf Schneider, langjähriger Herausgeber von „Connection. Das Magazin fürs Wesentliche". Wohlgemerkt: Der Neoliberalismus muss es aus sich heraus gebären. Wir wollen keine Konfrontation. Denn *Konfrontation ist immer Ausdruck von Mangel an Verständnis für die Welt meines Mitmenschen.* Wir sind allenfalls Geburtshelfer.

Ohne Einbeziehung der seelischen Dimension wird der „Homo oeconomicus" immer auf seinen Vorteil bedacht sein. Das lässt sich beispielsweise an der deutschen Rüstungsindustrie festmachen. Nach den USA, Russland und China ist Deutschland weltweit viertgrößter Waffenexporteur. Exportiert wird selbst in Länder mit systematischen Menschenrechtsverletzungen, im Widerspruch zu den Rüstungsexportrichtlinien der Bundesregierung. Hier geht es um einen Konflikt zwischen Kapital und Moral. Immer wieder ist das Bewusstsein das Zünglein an der Waage.

Rüstungsexport mit Konsequenzen;
(Karikatur: Gerhard Mester[159])

Gleichermaßen ist es das Bewusstsein, das über den militärischen Einsatz, etwa bei Nato-Operationen oder Maßnahmen zum Schutz der Zivilbevölkerung, entscheidet. Auf der Münchener Sicherheitskonferenz sagte Bundespräsident Gauck am 31. Januar 2014, im Kampf um Menschenrechte oder das Überleben unschuldiger Menschen sei es „manchmal erforderlich, auch zu den Waffen zu greifen".

Ein Erfordernis, das auf der gegenwärtigen Stufe der Bewusstseinsevolution gegebenenfalls zu rechtfertigen ist. Aber für das sich anbahnende integrale Bewusstsein gilt: „Schwerter zu Pflugscharen", gilt Gewaltlosigkeit.

Dass man Konflikte auch ohne Waffen lösen kann, hat kein Geringerer als Mahatma Gandhi bewiesen. Nach Jahren der Selbstdisziplin und Arbeit an sich selbst entwickelte er seine gewaltlose Strategie zur gesellschaftlichen Veränderung während seines Aufenthalts in Südafrika. Die Regierung hatte den „Black Act" verabschiedet, der Inder demütigend diskriminierte. Seine Landsleute und Gandhi waren der Überzeugung, dass es besser wäre zu sterben, als sich einem solchen Gesetz zu unterwerfen. Gandhi forderte die konsequente Missachtung des Gesetzes und die gewaltlose Akzeptanz jeglicher Repressalien seitens der Polizei. Die Gefängnisse platzten aus allen Nähten, die Regierung war hilflos. Zweifel kamen auf, und das Gesetz wurde zurückgenommen. Damit hatte die Waffe des gewaltfreien zivilen Ungehorsams ihre Wirkung bewiesen. Sie wurde von Gandhi nach seiner Rückkehr nach Indien dort erfolgreich eingesetzt, und sie zwang die britische Weltmacht in die Knie. *Dem Unrecht mit Gewalt zu widerstehen rechtfertigt grundsätzlich nicht die Opfer, und sie provoziert neue Gewalt.*

1906 initiierte Gandhi in Südafrika die „Sathyagraha"-Bewegung, die Bewegung des „Festhaltens an der Wahrheit". Das Festhalten an der inneren Wahrheit, etwa als sich immer wiederholender Rückstieg in die Achtsamkeit (S. 20), hatten wir als einen Weg zum integralen Bewusstsein, als Weg in die Freiheit, mehrfach thematisiert. Hundert Jahre nach dem Wirken Gandhis in seinem Land sagte Nelson Mandela anlässlich einer Gedenkfeier:

„Gandhis Philosophie hat zu einem nicht geringen Anteil dazu beigetragen, eine friedvolle Veränderung in Südafrika herbeizuführen und die destruktiven Spaltungen unter den Menschen zu heilen, die durch die abscheuliche Praxis der Apartheid verbreitet wurden... In einer Welt, die durch Gewalttätigkeit und Streit geprägt ist, enthält Gandhis Botschaft des Friedens und der Gewaltlosigkeit den Schlüssel zum Überleben der Menschheit im 21. Jahrhundert."[160]

In seiner Eröffnungsrede auf dem Weltwirtschaftsforum in Davos 2018 nannte der indische Regierungschef Narendra Modi Gandhi den Vater Indiens, der sich gegen die giergetriebene Ausbeutung von Mensch und Natur eingesetzt hat. Modi sagte, dass Yoga und Ayurveda den Bruch zwischen Mensch und Natur wieder heilen könnten. Es waren mehr als 70 Staats- und Regierungschefs, die seine Botschaft vernommen haben.

„Wenn jedem 8-jährigen Kind auf dieser Welt Meditation beigebracht wird, beseitigen wir die Gewalt auf der Erde innerhalb von einer Generation."

DALAI LAMA

5.000 indische SchülerInnen praktizieren Meditation und erzeugen einen Feldeffekt für den Weltfrieden.[161]

Im abschließenden Kapitel unseres Buches ging es um den Frieden auf individueller, sozialer und globaler Ebene. Alle drei Ebenen sind miteinander verflochten, doch anfangen müssen wir bei uns selbst. Wir sehen die Missstände auf gesellschaftlicher Ebene, wie das neoliberale Wirtschaftssystem, die Arbeitslosigkeit und die bewaffneten Konflikte. Ohne Gerechtigkeit kein sozialer Frieden. Flüchtlinge sind eine Chance für Deutschland: Hier gilt Solidarität, Mitgefühl und Integration. Terrorismus erwächst aus Demütigung, Ohnmacht und Verblendung. Jeglicher Hass ist ein Bumerang und ein Zeichen von Kurzsichtigkeit. Alle Missstände sind ein Spiegel unzeitgemäßer Bewusstseinsstrukturen. Hier müssen wir ansetzen. Wir machen es mit Freude, denn Entfaltung von Bewusstsein ist Entfaltung von Freude. Frieden ist möglich.

V. Zusammenschau

Wir sind Kinder der Evolution, hervorge-gangen aus der Urmatrix des VEREIN-HEITLICHTEN FELDES, des gemein-samen Schoßes von GEIST und Materie, eine gewaltige Geburt mit einem Urknall vor etwa 14 Milliarden Jahren! Dann die unglaubliche Entwicklungsgeschichte des Uni–versums. Erst kleiner als der Kopf einer glühenden Stecknadel; dann durch Expansion Abkühlung und Entstehung von Materie, dem wundersamen Stoff, in dem sich Bewusstsein ausdrücken und entwickeln kann. Eine fantastische *kos-mische Evolution* – Galaxien, Sterne und Planeten, unsere Erde ward geboren. Hier,

nicht minder fantastisch, eine *chemische Evolution*, ein zweiter Phasenübergang, der zur Entstehung des Lebens führt. Bio-moleküle und Zellen assoziieren sich, die *biologische Evolution* erblüht…

Ausdruck der Sehnsucht des Lebens nach sich selbst!

Dann erneut ein Wunder: Ein dritter Phasenübergang, der Mensch erscheint auf der Bühne der Evolution, das Lebe-wesen mit der Fähigkeit zur Reflexion. Jetzt vollzieht sich eine rasante *mentale Evolution*, bis schließlich ein vierter Pha-

Illustration: Paul B. Moore[162]

senübergang dem Menschen die Möglichkeit erschließt, sich selbst zu reflektieren. Homo sapiens sapiens heißt zurzeit der Stafettenträger der *kulturellen Evolution*, der Mensch, der weiß, dass er weiß. Und er wird diese Fähigkeit voll ausschöpfen. Er wird erkennen, dass in ihm, mit ihm und durch ihn die Evolution sich vollenden und ihrer selbst bewusst werden will. Er wird sich zu sich selbst befreien. Abschütteln wird er all seine ihn einengenden Konditionierungen, die seine Gedanken und Vorstellungen prägen und die Wirklichkeit verzerren, um in einem fünften Phasenübergang sein SELBST, seine eigentliche Identität, zu erfahren: reines, transzendentales Bewusstsein. Nicht eher wird er ruhen, bis er aus diesem seinem SELBST heraus lebt, es in den Alltag integriert und die Wirklichkeit erkennt, so wie sie ist, unverzerrt und schön. Im integralen Bewusstsein vollendet sich der kommende Phasenübergang. Erleuchtung heißt das Ziel der *supramentalen Evolution*. Die unmanifestierte Harmonie des VEREINHEITLICHTEN FELDES manifestiert sich in der Harmonie der Schöpfung.

Welch großartige Vergangenheit, welch großartige Zukunft! Uns ist das ganze wundersame Geschehen bewusst geworden. Es ergreift uns ein Schauer, in dem Ehrfurcht, Dankbarkeit und Freude liegen. Wir sind es, in denen die Evolution sich in uns und durch uns vollendet. Fortan lassen wir uns nicht mehr überschatten von den Banalitäten des Alltags; das Licht des Bewusstseins begleitet uns. Und immer wieder, wenn wir uns im Dschungel der Umwelt oder im Wirbel der Innenwelt verlieren, holen wir uns sanft zurück, orientieren uns erneut von innen. *Dieses Sichzurückholen, diese Bewusstwerdung, ist die stille Kraft der Evolution.* Mit ihr verbünden wir uns, erst sporadisch, dann gewohnheitsmäßig, schließlich ständig. Sie ist unsere Mutter, und sie will, dass wir frei und glücklich werden. Wir sind eins mit ihr, *wir sind die Evolution.*

Und das ist das *Vermächtnis unseres Buches*: die klare, wissenschaftliche Herausarbeitung der Phasenübergänge in der Vergangenheit und das zwingend davon abgeleitete Verständnis für den gegenwärtigen Phasenübergang. Sagten wir doch im Prolog: „Aus der Vergangenheit schließen wir auf die Zukunft. Und dann wissen wir, worauf es ankommt im Leben." Für Tausende ist die Zukunft bereits Gegenwart. Sie leben ganz selbstverständlich und natürlich im integralen Bewusstsein: ein Leben getragen von stiller Daseinsfreude und vom Dienst am Mitmenschen.

Damit haben wir den Weg abgesteckt, der für die meisten von uns noch vor uns liegt. Wir gehen ihn auf sicheren Füßen. Wissenschaftliche Untersuchungen bestätigen uns, dass wir richtig liegen; Pioniere der Evolution legen davon Zeugnis ab, und das erweiterte Bewusstsein bestätigt sich durch wirksames Handeln im Alltag. Man muss ihn *gehen*, diesen Weg. Allein darüber lesen und sprechen bringt es nicht. Es handelt sich um etwas Anderes, etwas Neues, das die Sprache nicht erreichen kann. Denn sonst wäre es nicht das Andere. Und wenn wir behutsam in uns gehen, verspüren wir diese sanfte Sehnsucht nach dem Anderen, verspüren wir den Wunsch, uns auf den Weg zu machen. Durch einen spirituellen Übungsweg ersparen wir uns viel Leiden, denn unser gegenwärtiges Bewusstsein wird nicht mehr ausreichen, um den rasanten Veränderungen und der wachsenden Komplexität des Lebens angemessen zu begegnen. *Entwickele dich oder du wirst leiden, heißt die Alternative.*

Aber wir sind nicht allein. Bereits seit 1949 ist das „Committee on Spirituality, Values and Global Concern", eine Vereinigung von Nichtregierungsorganisationen mit beratendem Status bei den Vereinten Nationen, darum bemüht, den ordnenden und harmonisierenden Einfluss von Spiritualität auf die Weltpolitik ins Bewusstsein zu rücken:

„Um das Versprechen der Vereinten Nationen zu erfüllen, eine friedlichere, gerechte und nachhaltige Welt zu schaffen, unterstützen wir die Anerkennung und die Akzeptanz, dass Spiritualität und das Festhalten an universellen Werten Schlüsselfaktoren sind für Lösungen von globalen Anliegen. Dieses Komitee erkennt die Wichtigkeit der Verbindung mit der göttlichen Essenz an, die innere Weisheit und die Einheit des Lebens. Wir glauben, dass eine größere Bewusstheit und Anwendung von Werten, von Gesinnung und der Dimension des Seelenbewusstseins auf allen Ebenen der Gesellschaft, besonders der Vereinten Nationen, die feinste und höchste Ebene des menschlichen Potenzials zum Wohle aller erblühen lässt."[163]

Ein wunderbares Manifest! Fehlt nur noch der unbequeme Aufruf zur Arbeit am individuellen Bewusstsein. Selbst der Dalai-Lama verbringt jeden Morgen damit vier Stunden!

Das Interesse an Spiritualität wächst. Nach einer repräsentativen Studie der „Identity Foundation" (2011) spielen für 40 Prozent der deutschen Bevölkerung spirituelle Themen und Meditation eine Rolle im Alltag. 25 Prozent sehen in einer spirituellen Praxis die Grundlage für ein gutes Leben und für Wahrheit, Tendenz steigend. Ein Forschungsprojekt an der Universität Bielefeld kam zu dem Ergebnis, dass viele Menschen, die keiner Religionsgemeinschaft angehören oder sich als Atheisten verstehen, sich als spirituell bezeichnen. Laut einer Umfrage des Instituts für Demoskopie Allensbach glaubt jeder zweite Deutsche an Schutzengel oder an „irgendeine überirdische Macht". Und das, obwohl die Zahl an Gottesdienstbesuchern abnimmt und die der Kirchenaustritte zunimmt.

Millionen Deutsche praktizieren bereits Yoga oder eine andere spirituelle Technik. Gemäß Ken Wilber „wird Meditation oder eine ähnliche wirklich kontemplative Praxis zu einem absoluten ethischen Imperativ, einem neuen kategorischen Imperativ". Im Buchhandel ist spirituelle Literatur seit Jahrzehnten ein Dauerbrenner. Das Umweltbewusstsein wächst. Selbst in Discountermärkten werden längst Bio- und vegane Produkte angeboten. Das kapitalistische Wirtschaftssystem wird infrage gestellt, und mehr und mehr Menschen kommen zu der Erkenntnis, dass, wenn die grundlegenden Bedürfnisse erfüllt sind, mehr Reichtum nicht zu mehr Glück führt.

Und hinter allen Zerwürfnissen in der Gesellschaft wächst das Mitgefühl unter den Menschen. Denn *Kooperation und Solidarität – sagen wir Liebe – sind das Grundgesetz des Lebens.* Und nicht der Kampf ums Dasein! Hätten die Biomoleküle nicht kooperativ zueinandergefunden, wäre es nicht zur Entstehung des Lebens gekommen; hätten die freilebenden Bakterien sich nicht zu Zellen zusammengeschlossen, gäbe es kein höheres Leben; und hätten die Zellen sich nicht assoziiert, wäre es nie zum Aufbau komplexer Organismen und letztlich zum Menschen gekommen. Alle waren sie beseelt von der Sehnsucht des Lebens nach sich selbst. Genauso wie wir.

Es ist diese nachhaltige Dynamik der Evolution, die letztlich auf dem Raumschiff Erde zur Einheit in der Vielfalt führen wird, zu einem wahrhaft Ganzen, das mehr ist als die Summe der Einzelteile. *Diese* Globalisierung – die gegenwärtige ist nur eine holprige Übergangsstufe – liegt in der Konsequenz der Evolution.

Eckhart Tolle wird noch deutlicher: „Wenn es keinen Bewusstseinswandel gibt, ist es unwahrscheinlich, dass die Menschheit oder der Planet noch weitere hundert Jahre überleben wird." Schon vor ihm hatte Konrad Lorenz festgestellt, dass der Gegenwartsmensch der Macht des „Genoms eines Steinzeitmenschen" ausgeliefert ist, und die Frage aufgeworfen, ob er zu dumm fürs Überleben sei. Nein, wir sind nicht zu dumm fürs Überleben! Nein, wir sind nicht unserem Genom ausgeliefert; es dient dem transzendierenden Geist, um das Bewusstsein physiologisch zu verankern und um der

Liebe ist das Grundgesetz des Lebens: Elefanten „umrüsseln" sich.[164]

Erde durch den Menschen ein neues Gesicht zu geben.

"Evolutionäre Erleuchtung ist Ausdruck des leidenschaftlichen Dranges, die Zukunft zu erschaffen.
Ein unglaubliches Potenzial für grenzenloses kreatives Engagement und egofreie Menschlichkeit schlummert tief in unserem Innern und wartet darauf, in dieser Welt zu wirken. Doch die meisten von uns sehen es nicht, und wenn wir es sehen, erkennen wir häufig nicht, dass es nicht von selbst geschehen wird. Am jetzigen Punkt der Geschichte fordert die Evolution der Menschheit nur eines: unsere bewusste Teilnahme, aus ganzem Herzen. Es ist unsere tiefste Verantwortung, evolutionäre Pioniere zu sein."

ANDREW COHEN

Was steht an? Um es zu wiederholen: Wir fangen bei uns selbst an mit der regelmäßigen Praxis einer das Bewusstsein erweiternden Übung; wir engagieren uns nach Maßgabe unserer Erkenntnis und wir lernen durch Feedback. Wir tun uns zusammen mit Gleichgesinnten, bis die kritische Masse erreicht ist, und wir begeben uns, wenn die Zeit gekommen ist, auf die politische Ebene. Dabei haben wir eine mächtige Verbündete: die Evolutionsdynamik. Mit ihr haben wir eine Liebesaffäre. Sie ist es, die sich langfristig gegen den Widerstand derjenigen durchsetzen wird, die vom ausgedienten gegenwärtigen System profitieren. Noch klammert sich die Hochfinanz an ihre monetären Privilegien. Sie klammert sich daran aus

Ignoranz gegenüber dem inneren Reichtum, der allein zu der Erfüllung führt, die sie vergeblich im Luxus sucht. *Es gibt keine andere Erfüllung als ein achtsam gelebtes Jetzt.* Aus dem inneren Reichtum erwächst die Bereitschaft, den äußeren Reichtum zu teilen. Denn der andre ist Teil meiner selbst. *Kein Mensch, kein Unternehmer, kein Konzern, keine Partei, keine Nation, keine Religion kommt dabei zu kurz. Alle sind sie Gewinner!*

Und es tut sich bereits viel. Der amerikanische Zukunftsforscher Duane Elgin hat mit Unterstützung namhafter Institutionen bereits zur Jahrtausendwende eine fundierte Trendanalyse erstellt: "Aus unserer Untersuchung ziehen wir den Schluss, dass eine neue globale Kultur und ein neues globales Bewusstsein Wurzeln geschlagen haben und in der Welt zu wachsen beginnen." Als Grundkonsens schält sich dabei heraus, dass das noch vorherrschende naturwissenschaftliche Modell die Welt auf einen Mechanismus aus toter Materie reduziert und dabei die Hälfte der Realität ausklammert. Desgleichen das materialistisch-darwinistische Modell der Evolution, das zufällige Mutation und erbarmungslose Selektion zur Erklärung der Vielfalt und Schönheit des Lebens heranzieht. Was fehlt, so Duane Elgin, ist ein Verständnis für die Rolle von Bewusstsein und der Seele der Lebewesen. Und genau das war das Thema unseres Buches. Geist als Bewusstsein hat vom Urknall an die Materie durchdrungen, und er wird nicht eher ruhen, bis im Menschen die Materie zum Träger der Erleuchtung wird.

Im Einklang mit dem Zukunftsreport

von Elgin sehen wir, wie sich eine *Paradigmenerweiterung* abzeichnet:

- Bewusstsein ist genauso wie Materie eine grundlegende Dimension des Universums. Es durchdringt jede Einheit, verleiht ihr eine ihrer Evolutionsstufe entsprechende Selbstbezüglichkeit und verbindet alles mit allem.
- Die Evolution in Richtung wachsender Komplexität der Materie und damit mehr Bewusstheit, Schönheit und Daseinsfreude der Organismen ist eine Grundtendenz des Kosmos.
- Auf der gegenwärtigen Evolutionsstufe hat der Mensch die Möglichkeit, durch Ausübung einer Technik der Bewusstseinserweiterung das Bewusstsein an sich zu erfahren. Mit dem daraus erwachsenden integralen Bewusstsein übernehmen die Menschen mehr Verantwortung für sich selbst und für die soziale und die ökologische Umwelt.
- Persönliche Erweiterung des Bewusstseins bekommt einen zentralen Stellenwert im Leben mit dem Ziel, eine ausgewogene Beziehung zwischen äußerem und innerem Leben herzustellen. Das Sein gewinnt an Bedeutung, das Haben wird relativiert.
- Mit der Orientierung aus der Mitte heraus setzt sich ein faires Finanz- und Wirtschaftssystem durch: Kooperation statt Konkurrenz, Gemeinwohlökonomie, eine nachhaltige Ökologie und eine Kultur des Mitgefühls und des Teilens. Die Menschheit wird „erwachsen", kriegerische Auseinandersetzungen entfallen.

Diese aus der Forschung im Objektiven wie im Subjektiven erwachsende Perspektive drängt nach Verwirklichung. Und es gibt bereits eine Anzahl innovativer Projekte. Vor allem ist das Atlanta-Experiment (S. 205) wegweisend. Hier hat eine Gruppe Meditierender einen ganzen Stadtteil *nachweislich* positiv beeinflusst. Dann sprachen wir von dem bereits 1968 gegründeten „Club of Rome", dessen Ziel „die gemeinsame Sorge und Verantwortung um beziehungsweise für die Zukunft der Menschheit" ist. 1995 wurde das „State of World Forum" ins Leben gerufen. Es vereint weltweit kreative Würdenträger und Institute, die beseelt sind von der Suche nach Lösungen für die drängenden Gegenwartsprobleme der Menschheit. 2003 gründete Jakob von Uexküll das „World Future Council" mit dem Ziel, einen Weltethikrat aufzubauen, der sich als „Bewahrer und Hüter der Erde für künftige Generationen" versteht. Im gleichen Jahr kam es in Frankfurt am Main zu einer „Global Marshall Plan"-Initiative für eine weltweite öko-soziale Marktwirtschaft.

Das Einstein-Jahr 2005 war Zeuge des „Potsdamer Manifests": „We have to think in a new way." Nach dem Desaster von Hiroshima und Nagasaki hatte bereits, wie zitiert, Albert Einstein gesagt: „Ein neuer Denktypus ist unentbehrlich, wenn die Menschheit fortleben und sich höher entwickeln soll." Und auf der Jahreskonferenz des Rats für nachhaltige Entwicklung 2009 in Berlin sagte Bundeskanzlerin Angela Merkel, ein Ende des „alten Denkens" sei ein Muss. In seinem Bestseller „Ethik ist wichtiger als

Religion" (2015) erinnert der Dalai-Lama nachdrücklich an die anthropologisch gegebene, jedem Menschen innewohnende universale Ethik. Im gleichen Jahr forderte Papst Franziskus in seiner Umwelt-Enzyklika ein neues Denken und einen neuen Geist.

Nur, und das ist entscheidend, die wirklich „neue Art zu denken" entspringt nicht allein der Einsicht und dem guten Willen, an dem es nicht mangelt, sondern vornehmlich dem Phasenübergang auf eine neue Bewusstseinsebene. Erst dann wird eine optimierte neurophysiologische Hardware mit der kosmischen Software der kreativen Intelligenz kompatibel. Von ihr wird das neue Denken inspiriert. Es gehört einer anderen Dimension an, und sie allein befreit. Der Erwachte denkt anders als der Träumer.

Und es gibt Initiativen, die das erkannt haben. Da ist die zur Jahrtausendwende ins Leben gerufene „World Commission on Global Consciousness and Spirituality", der u.a. Ervin Laszlo, der Dalai-Lama, Erzbischof Desmond Tutu und einige Nobelpreisträger angehören. Die Kommission hat zusammen mit dem „Club of Budapest" (vgl. S. 134) 2004 das „World Wisdom Council" aus der Taufe gehoben „in der Überzeugung, dass die wichtigste Herausforderung in dieser Zeit der Diskontinuität und des Übergangs *ein Wandel in der Wahrnehmung ist"*. Wahrnehmen und Denken sind Funktionen des Bewusstseins. Im integralen Bewusstsein tritt eine neue Dimension von Wahrnehmung und Denken ein.

Viele großartige Initiativen! Noch werden sie ungenügend wahrgenommen. Die Salatköpfe werden verkannt, denn die Politiker haben „Wichtigeres" zu tun. Manchmal aber auch – und das ist noch trauriger – werden die *Salatköpfe zwar erkannt, aber es kommt nicht zu Konsequenzen.*

Du kannst einen Esel ans Wasser führen, trinken aber muss er selbst.[165]

Wir leben in einer spannenden Zeit! Es lohnt sich, all den Initiativen nachzugehen und mal zu „googlen". Es lohnt sich auch, etwas ganz bescheiden im eignen Umfeld anzugehen. Der Autor engagiert sich beispielsweise in einem Projekt in Osnabrück mit dem Ziel, spirituelle Übungswege möglichst vielen zugänglich zu machen: www.ganzmenschsein.de (2017). Ich beginne in der Region. Und es macht unheimlich Spaß!

Wir können keine großen Dinge vollbringen – nur kleine,
aber die mit großer Liebe.
MUTTER TERESA

Ein vielzitierter Slogan des New Age heißt: „Denke global und handle lokal". Wir ergänzen diese Handlungsrichtlinie um die evolutionäre Perspektive, wie wir sie in diesem Buch dargelegt haben. Es ist die Metaperspektive, die alles umfasst, alles relativiert und alles umarmt. Da streiten sich noch immer die USA und Russland, CDU und SPD, Moslems und Christen, Naturwissenschaftler und Theologen, Rechte und Linke auf unserem gebeutelten Planeten – die Liste könnte erweitert werden bis hin zu den kleinen Spielchen in meiner Beziehungskiste. Konfrontationen beleben zwar auf einer Durchgangsstufe die Evolutions-

dynamik, aber aus der Metaperspektive betrachtet – alles banal, dumm und lächerlich!

Ja, irgendwann müssen wir zu einem Ende mit unserem Buch kommen. Der Autor möchte den LeserInnen seinen Dank aussprechen, vor allem, wenn sie ihm bis zum Schluss gefolgt sind. Manches habe ich wiederholt und Wesentliches aus anderer Perspektive immer wieder neu aufgegriffen. Doch davor hatte ich schon einleitend gewarnt. Es liegt mir fern, zu belehren und gar etwas zu verkünden. *Zentrales Anliegen des Buches ist es, unnötiges Leiden zu vermeiden.* Mag es gegenwärtig noch Geduld und zähe Arbeit am Ich erfordern, aber die kommende Bewusstseinsstufe, das integrale Bewusstsein, liegt in der Konsequenz der Evolution. *Es ist unvermeidlich.*

Über die Evolution sind schon viele Bücher geschrieben worden. Dieses hier will zur Erkenntnis führen, dass *wir selbst die Evolution sind.* Dann wäre der nächste Schritt, von der Lektüre zur Praxis überzugehen. Denn dann wird die Sache erst so richtig cool. Wir haben die Landkarte studiert, wir sind orientiert – woher? wohin? – nun machen wir uns auf den Weg. *Wir sind diejenigen, auf die wir gewartet haben! Wir sind diesen Weg schon immer gegangen, jetzt gehen wir ihn bewusst. Wir sind der Weg. Wir sind.*

Epilog

Woher? Wohin? So der Titel unseres Buches. Und der Inhalt hat – davon gehen wir aus – zur Klärung dieser existenziellen Fragen beigetragen. Bleibt nur die offene Frage *Warum*? Jeder muss sie für sich selbst beantworten. Der Verstand sucht nach einer befriedigenden Antwort. Allein, wenn wir uns den ganzen Verlauf der Evolution vergegenwärtigen, dieses unfassbare Geschehen, müssen wir davon ausgehen, dass das Leben einer jeden Kreatur auf jeder Stufe seinen Sinn in sich selbst trägt, ein Leben in sich erfüllt und evolutionär beseelt. Auf der tierischen Stufe ist das gegeben; auf der Stufe des Menschen setzt das Fragen ein, bis er erkennt, dass *das, wa*s fragt, im *Grunde der Frage* die Antwort in sich trägt: das reine Bewusstsein, das seiner Natur nach reine Daseinsfreude ist. Und vielleicht ist das der Sinn des ganzen Spiels: die Entfaltung von Freude. Jemand sagte einmal: In der Evolution spielt ein Aspekt GOTTES Versteck mit sich selbst, bis ER sich wiederfindet im erleuchteten Menschen. Da bleibt nur noch Staunen und Dankbarkeit.

Anhang: Hinführung zur Meditation

Meditation ist ein Weg, um die Gedanken zu beruhigen, sie allmählich zum Abklingen zu bringen und letztlich Bewusstseinsstille zu erfahren. Wir schalten ab: ein angenehmer Zustand, in dem wir ganz in uns selbst ruhen, neue Kraft schöpfen und Orientierung von innen finden. Dabei entspannen wir uns tief, bauen Stress ab und fühlen uns danach erfrischt. Indem wir Abstand gewinnen zu unseren Problemen und zu unserer Umwelt, besinnen wir uns auf das Wesentliche.

Um die ständig kreisenden Gedanken zum Abklingen zu bringen, bedienen wir uns der folgenden Schritte:

1. Raus aus dem Kopf – hinein in den Körper
2. Raus aus dem Körper – hinein in die Atmung
3. Raus aus der Atmung – hinein in die Tiefenentspannung: Wir schalten ab, wir ruhen in uns selbst.

Die Sitzhaltung sollte angenehm sein, das Rückgrat gerade, der untere Rücken kann sich leicht anlehnen. Wir tragen Sorge, dass wir für etwa 20 Minuten ungestört bleiben. Es ist vorteilhaft zum Erlernen, wenn der Text anfänglich von jemandem mit ruhiger Stimme vorgelesen wird.

Schritt 1:

Wir sind da – schließen die Augen und spüren unseren Körper. – Wie fühlt es sich an, irgendwelche Empfindungen? – Wir verweilen einen Moment spürend. – Nehmen all die kleinen Vorgänge im Körper wahr.

Schritt 2:

Jetzt legen wir die Hände locker auf die Bauchdecke. – Wir spüren unsere Atmung. – Einatmend hebt sich die Bauchdecke, ausatmend senkt sie sich wieder. – – Wir lassen atmen. – Es atmet uns. – Es atmet uns. – Woher dieses Es? – Impuls des Lebens. – Ein Geschenk. – Ich lebe. – Ein Mysterium. – Da ist Staunen. – Da ist Ehrfurcht. – Da ist Dankbarkeit. – – Ich gebe mich ganz dem Atem hin.

Schritt 3:

Vor allem erfreue ich mich der Ausatmung, einer langen und angenehmen Ausatmung. – Ich gehe ganz mit, gehe mit der Ausatmung. – Lasse mich ganz davontragen. – Davontragen in eine große Weite. – Und irgendwann, am Ende einer langen und angenehmen Ausatmung, lasse ich mich in dieser Weite spürend nieder und kümmere mich um gar nichts mehr. – – Und immer, wenn Gedanken kommen, wenn ich an dieses oder jenes denke, Bilder vielleicht auftauchen, Geräusche mich ablenken oder irgendetwas unbehaglich ist, kehre ich zurück zur Atmung – lass mich erneut davontragen mit der Ausatmung, davontragen ganz sanft in eine große Weite, lass mich in dieser Weite spürend nieder – ganz bei mir selbst. – – – Immer wenn die Achtsamkeit abwandert, kehre ich zurück zur Atmung, lass mich davontragen mit der Ausatmung, davontragen in eine große Weite, lass mich in dieser Weite spürend nieder – zu Hause bei mir selbst. – Zu Hause bei mir selbst, ruht das Selbst in sich selbst. Und da ist nur noch Das – zart vibrierende Stille, in die ich immer wieder zurückkehre, wenn die Gedanken abwandern – immer wieder – immer wieder – für ein paar Minuten…

Es mag hilfreich sein, mit der Atmung ein Mantra innerlich zu wiederholen, um die Aufmerksamkeit zu binden. Zum Beispiel Scha-lom, das hebräische Wort für Frieden. Mit der Einatmung denken wir ganz mühelos die Silbe scha, mit der Ausatmung die Silbe lom. Und lassen dann das Lom ausklingen in die Stille. Immer wieder…

Die Dauer der Meditation sollte individuell angepasst sein, etwa 15 Minuten, möglichst zweimal am Tag. Irgendwann wird uns ein Moment der gedanklichen Stille geschenkt, eine tiefe Entspannung und ein bislang ungekannter innerer Frieden. – Sollten wir nach der Meditation etwas sensibel sein oder unangenehme Symptome der Lösung von Verspannungen haben, verkürzen wir die Zeit. Allgemein fühlt man sich nach der Meditation frisch und klar und freut sich auf die Aktivität. Es ist von Vorteil, wenn wir uns einer Meditationsgruppe anschließen oder jemand haben, mit dem wir über die Meditation sprechen können.

Foto: Andrea Glüer-Brehmer

Literatur- und Abbildungsverzeichnis

1 „Der Spiegel" 7.11. 1988, S. 256
2 Engel, Klaus: *Das Neue Bewusstsein*. Verlag Via Nova: Petersberg 2007, Kap.8
3 Freier, Andreas: andreas_freier@web.de (Abb.)
4 Rozman, Deborah: *Meditation für Kinder*. Verlag Hermann Bauer: Freiburg i.B. 1993, S.114 (Abb.)
5 www.zazzle.de Darwin – Bedarf eine neue Theorie T-Shirt, GD designs Zazzle (Abb.)
6 Lüth, P.: *Der Mensch ist kein Zufall*. Deutsche Verlagsanstalt: Stuttgart 1981, S. 262 (Abb.)
7 Taylor, Gordon R. : *Das Geheimnis der Evolution*. Fischer Verlag: Frankfurt/M. 1983, S. 130
8 Teilhard de Chardin, Pierre: *Der Mensch im Kosmos*. dtv: München 1988, S. 149
9 Monod, Jaques zit. nach Lüth, P.: *Der Mensch ist kein Zufall*. Deutsche Verlagsanstalt: Stuttgart 1981, S.16
10 Breuer, Reinhard: *Das anthropische Prinzip*. Ullstein Verlag: Frankf./M. 1984, S. 23
11 „Trendwende" 8/86, Hrsg. Jochen Uebel, Worpswede (Abb.)
12 Vaas, Rüdiger: *Licht aus dem Nichts*. „Bild der Wissenschaft" 7/2012, S. 52
13 Dyson, Freeman J.: *Energy in the Universe*. „Scientific American" 9/71
14 „Bild der Wissenschaft" 12/2003, S. 45
15 Hans-Peter Dürr in: „PM Welt des Wissens" 5/2007, S. 42
16 Schrödinger, Erwin: *Meine Weltansicht*. P. Zsolnay Verlag: Hamburg 1961, S.72
17 Archiv zur Geschichte der Max-Planck-Gesellschaft. Abt. Va, Rep. 11 Planck, Nr. 1797
18 Weizsäcker, Carl Fr. v.: *Der Garten des Menschlichen*. Hansa Verlag: München 1977, S. 537 u. 550
19 Ders., S. 548
20 Wilber, Ken: *Das holographische Weltbild*. Scherz Verlag: München 1988, S. 7 u. 8
21 „Spektrum der Wissenschaft" 8/2004, S. 33, Nachzeichnung (Abb.)
22 Ditfurth, Hoimar, v.: *Im Anfang war der Wasserstoff*. Droemersche Verlagsanstalt: München 1975, S. 122
23 Lovelock, James, E.: *Unsere Erde wird überleben*. Piper Verlag: München 1982
24 Lovelock, James, E.: *Unsere Erde wird überleben*. Piper Verlag: München 1982, S. 209
25 Knoll, Joachim: *Evolution*. Westermann-Colleg-Biologie, Braunschweig 1980, S.68 (Collage)
26 Ditfurth, Hoimar, v.: *Der Geist fiel nicht vom Himmel*. dtv: München 1983, S. 35-36

27 www.genesisnet.info Fachgebiet Evolution: Biologie
28 Gore, Rick: *The Awsome Worlds Within a Cell*. "National Geographic" 8/76, S. 357 ff
29 www.sign-lang.uni-hamburg.de
30 Eichelbeck, Reinhard: *Wir leben nicht in Darwins Welt*. www.holis.de 2006 (Abb.)
31 Einstein, Albert, zit. in: „GEO" 7/84, S. 112
32 Burt, Cyril: *Brain and Consciousness*. "British Journal of Psychology" 1/59, S. 55-69
33 www.harunyahya.de Das Ende des Darwinismus (Abb.)
34 Mentor Abiturhilfe, Biologie Oberstufe: *Evolution*. Mentor Verlag: München 1997, Abb. 60
35 Gerhard Boeggemann (Illustration) www.oekosystem-erde.de, Geschichte des Lebens auf der Erde (Abb.)
36 www.evolution-mensch.de Das Gehirn in der Evolution des Menschen.
37 Jantsch, Erich: *Die Selbstorganisation des Universums*. dtv: München 1982, S. 203
38 „Geschichte" 8/2002, Titelbild (Abb.)
39 Wegner, Petra: *Wegner Photography*. www.haustierfoto.de (Abb.)
40 Heberer, Gerhard: *Homo – unsere Ab- und Zukunft*. 1968, S.62
41 Schmitz, Ralf W. u. Thissen, Jürgen: *Neandertal. Die Geschichte geht weiter*. Spektrum Akademischer Verlag: Heidelberg 2002, S. 42
42 Gurche, John: *Tower of Time*. Wandgemälde (Ausschnitt). Museum of Natural History, Smithsonian Institution, Washington DC, USA (Abb.)
43 Peter Sloterdijk: *Das Phänomen Adam*. „GEO-Wissen" Sept. 1998, S. 45
44 „Neue Osnabrücker Zeitung", 18. 11. 2003
45 Lorenz, Konrad: *Die Rückseite des Spiegels*. Piper Verlag: München 1973, S. 221
46 www.ProVegan.info
47 Eccles, John C.: *Wahrheit und Wirklichkeit: Mensch und Wissenschaft*. Springer Verlag, Berlin 1975, S. 11 (Abb.)
48 „Fokus" 1/97, S. 80 (Abb.)
49 Schoenfeld, Karl-Heinz : „Neue Osnabrücker Zeitung" 13.10. 2003 (Abb.)
50 www.shutterstock.com Bild Nr. 1183471 (Abb.)
51 Alexander, Richard zit. in: Engeln, Henning: „GEO", 1/1995, S. 32
52 Tattersall, Ian: *Wie der Mensch das Denken lernte*. „Spektrum der Wissenschaft" 04/2002, S. 61
53 Ders. S. 62

54 Dunbar, R. u. Barrett, L.: *Affen, unsere haarigen Vettern*. vgs Verlagsges.: Köln 2001, S. 158 (Abb.)

55 www.shutterstock.com Bild Nr. 1001765 (Abb.)

56 Ditfurth, Hoimar v.: *Der Geist fiel nicht vom Himmel*. dtv: München 1983, S. 258 u. 263

57 Ders. S. 264

58 www.sinfomed.de

59 Tony Prescott in „Spektrum der Wissenschaft", August 2015, S. 85

60 Verlag Dr. Friedrich Pfeil, 81379 München, info@pfeil-verlag.de

61 Heberer, Gerhard: *Homo – unsere Ab- und Zukunft*, 1968, S.118

62 „Geschichte", August 2002, S.23 (Abb.)

63 Jantsch, Erich: *Die Selbstorganisation des Universums*. dtv, München 1982. S. 301

64 Wilber, Ken, in „Trendwende" 1987, S .8

65 Riedl, Rupert: *Biologie der Erkenntnis*. Parey Verlag, Berlin 1980, S. 185

66 Ditfurth, Hoimar, v.: *Unbegreifliche Realität*. Rasch und Röhring Verlag, Hamburg 1987, S. 286

67 Domash, L.H.: *Physik der Einheit*. „Weltregierung Aktuell", Dez./Jan. 78/79, S. 12

68 Arenander, Alarik u.a.: *Psychological and physiological characteristics of a proposed object-referral/self-referral continuum of self-awareness*. "Consciousness and cognition", June 2004

69 „Psychologie Heute", compact Nr. 4, 1999 Titelbild (Abb.)

70 Schelling, Friedrich W. in: Zeltner H.: *Schelling*. F. Frommans Verlag, Stuttgart 1954, S. 78

71 Koestler, Arthur: *Abschaum der Erde*. Gesammelte autobiographische Schriften. 2. Bd., Wien 1971, S. 247

72 Weizsäcker, Carl. F. v.: *Der Garten des Menschlichen*. Hanser Verlag, München 1977, S. 595

73 Staehelin, Balthasar: *Von der Transzendenz der Seele – vom Aufbruch des Menschen in eine neue Zeitepoche*. „Schweizerische Rundschau für Medizin Praxis" 63, Nr.10, 1974, S. 9-10

74 Gangaji u. Eli Jaxon Bear in: *Poonjas Botschafter*. „Connection Special", Nov. 2000, S. 41

75 Tolle, Eckhart: *Jetzt ! Die Kraft der Gegenwart*. Kamphausen Verlag, Bielefeld 2001, S. 24

76 Rautenberg, Jan: *Forum Erleuchtung. Ein Kongress zum Thema Erwachen*. www.spirituelles-portal.de 30.4.2013

77 De Mello, Anthony: *Wo das Glück zu finden ist*. Herder Verlag, Freiburg 2004

78 Shri Aurobindo: *The Life Divine*. Shri Aurobindo Ashram, Pondicherry 1960, S. 921-922

79 Alexander, C.N. u.a. : *Transcendental consciousness: A fourth state of consciousness beyond sleep, dreaming and waking*. In: Gackenbach , J. (Hsg.): *Sleep and Dreams*. Garland Verlag, New York 1987, S. 295

80 Gurche, John: „Tower of Time". Wandgemälde (Ausschnitt), Museum of Natural History, Smithsonian Institution, Washington DC, USA (Abb.)

81 Brehmer, Christian: *Die Evolution des Bewusstseins*. Verlag Peter Lang, Frankf./M. 1992, S.183 (Abb.)

82 Da Vinci, Leonardo: „Mona Lisa" u. „La Belle Ferronière" (Abb.)

83 Brehmer, Christian: *Die Evolution des Bewusstseins*. Verlag Peter Lang, Frankfurt a. M. 1992, S. 190 (Abb.)

84 Kleitmann, N.: *Sleep and Wakefulness*. University of Chicago Press, 1963

85 The M.C. Escher Company-Holland. All rights reserved. www.mcescher.com

86 Aldinger, Marco: *BewusstseinserHeiterung*. Verlag Marco Aldinger, Freiburg 1992, S. 88

87 "Esotera", Titelbild 9/99, VCL/Bavaria (Abb.)

88 Tolle, Eckhart *JETZT! Die Kraft der Gegenwart*. Kamphausen Verlag, Bielefeld 2001, S. 66

89 Tolle, Eckhart: Jetzt! Die Kraft der Gegenwart, Kamphausen Verlag, Bielfeld 2005, S.66

90 Mester, Gerhard: *Das Leben ist wie das weite Meer*. Kamphausen Verlag, Bielefeld 1991, Karikatur 13 (Abb.)

91 Wallace, R. Keith, in: Bloomfield, H.H. u. Kory, R.B.: *Das Glückspotential*. B.Klein Verlag, Bielefeld 1980, S. 257

92 Wilber, Ken: *Naturwissenschaft und Religion*. Krüger Verlag, Frankfurt/M. 1998

93 Farrow, J.T. u.Hebert, J.R.: *Breath suspension during the Transcendental Meditation technique*. In: "Psychosomatic Medicine" 1982, 44 (2), S. 133-153

94 Shiomi, K.: *Respiratory and EEG-Changes by Cotention of TRIGANT BURROW*. "Psychologia", 12/1969, 24-28.

94a „Focus" 15/1996, S.154 (Abb.)

95 Mester, Gerhard: *Das Leben ist wie das weite Meer*. Karikatur 13, Kamphausen Verlag, Bielefeld 1991 (Abb.)

96 „Der Spiegel" 49/2016, S.114

97 Lesser, Elisabeth: *Beim Spielen in Gottes Feldern*. Interview in: „Was ist Erleuchtung?" 1/2001, S. 28 u.29

98 free.fr/photos (Abb.)

99 Dauber, Heinrich (Hsg.): *Bildung und Zukunft*. Deutscher Studien Verlag, Weinheim 1989, S. 10. (Abb.)

100 Gandhi, Mahatma: in Eknath Easwaran: *Gandhi the Man*, Jaico Publishing House, Mumbai 1998, S.155

101 „die Zeitung", terre des hommes, 3/1992 (Abb.)

102 Mester, Gerhard: *Das Leben ist wie das weite Meer*. Context Verlag, Bielefeld 1991, S. 5 (Abb.)

103 Vom Verfasser erstellt (Abb.)

104 Derselbe (Abb.)

Literatur- und Abbildungsverzeichnis

105 Nagarathna, R.: in „Yoga Aktuell" 2/2004, S. 67

106 „Focus", 2. Febr. 2004, S. 6 u. 121 (Abb.)

107 Wilber, Ken in: „Was ist Erleuchtung?", Frühj./ Sommer 2001, S. 39

107a oldskoolman.de: kind-aengstlicher-blick

108 Weizsäcker, Carl Friedrich, v. : *Der Garten des Menschlichen*. Carl Hanser Verlag, München 1977, S. 540 u. 544

109 www.shutterstock.com Bild 1738214 (Abb.)

110 Mester, Gerhard: *Das Leben ist wie das weite Meer*. Context Verlag, Bielefeld 1991, S. 16

111 De Mello, Anthony: *Wo das Glück zu finden ist*. Herder Verlag, Freiburg i.B. 2004, S. 99

112 Aldinger, Marco: *BewusstseinerHeiterung*, Verlag Marco Aldinger, Freiburg 1992, S. 25

113 Russell, Peter: *Die erwachende Erde*. Heyne Verlag, München 1995, S. 65 (abgeänderte Abb.)

114 Rozman, Deborah: *Meditation für Kinder*. Verlag H. Bauer, Freiburg i.B. 1993, S. 40, (abgeänderte Abb.)

115 Teilhard de Chardin: *Der Mensch im Kosmos*. Deutscher Taschenbuch Verlag, München 1988, S. 251 u. 253

116 The M.C. Escher Company-Holland. All rights reserved. www.mcescher.com

117 Maturana, H.R. u.Varela, F.J., in Ludewig, K.: *Wir sind der Ast auf dem wir sitzen*. „Esotera", 3/1987, S. 31

118 Plum village in Indonesia 2015, Google Bilder (Abb.)

119 Huth, Almut u. Werner: *Handbuch der Meditation*, Kösel Verlag, München 1990, S.238

120 Aaron, Arthur u. Elaine: *Effects of an experimental intervention of a TM-Sidhi-Participant Group on crime rate in Atlanta, Georgia, USA 1980*. Deutsche Zusammenfassung: Mitteilungsblätter der Deutschen MERU-Gesellschaft 3/1980, S. 17-19

121 Prigogine, Ilya, u. Stengers, I.: *Dialog mit der Natur*. Piper Verlag, München 1981, S. 23 u. 182

122 www.shutterstock.com Bild 44389 (Abb.)

123 Bohr, Nils in: Heisenberg, Werner: *Der Teil und das Ganze*. dtv, München 1983, S. 246

124 Eccles, John in: Chopra, Deepak, Vortrag: *Quantenbewusstsein*. www.uoboros.ch

125 Pietschmann, Herbert: *Das Ende des naturwissenschaftlichen Zeitalters*. Ullstein Verlag, Frankfurt/M. 1983, S. 58

126 Vester, Frederic: *Neuland des Denkens*. dtv, München 1986, S. 24

127 Lutz, Rüdiger: Öko-log Buch 3. Belz-Verlag, Weinheim 1984, S. 85 (Abb.)

128 Sheldrake, Rupert: *Der Wissenschaftswahn*. O.W. Barth Verlag, München 2012, S. 12

129 monika@zanolin.eu

130 Naranjo, Claudio u. Ornstein, Robert.E.: *Psychologie der Meditation*. Fischer Taschenbuch V., Frankfurt/M. 1976, S. 13

131 „Neue Osnabrücker Zeitung", 16.6.04 (Abb.)

132 Murphy, Michael: *Der QuantenMensch*. Integral Verlag, Bern 1998, S. 41

133 Wenzel, Manfred in: „Humanwirtschaft", März/Apr. 2005, S. 5 (Abb.)

134 Spletter, Martin: *Fünftklässler haben Meditation auf dem Stundenplan*. In: „WAZ", 23.6.2015

135 foto@svenlorenz.com (mit freundl. Genehmigung der Eltern)

136 www.lernkulturzeit.de, Exposé

137 Prattler, Bernhard: *Matheklausur mit den Formeln unterm Rock*. In: „Neue Osnabrücker Zeitung", 31.1.1998

138 Interview mit der Tageszeitung „Der Standard", Wien 9.11.2015

139 „Spiegel Spezial", 3/2004, S. 117 (Abb.)

140 Vester, Frederic: *Unsere Welt ein vernetztes System*. E.Klett Verlag, Stuttg. 1978, S.47 (Malik Management Zentrum, CH-9014 St.Gallen) (Abb.)

141 Stück, Marcus: *Wissenschaftliche Grundlagen zum Yoga mit Kindern und Jugendlichen*. Schibri-Verlag, Uckerland 2011

142 Schoenfeld, Karl-Heinz in :„Neue Osnabrücker Zeitung", 5.2.2002 (Abb.)

143 vegancomics@yahoo.de

144 „Neue Osnabrücker Zeitung", 24.9.2014

145 www.shutterstock.com Bild 377612 (Abb.)

146 Rulle, Andreas in:„Neue Osnabrücker Zeitung", 22.1.2005 (Abb.)

147 „Der Dritte Weg", 1994, Handzettel (Abb.)

148 „Humane Wirtschaft", 03/2010, S. 3 (Abb.)

149 Geissler, Heiner in „P.M., Welt des Wissens", Juli 2005, S. 70

150 de.sott.net/article/22379

151 Wikipedia: „Chiemgauer" (Abb.)

152 Felber, Christian: *Die Gemeinwohl-Ökonomie*. Publik-Forum 17/2010

153 Ders.: *Die innere Stimme*. Publik-Forum, 2016, S. 80

154 Google Bilder: Gemeinwohl (Abb.)

155 Alt, Franz: *Liebe ist möglich*. Serie Piper, München 1985, S. 197 (sinngemäß)

156 Schoenfeld, Karl- Heinz in: „Neue Osnabrücker Zeitung", 13.12. 2004 (Abb.)

157 Karmani, Navid: *Friede auf Erden*. „Publik Forum", Dossier, Jan. 2016, S. 7

158 Picture alliance/dpa

159 „Neue Osnabrücker Zeitung", 27.10.2016

160 Mandela, Nelson: in „Share International", März 2007, S. 7

161 www. Yoga-Vidya.de, Erstelldatum 21.11.2014 (Abb.)

162 www.shutterstock.com Bild 1102204 (Abb.)

163 www.ngocongo.org 2016, Home

164 Urlaubsidee-online.com, Kooperation Tierwelt, Google Bilder (Abb.)

165 Esel#punch#art#anleiung#tutorial (google bilder). Pond-clipart-image-pond-png-RVwuRwclipartz) (Abb.)

166 www.shutterstock.com Bild 1692113

Vom Urknall zur Erleuchtung
Die Evolution des Bewusstseins als Ausweg aus der Krise
Christian Brehmer

Hardcover, 280 Seiten, Großformat, 140 vierfarbige Fotos, 130 Grafiken, ISBN 978-3-86616-064-4

„Du kannst das Problem nicht lösen auf der Ebene, wo das Problem seine Wurzeln hat", sagte Albert Einstein. Es lässt sich nur von einer übergeordneten Ebene aus lösen. In diesem Buch geht es um die Umrisse dieser übergeordneten Ebene, einer neuen Bewusstseins- und Erkenntnisebene. Sie wird uns evolutionär erschlossen. Und um sie besser einzuordnen, befassen wir uns mit der faszinierenden Geschichte der Evolution, mit unserer Stammesgeschichte. Da gab es mehrere Phasenübergänge: nach der Entstehung des Universums mit dem Urknall die kosmische Evolution, dann den Übergang zur biologischen, zur chemischen, zur mentalen und zur technisch-kulturellen Evolution der Gegenwart. Und die Evolution geht weiter. Sie drängt in die Zukunft. Indem wir uns mit der in diesem Buch erstmals erarbeiteten Theorie der Phasenübergänge auseinandersetzen, gewinnen wir Überblick über das, was uns bevorsteht: die supramentale Evolution, die Erleuchtung, und mit ihr die Lösung der individuellen und kollektiven Probleme von der Wurzel her. Aber es bleibt nicht bei der Theorie. Im Buch finden wir konkrete Hinweise zur evolutionären Erweiterung des Bewusstseins und zur praktischen Neugestaltung unseres persönlichen und gesellschaftlichen Lebens.

Es ist alles anders, als es scheint
Wie wir Missverständnisse und andere Irrtürmer durchschauen
Kurt Tepperwein

Taschenbuch, 144 Seiten, ISBN 978-3-86616-427-7

Wenn alles anders ist, als wir denken, wie ist es dann wirklich? Kann man das überhaupt in Worte fassen? Und glauben Sie, Sie verstehen das wirklich, was Sie hier gerade lesen? Es ist nicht leicht, Kommunikation ist verwirrend, und wir sind umgeben von Missverständnissen. Was, wenn am Ende das ganze Leben ein einziges großes Missverständnis ist? So viele Fragen! Diese allerdings stellt nicht irgendjemand, sondern der berühmte Bewusstseinsforscher Kurt Tepperwein, und er findet in seinem neuen Buch gewohnt tiefsinnige, humorvolle, immer wieder überraschende und erhellende Antworten. Freuen Sie sich auf eine spannende geistige Expedition, die den Blick weitet und noch unentdeckte Horizonte sichtbar macht – und das sogar oft jenseits von Verstehen und Missverstehen!

Den eigenen Platz im Ganzen finden
Persönlichkeitsentwicklung in einer globalisierten Welt
Anna Gamma

Paperback, 176 Seiten, ISBN 978-3-86616-399-7

Noch nie waren globales und persönliches Geschehen so eng miteinander verknüpft. Immer schwieriger wird es, dabei Orientierung und Zuversicht zu behalten und eine innere Basis zu finden, aus der heraus wir sinnvoll und positiv handeln können. In diesem Buch stellt Anna Gamma zwei Modelle vor, die nicht nur auf der Basis des logisch-rationalen Verstandes entwickelt wurden, sondern auf tiefen spirituellen Erfahrungen beruhen. Zeitgemäße Handlungsmodelle und wegweisende Vorschläge zur Entwicklung der eigenen Persönlichkeit werden dargestellt. So wird aus gefühlter Ohnmacht gelebte Verantwortung, aus innerer Stagnation freudvolles Gestalten, aus empfundener Zerrissenheit kraftvolle Gelassenheit. Ein Buch der Hoffnung, fundiert, realitätsbezogen, zutiefst ermutigend und nutzbringend in Beruf und Freizeit.

Lichttherapie – Die Medizin der Zukunft
Einfach und wirkungsvoll
**Alexander Wunsch, Gregor Wilz, Anja Füchtenbusch,
Christian Dittrich-Opitz, Thomas Klein, Hans Stormer**

Paperback, 216 Seiten, 96 farbige Fotos, 16 Grafiken, ISBN 978-3-86616-371-3

Kaum jemand weiß, dass Licht tatsächlich ein sensationelles Heilmittel ist, nachweislich wirksam z.B. bei Osteoporose, Herzinfarkt, Schlaganfall, Bluthochdruck, Autoimmunerkrankungen, psychischen Störungen, Krebs und vielen anderen Krankheiten. Dieses Buch vermittelt übersichtlich das neueste und aktuellste Wissen rund um die moderne Lichttherapie und all ihrer möglichen Anwendungen. Zugleich kommen die bekanntesten „Lichttherapeuten", allesamt erfahrene Mediziner, zu Wort und teilen für jeden verständlich ihre fachlichen Kenntnisse. Erfahren Sie, welche enorme Bedeutung Sonnenlicht für die menschliche Gesundheit hat und wie wirkungsvoll Sie Licht als Medizin der Zukunft heute schon ganz bewusst und gezielt bei Krankheiten nutzen können!

Naturwissenschaft trifft Spiritualität
Eine versöhnende Begegnung
Michael Fleischberger

Paperback, 192 Seiten, ISBN 978-3-86616-368-3

Tauchen Sie ein in einen spannenden Erfahrungskosmos, wo die großen Erkenntniswege der Menschheit, Rationalität und Naturwissenschaften sowie Spiritualität, Mystik und Religion sich in vielfältigen Zusammenhängen neu verbinden. In diesem Buch begegnen Sie einer zeitgemäßen und ganzheitlichen Kosmologie, in der kausales, rationales Denken und intuitives, spirituelles Erleben keinen Widerspruch darstellen und sich zu einem großen Ganzen fügen. Lassen Sie sich von facettenreichen Betrachtungen inspirieren und mitnehmen auf einen weltumspannenden kosmischen Ausflug, der viele unserer gewohnten Denk-, Sicht- und „Fühlweisen" in einem neuen universellen Licht erscheinen lässt.

Der kosmische Tanz des Ursprungs
Wie das Sein persönliche und weltweite Probleme löst
Arnold Mindell

Paperback, 352 Seiten, ISBN 978-3-86616-338-6

Dieses Buch des weltweit bekannten amerikanischen Physikers, Psychologen und Mystikers Arnold Mindell eröffnet ein neues universelles Weltverständnis, in dem all unsere individuellen und sozialen Krisen und Konflikte lösbar werden. Erfahren Sie, wie sich das gesamte Universum, jedes Ding und jedes Lebewesen, seit seinem Ursprung in einem kosmischen Tanz der Verbundenheit aller Gegensätze befindet, und wie wir Menschen dies in der einzigartigen Methode des „Raumzeit-Träumen" erfahren und erkennen können. Insgesamt 40 meditativen Übungen, die weltweit in zahlreichen Seminaren erprobt wurden, regen an, diesen Paradigmenwechsel durch eine neue Bewusstseinsarbeit konkret zu vollziehen und lebendig werden zu lassen.